现代物流服务体系研究

（第 3 版）

贺登才　刘伟华　著

中国财富出版社有限公司

图书在版编目（CIP）数据

现代物流服务体系研究／贺登才，刘伟华著. --3 版. -- 北京：中国财富出版社有限公司，2024.7. -- ISBN 978 - 7 - 5047 - 8171 - 0

Ⅰ. F252

中国国家版本馆 CIP 数据核字第 2024ZW9073 号

策划编辑	赵雅馨	责任编辑	赵雅馨	版本编辑	李　洋
责任印制	尚立业	责任校对	杨小静	责任发行	敬　东

出版发行　中国财富出版社有限公司

社　　址　北京市丰台区南四环西路 188 号 5 区 20 楼　　　**邮政编码**　100070

电　　话　010 - 52227588 转 2098（发行部）　　010 - 52227588 转 321（总编室）

　　　　　010 - 52227566（24 小时读者服务）　　010 - 52227588 转 305（质检部）

网　　址　http://www.cfpress.com.cn　　　**排**　**版**　宝蕾元

经　　销　新华书店　　　　　　　　　　　　　　**印**　**刷**　北京九州迅驰传媒文化有限公司

书　　号　ISBN 978 - 7 - 5047 - 8171 - 0/F · 3683

开　　本　710mm × 1000mm　1/16　　　　　**版**　**次**　2024 年 7 月第 3 版

印　　张　27. 25　　　　　　　　　　　　　　**印**　**次**　2024 年 7 月第 1 次印刷

字　　数　475 千字　　　　　　　　　　　　　**定**　**价**　98. 00 元

《现代物流服务体系研究》第3版序

2009年3月，《国务院关于印发物流业调整和振兴规划的通知》（国发〔2009〕8号）把"建立现代物流服务体系"作为"指导思想"。这既是以国务院名义发布的第一个"物流规划"，也是"现代物流服务体系"一词首次出现在国务院文件中。本人有幸从2002年5月起，参与该文件的研究起草工作，萌生了对"现代物流服务体系"基本要素的探求欲望。

2011年，我与天津大学教授刘伟华合著的《现代物流服务体系研究》一书问世。书中提出以"需求基础、供给主体、设施设备、信息系统和政策环境"为"五大要素"，对"现代物流服务体系"架构进行解析。

2014年9月，《国务院关于印发物流业发展中长期规划（2014—2020年）的通知》（国发〔2014〕42号），再次把"建立和完善现代物流服务体系"列为"指导思想"。2018年，我们对《现代物流服务体系研究》一书作了修订再版。在该版中，我们认为，"五大要素"的基本框架结构没有变，现代物流服务体系的构成要素与演化机理没有变，但实际运行的"时与空、质与量、内与外、点线网"都发生了巨大变化。为此，我们在原有体系框架的基础上补充了有关资料，更新了相关内容。

理论的探究总是落后于实践的发展。2022年12月，《国务院办公厅关于印发"十四五"现代物流发展规划的通知》（国办发〔2022〕17号）（以下简称《规划》）正式发布。这既是国务院层面发布的第三个"物流规划"，也是第一次与国家五年规划同步实施。与前两个"物流规划"相比，《规划》的实施范围由"物流业"扩展为"现代物流"，体现了现代物流与相关产业融合创新发展的趋势和规律，强调了现代物流在现代化经济体系中的先导性、基础性、战略性地位和作用。《规划》把"推动构建现代物流体系"再一次列入"指导思想"，并明确了"主要目标"，即"到2025年，基本建成供需适配、内外联通、安全高效、智慧绿色的现代物流体系"。

　　随着国家进入"扎实推进中国式现代化"的新阶段，开启向第二个百年奋斗目标进军的新征程，如何立足新发展阶段、贯彻新发展理念、支撑构建新发展格局、推动现代物流高质量发展，是当前现代物流业必须面对的重大课题。不仅需要依靠实践强力推动，还需要从理论方面深入探究。在第二版强调"五大要素""变与不变"的基础上，本次修订重点突出了"如何拥抱变化"的内容。我们把贯彻《规划》、建设"物流强国"作为本次修订的主线，更新和增加了新鲜案例，力图体现对"现代物流服务体系"的最新思考与实践。书中案例绝大多数为2020年以后的案例，基本数据选用多数截至2021年年底，还有个别甚至采用至本书截稿前的最新案例。

　　世间一切事物，"变"是绝对的，唯一"不变"的就是"永远在变"。我们讲"五大要素"的不变，只是为了研究工作的方便。其实，现代物流服务体系本身就是一个动态系统，每时每刻都在发生变化。"建立和完善现代物流服务体系"，促进现代物流高质量发展，建设"物流强国"，为"中国式现代化"提供支撑和保障，不仅是一项艰巨的任务，还是一个长期的过程。需要与时俱进、务实创新，需要几代人不懈努力。本次修订再版，旨在为相关政府部门、行业企业、研究机构和院校提供参考资料，聊作业界同仁的讨论提纲。

　　本书尽管历经12载，先后两次修订再版，还是留下诸多缺憾，其中遗漏和错讹之处在所难免。书中提出的观点，需要经受时间与实践的考验，更需要读者的评判和检验。恳请读到本书的同仁批评指正，以期把这项研究逐步推向深入，为"物流强国"建设贡献微薄力量。

　　值此第3版成书之际，特别要感谢我所服务的团体——2000年2月成立的中国物流与采购联合会。自该组织成立伊始，本人有幸参与其中工作，已近24个年头。在这样一个政产学研用各界精英汇聚的大平台，获得历任会领导和前辈精心栽培和悉心指导，我才有机会结识业界同仁，参与高层决策，接触到研究工作的"源头活水"。本人得以见证了中国物流与采购联合会的成长壮大和我国现代物流的蓬勃发展，也才有了本书的面世与更新。

　　衷心感谢年轻有为的伟华教授以其扎实的理论功底和超凡的写作能力，将我的一些想法诉诸文字。感谢关心支持本人工作、本书出版的领导、专家、同事、同行提供强大精神动力和业务能量。还要感谢中国财富出版社有限公司领导和编辑老师为本书出版精益求精，辛苦劳作。希望业界同仁，特别是青年才俊持续关注此类课题研究，为建设"中国式现代物流体系"，实现"物流强国梦"接续奋斗。

二〇二三年岁尾于北京

目　录

第一章 绪 论

【引例】2009 年 3 月，国务院发布了我国第一个物流业专项规划——《物流业调整和振兴规划》，"建立现代物流服务体系"，第一次出现在国务院文件中。2011 年 4 月，《现代物流服务体系研究》第一版正式出版，试图对"现代物流服务体系"做出科学合理的解释。此后，2014 年的《物流业发展中长期规划（2014—2020 年）》和 2022 年的《"十四五"现代物流发展规划》都提出"完善现代物流服务体系"。《中华人民共和国国民经济和社会发展第十四个五年规划和 2035 年远景目标纲要》（以下简称"十四五"规划）也提出"建设现代物流体系"，并且 20 处直接提到"物流"。十几年来，物流政策与市场环境发生了深刻变化，但"建设现代物流体系"的目标任务没有变。当前，我们已经迈上全面建设社会主义现代化国家的新征程、向第二个百年奋斗目标进军的关键时期。探究服务于 2035 年远景目标的现代物流服务体系，推进物流强国建设，具有重大理论和现实意义。基于此，在保持原有基本架构和观点的基础上，我们根据形势发展需要，对全书进行补充、修改和完善，是十分必要的。

第一节 研究背景及研究意义

一、研究背景与研究目的

2009 年 3 月，国务院通过的《物流业调整和振兴规划》中明确提出"建立现代物流服务体系"。在 2014 年的《物流业发展中长期规划（2014—2020 年）》中再次强调，到 2020 年，基本建立布局合理、技术先进、便捷高效、绿色环保、安全有序的现代物流服务体系，为我国物流业发展指明了新方向。2021 年

3 月，"十四五"规划中通篇 20 处直接提到"物流"，全方位、多角度系统全面勾画出现代物流体系建设蓝图，体现了"融合发展"的战略思想。2022 年 12 月，《"十四五"现代物流发展规划》中提出，到 2025 年，基本建成供需适配、内外联通、安全高效、智慧绿色的现代物流体系。因此，什么是"现代物流服务体系"、为什么需要"现代物流服务体系"、需要什么样的"现代物流服务体系"，以及如何构建"现代物流服务体系"等基本问题就需要我们深入探讨。这些问题对现有经济学、政策学、规划学、管理学、系统学等理论都提出了新要求，需要借鉴已有的理论分析方法对现代物流服务体系进行创新性研究。因此，从现代物流服务体系的基本概念、理论和体制障碍上厘清问题，有助于明确现代物流服务体系的实现路径，从根本上加快体系的建立和完善。

本书研究目的是通过进一步梳理和明确现代物流服务体系的概念，对体系建立的意义、内涵外延、框架结构、实现路径等问题进行深入研究，为政府部门把握现代物流业发展规律，开展区域现代物流服务体系规划，拟定现代物流发展政策等提供理论参考依据。

二、研究意义

开展我国现代物流服务体系的研究，不仅具有重要的理论意义，还具有积极的实践意义。总结起来，主要有以下两个方面。

（一）理论意义

（1）有助于全面认识现代物流服务体系的基本内涵，理解现代物流服务体系的演进与发展规律，科学地评价和建设现代物流服务体系。

（2）有助于深入理解新时期现代物流服务体系的融合特征，系统把握现代物流服务体系的需求特点和供给特点。

（3）可以为各地开展区域现代物流服务体系规划提供理论参考依据，为构建现代物流服务体系提供一个基本框架模式。

（二）实践意义

（1）通过研究现代物流服务体系，可以帮助政府抓住现代物流服务体系的框架结构和构成要素，寻找既有现代物流服务体系的不足，提出现代物流服务体系的发展目标和工作思路，更好地完善既有的现代物流服务体系。

（2）通过研究现代物流服务体系，可以更好地推动物流管理创新、模式创新、业态创新、技术创新，提升产业链供应链现代化水平，促进两业深度融合创新发展，完成"十四五"时期乃至更为长远时期的物流领域发展任务。

（3）通过研究现代物流服务体系，可以更好地完善物流产业政策体系，提出符合物流业发展规律的政策措施，科学地指导物流行业发展，为物流强国建设提供有力保障。

第二节　文献综述

发达国家高度重视现代物流服务体系的建设。美国 20 世纪 70 年代末开始放松运输管制，1991 年通过 ISTEA（陆路多式联运效率法案）。该法案旨在促进物流业发展，发挥市场机制的作用，并获得政府支持，形成能使美国参与全球竞争的一种高效的、经济环境良好的物流体系，并以经济的方式运输顾客和货物。日本政府 2002 年《新综合物流施策大纲》提出"建设具有国际竞争力的高效物流系统，构筑能够适应社会的物流系统，构筑支撑国民生活的物流系统等。"

国内有关部门和机构在物流服务体系的认识和研究方面逐步有所进展。特别是近些年，中国物流与采购联合会组织业内专家对中国物流业发展现状、问题和政策，进行了连续性研究，其中，也涉及了现代物流服务体系的初步研究，为把这个问题列入《物流业发展中长期规划（2014—2020 年）》的核心内容作了理论上的铺垫。国务院发展研究中心、国家发展改革委综合运输研究所、相关院校和研究机构的一批专家、学者对区域物流体系（如长三角地区物流体系、东北地区物流体系、湖南、河北、黑龙江等省市物流体系）、城市物流体系（北京、上海、天津、哈尔滨、成都、重庆、长沙、武汉等）、产业物流体系（农产品物流体系、医药物流体系、汽车物流体系、制造业物流体系、商贸物流体系）、其他物流体系（综合交通运输体系、应急物流体系、绿色物流体系、航空物流体系）等进行了有益探讨。

总结起来，文献研究共分为以下几类。

一、关于现代物流服务体系的内涵与构成研究

关于现代物流服务体系，学术界暂无确切的定义和解释。目前，不少学

者从区域物流体系、农产品物流体系等方面对物流服务体系进行了间接定义。

在物流系统方面，一些学者进行了理论性探索。何明珂（2000）认为，物流系统是由一系列物流要素如流动要素、资源要素和网络要素等组成的有机整体，这些要素之间相互联系、相互制约，并且实现了特定的物流功能。宋伯慧（2014）指出，除了一般系统的特征，如层次性、整体性、目的性、环境适应性之外，物流系统还具有规模庞大、结构复杂、目标众多等大系统所具有的特征。具体来讲，物流系统是一个"人机系统"，具有时空特性。汪鸣等（2022）提出，"十四五"时期加快交通强国建设，应聚焦交通运输领域发展不平衡、不充分的问题，着力提升交通运输系统发展质量和国际竞争力，充分展现现代化特征和国际先进性。

在农产品物流体系方面，许多学者提出了农产品物流服务体系的相关要素和运行模式。其中，刘东英（2006）提出了具体的农产品物流体系的概念，认为不同的主体在一定的制度约束下选择不同的通路以不同的组织形式执行物流功能，由此形成了具体的物流活动，所有物流活动及包含在其中的各类关系的总和构成农产品物流体系。杨平（2009）认为，农产品物流服务体系是指在一定的农产品物流渠道节点的基础上，由农产品集成物流商通过集成分散的农产品专业物流商，组织一体化的农产品物流功能活动，为农产品供应链提供低成本的、高效率的农产品物流服务及其中所有关系的总和。针对农产品物流模式，杨青松（2011）指出其主要的价值在于完成物流、信息流、商流的传递；农产品物流的目的在于实现农产品价值，以及农产品生产价值补偿。农产品的物流模式是由流通机制、主体、对象及方式四个要素组成的一个统一体。李庆标（2022）指出新时期农产品物流体系的重要性不断提升，农业新科技不断普及，农产品物流的覆盖面进一步扩大，与传统农产品物流相比，体现出客体多样化、专业和技术突出的新特征。

在区域物流体系方面，许多学者围绕区域活动展开了研究。区域物流体系可以定义为：在一定的地理区域内，以一个大中型城市为中心，以当前区域经济发展的规模为基础，为解决区域物流在实际运作中出现的各种问题，从而实现区域物流最佳化的，包括区域间及区域内的运输、包装、仓储、装卸、配送、流通加工以及相应的信息传递等所有物流活动有机联系起来的总体。构建现代物流体系，是一个区域现代物流发展的重要内容。丁明磊和刘秉镰（2010）指出区域物流系统创新与演化呈现"微观主体的相互作用生成宏观的复杂性现象"的特点。殷艳娜等（2022）认为，物流产业在特定区域内体系化的建设与运行，关系到生产与消费各个环节需求能否有效满足。王微（2022）提出为推动物流集群的发展，我国应高度重视物流集群在促进经济高质量发展中的基础和龙头带动作用，各级政府应高度重视、积极作为，始终将完善基础设施作为发展的重点和核心，积极发挥大型龙头企业的引领带动作用，高度重视物流集群知识创新能力的培育和提升，推动物流集群开放发展，加快形成国际竞争新优势。

在现代物流服务体系方面，不少学者提出了许多可以借鉴的观点。汪鸣（2021）提出，在实施"十四五"规划中，现代物流必须更好地服务构建新发展格局和加快高标准市场体系建设，从三个方面来把握正确的发展方向，实现现代物流体系建设新的突破：一是全面系统理解"十四五"要求，加快构建物流供应链体系；二是努力服务构建新发展格局，形成现代物流发展全新体系；三是支撑高标准市场体系建设，推动现代物流要素高效配置。李杰（2018）提出统筹城乡商贸物流服务体系，且在创建城乡商贸流通网络体系的过程中，打破地域限制，实现城乡商贸物流服务体系的可持续发展。欧阳明辉（2017）基于"一带一路"倡议，认为有必要强化现代物流服务体系及基础建设，其路径主要表现在加强物流体系建设的政策指导、健全与完善物流基础设施建设、加强物流能力水平及完善与提高物流服务。何黎明（2023）提出锚定创建世界一流物流企业，从"价值创造力、网络联通力、产业融合力、创新驱动力、应急响应力"五个方面起到示范带动作用，为推动中国式现代物流体系建设、支撑构建双循环新发展格局作出应有贡献。

二、关于特定物流服务体系的有关研究

在进行有关文献综述前，需要说明的是，既有的许多研究并没有严格的物流服务体系的说法，而是将之阐述为"××物流体系"，如农产品物流体系、汽车物流体系。这些说法虽然未提及"服务"一词，但实际上它们阐述的重点等同于物流服务体系这一概念，因此，本书并未将之严格区分。

（一）农产品物流服务体系的有关研究

近年来，许多学者探索了农产品物流服务体系的研究。例如，王纪忠等（2019）研究了海南热带农产品物流服务体系建设问题，指出海南热带农

产品在生产、加工、包装、仓储和运输、配送等环节存在规模小、技术弱等发展问题，面临着许多新的挑战。同时从人才培养、完善热带农产品物流服务体系，建立热带农产品物流信息和技术数据库等六个方面提出了改革发展的对策建议。

胡晓兰（2020）指出，农业要打破传统发展路径并转变发展方式，必须要与农业产业链上下游的各产业进行互动和整合。而农业物流园区具有强大的平台整合能力。基于此，作者认为，将农业物流园区作为组织依托和平台保障来实现涉农工商业企业与农业的双向互动模式，培育新型合作关系和利益关系，提供了一条保持甚至是增强这种新型合作关系稳定性和效益型的途径。

史燕（2020）将"共生型"农产品供应链物流服务体系作为研究对象，通过分析"共生型"农产品供应链物流服务体系的本质特征、发展现状及其在发展过程中遇到的障碍，提出了降低物流成本、加速实现主体规模经营、完善农产品供应链物流体系、培育与壮大农产品供应链物流主体三大方向的改进建议。

依绍华（2020）认为，尽管我国已建立较为完善的农产品物流体系，成为联结"小生产"和"大市场"的重要渠道。但农产品流通体系仍存在短板和问题，难以满足消费者对农产品质量和品质的需求。因此，亟待补足短板，提升运行质量，以更好地推动流通业高质量发展。为此，作者提出完善农产品物流体系运行质量的对策建议，包括：降低物流成本、优化配置冷链基础设施，提高物流现代化水平以及整合社会物流资源，提高农产品物流运行效率等。

舒辉和胡毅（2021）采用案例研究法剖析农业物流生态圈协同理论体系，构建农业物流生态圈协同的一般框架。作者以江西淘鑫农产品电子商务有限公司为例，对农业物流生态圈协同理论体系进行分析后发现，从协同框架看，农业物流生态圈协同包括农业子系统、物流子系统、环境支撑系统三个层次，三大圈层紧密联系，互利共生。从协同内容看，农业物流生态圈协同包括以价值链优势为出发点的协同、以利益追求为出发点的协同、以资源共享为出发点的协同、以政策为导向的协同。

许明威和李红（2021）基于产业融合的大视角，提出农业与流通产业基于网络信息平台深度融合，以物流业为中心、以跨境电子商务为载体的农产品出口模式，是当前最主要的对外贸易模式。在此基础上寻求效率更高、成本更低的冷链物流运作模式，是未来生鲜农产品提高国际市场竞争力的主要途径。

罗千峰和张利庠（2021）重点关注农产品冷链物流领域，针对农产品冷链物流面临的"小、散、乱、弱"的现实困境，构建了"制度收益—交易成本—价值增值"的分析框架，阐释了农产品冷链物流高质量发展的内涵，并以高质量发展的内涵目标为导向，提出了农产品冷链物流高质量发展"资源重组配置、组织重构升级、产业协同增值"的实现路径。

李棘（2022）关注区块链技术在农产品流通中各业务链中的应用，对农产品市场的发展规模及该技术在农产品流通中落地应用现状进行追溯，对其核心业务存在的问题与区块链应用优势进行分析。在此基础上，作者针对农产品流通领域中具备可实现"区块链 +"的落地场景，如农产品交易、农产品物流、农产品溯源、农产品流通中金融服务等核心业务链进行区块嵌入式优化设计。

姚利与和贵庭（2023）聚焦新发展格局背景下的农产品物流产业链韧性。农产品物流产业链韧性是指在传统生产要素与新生产要素结合中，通过物流产业链的横纵向延伸与整合，农产品从生产到销售表现出的抵御"堵链"和"断链"风险的能力。作者通过构建中介效应模型检验农产品物流产业链韧性的影响因素发现，技术创新通过促进物流产业结构升级提升产业链韧性，产业升级的中介效应在间接提升断裂韧性和恢复韧性中明显，在直接提升冲击韧性中明显。

（二） 区域物流服务体系的有关研究

近年来，许多学者围绕区域物流服务体系开展了研究。例如，王术峰（2016）以构建粤港澳区域物流体系为研究对象，剖析在区域物流体系构建过程中协同发展的重要性与规模经济效应，从政府与物流企业价值链资源协同视角，得出政府政策条件与物流企业活动条件相辅相成，粤港澳区域物流体系建设是政府政策与物流企业活动协同的产物。

刘峥（2017）提出产业集群升级发展与区域物流体系相辅相成。作者在分析产业集群与区域物流协同发展价值的基础上，结合亳州中药材产业集群的现状，构建了产业集群与区域物流体系协同运行的物流外包、资产整合、股权合作三种机制，并针对三种运行机制分别提出了联合采购、集中仓储、共同配送，物流功能协作、建立物流联盟企业，新设股份制中药材物流企业等实现路径。

龚雅玲等（2019）通过Tobit模型剖析了物流发展效率影响因素，发现区域物流产业结构、物流行业发展信息化水平、区域物流产业发展优势与物流发展效率显著相关。应该从构建区域物流产业链"共生"模式、智慧物流应用推广、区域物流发展体系构建三个方面进行区域物流发展效率有效提升。

王舒琪（2020）分析了区域物流发展水平差异性的驱动因素，提出：第一，区域物流以加快产业分工与集聚，以及升级产业结构的方式来提高区域经济水平；第二，我国区域物流的差异性显示出总体降低的发展趋势，与区域经济差异形式几乎吻合；第三，物流的发展受到多类因素的共同影响，这些影响因素由高到低的次序为相邻效应、城市化水平、物联网建设、区域坐标、相关政策、政府干预、人力资本及市场规模。

王鹏等（2021）对长三角区域物流的高质量发展进行了测度和评价。作者基于熵值法和聚类分析法构建物流高质量发展的评价指标体系，并对2018年长三角27个城市的物流高质量发展水平进行测度，发现长三角区域内各城市的物流高质量发展水平存在较大差异，最后从基础设施建设、信息共享平台、智慧物流、绿色物流和物流发展环境五个方面，就构建疫后时期的物流新体系提出对策建议。

宋二行和周晓唯（2021）认为，我国区域物流资源配置水平在时序演进和空间演进上都存在明显的路径依赖。为提升物流资源配置水平，协调区域发展，应加强资金支持，提升从业人员待遇、发挥地区优势，完善监管体系及设立高水平示范点，构建跨区域对口合作机制。

薄亮（2021）基于成本、效率、安全等方面的考虑，认为物流供应链体系建设应坚持网络化模式，即以区域物流供应链体系为切入点，并通过共享机制实现区域物流供应链的组网运营，依托大数据技术、互联网技术、人工智能技术等，实现共享经济背景下物流供应链资源优化配置，使区域物流供应链更加高效、智能、便捷。

吕宏军（2022）运用解释结构模型方法构建了提升西部区域物流竞争力各影响因子间的相互关系与结构体系，并提出提升西部区域物流竞争力的优化路径：构建立体全面的区域物流基础设施网络体系；加大区域重点物流园区建设；加快发展航空物流和新型物流业态；大力发展重点行业物流。

刘宏伟等（2022）测算了60个物流枢纽城市十年的物流产业效率值，对不同区域枢纽城市物流效率的发展进行了收敛性分析。作者认为，为提升枢纽城市物流业效率，应正视物流先导性未有效展现所带来的短期性效率低下的问题，完善以枢纽为关键节点的物流网络体系，同时利用骨干流通大通道打破枢纽城市边界限制，通过在西部枢纽城市组织货源和输送商品来带动和引领其物流需求；国家物流枢纽对承载城市的物流业效率促进作用尚未全部显现，应持续关注枢纽建设政策对城市物流的影响。

张利（2023）基于灰色关联分析和复合系统协调度模型结合的方法，评价了西部地区现代农业与区域物流共生发展的关系，发现西部地区现代农业与物流两个系统的协同水平指数总体提升，共生发展关系处于不断增强的良好态势，但是目前尚处于中度协同阶段，共生关系并非很强；由区域差异性及贡献程度分析，四川、重庆等地两个系统的共生关系明显较强，但青海、内蒙古协同水平指数则处于下游。

（三）其他物流服务体系的有关研究

近年来，许多学者围绕其他物流服务体系开展了研究。王勇和张培林（2016）构建了产业融合背景下的冷链物流评价指标体系，该体系主要包括冷藏能力、运作能力、人员沟通能力、物流信息能力四个维度。根据评价结果，作者给我国冷链物流企业从设备和技术、信息能力、售后和协调、人员培训几个方面提出了建议。

王娟娟和杜佳麟（2017）认为要提高"一带一路"区域物流质量必须发展绿色物流。作者指出，"一带一路"区域的经济要素通过绿色物流平台的作用可快速聚集，逐渐显现规模经济效应、生态经济效应等；"一带一路"区域必须在顶层设计层面形成物流发展共识，各经济体统一物流服务标准，加强物流信息系统建设和专业物流人才培养，保障绿色物流体系顺利构建并充分发挥作用。

张水旺等（2019）在全面剖析钢铁物流发展现状和趋势的基础上探究了钢铁物流中心的发展模式，认为当前钢铁物流存在低效率高成本、专业化程度低、整体规划意识不强等问题，总结出钢铁物流向一体化、信息化和智慧化转型的发展趋势，提出了搭建物流中心信息平台、提升作业智能化水平、健全产业供应链体系等发展对策。

谢泗薪和尹冰洁（2020）从陆港货物运输体系、仓储作业体系、码头作业体系、物流装配体系、物流信息服务体系五个维度构建了中国陆港智慧物流体系的评价指标，并据此揭示了当前中国陆港智慧物流体系存在的问题及原因；从陆港智慧型物流决策体系、内向型智慧物流体系和外向型智慧物流体系三个方面设计了中国陆港智慧物流体系优化的"三位一体"战略。

靳豪（2022）认为，应通过标准化包装规格、信息化商品包装等方式建立绿色物流源头，通过完善节点城市设施建设、合理布局物流交通建立完善的交通运输体系，同时共建物流信息数据库实现数据信息共享，以达到降本增效的目的。

田维艳（2023）通过构建绿色物流与农村电商发展指标体系，进一步探究我国绿色物流与农村电商耦合协调关系。研究发现，我国绿色物流与农村电商水平均呈上升趋势，两者耦合协调度先从极度失调转向基本协调，再从初级协调转向高级协调实现共同发展；分地区来看，各地区绿色物流与农村电商耦合协调度发展差异较大；最后，文章提出加快制定发展政策、加强信息化建设、加强区域合作、提升绿色意识和加强监管方面的政策建议。

王林和胡晓宇（2023）梳理冷链物流与生鲜农产品电商所组成的二级供应链从共生到协同的演化过程，并运用耦合协同模型对2015—2019年中国冷链物流与生鲜农产品电商耦合协同关系进行实证测度。文章发现当前两者之间存在较强的相互作用关系，处于高水平耦合阶段，但冷链物流的发展水平相对滞后于生鲜农产品电商。

上述这些研究围绕各自的物流服务体系研究领域进行了有益探讨。从总体上看，尽管这些研究还不够系统和深入，但对本书的研究具有十分重要的借鉴意义。

第三节　研究思路与技术路线

一、研究思路

本书的研究立足我国物流业的发展现状和实际，从理论研究与政策研究两个层面进行展开。在理论研究层面，本书研究基于国内外理论成果，深入分析我国现代物流服务体系现状及面临的主要问题，明确现代物流服务概念内涵和现代物流服务体系框架组成，提出物流服务体系的系统分析方法。在政策研究层面，笔者将根据目前物流业现状及主要问题和理论框架的支撑，作出未来我国现代物流服务体系发展方向的判断，提出现代物流服务体系的完善思路和政策建议。

二、技术路线

本书的技术路线如图 1 - 1 所示。

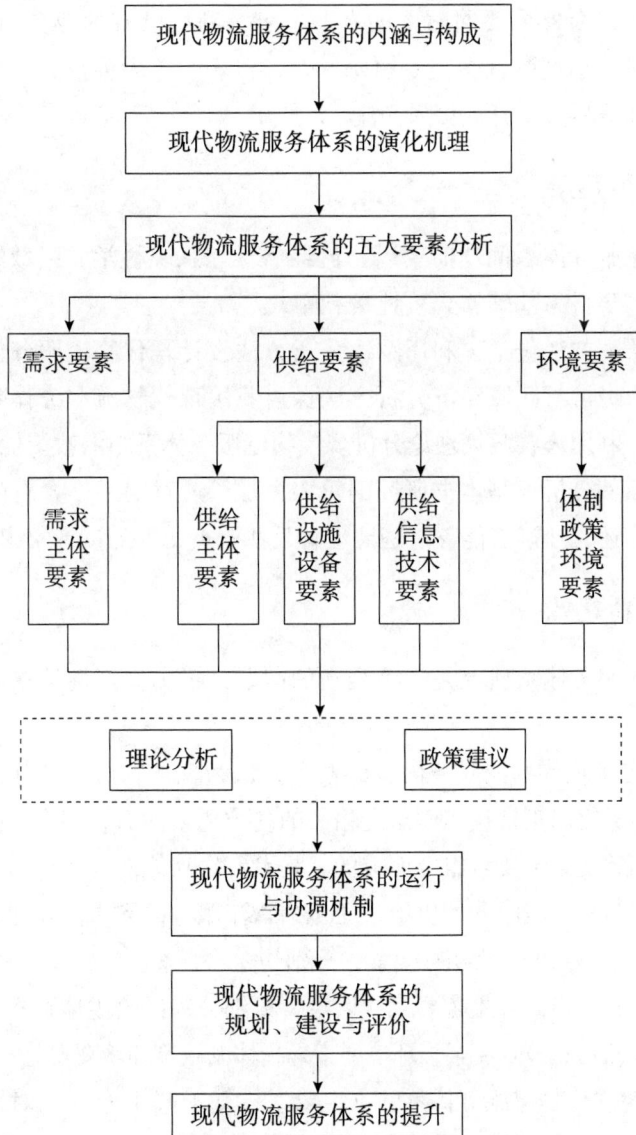

```
                  现代物流服务体系的内涵与构成
                            │
                            ▼
                  现代物流服务体系的演化机理
                            │
                            ▼
                  现代物流服务体系的五大要素分析
        ┌───────────────────┼───────────────────┐
        ▼                   ▼                   ▼
     需求要素              供给要素              环境要素
        │          ┌────────┼────────┐          │
        ▼          ▼        ▼        ▼          ▼
     需求        供给     供给     供给        体制
     主体        主体     设施     信息        政策
     要素        要素     设备     技术        环境
                         要素     要素        要素
        └──────────┴────────┴────────┴──────────┘
                            │
        ┌───────────────────────────────────────┐
        │      理论分析            政策建议        │
        └───────────────────────────────────────┘
                            │
                            ▼
                  现代物流服务体系的运行
                      与协调机制
                            │
                            ▼
                  现代物流服务体系的
                    规划、建设与评价
                            │
                            ▼
                  现代物流服务体系的提升
```

图 1 - 1　本书的技术路线

第四节　基本分析方法及创新之处

一、研究方案

广泛收集国内主要高校、部委和公共图书馆、档案馆、信息中心等的文献资料，收集国内外主要网站上的专题文献，利用已有的业务与学术渠道，通过走访调研、小型咨询会、专题研讨会、报告会等多种形式，与各方面的官员、学者和业界人士开展深入交流。

二、研究方法

现代物流服务体系问题需要以物流经济学、系统科学、区域经济学、公共政策学等多学科为基础的交叉研究来解决。

具体的研究方法包括：利用系统分析方法设计现代物流服务体系基本结构；利用产业经济与区域经济分析方法探讨我国现代物流服务体系发展现状及存在问题；利用公共政策理论分析现代物流服务体系中的政策优化问题。

此外，案例分析也是本书研究的重要方法。通过对一个含有问题在内的具体情境的描述，让读者能够清楚地理解某些观点，帮助读者阅读和思考。

三、创新之处

现代物流服务体系研究是一个全新的课题，本书尝试性地在以下几个方面进行了创新。

（1）界定了现代物流服务体系的概念，认为现代物流服务体系是为了保证现代物流服务得以正常运作而与之相关的各类要素的有机组合，它是由相互联系、相互制约的若干要素组合而成的、具有特定功能的一个有机整体，其关注的核心不仅包括物流服务的供给，还包括物流服务的需求。在此基础上提出了现代物流服务体系的三大组成要素，分别是需求要素、供给要素和环境要素，其中，需求要素是指需求主体要素，供给要素细分为供给主体要素、供给设施设备要素、供给信息技术要素，环境要素是指体制政策环境要素。

（2）围绕现代物流服务体系的五大要素，基于"十四五"时期物流强国建设的发展要求和实践特点，结合"融合创新发展"战略思想，系统地分析了各个要素的内涵、特征与要素构成，并介绍了我国各个要素的发展现状及存在的问题。一方面，根据新时期数字经济平台化、智慧化的特点，提出了物流设施设备转型升级及物流信息技术应用落地的改进和实施思路；另一方面，结合新时期新业态的发展需要和当前政策体系的不足，提出了完善我国物流体系的有关政策建议。

（3）提出了基于"形成—稳定—发展—协调"视角的现代物流服务体系运行机制，并从宏观、中观和微观三个层次，分析了现代物流服务体系的协调机制，给出了现代物流服务体系的系统分析方法。

（4）给出了物流服务体系系统分析的七个基本步骤，以区域现代物流服务体系为研究对象，介绍区域现代物流服务体系的规划方法和规划内容，就规划项目的展开工作进行了介绍。本书还提出了现代物流服务体系建设的基本目标、基本思路、工作原则、三个发展阶段及其特征，提出了现代物流服务体系建设五个方面的主要工作，给出了完善我国现代物流服务体系建设的几点建议。最后，进行了现代物流服务体系的综合评价，提出从需求、供给、发展环境、成效四个层次来构建现代物流服务体系的评价指标体系。

第二章　现代物流服务体系的内涵、要素构成与演化机理

【引例】2022 年 12 月，《国务院办公厅关于印发"十四五"现代物流发展规划的通知》正式发布。到 2025 年，基本建成供需适配、内外联通、安全高效、智慧绿色的现代物流体系。其中，现代物流服务体系的内涵是什么？一个现代物流服务体系到底需要多少要素？这些都是我们加快发展现代物流业必须要回答的问题。第一，物流企业作为现代物流产业的主体，它的发展与现代物流服务体系规划息息相关，企业的兴衰成败离不开现代物流服务体系各个要素的支持，企业需要知道什么要素对企业发展很重要。第二，大量的物流服务需求方，如工业、商业、农业等部门企业，它们想借助现代物流挖掘第三利润源，它们也想知道物流服务体系应该具备哪些要素，以便去选择合适的物流服务提供商。第三，政府物流主管部门，也应该对这个问题进行解答，到底一个区域的现代物流服务体系需要有哪些要素？物流服务体系规划时应该围绕哪些要素进行展开？不仅如此，政府物流主管部门还关注现代物流服务体系的演化机制，希望了解现代物流服务体系的发展进程与未来趋势，以便更好地把握区域物流发展动向，拟定相应的促进物流服务体系发展的有关政策。这样一些需求的存在，引发了我们对现代物流服务体系基础理论的研究与探讨。

第一节　现代物流服务体系的概念与内涵

一、体系的概念界定

关于体系的概念，国内学者有不同的研究。从词义上讲，体系是一个科学术语，泛指一定范围内或同类的事物按照一定的秩序和内部联系组合而成的整体。在西文中，体系与系统只有一个词"system"，在中文中，虽然很多

时候这两个词也通用，但对体系和系统有一些约定俗成的理解，即系统更偏重微观层面，特指围绕某一特定目标形成的由两个以上要素组成的相互作用的有机整体；体系则是包括了体制、制度和政策法规在内的扩大了的系统，从研究层面上更侧重于宏观把握。在自然科学领域多使用系统一词，而在社会科学领域多使用体系一词。

二、现代物流服务体系的基本概念

根据对体系和系统的概念界定，物流体系就是由与物流相关的一系列相互联系、相互作用的要素结合而成的有机整体，它包括物流运作系统和与之相关的体制、制度和政策法规等内容。对现代物流服务体系的理解有狭义和广义之分。从狭义角度来看，现代物流服务体系是为了保证现代物流服务得以正常运作而与之相关的各类要素的有机组合，它是由一些相互联系、相互制约的若干要素组合而成的、具有特定功能的一个有机整体。狭义的现代物流服务体系关注的核心是物流服务的供给。从广义角度来看，现代物流服务体系是实现物流服务供需平衡的各类要素的有机组合，其关注的核心不仅包括物流服务的供给，还包括物流服务的需求。因此，本书研究的视角是广义的现代物流服务体系，关注的核心是物流服务供给，并充分考虑物流服务需求。

三、现代物流服务体系的基本内涵

理解现代物流服务体系要注重以下几点关键内涵。

（一）现代物流服务体系是一个有机整体

现代物流服务体系由各种相互制约相互联系的功能要素有机组合而成，这些功能要素密不可分、缺一不可。因此，在分析和规划现代物流服务体系时，要从全局角度梳理现代物流服务体系的构成。

（二）现代物流服务体系强调服务要素的作用

现代物流服务体系既不等于物流体系，也不等于现代物流运作体系，这是因为现代物流强调"服务"这个关键词。现代物流服务体系强调的是为确保现代物流系统的运作而与之配套的各类服务要素组合，特别是供给要素、需求、载体、体制政策等都是为了保证物流运作而必需的一系列服务要素，没有这些必备的服务要素，物流运作很难正常有序进行。因此，服务供给是现代物流服务体系的核心。

（三）体制政策是现代物流服务体系重要组成部分

广义的现代物流服务体系包括了体制、制度和政策法规等相关内容，强调了体制政策等在体系构建、运行和调整中的重要作用，这就需要高度地重视体制政策要素对其他要素的作用和影响，实现体系运行的整体最优。

四、现代物流服务体系的主要特征

现代物流服务体系既具有系统的一般特征——目的性、整体性、集合性、动态性、相关性、适应性，还具有规模庞大、结构复杂、目标众多等大系统所具有的特征。

（一）现代物流服务体系是一个"人机系统"

现代物流服务体系是由人和形成劳动手段的设备、工具所组成的。它表现为物流劳动者运用运输设备、装卸搬运机械、仓库、港口、车站等设施，作用于物资的一系列生产活动。在这一系列的物流活动中，人以及人组成的企业群体是体系的主体。因此，在研究物流服务体系各个方面的问题时，应把人和物有机结合起来，加以考察和分析。

（二）现代物流服务体系是一个大跨度系统

在现代经济社会中，企业物流经常会跨越不同的地域，而国际物流的地域跨度更大。物流服务体系通常采用储存的方式解决产需之间的时间矛盾，其时间跨度也会很大。现代物流服务体系的跨度越大，管理难度也就越大，对信息依赖程度越高。

（三）现代物流服务体系是一个可分的体系

现代物流服务体系具有集合性特征。因此，可以分解为若干相互联系的子体系。这些子体系的多少和层次的阶数，是随着人们对物流服务体系的认识和研究的深入而不断深入、不断扩充的。例如，现代物流服务体系从区域角度可以分为全国物流服务体系、区域物流服务体系、城市（农村）物流服务体系等；从产业角度来分，可以分为工业物流体系、农业物流体系、商贸物流体系等。

（四）现代物流服务体系是一个动态体系

现代物流服务体系一般联系多个生产企业和用户，服务多个地区和多个产业，随着需求、供应、渠道、价格的变化，体系的要素和体系的运行也经常发生变化。现代物流服务体系受到社会生产和社会需求的广泛制约，所以现代物流服务体系必须是具有适应环境的动态体系。为适应经常变化的社会环境，物流服务体系必须是灵活、可变的。当社会环境发生变化时，物流服务体系甚至需要重新设计。

（五）现代物流服务体系是一个复杂体系

现代物流服务体系的运行对象是"物"，它可以是全部社会物资资源，资源的多样化带来了体系的复杂化。物资资源品种成千上万，从事物流活动的人员队伍庞大，物流服务体系的物资占用了大量资金，物流网点遍及城乡各地。这些人力、物力、财力资源的组织和合理利用，是一个非常复杂的过程。

在物流活动的全过程中，伴随大量的物流信息，物流服务体系要通过对这些信息进行处理，从而把各个子体系有机联系起来，收集、处理物流信息，并使之指导物流活动，也是一项复杂的工作。

（六）现代物流服务体系是一个多目标体系

现代物流服务体系的总目标是实现其经济效益，但物流服务体系要素间存在非常强烈的背反现象，这种常称之为"二律背反"或者"效益背反"现象。因此，要同时实现物流时间最短、服务质量最佳、物流成本最低这几个目标是几乎不可能的。例如，在储存子体系中，为保证供应、方便生产，人们会提出储存物资的大数量、多品种问题，而人们为了加速资金周转，减少资金占用，人们会提出降低库存的要求。这些相互矛盾的问题在物流服务体系中广泛存在。而物流服务体系又恰恰在这些矛盾中运行，并尽可能地满足人们的要求。显然，物流服务体系要建立多目标函数，并在多目标中求得最佳效果。

（七）现代物流服务体系是一个融合体系

现代物流业贯穿一二三产业，一头连着生产、一头连着消费，是延伸产业链、提升价值链、打造供应链的重要支撑。现代物流服务体系通过与产业融合，在推动自身产业形态创新、提升物流服务水平的同时，也改变了制造业、商贸业、农业等产业的生产组织方式，促进了供需精准匹配和产业转型升级。在农业农村方面，物流与"农产品进城、工业品下乡"相结合，改变了农村流通方式，产生了农村电商物流；在制造业领域，物流与制造业联动，改变了原材料、零部件供应方式，产生了精益管理、敏捷制造、智能生产等新模式；在商贸业领域，线下快递与线上电子商务融合，产生了电商快递；在金融领域，物流与金融业融合，通过增加第三方监管和提升信息透明度，产生了物流金融。通过产业融合、管理融合、技术融合，现代物流服务体系不断发展新业态、孕育新需求，物流服务水平在创新融合发展中不断提升。

第二节　现代物流服务体系的要素与结构

现代物流服务体系是建立在物流产业基础之上的。因此，有必要先讨论一下现代物流业的产业特征。

一、现代物流业的产业特征分析

（一）现代物流业的基本内涵

产业是按照规模经济和范围经济要求集成起来的行业群体，它的覆盖面很广泛，不仅指工业，还包括非工业，比如文化产业。产业是一种社会分工现象，是随着社会分工的产生而产生，并随着社会的发展而发展的。

如果按照产业的定义严格界定现代物流业的内涵，那么从狭义角度来看，现代物流业应是指把提供物流服务作为其主要产品的同类经济组织的总和。从广义的角度来看，现代物流业是泛指一种包含各种物流服务形式、具有现代技术和管理组织特征、涵盖交通运输、仓储、信息、流通加工、包装、搬运装卸、配送等在内的企业集合。

实际上，不管是狭义还是广义，从物流业的集成特性来看，物流产业是在现代信息技术和现代管理方法发展的基础上，通过对传统运输、仓储等产业进行协调、优化配置和整合的基础上形成的一种新兴产业形态，这种产业不是追求局部功能环节的最优，而是追求一种物质流动全过程的整体最优。可以这样认为，物流产业的出现使运输、仓储等产业之间的传统界限被彻底打破。现代通信技术和互联网的广泛使用，使"物"在运输、仓储、装卸搬运和流通加工等过程中的信息得以及时掌握和反馈，使企业有能力通过信息的获取、处理和控制来对各种分立的物流资源进行整合，形成专业性的物流服务能力。

（二）现代物流业的产业特征分析

随着经济的发展，现代物流产业已经成为经济的新增长点，是国民经济的支柱产业。具体来说，物流产业主要有以下特征。

（1）从产业联系来看，与物流业发展紧密相关的产业或行业，主要有物流基础设施业（公路、铁路、港口、机场等）、物流装备制造业（货运汽车、火车、轮船、管道、集装箱等相关制造业），这些产业的发展与现代物流业活动的效率和效益及服务的市场范围和规模都有着直接的产业关联，发展现代物流业可以带动这些产业的发展和结构升级。

（2）从物流业服务的对象来看，工业、农业、商贸业等产业之间的物品流动，企业与企业、企业与政府、企业与消费者之间，地区与地区、国家与国家之间的物品流动等，都离不开物流服务。企业物流职能的外部化，需要物流产业提供规范化、标准化、个性化的物流服务，物流产业和国民经济中各产业部门之间已经实现了高度耦合，社会呼唤专业化的物流服务。因此，物流业已经成为基础性产业。

（3）从产业技术基础来看，物流产业技术主要是由提高物流活动效率和效益的信息技术、系统技术、管理技术等组成的技术群。不论技术应用的对象是经济组织，还是企业的物流部门，其技术应用的目的是提高物流活动的效率和效益，因此，物流技术的应用基础并无差异。

（4）从产业布局来看，产业发展必然要落实在一定的空间上，物流产业也不例外。物流园区、物流基地、物流中心、配送中心、货场、港口、交易市场等物流活动集散地的规划和建设是物流产业在不同地区、城市的空间布局。目前，我国许多城市都把物流业的空间布局规划作为极为重要的一项内容。

（5）从产业的战略定位来看，相关政府部门和物流业界对物流业或现代物流定位的认识，经历了一个由浅入深的渐进式过程。国务院 2009 年出台的《物流业调整和振兴规划》是我国第一个物流业专项规划，提出物流业是"国民经济的重要组成部分"；2014 年出台的《物流业发展中长期规划（2014—

2020 年)》，将物流业定位为"支撑国民经济发展的基础性、战略性产业"。国家发展改革委 2019 年牵头印发的《关于推动物流高质量发展促进形成强大国内市场的意见》，将物流业的定位丰富为"支撑国民经济发展的基础性、战略性、先导性产业"，强调物流高质量发展是经济高质量发展的重要组成部分，也是推动经济高质量发展不可或缺的重要力量。《"十四五"现代物流发展规划》将有关现代物流"三性"作用的表述调整为"先导性、基础性、战略性"。这一变化不是简单的文字顺序调整，而是在构建新发展格局背景下，把发挥现代物流先导性作用摆在更加突出的位置上，提出新的更高要求。

二、现代物流服务体系的要素与结构

现代物流业的产业特征实际上是物流业的功能表现，它离不开现代物流服务体系的基本要素。没有要素与结构，很难实现现代物流业的功能，体现物流业的产业特征。

从本源来看，现代物流服务体系的基本要素包括人、财、物、信息四个方面，这四个方面也是一切社会体系的基础要素。

在这四个方面的基础上，现代物流服务体系形成了四维要素体系，如图 2-1 所示。

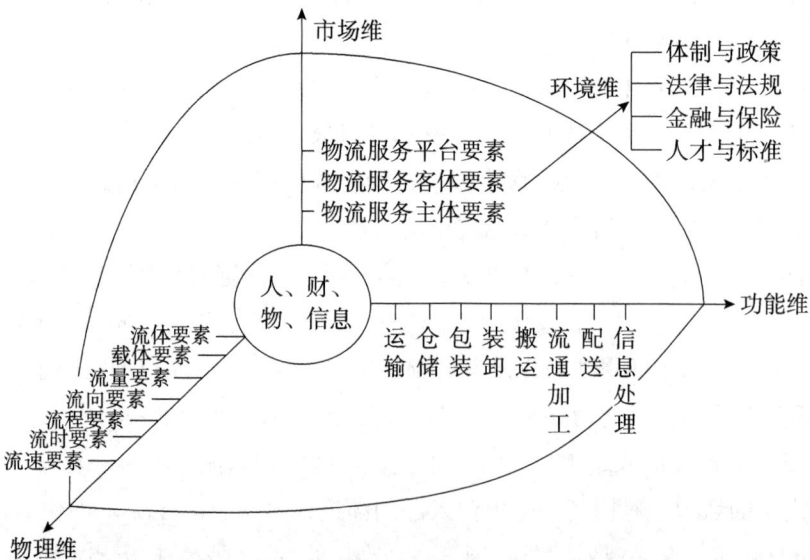

图 2-1　现代物流服务体系的四维要素体系

（1）功能维要素：包括物流服务活动所具有的运输、仓储、包装、装卸、搬运、流通加工、配送、信息处理八大功能要素。在这八大要素基础上，形成了平台型物流服务、综合型物流服务、专业型物流服务。

（2）物理维要素：抽象掉物流对象的具体特征，物流系统的要素从"流"的角度来分析，任何一项物流业务都可以分解为七个要素的结合，即流体、载体、流量、流向、流程、流时和流速。这里，抽象掉的物流对象具体特征主要有：是何流体、由何为载体、由何机构组织这一物流活动。本书只研究优化这种"一般物流"的方法和技术。

（3）市场维要素：从物流服务的供需市场角度来看，包括物流服务主体要素（如各类物流企业）、物流服务客体要素（如工业企业、商贸企业等）、物流服务平台要素（基础设施与设备平台、物流信息技术平台、物流监管协调平台、物流中介平台等）。

除了这三维物流要素以外，环境维要素也是保证物流服务体系运行的重要组成部分，它一般包括体制与政策、法律与法规、金融与保险、人才与标准四个方面。

在这四维物流要素的基础上，形成了如图2-2所示的现代物流服务体系的框架结构。其中，人、财、物、信息四个基本要素形成了物流服务供给主体（物流企业和企业物流），然后，在基础设施系统、信息技术系统、体制政策系统和物流中介平台等物流服务供给的支撑平台支持下，产生了物流服务。而物流服务也是由运输、仓储、包装、装卸、搬运、流通加工、配送、信息处理八大功能要素有机结合形成的满足物流需求的服务类型。物流服务供给主体然后将物流服务提供给物流服务需求主体，实现物流目标。在这一复杂的物流服务过程中，外界环境（如政治、经济、军事等环境）对物流服务将产生巨大影响。

三、现代物流服务运作的基本要素

基于现代物流服务体系的框架结构，本书对其涉及的要素框架进行了梳理，给出了要素的具体构成，如图2-3所示。从图2-3可以看出，物流服务运作包括需求要素、供给要素、环境要素，其中，供给要素包括供给主体要素、设施设备要素、信息技术要素；环境要素主要包括体制政策

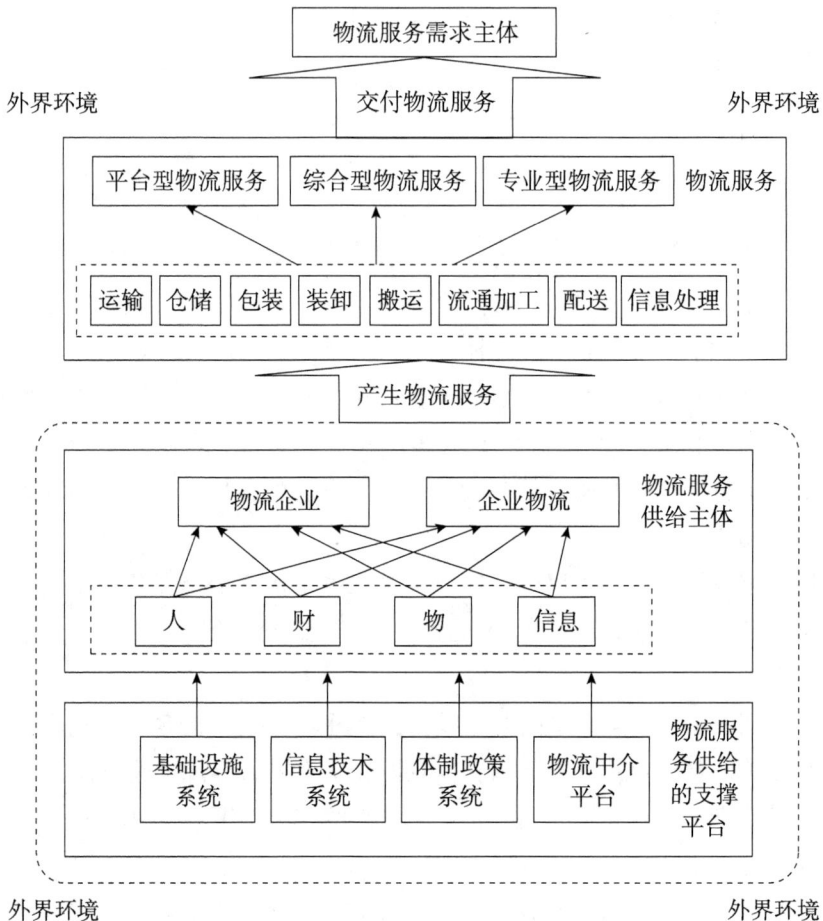

图 2－2　现代物流服务体系的框架结构

环境要素①。其中，设施设备要素、信息技术要素、体制政策环境要素是物流服务平台的三大组成要素。

（一）物流服务需求主体要素（即物流服务客体要素）

物流服务需求主体要素是产生物流需求的主体，对应在现代物流服务体系的市场维中即为物流服务客体要素。经济发展加速了全社会商品、信息和

---

① 注：由于物流中介平台与体制政策发展有着密不可分的关系，例如，中介管理体制直接决定了中介平台的生产与发展，这里的环境要素主要介绍物流体制政策环境要素，其中包括物流中介服务体制等细分要素。

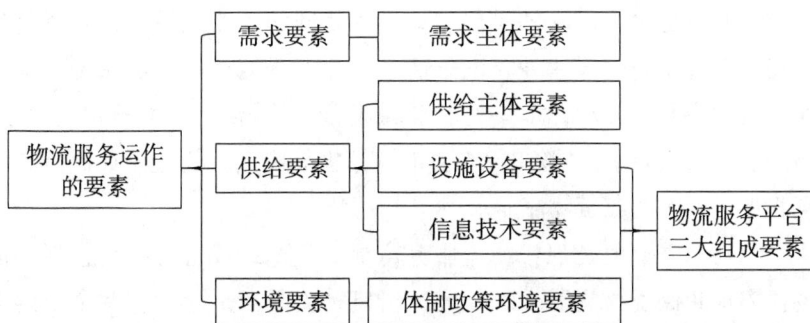

图 2 - 3　物流服务运作的要素构成分析

服务的流通，为物流发展提供了广阔的市场空间，为我国现代物流业供给总量的快速增长提供了需求基础。从整体上看，物流服务需求主体要素来源于国民经济的各个产业，具体包括第一产业物流需求主体、第二产业物流需求主体、第三产业物流需求主体。典型的物流需求包括工业物流需求、农业物流需求、商贸物流需求和进出口物流需求体系。

工业既是我国国民经济发展的主体，也是我国物流需求来源的主体。根据国家统计局的数据，2022 年我国工业品物流总额 309.2 万亿元，按可比价格计算，同比增长 3.6%，占全社会物流总额的 89.0%。因此，必须高度重视工业物流需求在物流需求释放中的作用。工业物流需求主体包括重工业（如采掘（伐）工业、原材料工业、加工工业）企业和轻工业（如以农产品为原材料的轻工业、以非农产品为原材料的轻工业）企业。

农业也是物流需求体系的重要组成部分。根据国家统计局的数据，2022 年我国农产品物流总额 5.3 万亿元，按可比价格计算，同比增长 4.1%。一般来说，农业生产过程大致分为产前准备、产中管理、产后加工、商业流通和最终消费五个大的环节。根据农业物流的流体对象，农业物流需求应该包括三大类：农业生产资料物流需求、初级农产品物流和农业加工品物流需求。其中，农业生产资料物流需求是农业生产资料的生产、储运、配送、分销和信息活动中所形成的物流需求。它是以农业生产投入物为对象的物流需求，它涉及种苗、饲料、肥料、地膜等农用物资和农机具的生产与物流规划、农业生产资料使用和市场的信息服务。农产品物流需求是以农业产出物为对象形成的物流需求，根据农产品的分类又包括粮食作物物流需求、经济作物物流需求、畜牧产品物流需求、水产品物流需求和林产品物流需求。

商贸企业也是物流需求的重要主体。在我国的商业领域中，商贸物流需求主要集中在批发业、零售业、电子商务等业态领域。根据国家统计局的数据，2022年，我国消费市场实现了平稳发展，全年社会消费品零售总额439733亿元，比2021年下降0.2%，市场销售规模基本稳定。如此巨大的消费市场将形成巨大的商贸物流需求。

进出口物流需求也是现代物流服务需求的重要组成部分。它包括一般进出口物流需求和保税物流需求。一般进出口物流需求是泛指在两个或两个以上国家（或地区）之间所进行的物流。保税物流需求是在海关监管区域内（如保税区、保税仓、海关监管仓等）从事物流相关业务，企业享受海关实行的"境内海外"制度及其他税收、外汇、通关方面特殊政策的物流形态。根据国家统计局的数据，2022全年货物进出口总额420678亿元，比2021年增长7.7%。其中，出口239654亿元，增长10.5%；进口181024亿元，增长4.3%。

案例2-1：农业物流生态圈——产业物流发展的重要实践

农业物流生态圈概念的提出聚焦我国农业发展实践，指明了农业物流产业融合发展的方向。一是从广义来看，农业物流生态圈就是共生理论指导下农业物流产业融合新的发展模式；二是从狭义来看，农业物流生态圈指基于农业物流功能（运输、加工、储存、信息处理等）的有机结合，核心业务主导者与政府、金融服务商、互联网技术服务商、高校等相关产业或组织协同合作，以促进农业发展为核心，各主体相互合作、资源共享、互利共生的产业共生生态网络。

农业物流生态圈的一般特征如下。

一是具有鲜明的地域性，农业物流生态圈的构建应当是区域性的，并非所有地区都拥有特色化的农业资源，如土地、水源、气候、文化、历史等。此外，农业物流生态圈作为农业物流运营的崭新尝试，若一开始便着眼于多个区域乃至全国，很容易因资源断流而导致生态圈网络破裂。而以区域特色资源为依托打造生态圈，生态圈的主导者在资金、管理、运营等层面都更容易操作，因此，农业物流生态圈的构建应采取自下而上、由小见大、从区域到整体的拓展模式。

二是具有鲜明的时代性，农业物流生态圈的提出既具有偶然性，也具有必然性，是当今时代经济与社会蓬勃发展的产物。首先，在经济高质量发展模式下，传统的粗放式农业发展方式与之格格不入，需要构建一种效率更高的运作模式与之匹配，夯实国民经济基础。其次，随着人民生活水平的提高，对农产品包装、成分、品种、服务等方面的要求更高，而这必然涉及农业运营的生产、供应、销售等各个环节，不仅需要提升农产品本身的质量，而且需要提升与之配套的物流服务的质量。最后，互联网技术的发展促进了不同领域、不同企业间的沟通融合，而农业物流技术设备的改良对农产品生产、保鲜、配送等效率的提升大有裨益。可见，农业物流生态圈是经济、技术、社会发展的产物，既是对农业运营本身的完善和提升，也是经济高质量发展过程中的必然选择。

三是核心产业与子产业群并存。对农业物流生态圈而言，其核心产业是农业生产物流、农业供应物流、农业销售物流，进而在服务机构支撑下，围绕核心业务衍生出农业物流的拓展业务，如农产品餐饮业、乡村服务站、培训学校等。因此，产业生态圈的构建不仅是原有产业的深度升级，而且是产业的纵深拓展。

四是具有可持续发展性。产业生态圈可持续发展性的内涵包括两个层面。首先从产业本身看，发展前景良好，与产业发展环境和经济发展大方向保持一致。农业物流生态圈构建的出发点是助推农产品下行，协助解决农业、农村、农民的发展问题，而这与国家经济发展的方向以及农业政策的内涵无疑具有内在一致性。其次从产业生态圈的运行模式看，生态圈内的各主体资源应当是共享和互利共生的。对农业物流生态圈而言，其根本目标是推动区域农业转型升级，但并非普通意义上与相关企业或组织的集聚，而是要形成以外部主体助力农业物流升级、以农业物流升级反哺外部主体的良性循环生态圈网络，推动生态圈可持续发展。

资料来源：舒辉，胡毅. 产业互联网驱动下的农业物流生态圈协同理论体系 [J]. 中国流通经济，2021，35 (4)：26-37.

（二）物流服务供给的主体要素

物流服务供给主体要素是构成现代物流服务体系的重要部分，其中，物流企业的形成与发展是物流市场的供给主体。物流企业是物流供给的主体，是至少从事运输（含运输代理、货物快递）或仓储一种经营业务，并能够按照客户物流需求对运输、储存、装卸、包装、流通加工、配送等基本功能进行组织和管理，具有与自身业务相适应的信息管理系统，实行独立核算、独立承担民事责任的经济组织。改革开放以来，我国物流市场上形成了由多种所有制、不同经营规模和服务模式构成的物流企业群体。如果从物流供给服务的性质来看，可以分为两类：一类是第三方物流企业；另一类是自营型物流企业。其中，第三方物流企业是指接受客户委托为其提供专项或全面的物流系统设计以及系统运营的物流服务模式的企业，也就是社会化的物流企业，其客户是各类物流需求主体。自营型物流企业是指其业务来源于自身企业的物流企业，现在有不少制造企业成立了物流公司，例如，上汽安吉物流股份有限公司、中国石油天然气运输公司、日日顺供应链科技公司，这些物流企业主营业务来自自身的母公司。但现在还有一个趋势，就是不少制造企业剥离成立的物流公司也开始从事社会化物流，逐步向第三方物流方向发展，有的社会化业务甚至超过了母公司业务。除了这两类物流企业以外，还有提供平台服务的物流企业，例如，2013年5月成立的菜鸟网络科技有限公司，建立面向社区和校园的物流服务平台，通过整合全国众多的快递公司网络能力，为用户提供包裹代收、代寄等服务，致力为消费者提供多元化的"最后一公里"服务。

案例2-2：菜鸟网络物流生态平台

2013年，菜鸟网络在深圳成立，由阿里巴巴集团、银泰集团联合复星集团、富春控股、三通一达等共同组建。菜鸟网络是阿里在电商平台生态中建立的物流平台生态系统，菜鸟网络的生态系统包含全国范围的智能仓配网络、跨境智能物流平台、国内快递及"最后一百米"的菜鸟驿站等。

随着消费者需求更加多样化、个性化和精确化，单一服务提供方已无法满足综合性服务需求，需要具备互补优势能力的合作伙伴创造更多机会填补消费者需求空缺。菜鸟网络除了整合仓储、配送、"最后一公里"等各环节资源，识别并有效利用不同合作伙伴的独特能力，为消费者提供整体物流解决方案外，也在尽量根据合作伙伴自身的优势与能力来协调互补。菜鸟网络选择与德邦合作，正是看中了德邦不同于通达系快递企业的大件快递运营能力和大件送货上楼的服务，满足了最终消费者在大件物流这一细分领域的需求。"三通一达"、百世与菜鸟网络等共同投资菜鸟驿站，菜鸟网络与圆通等快递企业加盟速易递，都体现了生态系统成员对长尾端需求的重视，解决"最后一百米"难题，因为这是与消费者距离最近、接触最频繁、最能影响服务满意度的部分。

菜鸟网络在传统管理方式的基础上，更多使用数字技术发挥管理效用，使平台、商家、消费者、快递企业的交互效率越来越高，降低合作过程中的管理成本，同时降低了人力成本、固定投资成本等，最终使服务效率与水平明显提升。为了能给消费者带来更高层次的定制化服务，除了建立合作中的标准和规范，菜鸟网络更多运用数字技术激励快递企业进步。菜鸟网络与圆通等快递企业共同建设并使用机器人等自动化、无人化、智能化设备，使菜鸟网络和快递企业的价值创造能力得到提升。

菜鸟网络平台生态的独特性在于轻资产运营的它能够调动各方资源与运力，利用数字技术预测与调配整条物流链路，这是最终价值所依赖的、并且也难以被其他所替代的。菜鸟网络平台也在不断寻求能将这种贡献货币化的方式，使自身及伙伴获取利润与价值。而在价值获取过程中，也注重平衡信息共享程度，菜鸟网络平台与快递企业一方面传输日常数据等信息，另一方面对重要数据与信息加密；一方面共享信息，另一方面保护内部运作的专有性与不透明性，保持自身竞争力，确保所创造的价值能充分实现。

资料来源：刘宗沅，骆温平，张梦莹，等. 电商物流平台生态合作价值创造路径与实现框架——以菜鸟网络为例 ［J］. 管理案例研究与评论，2021，14（1）：79－90.

（三）物流服务供给的设施设备要素

设施设备要素是保障物流服务运作的硬件载体设施。物流设施设备就是指进行各项物流活动和物流作业所需要的设备与设施的总称。它既包括各种机械设备、器具等可供长期使用，并在使用中基本保持原有实物形态的物质资料，也包括运输通道、货运站场和仓库等基础设施。物流设施设备是组织物流活动和物流作业的物质技术基础，是物流服务水平的重要体现。

从分类来看，主要包括运输设施设备、仓储设施设备、连接型设施设备、物流节点设施等。运输型设施设备主要包括铁路、公路、水路、航空、管道、多式联运等运输方式的设施设备；仓储设施设备主要包括库房设施、货场设施及其他配套的设施设备；连接型设施设备主要包括集装箱、托盘、货架、输送搬运、识别设备、其他配套设备等；物流节点设施是指根据市场需求、产业布局、商品流向、资源环境、交通条件、区域规划等因素，在不同区域范围内形成的物流园区、物流中心、配送中心和货运场站等网络节点。

案例2－3：我国物流基础设施建设力度加大，交通运输条件不断改善

2022年3月5日至7日，全国人大代表和全国政协委员认真审查讨论《关于2021年国民经济和社会发展计划执行情况与2022年国民经济和社会发展计划草案的报告》（以下简称"计划报告"）和《关于2021年中央和地方预算执行情况与2022年中央和地方预算草案的报告》（以下简称"预算报告"）。根据两个报告，2021年，我国交通基础设施发展效益不断提升，2022年将适度超前开展重大基础设施建设，精准有效推进交通等领域重大基础设施项目建设。

计划报告显示，2021年一大批交通基础设施项目有序推进。全年铁路投资完成7489亿元，铁路营运总里程突破15万公里，其中高铁运营里程突破4万公里，"四纵四横"高铁网全面建成，"八纵八横"高铁网正在加密形成，川藏铁路、西部陆海新通道、沿江高铁等重大项目建设进展顺利。公路水路建设稳步推进，修订国家公路网规划和全国港口与航道布局规划，建成自动化码头10座。水运方面，长江干线航道、北部湾港、宁波舟山港、深圳港等水运项目稳步推进，引江济淮航运工程、京杭运河浙江段三级航道工程、天津港北疆港区C段码头工程建成投运。

预算报告明确，2022年，我国将继续坚持稳字当头、稳中求进，加强和改善宏观调控，有效扩大国内需求，适度超前开展重大基础设施建设，精准有效推进交通、水利、物流、能源、新型基础设施、民生等领域重大基础设施项目建设。在交通运输领域，推进川藏铁路、西部陆海新通道、沿江高铁、一批铁路专用线重点项目和川藏公路G318线提质改造等加快建设。整体推进京津冀、长三角、粤港澳大湾区城市群城际铁路、市域（郊）铁路建设。做好中长期铁路网、国家公路网和全国港口与航道布局规划修编，强化国家公路、港口和高等级航道网络功能。实施国家水网重大工程，加快发展公铁水多式联运。提升枢纽机场综合保障能力和服务水平，加快培育支线航空市场，提高国际航空货运能力。

同时，深入实施区域重大战略。有力推动京津冀协同发展，加快天津港

北方国际航运枢纽建设。扎实推动长江经济带高质量发展，完善综合交通运输体系，力争全线开工建设沿江高铁，大力发展多式联运。提升长三角一体化发展水平，积极稳妥推动港航资源整合。统筹有序推进碳达峰碳中和，强化工业、交通和建筑节能，开展交通运输绿色低碳行动。

资料来源：https://baijiahao.baidu.com/s?id=1726790047039943882&wfr=spider&for=pc.

（四）物流服务供给的信息技术要素

物流信息技术是现代信息技术在物流各个作业环节中的综合应用，是现代物流区别传统物流的根本标志，也是物流技术中发展最快的领域，尤其是计算机网络技术的广泛应用使物流信息技术达到了较高的应用水平。

从构成要素上看，物流信息系统包括两个方面，一个是物流信息技术，它是现代信息技术在物流各作业环节中的应用，包括 BarCode（条码）、GIS（地理信息系统）、GPS（全球卫星定位系统）、EDI（电子数据交换）、ITS（智能交通系统）等，具体来说包括信息采集技术、跟踪定位技术、业务管理技术等；另一个是物流信息平台，物流信息平台的构建是物流信息化发展的基础，其主要目的是满足物流系统中各个环节的不同层次的信息需求和功能需求。具体来说，包括企业物流信息系统、行业物流信息系统、区域物流信息系统、政府物流信息系统等几个方面。

案例2-4：信息化建设成为物流业高质量发展的重要引擎

2021年5月，第十三届中国物流和供应链信息化大会在福州举办，吸引了近千名政界、学界、商界人士参会，就构建现代智慧物流体系、网络货运及平台企业后服务体系的打造与运营等进行探讨。业内人士指出，后疫情时代，面对国内国际双循环相互促进的新发展格局，"信息化"将加速我国供应链稳定发展。

疫情状态下，信息化保障了我国供应链稳定发展，有力支撑了疫情防控和经济社会发展。在抗击新冠疫情中，物流行业维护了生命线；在企业复工复产中，物流依旧发挥重要的作用。尤其是，新技术、新模式层出不穷，推动物流业响应速度的持续提升，把抗疫物资及生活生产物资准确运送到有需求的地方。

物流与供应链信息化持续深入，一体化供应链服务逐步形成，智能物流新技术应用取得新成果。传统流通企业通过平台化向供应链服务企业转型，利用平台进行流程再造，通过数据加强金融、物流等增值服务，形成新的商业生态，开放、创新、敏捷、协同的一体化供应链系统开始形成。

迈入"十四五"时期，物流业向智慧化、网络化发展已成为明显趋势。与会人士认为，信息化已成为推动物流业发展的重要引擎，加速推动中国供应链稳定发展。

资料来源：https://baijiahao.baidu.com/s? id = 1700153691718077094&wfr = spider&for = pc.（有修改）

（五）物流服务环境的体制政策要素

产业的体制政策实质上体现了政府为实现本产业发展目标而对产业活动的干预。因此，针对我国物流业发展的现状和存在的问题，根据我国经济、社会发展的目标，构建我国现代物流业的产业政策体系和政策措施，是加快发展我国的现代物流业发展的重要举措。

物流体制是指国家机关、企事业单位在机制设置、领导隶属关系和管理权限划分等方面的体系、制度、方法、形式等的总称；物流政策是政府有关部门对物流行业出台的各项意见与规范。因此，物流体制和政策包括五个方面：一是政府管理体制，即部际政策协调、区域政策协调、行业监管制度等几个方面；二是行业管理体制，即行业准入体制、行业自律体制、行业退出体制；三是中介服务体制，即物流中介市场和物流中介组织；四是政策措施体系，包括规划与指导性政策、鼓励和支持性政策、规范和限制性政策；五是法律法规体系，包括各类通用性法律法规和行业性法律法规等。

案例2-5：国家发展改革委发布《"十四五"现代流通体系建设规划》

2022年1月，国家发展改革委正式印发《"十四五"现代流通体系建设规划》（以下简称《规划》），《规划》聚焦制约现代流通体系建设的突出瓶颈和堵点问题，对"十四五"时期现代流通体系建设作出全面部署，是今后一段时期推动现代流通体系建设的统筹设计和系统指引，对于培育完整内需体系、促进形成强大国内市场、加快构建新发展格局具有重要意义。"十四五"期间，国家发展改革委将会同有关方面重点从构建现代物流基础设施网络、拓展物流服务新领域新模式、培育充满活力现代物流企业以及提升多元化国际物流竞争力四个方面推进现代物流发展，为现代流通体系建设奠定坚实基础。

资料来源：https：//www.ndrc.gov.cn/xwdt/wszb/xdzhjttx/？code=&state=123.

四、现代物流服务运作的要素构成表

在图 2-3 现代物流服务运作的要素构成分析基础上，本书对要素构成体系进行细分，形成了四层分析框架，具体如表 2-1 所示。

表 2-1　　　　　　　　　现代物流服务运作的要素构成

一级要素	二级要素	三级要素	四级要素	
物流服务需求主体	第一产业物流需求	农业物流需求	农资物流需求主体、初级农产品物流需求主体、农业加工品物流需求主体	
		林业物流需求	林业物资物流需求主体、林产品物流需求主体	
		畜牧业物流需求	畜牧业物资物流需求主体、初级畜牧产品物流需求主体、畜牧加工品物流需求主体	
		渔业物流需求	渔业物资物流需求主体、初级渔产品物流需求主体、渔业加工品物流需求主体	
	第二产业物流需求	采矿业物流需求	石油、煤炭、金属矿、非金属矿开采和木材采伐等需求主体	
		制造业物流需求	原材料工业物流需求主体	（金属冶炼及加工、炼焦及焦炭、化学、化工原料、水泥、人造板）
			加工工业物流需求主体	（机械设备制造工业、金属结构、水泥制品等工业，以及为农业提供的生产资料，如化肥、农药）
			以农产品为原材料的轻工业物流需求主体	（食品制造、饮料制造、烟草加工、纺织、缝纫、皮革和毛皮制作、造纸以及印刷等工业）

续　表

一级要素	二级要素	三级要素	四级要素	
物流服务需求主体	第二产业物流需求	制造业物流需求	以非农产品为原材料的轻工业物流需求主体	（日化用品、化学药品、医疗器械、文教体育用品等工业）
		建筑业物流需求	建筑、安装、修缮、装饰和其他工程作业等的物流需求主体	
	第三产业物流需求	批发零售业物流需求	生产资料、生活资料、连锁零售等	
		住宿餐饮业物流需求	酒店、宾馆、餐饮企业等	
物流服务供给主体	企业物流	完全自营型企业物流	工业企业、流通企业等	
		部分外包型企业物流	工业企业、流通企业等	
	第三方物流企业	通用服务型物流企业	运输企业、仓储企业、快递企业、货代企业等	
		专业配套型物流企业	汽车物流、电子物流等	
		基础平台型物流企业	港口、货场、物流园区的物流信息服务企业等	
物流服务供给的设施设备	运输设施设备	铁路运输设施设备	线路、机车、车辆、货运站等	
		公路运输设施设备	线路、车辆、货运站等	
		水路运输设施设备	线路、船舶、港口等	
		航空运输设施设备	线路、飞机、航空港等	
		管道运输设施设备	线路及站（场）等	
	仓储设施设备	库房设施设备	通用仓库、特种仓库等	
		货场设施设备	堆场、铁路专用线、吊装设备等	
		货架	托盘货架、自动货架、重力货架等	
		其他设施设备	停车场、道路设施、办公设施等	
	连接型设施设备	集装箱	铁路集装箱、海运集装箱等	
		托盘	自用托盘、共用托盘等	
		装卸搬运设备	起重设备、连续运输设备、装卸搬运车辆（如叉车）、专用装卸搬运设备、自动拣选设备、物流输送机械等	
		识别设备	自动识别系统、RFID智能识别系统	
		其他配套设备	包装设备、升降台、自动化元器件	

一级要素	二级要素	三级要素	四级要素
物流服务供给的设施设备	物流节点设施	货运场站	铁路货运站、公路货运站、港口码头堆场、航空货运站
		配送中心	自营型配送中心、公共型配送中心
		物流中心	专业型物流中心、通用型物流中心、综合型物流中心
		物流园区	货运服务型、生产服务型、商贸服务型、口岸服务型、综合服务型
物流服务供给的信息技术	信息技术	信息采集技术	条码、IC 卡、RFID 等
		跟踪定位技术	GPS/GPRS/GIS
		业务管理技术	运输管理系统、仓储管理系统、货代管理系统、配送管理系统等
	信息平台	企业物流信息系统	货主企业、物流企业等
		行业物流信息系统	农业、工业、商贸流通业等铁路、公路、航运、航空等
		区域物流信息系统	长三角、珠三角、环渤海等
		政府物流信息系统	公共服务系统、物流监管系统等
物流服务供给的体制政策环境	政府管理体制	部际政策协调	各级政府的部际联席会议
		区域政策协调	合作区域的物流联席会议
		行业监管制度	现代物流重点企业联系制度、行业统计核算制度
	行业管理体制	行业准入体制	企业准入、市场准入、职业准入、岗位准入
		行业自律体制	自律组织：（行业协会建设）；自律过程：（行业标准建设、企业信用机制建设、评估与认证制度建设）
		行业退出体制	退出标准、程序、方式等
	中介服务体制	物流中介市场	实体交易市场、网络交易市场（包括航运交易市场、货运交易市场等）
		物流中介组织	中国物流与采购联合会、中国交通运输协会、中国国际货代理协会、中国船舶代理及无船承运人协会等

一级要素	二级要素	三级要素	四级要素
物流服务供给的体制政策环境	政策措施体系	规划与指导性政策	物流发展规划、物流指导意见
		鼓励和支持性政策	税收、财政、金融等
		规范和限制性政策	工商、交通和土地政策等
	法律法规体系	通用性法律法规	民商法、经济法、行政法、社会法等
		行业性法律法规	《中华人民共和国铁路法》《中华人民共和国公路法》《中华人民共和国港口法》《中华人民共和国邮政法》等

　　注1：在物流服务供给的设施设备中，由于物流节点设施是运输设施设备、仓储设施设备、连接型设施设备的集聚场所，它不能完全包容在仓储设施设备、运输设施设备中，所以，特别将物流节点设施单独作为一个二级要素。

　　注2：运输过程设施设备专指完成各种运输任务的生产工具（如机车、车辆等），连接型设施设备是指连接不同运输过程或不同物流场所中所使用的设施设备。把集装箱作为连接型设施设备，主要原因在于集装箱起到了连接不同运输过程的载体作用。

第三节　现代物流服务体系的功能形成与演化机理

一、现代物流服务体系的功能形成过程分析

　　现代物流服务体系的要素借助一定的体系关联模式实现连接关系，形成了体系结构，体系结构在一定的物流服务运作机制下，开展物流服务运作，实现了体系的功能。现代物流服务体系的功能形成过程分析如图2－4所示。

　　其中，体系结构可以细分为区域物流体系结构、产业物流体系结构、专业物流体系结构。区域物流体系包括全国物流服务体系、区域物流服务体系、城市（农村）物流服务体系；产业物流体系包括工业物流体系、农业物流体系、商贸物流体系等；专业物流体系包括铁路物流服务体系、航空物流服务体系、公路物流服务体系、水路物流服务体系、冷链物流服务体系、应急物流服务体系等。

　　各个细分的物流服务体系结构由于自身需求特点的不同，对现代物流服务体系的市场维要素、物理维要素、功能维要素和环境维要素要进行合适的组织与匹配，实现体系的目标和功能要求。体系的关联结构模式如图2－5所示。例如，在应急物流体系中，应急物流是现代物流的一种特殊物流形式，它的构成要素是在普通物流的基础上形成，因"急"而区别于普通物流，这

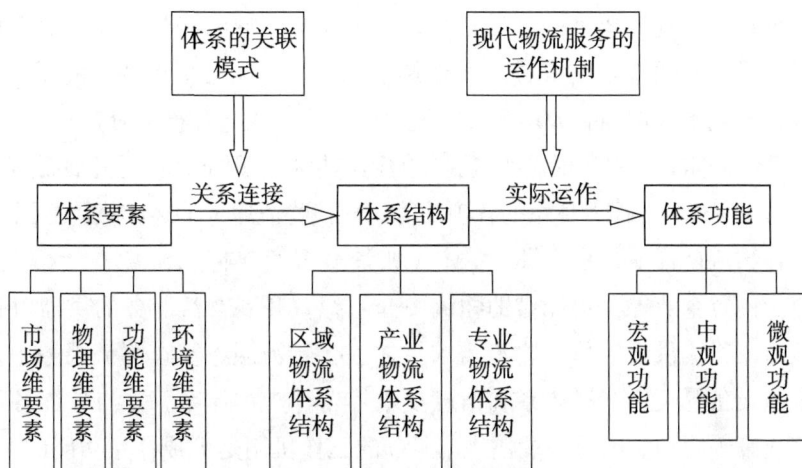

图 2-4　现代物流服务体系的功能形成过程分析

就决定了应急物流要在国家的大物流体系内发展，普通物流的要素可以经紧急动员调用而构成应急物流。应急物流体系的主要目标是有效应对突发公共事件，满足政府应急管理需要；应急物流体系的组织模式是按照应急响应需要，优化整合和升级改造重点领域的现代物流资源，使之具备应急物流保障能力；应急物流体系的关注焦点是如何高效快速地克服时间、空间障碍，在规定的时间要求内到达事发地。

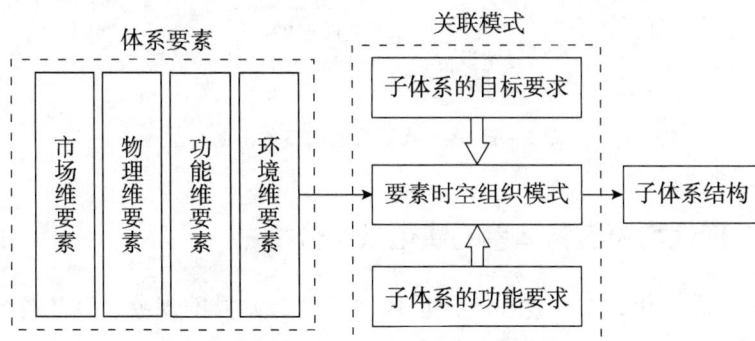

图 2-5　体系的关联结构模式

现代物流服务体系的功能可以从三个层次来理解，从宏观角度来看，物流服务体系可以增加就业机会，提高国民经济的运行效率和效益；从中观角度来看，物流服务体系可以推动东部、中部、西部等地区的物流资源要素的流动，推动物流资源要素的区域整合，有力促进区域经济的发展，缩小地区之间的差异；从微观角度来看，物流服务体系可以优化企业供应链环节，降低企业物流成本，增强企业市场反应能力，强化企业核心竞争力。

各个细分体系结构在现代物流服务的运作机制作用下，通过开展物流服务实际运作，实现物流服务体系的各项功能。现代物流服务的运作机制如图2-6所示，在物流市场中，物流供给主体（如各类物流企业）和需求主体（如工业企业、商贸企业等）可能借助物流中介组织，开展物流服务的供需对接工作，然后由物流供给主体为物流需求主体提供物流服务。在物流服务中，要借助设施设备等硬件支撑体系和信息技术等软件支撑体系，并与外界各类物流体制政策等协调。因此，现代物流服务的运作机制是形成体系功能的关键，有关这部分的研究在后文中阐述。

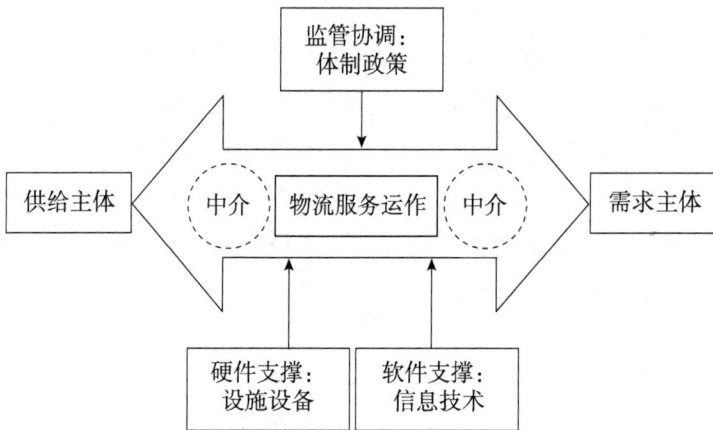

图 2-6　现代物流服务的运作机制

二、现代物流服务体系的演化条件分析

演化又称进化，指生物在不同世代之间具有差异的现象，以及解释这些现象的各种理论。演化的主要机制是生物的可遗传变异，以及生物对环境的适应和物种间的竞争。不少学者借鉴生物学中的演化现象，将演化理论应用于解释管理学和经济学的现象。现代物流服务体系的演化，其前提条件在于体系本身存在开放性、非平衡性、随机涨落性和非线性等几个方面特征，这几个方面特征使物流服务体系从低级阶段的无序状态向高级阶段的有序状态发展。

（一）物流服务体系的开放性

物流服务体系与环境密切联系，需要从环境中获得进行物流活动所需的信息和物质资源，否则将无法维持其生存。有效组织物流活动的企业无法脱离环境提供的原材料和手段。为了避免物流活动的盲目性并确保其持续进行，必须主动从环境中获取信息。同时，物流服务体系也不断地产生并向环境输出信息和物质资源（如产品），与其他社会经济子系统在资本、技术、信息、人力等多个方面建立联系和进行交流。由于物流服务体系的开放性，外部环境的任何变化都会对系统整体功能产生影响。因此，物流服务体系需要保持开放性和自我调整适应性，积极将环境中发生的事件转化为对物流服务体系有利的因素。新时期物流服务体系重视产业融合发展，伴随物流业供给能力的不断提升，物流系统为商贸业、制造业等相关产业不断提供新的融合接口，促成新业态的产生，进一步从实践的角度反映了现代物流服务体系的开放性。

（二）物流服务体系的非平衡性

在物流服务体系中，子系统之间从要素的收益率到企业之间的增长速度、需求扩张和作用地位都存在差异，因此物流服务体系内部系统之间具备非平衡性。物流服务体系不是孤立和宏观静止状态的系统，它与外界密切联系，整个系统随时间而变化；而且系统内部呈现出不同程度的非均匀和多样化的特点，其资源分布、子系统发展情况等方面都是非平衡的，是一种远离平衡系统。新时期物流服务体系伴随大量物质能量和信息的交换，不断催生新的创新点，是一个十分活跃的系统。

（三）物流服务体系的随机涨落性

在物流服务体系中，由于内部和外部因素的作用，涨落是必然普遍存在的。如物流产业之间的差异、物流技术水平高低、先进落后的波动，人才素质高低、学术水平高低、研究开发能力强弱的波动，资金增加减少、盈亏的波动，研究开发乃至商业化作用中成功和失败的波动等。"通过涨落达到有序"是自组织理论的基本原理。没有涨落，系统就没有非线性相干作用的关联放大和序参量的形成，也就不可能有系统的演化。在物流服务体系中，涨落是物流服务体系演化的内部诱因，起着建设性作用。新时期物流业内部仍然存在众多中小型企业，优胜劣汰的市场竞争仍然激烈，头部或优势企业凭借资源优势驱逐或兼并落后企业，有效提高了产业内部的整合水平，并不断刺激物流服务提升和物流服务创新的开展。

（四）物流服务体系的非线性

各个区域物流服务体系之间存在非线性相互作用关系，这是由区域物流服务体系的各产业之间协同、合作和竞争的结果。物流服务体系演化过程中要素间的非线性相互作用主要体现在以下方面：①物流产业之间、物流企业之间和职能部门之间的协同作用；②物流技术创新、组织创新、市场创新的相互作用；③资金、技术、劳动力之间的反馈作用。同时，新时期物流业与经济、技术及其他相关产业体现融合特征，这也是现代物流系统内外部要素非线性相互作用，不断孕育新业态的表现。具体地，现代物流服务体系演化过程中的融合体现在以下方面：①与制造业融合创新发展；②与流通业融合创新发展；③与交通运输融合创新发展；④与数字经济融合创新发展；⑤与区域经济融合创新发展；⑥与国家战略融合创新发展。

三、现代物流服务体系的演进动因模型

从宏观角度上讲，现代物流服务体系演进的根本原因在于物流供需存在不平衡现象，由于供需不平衡导致物流服务体系始终存在改进优化的必要。因此，现代物流服务体系演进是各种动力相互作用的结果，下面就其演进的三方面动因（外在拉动力、内在推动力和催化作用力）进行分析，其演进动因模型如图2-7所示。

（一）外在拉动力分析

（1）产业物流的外包规模不断扩大，物流外包成为主流趋势：自20世纪90年代以来，商业全球化被专家们认为是物流外包重要的驱动力量之一。物流外包指的是各类工商企业为了专注核心业务，节省成本，提高资源的利用效率，集中资源提升企业的核心竞争力，把企业的物流业务从企业的业务中剥离出来，外包给专业的第三方物流公司来运营的过程。随着物流服务的不断深化，物流外包规模正不断扩大。据华经产业研究院的数据，2020年，在

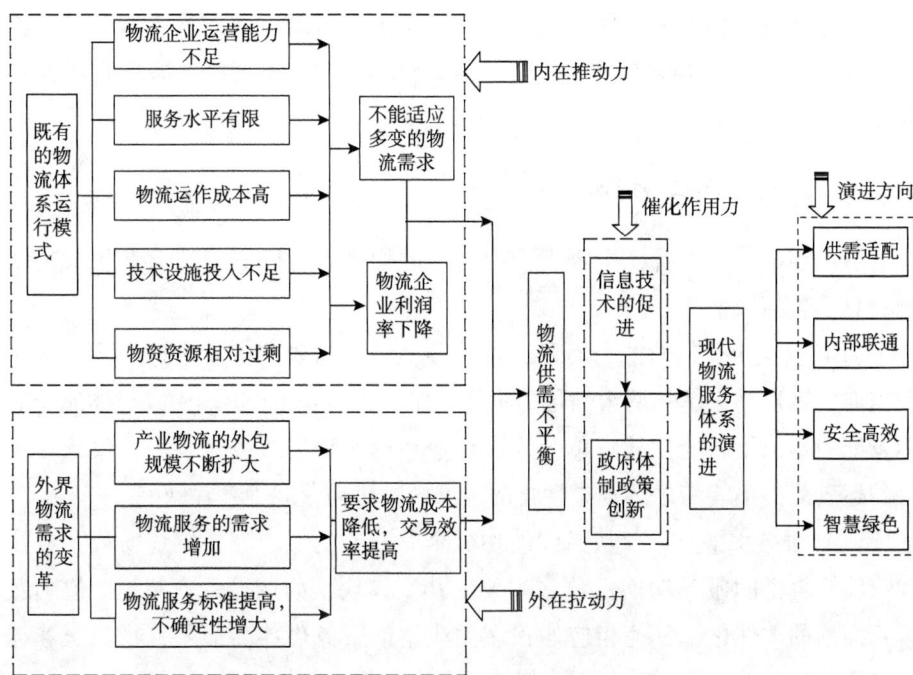

图 2-7　现代物流服务体系的演进动因模型

全国 14.9 万亿元的社会物流总费用中，外包物流的市场规模为 6.5 万亿元，较 2019 年上升 4.04%；2015—2020 年，中国外包物流行业渗透率由 39.5% 增长至 43.9%。

（2）物流服务的需求增加：现在的物流服务，已经远远超出了传统意义上的货物运送、仓储或者寄存等基本的物流服务的内容。对于现代物流企业来说，传统的业务形式已经无法满足客户的需求和适应企业竞争的需要。比如，随着消费场景拓展，多领域消费物流需求实现较快增长，2023 年 1—5 月，单位与居民物品物流总额同比增长 10.9%，与此同时，物流企业等抓住发展机遇，大力提升数字化运营水平，积极推进物流智能化升级，助力企业提质增效。

（3）物流服务标准提高：物流服务的标准已经从作业质量转变为重点考虑综合物流满足能力和物流作业经济性，物流服务更加强调服务的标准，强调能力的满足性。2023 年，京东物流升级三大服务，率先提出"1 小时未取件必赔"和"全程超时必赔"及"派送不上门必赔"三大服务承诺，持续引领行业服务标准。

上述物流市场需求的外在拉动力使物流市场需求主体对物流服务的标准有了大幅度提高，要求物流企业能够有效地降低物流成本，提高物流服务效率。

（二）内在推动力分析

从内在推动力来看，主要表现为传统的物流企业服务模式存在较大的缺陷，具体包括以下几点。

（1）物流企业运营能力不足：随着顾客多变的要求以及全球经济一体化的需要，客户越来越强调柔性化的物流运作，尤其是JIT运作模式对物流企业运营能力提出了新的挑战。单一物流企业在运作物流服务过程中，仅依靠自身的运营能力不能满足客户柔性化的需求，物流运营能力存在缺陷。

（2）服务水平有限：从目前的物流企业服务功能来看，传统物流企业往往只能将自己的服务功能定位在主要的几个模块，如运输、仓储等。但随着客户需求的柔性化，其他相应的很多物流增值服务也伴随而生，物流服务越来越多样化，单一物流企业不可能满足所有的物流服务，服务水平有限。

（3）物流运作成本高：一方面，长期以来，我国物流成本居高不下，其主要原因是物流企业管理水平落后及物流企业规模较小等；另一方面，物流企业的客户由于市场竞争的需要，存在持续降低物流运作成本的要求，因此，物流运作成本过高成为导致物流市场供需不平衡的重要因素。

（4）技术设施投入不足：现代物流业是一个依靠科技进步带动和发展的服务业，虽然其中蕴含着高科技可能带来的高回报，但与其高投入的期望回报及其行业规模资金累积相比，物流行业的整体利润率应该说是非常低的，很多时候甚至不及传统行业。单一的物流企业很少在某些较为先进的物流技术设施上进行大规模投资，导致先进的物流技术投入不足，长期停留在低层次上竞争。

（5）物流资源相对过剩，布局不尽合理：长期以来，国内的物流资源低水平重复建设严重，物流资源相对过剩。同时，许多物流设施布局不尽合理。以物流园区为例，我国物流园区的布局与规划还存在一定的不科学性，在节点的设置、资源的配置、公铁空运输资源的联络和调配等多个方面没有形成整体的规划，造成区域物流园区之间缺乏联系、各自为政，难以较好地适应国家整体物流布局的需要和满足企业供应链运作的需求，造成资源浪费、衔接不畅和配置不平衡。

上述问题的存在使既有的物流服务体系不能适应多变的需求，物流供需矛盾不平衡日益加剧，因此，现代物流服务体系的演进便具有了强大的内在推动力和外在拉动力。

（三）催化作用力分析

1. 信息技术的促进

现代信息技术的飞速发展也给物流服务体系演进提供了催化剂的作用。区域物流体系的运作越来越离不开有效的信息技术支持，各种专业的物流信息技术的使用和物流信息平台的构建，为物流服务体系实施新的运行模式创造了有利的市场环境。

2. 政府体制政策创新

政府体制政策创新也是物流服务体系演化的关键动力。政府管理体制、行业管理体制、中介服务体制、政策措施体系和法律法规体系对于物流产业的平稳健康有序地运行具有不可或缺的作用。因此，体制政策创新的力度决定了现代物流服务体系演进的动力大小，越是体制政策创新，越容易使现代物流服务体系朝着"供需适配、内外联通、安全高效、智慧绿色"的目标前进。

四、现代物流服务体系的协同演化进程分析

现代物流服务体系处于复杂的环境中，物流服务体系内的各个要素相互作用，体系与周围环境相互依存、相互影响。在与环境要素的交互中，现代物流服务体系的发展构成一个动态演化过程。以生物种群和区域产业集群的相似性为基础，借鉴生态学中生物种群的生态位（是物种在生物群落或生态系统中的地位和角色）理论，以区域现代物流服务体系为研究对象，提出现代物流服务体系的演化进程，如表 2-2 所示。

表 2-2　现代物流服务体系协同演化进程（以区域现代物流服务体系为例）

生物群落系统的协同演化	区域现代物流服务体系的协同演化		
	演化阶段	现代物流服务体系的演化特性	在我国出现的大致时间
入侵阶段	企业集聚	物流企业起步，物流市场启动，物流企业具有集聚趋势	20 世纪 90 年代末期，物流企业出现

续　表

生物群落系统的协同演化	区域现代物流服务体系的协同演化		
	演化阶段	现代物流服务体系的演化特性	在我国出现的大致时间
定居阶段	区域物流企业群落	物流企业集聚加强，相互争夺物流资源的竞争力增强，在物流分工中交叉成长	2000—2008 年，物流企业资源整合成为潮流
发展阶段	物流集聚区	物流市场竞争激烈，物流产业之间专业化分工增强，形成分工明确、布局合理、协同发展的物流服务体系，此时区域现代物流服务体系开始出现	2008 年以后，部分地区开始出现物流集聚区；2009 年《物流业调整和振兴规划》提出建设现代物流服务体系的概念和目标
进化阶段	区域物流创新协同网络	物流专业、创新和协同能力增强，高效利用物流资源，降低物流成本，增强系统辐射带动作用，向物流高级同质化进化	2010 年之后，现代物流服务体系发展逐渐开始进入完善和成熟阶段

资料来源：周凌云．区域物流多主体系统的演化与协同发展研究［D］．北京：北京交通大学，2012.（有修改）

（一）企业集聚

现代物流服务体系的形成在于物流供给主体的出现，从时间来看，大致在 20 世纪 90 年代末期，一批专业化的物流企业开始在我国出现。在这个阶段，区域物流企业集聚是指物流企业在区域空间上的出现、迁移和集中分布现象，形成物流企业集聚。区域物流企业集聚的结果是在区域内形成物流企业群。初期形成的物流企业群还只是一些物流企业在某区域的集聚和"扎堆"，尚未有物流专业化分工产生。区域物流企业集聚的显著特征是地理空间上的接近性，它是区域物流经济集聚发展的初级阶段。

（二）区域物流企业群落

区域物流企业群落是指物流企业为了完成某种物流服务的生产和运作，通过专业分工在特定区域集聚而形成的群体，它通过集聚的物流企业在横向和纵向的自身繁衍和自组织专业化分工逐步形成。区域物流企业群落的最显著特征就是物流企业在地域空间上的接近性和专业行业上的接近性，它是区域物流经济集聚发展的中级阶段。

（三）物流园区（集聚区）

物流园区（集聚区）是为适应我国物流业迅猛发展而出现的新的物流产业集群的空间体现。物流服务业务功能的地理集中，使物流园区（集聚区）成为整合物流企业、物流服务功能的服务性区域。物流园区（集聚区）是物流产业在特定区域空间内的集合所形成的物流系统，它是随着物流分工分业涨落的放大和成熟区域物流市场的形成，由物流企业群落演变形成的一个布局合理、协同发展的稳定有序状态。物流园区（集聚区）的显著特征除既有空间和行业上的接近性外，还具有社会的接近性和其行为主体（子系统）的协同性。2006 年以来，物流园区在全国各地落地生根、蓬勃发展。

案例 2－6：全国物流园区总数达 2553 家

中国物流与采购联合会、中国物流学会发布《第六次全国物流园区（基地）调查报告（2022）》（以下简称《调查报告》），对符合以下 3 个基本条件的对象进行了调查分析：①署名为物流园区、物流枢纽、物流基地、物流中心、公路港、铁路港、物流港、无水港等的企业（单位）；②园区占地面积在 150 亩（0.1 平方公里、即 10 万平方米）及以上，具有政府部门核发的用地手续；③园区有多家企业入驻，能够提供社会化的物流服务。《调查报告》显示，全国符合基本条件的各类物流园区共计 2553 家（见图 2－8），比 2018 年第五次调查的 1638 家增长 55.9%。4 年间，我国物流园区总数年均增长 11.7%，增速总体上保持较快态势。

在 2022 年第六次调查的 2553 家园区中，处于运营状态（园区已开展物流业务）的 1906 家，占 74.6%；处于在建状态（园区开工建设但未开业运营）的 395 家，占 15.5%；处于规划状态（园区已开展可行性研究但尚未开工建设）的 252 家，占 9.9%。2022 年调查物流园区建设状态占比情况如图 2－9 所示。

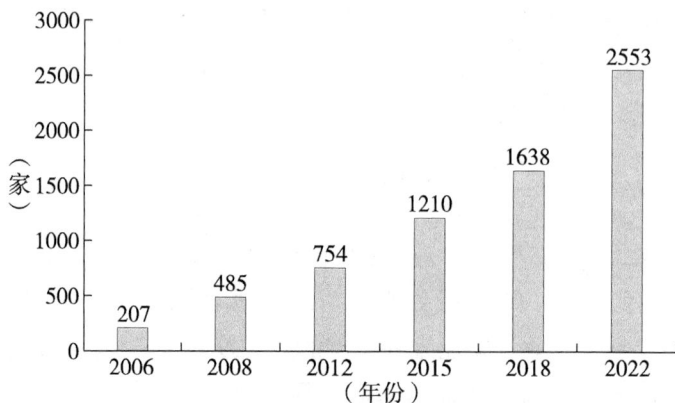

图 2 - 8　2006—2022 年历次调查全国物流园区数量情况

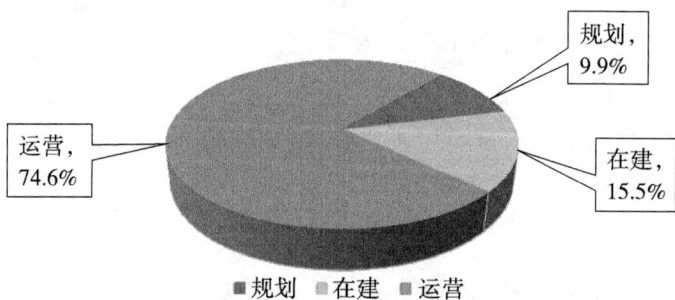

图 2 - 9　2022 年调查物流园区建设状态占比情况

从区域分布来看，四大经济区域运营园区占比均有不同程度提升。东部地区运营园区占比从 2018 年调查的 75.7% 提升至 2022 年的 84.1%，提升了 8.4 个百分点；西部地区、东北地区运营园区占比分别为 68.0% 和 77.8%，均提升了 6.7 个百分点；中部地区运营园区占比提升 3.6 个百分点至 69.0%。2022 年调查和 2018 年调查四大经济区域物流园区数量及建设状态情况如表 2 - 3 所示。

表 2 - 3　　　　　2022 年调查和 2018 年调查四大经济区域
物流园区数量及建设状态情况

区域	年份	规划数量（占比）	在建数量（占比）	运营数量（占比）	合计
东部地区	2022	48（5.3%）	97（10.6%）	765（84.1%）	910（100%）
	2018	52（9.3%）	84（15.0%）	423（75.7%）	559（100%）

区域	年份	规划数量 （占比）	在建数量 （占比）	运营数量 （占比）	合计
中部地区	2022	83（12.4%）	125（18.6%）	462（69.0%）	670（100%）
	2018	51（12.0%）	96（22.6%）	278（65.4%）	425（100%）
西部地区	2022	106（13.4%）	148（18.6%）	539（68.0%）	793（100%）
	2018	86（15.9%）	123（22.8%）	331（61.3%）	540（100%）
东北地区	2022	15（8.3%）	25（13.9%）	140（77.8%）	180（100%）
	2018	11（9.6%）	22（19.3%）	81（71.1%）	114（100%）

资料来源：中国物流与采购联合会，中国物流学会.《第六次全国物流园区（基地）调查报告（2022）》.

（四）区域物流创新协同网络

区域物流创新协同网络是指区域内的各物流要素在主动或被动地参与活动过程中，通过创新物流资源流动与配置而形成的一种高度协同服务网络，数量和质量都维持在稳定的区间。它既是物流服务体系各行为主体之间在交换资源、传递资源活动过程中发生联系时建立的各种关系的总和，也是在一定的地域内以集群创新为功能指向、以横向互动和竞争协同为驱动力的区域物流创新系统。物流集聚区是区域物流创新协同网络的基础和有效载体；区域物流创新协同网络的显著特征是行为主体在空间、行业和社会的接近性及竞争协同和互动创新的有序性，它是区域现代物流服务体系发展的高级阶段。

2014 年 9 月的夏季达沃斯论坛以"推动创新，创造价值"为主题，在开幕式上发出了"大众创业、万众创新"的号召。2016 年，国家发展改革委印发《"互联网 +"高效物流实施意见》，要求深入推进供给侧结构性改革，顺应物流领域科技与产业发展的趋势，加快完善物流业相关政策法规和标准规范，推动大数据、云计算、物联网等先进信息技术与物流活动深度融合，推进"互联网 +"高效物流与"大众创业、万众创新"紧密结合。2018 年，国家发展改革委、交通运输部联合印发了《国家物流枢纽布局和建设规划》，在全国 127 个城市规划布局建设 212 个国家物流枢纽，"点""线""网""面"协同推进，引导物流资源集聚形成规模经济效应，打造跨区域的物流通道，构建"通道 + 枢纽 + 网络"的现代物流运行体系。

案例2-7：继往开来，中欧班列在变局中谋新局

两千多年前，古代丝绸之路开启了东西方文明交往交流交融的历史诗篇。如今，在经济全球化浪潮下，丝绸之路被赋予了更加丰富的时代内涵。沿线国家经济社会发展的共同需求，加速推动亚欧国际物流供应链体系的重构，中欧班列应运而生。从2011年重庆至杜伊斯堡国际列车的"破冰之旅"，到成都、郑州、武汉、苏州、义乌等城市中欧班列的开行，再到2016年统一品牌正式启用，中欧班列进入统一规范、合作共赢、健康持续发展的新阶段。2021年，中欧班列开行15183列，连续两年超过万列，物流服务网络覆盖亚欧大陆全境，谱写了亚欧合作发展新篇章，成为具有强大辐射力、带动力和影响力的国际物流品牌。中欧班列国际影响力与日俱增，同时，也产生了巨大的溢出效应。

一是中欧班列成为沿线国家经济发展的新引擎。随着中国改革开放深入发展，中欧班列不断发展壮大，我国内陆多个省市构建起全新的对外开放产业格局。中欧班列安全、稳定、高效运行为亚欧铁路货运通道和网络注入了新的血液，带动了沿线国家交通基础设施优化升级，还涌现出许多新的物流、工业、商贸中心、产业园区，有力促进了沿线国家经贸合作与繁荣发展。中欧班列为沿线国家带来新的商机，为当地人民带去更多工作机遇，搭建了开放合作、互利共赢的新平台。

二是中欧班列成为国际产业链供应链的稳定器。在新冠疫情全球大流行期间，中欧班列以全天候、大运量、接触少等优势，有力保障了国际抗疫救援物资和工业原材料、产成品的通畅运输，助力沿线国家企业复工复产，为全球抗疫合作提供了有力支撑。在俄乌冲突、苏伊士运河拥堵等重大突发事件中，中欧班列仍保持安全稳定畅通运行，展现了良好的发展韧性和潜力，增强了国际物流应急保障能力。

三是中欧班列成为沿线国家交流互鉴的新纽带。以中欧班列开行为纽带，中外交流合作日益紧密，越来越多的中欧班列境外节点城市与中国主要开行城市建立了国际友好城市关系。中欧班列也成为沿线国家人民的"购物车"，让沿线人民更加便捷地共享来自世界各地的优质商品。中欧班列打造了亚欧贸易和人文交流的新通道，将更多沿线国家的文化产品引入中国，同时也让富有中国元素的商品走出国门，向世界传播中国文化。

资料来源：https：//www.ndrc.gov.cn/fggz/fgzy/xmtjd/202208/t20220822_1333541_ext.html.

五、现代物流服务体系的三维演化路径分析

由于现代物流服务体系在实现其功能的过程中，各类平台要素（如设施设备、信息技术、体制政策等）发挥了重要的作用。无疑，这些平台要素也是促进现代物流服务体系演化的重要支撑力量。借鉴吴爱东（2010）和魏际刚（2006）① 的观点，本书尝试建立一个现代物流服务体系的综合演进模型，以现代物流产业发展为核心，以制度创新为主线，研究现代物流产业发展中的技术、市场和制度（包括组织）之间的交互作用，以形成现代物流产业发展的不同路径。图 2-10 给出了现代物流服务体系的三维演化路径。

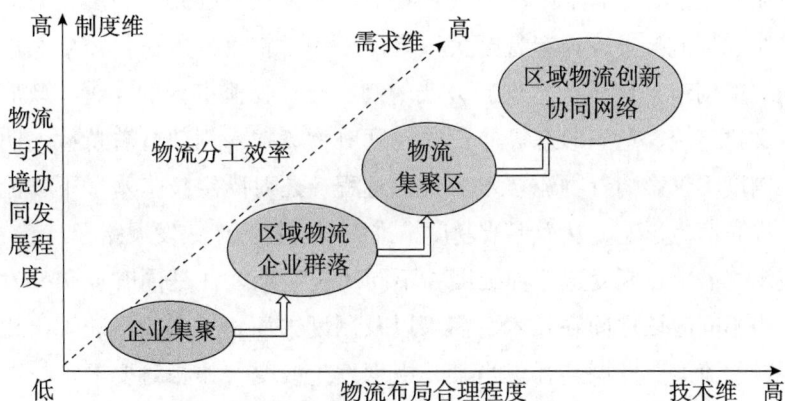

图 2-10　现代物流服务体系的三维演化路径

现代物流产业发展受技术（包括信息技术与各类基础设施）、市场（包括需求、相对要素价格和产品服务的质量）、制度（包括组织、政策、文化和意识形态）的共同作用和影响。可形成以下三种维度。

从技术维来看，技术主导的现代物流产业发展路径是：技术是物流发展潜在的、必要的条件。物流技术要得到有效和广泛应用，就必须进行相应的制度创新。在具有不断增长的市场需求和制度供给充分（即能够产生新知识和新技术、能够推动物流基础设施供给以及传递信息和产生现代物流产业发展激励的制度基础）的条件下，先进物流方式的产生和物流基础设施网络的扩展、完善会形成技术主导的现代物流服务体系发展路径。

———————

① 魏际刚. 物流需求和物流供给 [J]. 中国物流与采购，2006（4）：40-43.

从需求维来看，需求诱致的现代物流产业发展路径是：需求变化，例如社会进步和（区域、部门、国家、工业化及国际化）发展会对物流技术和物流基础设施网络提出新的要求，这将在很大程度上诱致物流技术创新、物流基础设施网络扩展和完善。现实中，作为物流技术创新微观主体的企业，不仅受到这种潜在物流市场需求变化的影响，更为直接的是还受市场中相对价格要素价格变化的影响。企业往往会根据市场中相对要素价格的变化，进行有利于节约相对较高要素技术创新的方向性选择。在物流技术供给充分和制度完善的前提下，需求和相对要素价格的变化将形成诱致性的现代物流服务体系发展路径。

从制度维来看，制度推动的现代物流产业发展路径是：制度创新对物流技术进步和物流技术选择起着至关重要的作用。物流技术进步需要相应的物流组织制度创新。物流技术创新方式的制度化、物流市场的完善、政府政策支持，文化传统、意识形态等非正式制度对物流技术创新有着持续而明显的影响。制度不仅影响着物流技术变迁的进程，还对既定技术水平下物流产业效率的提高产生影响，从而形成制度推进的现代物流产业发展路径。

技术、需求、制度这三种维度在不同历史时期往往是同时或交替发挥着作用。当不同区域之间在技术、需求以及制度方面相近时，将表现出比较近似的现代物流产业发展路径。当某一因素发生改变，如相对要素价格或制度发生变化时，即使需求和技术条件相同，现代物流产业发展也将呈现较大差异。由于各个地区之间的技术、需求、制度方面往往存在较大差异，因而使各地区的现代物流服务体系在具有发展的一般趋势下，呈现丰富多彩的发展图景和效率差异。

这三种维度的演化路径综合结果就是现代物流服务体系朝着物流分工效率更高、物流布局更加合理、物流与环境发展更加协同的三个目标发展。

第三章　物流需求主体要素分析

【引例】2020 年 9 月，国家发展改革委会同工业和信息化部等 13 部门联合印发《推动物流业制造业深度融合创新发展实施方案》，进一步推动物流业制造业深度融合、创新发展，推进物流降本增效，促进制造业转型升级。这个政策的发布揭示着在新的时期，随着我国经济由高速增长阶段转向高质量发展阶段，制造企业的物流需求也在发生新的转变。其需求特点包括以下几个方面：一是制造业希望由原来单一业务外包开始转向供应链合作，随着制造业成本压力不断增大，制造业开始寻求供应链服务的总包商；二是制造企业要求物流企业面向制造业需求进行转型升级，制造企业希望通过物流增值服务来打开市场，提高客户忠诚度；三是制造企业寻求与物流企业风险共担和利益共享，以提高供应链的市场响应效率和产品服务质量的稳定性。然而，部分物流企业仍然停留在原地，缺乏满足制造企业一体化需求的能力。换个角度来思考，如果我们把视角从制造企业扩大到整个国民经济，物流作为国民经济发展的重要支撑，各个产业都需要物流，那么国民经济各个产业对物流服务的需求特征是什么？物流需求有哪些影响因素？用哪些指标来判断宏观经济的物流需求规模？新时期我国物流需求的主要特点是什么？新时期促进物流需求释放的途径和政策是什么？这些都是亟须回答的重要问题。

第一节　物流需求的含义及特征

一、物流需求的含义

物流需求是指一定时期内社会经济活动对生产、流通、消费领域的原材料、成品和半成品、商品及废旧物品、废旧材料等的配置作用而产生的对物在空间、时间和费用方面的要求，它涉及运输、库存、包装、装卸搬运、流通加工及与之相关的信息需求等物流活动的诸多方面。一般是指社会能够通过市场交换而消费的物流服务的数量。

物流需求是物流发展的重要前提条件，个人、企业、行业部门、区域或者国家都可能具有物流需求，物流需求已经涉及现代社会的每个方面。

物流行业的成长取决于物流需求和物流需求的潜力。从企业经营角度来看，建立物流运作系统的目的是在货物运送、储存和提供相关服务方面充分满足客户的期望和要求，推动企业走向成功。

依据供应链理论，在一条供应链上存在许多物流需求。例如，客户对零售商存在物流需求，客户对制造商存在物流需求，零售商对制造商存在物流需求，制造商对供应商存在物流需求，零售商对供应商也存在物流需求。可以看出，物流需求存在于供应链上的多个环节甚至整条供应链，它们分别构成最终物流需求和中间物流需求。

二、物流需求的特征

物流需求与其他商品需求相比具有特殊性，这些特殊性是相互关联、相互影响的。

（一）派生性

在社会经济活动中，如果某种商品或者劳务的需求是由另一种或几种商品或劳务需求派生出来的，则称该商品或劳务的需求为派生性需求。通常把引起派生性需求的商品或劳务需求称为本源性需求，比如，人们日常生活中的衣服、食物、住房是一种本源性需求，而物流需求绝大多数情形下是一种派生性需求。

（二）广泛性

广泛性是指物流需求存在于生产和生活的各个方面。例如，从生产角度来看，生产企业的物品从上道工序转移到下道工序，从一个车间转移到另一个车间，都会产生相应的物流需求。从流通角度来看，物品从批发商到零售商、从零售商到消费者也都会产生相应的物流需求。

（三）多样性

物流需求的多样性是基于主体的多样化和对象的多样化。不同类型的物流需求主体提出的物流需求在形式、内容上都会有差异，而物流对象（如原材料、零部件和产成品）由于在重量、容积、形状、性质上各有不同，因而对运输、仓储、包装、流通加工等条件要求也各不相同，从而使物流需求呈现多样性。例如，石油等液体需要罐车进行运输；鲜活农产品可能需要冷藏保温车进行运输；长大货物、危险品货物需要由专门特殊车辆进行运输。

（四）不平衡性

物流需求在时间和空间上均有一定的不平衡性。物流需求的时间不平衡性，是指在不同时期，经济发展对物流需求量的影响是不一样的。例如，经济繁荣时期的物流活动需求与经济萧条时期的物流活动需求在强度上肯定是有所区别的。物流需求的空间不平衡性，是指在同一时期内，不同区域物流需求的空间分布存在差异，这主要是由于自然资源、地理位置、生产力布局等因素的差异造成的。

案例 3–1：新冠疫情严重影响物流需求

2022 年 3 月上旬，新一轮新冠疫情席卷国内，物流业作为当今社会经济发展的重要因素，再次受到巨大的影响，物流需求急剧下降。中国物流与采购联合会（CFLP）发布的 2022 年 3 月中国物流业景气指数为 48.7%，较上月回落 2.5 个百分点。分项指数也多有回落。指数走势变化显示，3 月受全国多点散发疫情和地区防控政策差异影响，物流供需增速趋缓，跨区流通难度加大，物流促通保畅能力下降，供应链上下游复苏受阻。同时，疫情带来的影响也反映在物流网络中断导致的运输能力不足。中国政府为应对新冠疫情而采取的广泛控制措施不可避免地切断了运输网络：一方面，城市被封锁，交通范围受到明显限制；另一方面，疫情因地而异，地方政府对交通的限制也有所不同。同时受政府对人员流动的控制措施的影响，物流行业劳动力严重短缺。根据 CFLP 发布的信息，2022 年 3 月，受多地疫情防控需要影响，物流从业人员指数为 48.5%，位于收缩区间，未实现春节后物流从业人员迅速回补。

资料来源：https：//www.163.com/dy/article/H5G8FUR90511DC8A.html.

（五）空间特定性和时间特定性

物流需求具有时间和空间的重要特征。在市场经济条件下，物流呈现灵活性，但是它仍然呈现空间特定性，具体表现为在某一空间范围内的特定流向，如煤炭企业的煤从产地向电厂所在地流动。而企业内部，物流的空间特定性更强，只要物流设施布局一定，其物流的流向是固定的。物流时间特定性则表现为一定范围内的定时运输和配送，任何一个物流需求都不可能无限期延续，都属于特定时间范围的物流需求，如果超出这个时间范围，可能物流需求就不存在或者失效。

（六）层次性

物流需求是有层次的，可以分为基本物流需求和增值物流需求。基本物流需求是指对运输、仓储、配送、装卸搬运和包装等物流活动基本环节的需求。增值物流需求主要包括库存规划和管理、流通加工、采购、订单处理和信息系统、系统设计、设施选址和规划等具有增值性的需求。

（七）转移性

物流需求具有转移性特征，主要表现为两个方面：一方面，随着物流技术的变化，可能将原有的物流需求转化为新的物流需求；另一方面，由于物流价格、物流服务或者管理体制转化的原因，原本存在的物流活动可能转化为另一种物流活动，或者物流需求的数量和规模都会发生相应变化。

第二节　物流需求的主要来源与影响因素

一、物流需求的主要来源

按照本书第二章所给出的现代物流服务运作的要素构成表，物流需求来源主要有三个方面，分别是第一产业物流需求、第二产业物流需求和第三产业物流需求，如表 3 - 1 所示。三次产业的划分是世界上较为常用的产业结构分类，但各国的划分不尽一致。按照国家统计局关于三次产业划分的指标解释①，我国的三次产业划分是：第一产业是指农、林、牧、渔业（不含农、林、牧、渔专业及辅助性活动）。第二产业是指采矿业（不含开采专业及辅助性活动），制造业（不含金属制品、机械和设备修理业），电力、热力、燃气

---

① 资料来源：http://www.stats.gov.cn/zs/tjws/tjbz/202301/t20230101_ 1903768. html.

及水生产和供应业，建筑业。第三产业即服务业，是指除第一产业、第二产业以外的其他行业。下面分别对三次产业的物流需求分别进行论述。

表 3 - 1　　　　　　　　　物流需求的主要来源

一级需求	二级需求	三级需求	四级需求	
物流服务需求	第一产业物流需求	农业物流需求	农资物流需求、初级农产品物流需求、农业加工品物流需求	
		林业物流需求	林业物资物流需求、林产品物流需求	
		畜牧业物流需求	畜牧业物资物流需求、初级畜产品物流需求、畜牧加工品物流需求	
		渔业物流需求	渔业物资物流需求、初级渔产品物流需求、渔业加工品物流需求	
	第二产业物流需求	采矿业物流需求	石油、煤炭、金属矿、非金属矿开采和木材采伐等需求	
		制造业物流需求	原材料工业物流需求	（金属冶炼及加工、炼焦及焦炭、化学、化工原料、水泥、人造板）
			加工工业物流需求	（机械设备制造工业、金属结构、水泥制品等工业，以及为农业提供的生产资料如化肥、农药）
			以农产品为原材料的轻工业物流需求	（食品制造、饮料制造、烟草加工、纺织、缝纫、皮革和毛皮制作、造纸以及印刷等工业）
			以非农产品为原材料的轻工业物流需求	（日化用品、化学药品、医疗器械、文教体育用品等工业）
		建筑业物流需求	建筑、安装、修缮、装饰和其他工程作业等的物流需求	
	第三产业物流需求	批发零售业	生产资料、生活资料、连锁零售等	
		住宿餐饮业	酒店、宾馆、餐饮企业等	

（一）第一产业物流需求

第一产业是按"三次产业分类法"划分的国民经济中的一个产业部门，它指以利用自然力为主，生产不必经过深度加工就可消费的产品或工业原料的部门。在我国，第一产业的物流需求主要体现在农业、林业、畜牧业和渔业。

1. 农业物流需求

农业物流是农业生产与农产品销售过程中的物流需求。按照农业的生产过程来分，农业物流需求可以分为农资物流需求、初级农产品物流需求、农业加工品物流需求。农业物流不等于农村物流。有些学者认为，农业物流还包括为满足农村劳动力再生产需要形成的生活消费品物流，主要是吃、穿、用、住、行等类消费品，实际上这是农村商贸物流。因此，要注意将农业物流与农村物流区分开来。

农业物流需求包括以下两个方面：一是满足农业生产需要的农业生产资料物流需求。包括种子、化肥、农药、农膜、农机具、水利灌溉、饲料。也包括钢材、水泥、柴油、农用货车等。二是满足全国人民消费需求的农产品物流需求。农民生产的所有产品，只要不是供自己消费的，都成为商品，农产品部分直接面对消费者，成为最终消费品；部分作为工业原料，向工业品提供消费；部分加工成食品后供居民消费；部分通过出口供外国消费。

我国的农业物流需求有以下几个方面的特点。

一是物流量特别大。我国二元经济结构突出，农业物流量特别大。据统计，2022 年我国有效灌溉面积 70358.87 千公顷，全年化肥施用折纯量5079.20 万吨[1]。

二是物流难度大。与工业品不同，农产品是有生命的动物性与植物性产品，在物流过程中包装难、装卸难、运输难、仓储难，有相当一部分需要借助于冷链进行处理。在由千家万户小农经济构成的农业与农村，农业生产资料与农产品销售物流也特别困难。

三是物流时间与空间要求高。农产品季节性生产，全年消费；地域性生产，全国消费。这种时空差异性决定了农业物流运作较为复杂。

---

① 资料来源：https：//data. stats. gov. cn/easyquery. htm? cn = C01.

四是农业物流是一个双向物流系统，即常说的"工业品下乡与农产品进城"，是解决农民"卖难与买难"的问题。双向物流系统，不仅要解决商品的流动，还要构建农业物流的供应链、价值链与服务链。

随着世界农产品产量的提高和农业产业结构的调整，国际上一些发达国家和农业强国运用全新理念、管理技术在农产品，尤其是在鲜活农产品流通领域，取得了突飞猛进的发展，获得了良好的效益。中国是世界农业大国，在农业产业化发展之后，农产品的数量和质量都有了很大的发展，农产品物流需求巨大。

案例 3-2：我国的农业物流需求量巨大

中国是一个农业大国，2022 年全年粮食种植面积 11833 万公顷，比 2021 年增加 70 万公顷。其中，稻谷种植面积 2945 万公顷；小麦种植面积 2352 万公顷；玉米种植面积 4307 万公顷；大豆种植面积 1024 万公顷；棉花种植面积 300 万公顷；油料种植面积 1314 万公顷；糖料种植面积 147 万公顷。全年粮食产量 68653 万吨，比上年增加 368 万吨，增产 0.5%。其中，夏粮产量 14740 万吨，增产 1.0%；早稻产量 2812 万吨，增产 0.4%；秋粮产量 51100 万吨，增产 0.4%。全年谷物产量 63324 万吨，比上年增产 0.1%。其中，稻谷产量 20849 万吨，减产 2.0%；小麦产量 13772 万吨，增产 0.6%；玉米产量 27720 万吨，增产 1.7%。大豆产量 2028 万吨，增产 23.7%。这些产品除部分农民自用外，大都成为需要物流的商品，形成了体量巨大的农产品物流需求，并刺激我国农业物流的快速发展。2022 年，我国农产品物流总额 5.3 万亿元，同比增长 4.1%。

资料来源：https://www.stats.gov.cn/sj/zxfb/202302/t20230228_1919011.html.

2. 林业物流需求

林业是以森林植物为主要对象的生产部门，它包括森林的保护、造林、育林、采伐、集运、加工制造等一系列生产环节。林业资源是重要工业原料，又是人民消费的重要对象。其中木材对物流数量需求很大，经济林不但有较大物流量，对物流质量的需求也较高。一般来说，林业物流需求包括林业物资物流需求和林产品物流需求。

林业物资物流是指为林业生产提供的必备物资所产生的物流活动，林业生产物资包括伐木机电设备、消防设备、喷灌设备、各类建材、汽油等物资。

林产品物流是指为了满足消费者需求以最小成本而进行的林产品物质实体及相关信息从生产者到消费者之间的物理性流动。包括林产品生产、收购、运输、储存、装卸、搬运、包装、配送、流通加工、分销、信息活动等一系列环节。由于林产品具有季节性生产而要求物流的及时性；以及产销地域广阔分散的特点。所以，林产品物流难度大，要求高。

案例 3-3：广西林业物流需求潜力巨大

2022年，国家林业和草原局、自治区人民政府正式印发《广西现代林业产业示范区实施方案》（以下简称《方案》）。全国首个局区共建的全国性现代林业产业示范区正式落地广西。《方案》提出，到2025年，广西力争林业产业总产值规模突破1万亿元，其中木材产量达到5000万立方米以上，油茶籽产量超过100万吨，林下经济发展面积达到7000万亩，基本建成森林生态美、林业产业强、林区百姓富、生态文化兴的现代林业强区。

根据《方案》，广西将积极构建"一带、两链、三区、四圈、多点"的现代林业产业发展格局。其中，"一带"即西江沿江木材生产加工产业带；"两链"即西部陆海新通道沿线进口木材贸易加工链；"三区"即以桂林、柳州、贺州等为重点的桂东北竹材加工集中区，以河池、百色等为重点的桂西北木本油料产业集中区，以玉林、梧州、防城港等为重点的桂东南香精香料产业集中区；"四圈"即环绿城南宁、环西江、环粤湘、环北部湾四个森林旅游康养圈；"多点"即依托六万大山、九万大山、十万大山等山脉走向，多点布局林下经济重点发展基地。

为加快建设示范区，广西将大力提升木材供给能力，大力发展木本油料产业，大力发展绿色富民产业，大力推进木竹加工提档，大力发展林化医药产业。随着广西林业经济的持续发展，林业企业单位对物流的需求不断增加。

资料来源：https://cj.sina.com.cn/articles/view/2810373291/va782e4ab02002baql.

3. 畜牧业物流需求

畜牧业是我国第一产业的重要组成部分，畜牧业物流是指为了满足畜牧业用户和消费者的需求、实现畜产品价值，把畜产品物质实体从生产者交付至消费者的物理性经济活动。畜牧业物流的具体内容包括畜牧业产品良种繁育、饲养、收购、运输、储存、装卸、搬运、包装、配送、流通加工、分销、信息活动等一系列环节，并且在这一过程中实现了畜产品价值增值和组织目标[1]。这些物流需求内容可以归纳为畜牧业物资物流需求、初级畜牧产品物流需求、畜牧加工品物流需求三类。

案例 3-4：我国畜牧业物流需求量巨大

我国是畜牧业大国，畜牧业大规模发展始于 20 世纪 80 至 90 年代。近些年来，随着强农惠农政策的实施，畜牧业呈现出加快发展势头，畜牧业生产方式发生积极转变，规模化、标准化、产业化和区域化步伐加快。据国家统计局公布的数据，2022 年全年猪牛羊禽肉产量 9227 万吨，比上年增长 3.8%。其中，猪肉产量 5541 万吨，增长 4.6%；牛肉产量 718 万吨，增长 3.0%；羊肉产量 525 万吨，增长 2.0%；禽肉产量 2443 万吨，增长 2.6%。禽蛋产量 3456 万吨，增长 1.4%。牛奶产量 3932 万吨，增长 6.8%。年末生猪存栏 45256 万头，比上年末增长 0.7%；全年生猪出栏 69995 万头，比上年增长 4.3%。

部分资料来源：https://www.stats.gov.cn/sj/zxfb/202302/t20230228_ 1919011.html.

畜牧业物流是一种特殊的产业物流形态，具有与其他物流需求不同的特点。

（1）畜牧业品种多，物流运输需求复杂。畜牧业品种涉及肉禽蛋奶、猪牛羊禽等众多产品，不同的畜禽产品物流需要不同的载体，具有不同的理化要求，引发出许多种畜牧业产品物流，以及独特的畜牧业产品的仓储、运输、配送等。

（2）畜牧业物流要注重食品安全保护。畜牧业物流过程中，产品的食品安全具有重要意义，没有其保鲜、质量的安全，畜牧业物流没有任何意义，一个没有"食品安全"作为保障的畜牧业物流，其社会效益等于零，其经济效益也难以保证，即使有也不会长久。因此，要注重食品安全保护。

（3）畜牧业物流需求涉及从源头到消费的多环节全过程。畜牧业物流过程包括从良种培育到饲养、屠宰、加工、流通、消费的全

---

① 洪涛. 重视和发展我国现代畜牧业物流 [J]. 中国禽业导刊. 2006 (21)：22-24.

过程，畜牧业产品物流链条的形成，符合"从田头到餐桌"的食品安全新理念。

4. 渔业物流需求

渔业物流是由一系列创造时间价值、空间价值和加工价值的经济活动组成，将水产品运输、储存、装卸、搬运、包装、保管、库存管理、流通加工、配送、信息情报处理等基本功能和服务实现有机的结合。按照渔业生产的过程来看，渔业物流需求包括渔业物资物流需求、初级渔产品物流需求、渔业加工品物流需求三类。其中，渔业物资包括鱼苗、渔船、渔具和各种生产资料；初级渔产品物流和渔业加工品物流属于渔业销售物流范畴，业内常称为水产品物流。

一般来说，渔业销售物流中特别要求绿色物流，"鲜活"是水产品的生命和价值所在，但由于鲜活水产品的含水量高，保鲜期短，极易腐烂变质，这就要求水产品物流系统及储运条件、技术手段、流通加工和包装方式具有独立性，同时，对水产品物流的设施、设备和运输工具也要具有专用性，这就大大提高了仓储、包装、运输等环节的技术要求，增加了物流难度。同时，由于生活的地理环境差异很大，水产品消费人口分布有不均匀性。此外，水产品具有季节性集中生产和均衡性消费等特性，水产品物流系统还必须缓解需求量的不平衡性。

案例 3-5：我国渔业物流需求巨大，特色渔业受到推崇

2020 年，联合国粮食及农业组织最新发布的一份报告指出，全球人均鱼类消费量已创下每年 20.5 公斤的新纪录。《世界渔业和水产养殖状况》的数据显示，中国是当前世界最大的鱼类生产国和出口国，到 2030 年，鱼类总产量将增至 2.04 亿吨，较 2018 年增长 15%，水产养殖的份额也将较目前的46% 有所增长。《特色农产品区域布局规划（2013—2020 年）》指出，随着城乡居民消费水平的提高，国内特色水产的消费呈现大众化之势，其市场需求会逐步增加。鲍鱼、海胆、蟹、海参等特色水产，因味道鲜美、营养丰富而备受称誉。据国家统计局统计，2022 年全年水产品产量 6869 万吨，比上年增长 2.7%。其中，养殖水产品产量 5568 万吨，增长 3.2%；捕捞水产品产量1301 万吨，增长 0.4%。渔业的产量增加将推动渔业物流需求增长，给渔业物流发展带来利好条件。

资料来源：https：//baijiahao. baidu. com/s? id = 1669273960174055663&wfr = spider&for = pc；http：//www. doc88. com/p – 3079517813938. html；https：//www. stats. gov. cn/sj/zxfb/202302/t20230228 _ 1919011. html.

（二）第二产业物流需求

第二产业是对第一产业和本产业提供的产品（原材料）进行加工的部门，主要包括采矿业、制造业、建筑业。第二产业迅速发展是国民经济处于工业化时期的重要特点，第二产业的物流需求也是我国国民经济物流需求的主要来源部分。

1. 采矿业物流需求

矿产资源是指由地质作用形成的，具有利用价值的，呈固态、液态、气态的自然资源，主要包括能源矿产、金属矿产、非金属矿产和水气矿产4类。根据自然资源部统计，截至2021年年底，中国已发现173种矿产，其中，能源矿产13种，金属矿产59种，非金属矿产95种，水气矿产6种。我国矿产资源禀赋丰富，但结构不平衡。20世纪初，我国工业化和城市化快速发展，对矿产资源需求快速增长，逐渐成为世界上最大的矿产品生产、消费和贸易国。随着我国进入工业化中后期，城市化进程也开始趋缓，经济由高速增长转变为高质量发展，经济高速增长对大宗矿业产量需求的拉动已基本结束，大宗矿产需求开始趋缓。表3 – 2给出了2010—2022年我国采矿业主要产品数量。

表3 – 2　　　　　　2010—2022年我国采矿业主要产品数量

年份	原煤（亿吨）	原油（万吨）	天然气（亿立方米）	原盐（万吨）
2010	34. 28	20301. 40	957. 91	7037. 76
2011	37. 64	20287. 55	1053. 37	6742. 16
2012	39. 45	20747. 80	1106. 08	6911. 78
2013	39. 74	20991. 90	1208. 58	7367. 60
2014	38. 74	21142. 90	1301. 57	7049. 71
2015	37. 47	21455. 58	1346. 10	6665. 54
2016	34. 11	19968. 52	1368. 65	6620. 10
2017	35. 24	19150. 61	1480. 35	6654. 17
2018	36. 98	18932. 42	1601. 59	6363. 61

年份	原煤（亿吨）	原油（万吨）	天然气（亿立方米）	原盐（万吨）
2019	38.46	19162.83	1753.62	6701.44
2020	39.02	19476.86	1924.95	5852.68
2021	41.26	19888.11	2075.84	5706.51
2022	45.59	20472.24	2201.10	5359.88

数据来源：http：//data. stats. gov. cn/easyquery. htm？cn＝C01.

采矿业物流是将矿产资源开采出来后，经过销售、运输、加工、配送等环节，最后交付终端用户消费的过程。虽然不同矿产资源物理形态、化学性质、功能作用等不尽相同，但整体来看，采矿业物流需求有以下几个特点。

（1）物流需求规模大。矿产资源是人类社会生存和发展的物质基础，支撑世界经济社会繁荣发展。2022 年全球煤炭产量83.18 亿吨，石油产量43.49亿吨，天然气产量达4.25 万亿立方米。

（2）运输距离远。中国、印度、东盟等亚洲新兴经济体，以及美、欧、日、韩等发达经济体消费全球80% 左右的能源资源和金属矿产；而中东地区、南美洲地区、非洲、俄罗斯、澳大利亚等则是全球重要的矿产资源供应地，因而矿产资源多是远洋运输。我国是世界上最大的矿产品生产、消费国，但矿产资源主要分布在中西部地区，消费主要集中在东部地区，也需要跨越上千公里运输。

（3）价格敏感。由于矿产资源物流规模庞大、运输距离远、单位价值低，企业对其物流价格非常敏感。一般来说，采矿企业在不能利用管道运输的情况下，优先选择运输成本最低的水路运输，其次是铁路运输，最后选择公路运输，基本上不会选择航空运输。

（4）安全要求高。由于石油、天然气、煤炭等能源资源具有易燃易爆性，一旦发生火灾或爆炸，将会造成严重的人员伤亡和财产损失，因此必须高度重视安全。为此，相关企业采取定期检查设备、实施安全操作程序、定期培训员工等一系列措施，确保能源资源运输储存的安全性。此外，铁矿、镍矿等金属矿产资源在航运过程中会出现液化现象，导致船舶的稳性变差，严重时会导致船舶倾覆，其风险不亚于原油和天然气运输。

（5）供应链金融需求大。矿产资源占用企业资金规模大，企业具有强烈的融资需求。另外，矿产资源具有价值公允、流通性强、不易变质、无形损耗小等特点，是金融机构理想的质押标的。因而，矿产资源供应链金融受到众多金融机构和企业的青睐，应用场景十分丰富，涵盖预付、存货、应收等各个环节。

2. 制造业物流需求

制造业是指对采掘的自然物质和工农业生产的原材料进行加工和再加工，为国民经济其他部门提供生产资料，为全社会提供日用消费品的生产部门。只要经物理变化或化学变化后成为新的产品，不论是动力机械制造，还是手工制作；也不论产品是批发销售，还是零售，均视为制造。根据《国民经济行业分类》（GB/T 4754—2017），我国制造分为 31 个大类、179 个中类和 609 个小类，可见制造业是一个包容广泛的产业概念。

制造业是一个国家经济实力的重要体现，是实现工业化和现代化发展的基础和保障。经过多年建设和发展，我国成为世界第一制造业大国，涵盖劳动密集型、资本密集型、知识密集型、技术密集型等产业类型，是全球拥有联合国产业分类中所列全部制造业门类的国家，具有强大的制造能力和完善的配套能力。工业和信息化部数据显示，2022 年，制造业增加值占 GDP 的比重为 27.7%，制造业规模连续 13 年居世界首位。我国有 65 家制造业企业入围 2022 年世界 500 强企业榜单，专精特新中小企业达到 7 万多家。高技术制造业占规模以上工业增加值的比重为 15.5%，装备制造业占规模以上工业增加值的比重为 31.8%。新能源汽车、光伏产量连续多年保持全球第一。传统产业改造升级加快，已培育 45 个国家先进制造业集群。2022 年按行业分规模以上工业企业主要指标如图 3 - 3 所示。

表 3 - 3　　　2022 年按行业分规模以上工业企业主要指标

行业	企业个数	产成品（亿元）	利润总额（亿元）
农副食品加工业	24289	2739.19	1824.08
食品制造业	9489	1019.69	1651.91
酒、饮料和精制茶制造业	5765	1199.5	3011.69
烟草制品业	132	242.29	1342.59
纺织业	20413	1863.71	914.84
纺织服装、服饰业	13618	980.84	704.97

续 表

行业	企业个数	产成品（亿元）	利润总额（亿元）
皮革、毛皮、羽毛及其制品和制鞋业	8555	478.15	494.34
木材加工和木、竹、藤、棕、草制品业	11992	518.17	424.78
家具制造业	7299	397.67	420.80
造纸和纸制品业	7526	734.24	576.68
印刷和记录媒介复制业	6840	298.97	420.57
文教、工美、体育和娱乐用品制造业	10603	1249.27	691.99
石油加工、炼焦和核燃料加工业	2288	1828.39	424.51
化学原料和化学制品制造业	24381	4232.54	7420.97
医药制造业	9231	2291.35	4191.36
化学纤维制造业	2224	646.63	250.6
橡胶和塑料制品业	25037	1766.47	1602.62
非金属矿物制品业	47220	3329.14	4574.1
黑色金属冶炼和压延加工业	5929	2798.45	462.43
有色金属冶炼和压延加工业	9074	2184.17	2922.78
金属制品业	34294	2486.51	2046.47
通用设备制造业	33114	3427.36	3218.73
专用设备制造业	25850	3414.28	3012.51
汽车制造业	18108	3972.59	5046.26
铁路、船舶、航空航天和其他运输设备	5957	1011.41	904.76
电气机械和器材制造业	32626	5617.45	5824.53
计算机、通信和其他电子设备制造业	26410	7102.53	7851.56
仪器仪表制造业	6644	756.97	1051.64
其他制造业	2149	160.77	205.16
废弃资源综合利用业	3241	497.25	384.3
金属制品、机械和设备修理业	729	43.68	147.86

数据来源：http://data.stats.gov.cn/easyquery.htm? cn = C01.

制造业物流按照生产运作流程可以分为采购/供应物流、生产物流、销售物流、回收物流、废弃物物流五大部分，具体如图 3-1 所示。采购/供应物流是指制造企业购入原材料、零部件或商品所发生的物流过程，它包括生产资料的采购、运输、进货、仓储、库存管理和用料管理。生产物流是指制造企业从工厂的原材料购进入库起，直到工厂成品库的成品发送为止的物流活动，包括生产计划与控制、厂内运输与搬运、在制品仓储与管理等活动。销售物流是指产品从制造企业售出至运达最终顾客的物流过程，它包括产成品的库存管理、订货处理、仓储发货运输、顾客服务等。回收物流是在生产及流通活动中的废旧材料回收至生产领域重新利用的物流活动。废弃物物流是对生产和流通系统中所产生的无用的废弃物进行处理的物流活动。

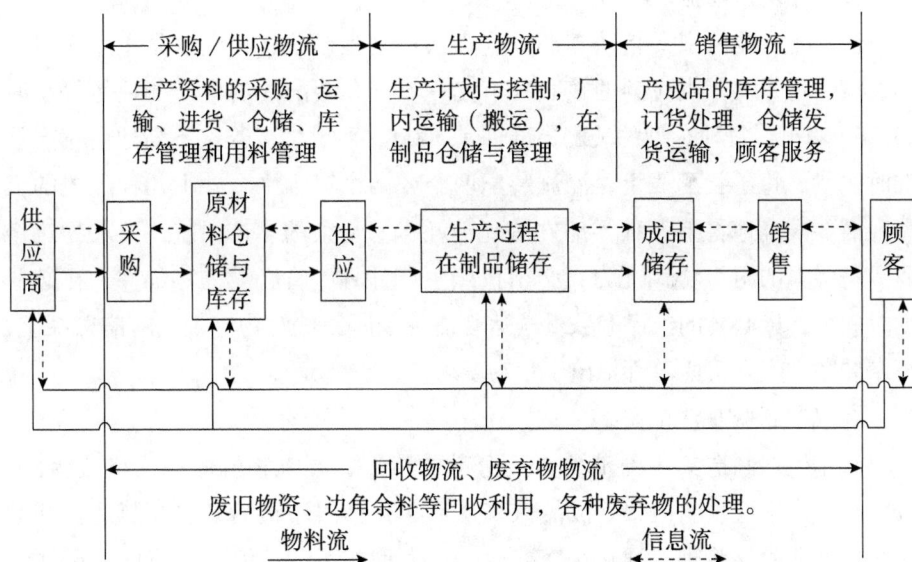

图 3 - 1　制造业供应链及物流运作流程

由于制造业涉及行业非常广泛，物流需求千差万别，笔者简单列举一些典型行业的物流需求特点供读者参考。

（1）汽车制造业物流需求。

2022 年我国汽车产销分别完成 2702.1 万辆和 2686.4 万辆，连续第 14 年产量销量稳居全球第一，为我国汽车物流发展创造了有利条件。汽车制造业的供应链包括零部件采购、运输、储存、流通加工、模块化分装、生产制造、整车储运及售后备件供应等流程。可见，在制造业供应链体系中，汽车产业链是层次繁多、结构复杂的供应链系统，上游涉及零部件供应商数量庞大，下游需求遍及国内的专营店及终端客户。因此，汽车制造业物流需求具有很强的复杂性、技术性和专业性。

①汽车零部件供应物流。

汽车零部件供应物流是指从零部件供应商到汽车制造商零部件仓库之间的物流过程。据估计，一般汽车由1万多个不可拆解的独立零部件组装而成。结构极其复杂的特制汽车，如F1赛车等，其独立零部件的数量可达到2万个之多。成千上万的零部件，通常来自不同地区或国家，需要管理复杂的供应商网络，确保物料及时供应。同时，汽车制造业对零部件质量要求非常高，在交付过程中还要确保零部件的质量控制，以防止次品零部件进入生产线。

②汽车生产物流。

汽车生产物流主要指从零部件仓库入口到生产线，再到成品车库入口前的物流，这是汽车供应链的核心环节之一。汽车装配线的生产节拍是每小时20~40辆车，每种车型的装配零部件是3000多种，需要连续不断地向生产线准时供货。每条装配线上，混流装配两个或两个以上平台、十几种配置的汽车，需要准确地将上万种零部件送到消耗点。复杂的生产系统，要求物流企业具备强大的组织协调能力，必须按照生产计划，将必要的零部件，在必要的时间内，以必要的次序和数量送达必需的场所，这对物流企业的信息系统、技术装备、人员素质等都提出了很高要求。

③汽车制造业整车物流。

汽车生产制造集中与消费市场分散的特点，要求物流服务网络覆盖广、效率高、成本低、响应快。成品汽车从流水作业线下线后，需要制造合理的路线规划和库存管理，通过火车、轮船、大型汽车等运输工具将整车运往销售总仓库、各地分拨中心、各地4S店，最终到达消费者手中。由于汽车整车价值高，任何一点质量问题都会造成不能按期交付，以及无法获得保险理赔和责任性的经济赔偿，因而对整个物流过程的安全质量要求都有非常严格的规定。除了车辆的外观磕碰等质量问题，车辆的钥匙、配件、内饰、文件等保管的问题也很麻烦。随着我国汽车产业特别是新能源汽车产业竞争能力不断提升，我国国产汽车"走出去"的脚步越来越快、越来越远，对国际物流网络建设也提出了新要求。

（2）钢铁产业物流需求。

钢铁产业作为黑色金属冶炼及压延加工业的主体，是国民经济的重要基础产业，是建设现代化强国的重要支撑，也是衡量国家综合国力和国防实力的重要标志。钢铁供应链是围绕钢铁生产企业，从原材料采购开始，经过生产加工制成中间产品和最终产品，并通过分销和流通网络将产品交付给最终用户的生产和流通全过程。钢铁供应链及物流运作流程如图3-2所示。

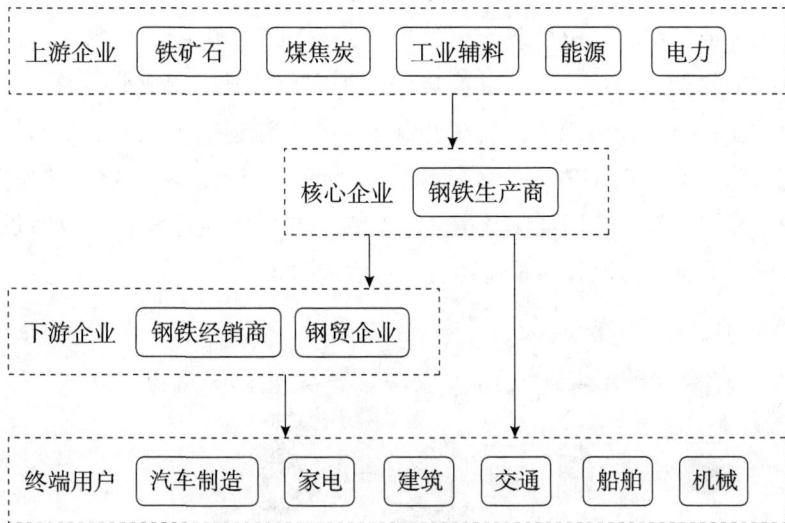

图3-2 钢铁供应链及物流运作流程

①钢铁原材料供应物流。

2022年，我国粗钢产量10.18亿吨，钢产量占世界总产量超过50%，在世界钢铁行业排名中遥遥领先，占据绝对主导地位。生产1吨钢材的通常需要1.6~1.7吨的铁矿石、0.5吨的焦炭，2022年我国粗钢原材料物流需求就超过20亿吨。我国铁矿资源不足，且分布不均，开采条件差，已探明铁矿储量中可利用量有限、品位低，我国主要通过澳大利亚、巴西、南非、印度等国家进口铁矿石。由于我国缺乏铁矿石定价话语权，铁矿石占钢铁企业生产成本的50%左右。此外，钢铁市场整体处于供大于求的状态，对上下游谈判能力均较弱的钢铁企业将成本作为生存发展的关键因素。因此，钢铁原材料供应物流需求具有需求规模大、成本敏感等特点。

②钢铁产业生产物流。

钢铁生产分为长流程和短流程。长流程生产主要的矿物原材料有三种：铁矿、炼焦煤、石灰石。铁矿经选矿工序先选成铁精矿，然后进一步制成烧结矿或球团矿；炼焦煤经过洗煤、配煤工序后经过焦炭炉干馏，释放出挥发成分而后得到焦炭；石灰石可直接用于高炉炼铁的造渣熔剂。以上三种主要原材料进入现代炼铁高炉冶炼可得到碳的质量分数在4%以上的液态铁水。铁水经过氧气转炉吹炼配以精炼炉得到合格钢水。钢水经过连续浇铸或模铸成为钢坯或钢锭，再经过轧制工序最后成为钢材。短流程原材料是废钢，经简单加工破碎或剪切、打包后装入电弧炉中，利用石墨电极与铁料之间产生电弧所发生的热量来熔炼铁料，并配以精炼炉完成脱气、调成分、调温度、去夹杂等功能，得到合格钢水，后续轧制工序与长流程基本相同。虽然钢铁生产工艺较为复杂，但钢铁属于流程型制造行业，产品品种固定，结构简单，物料数量和层次较少，因此物流需求也较为简单，涉及原材料的及时供应和装卸搬运。炼钢的短流程与长流程对比示意如图3-3所示。

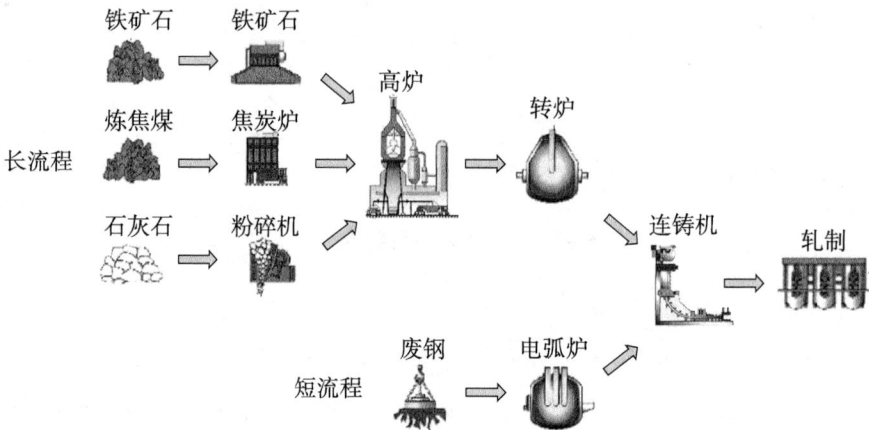

图3-3　炼钢的短流程与长流程对比示意

③钢铁产业销售物流需求。

钢铁消费终端客户包括建筑、机械、汽车、能源、船舶、家电、铁道和集装箱等行业，企业众多，物流需求极为分散。钢铁消费终端客户往往采用多批次、高频率的订货方式降低库存成本，对钢铁物流服务质量要求较高。随着社会分工逐渐深化，一些企业将简单的钢材加工制造逐步外包，还要求对钢铁进行剪切、分条等简单加工和组装。但由于规模效应要求，单个钢厂的产量很高，单批销量较大，通常不接收零星订单。供需两端的物流批量、物流频率均存在巨大差异，无法直接匹配，因此供需两端存在多级经销商或中间商，而钢铁企业通常选择与有规模实力的钢铁贸易商或钢铁物流园区合作销售自家产品。

（3）服装业物流需求。

服装业是指利用面料为主要原料，缝制各种男、女服装的产业，是"衣食住行"的刚需产业，产品直接面向大众消费者。2021年，我国服装行业规模以上企业完成服装产量235.41亿件，同比增长8.38%，是世界最大的服装生产国。服装供应链以消费者需求为中心。服装供应链是指以某个节点企业为核心，通过对信息流、物流、资金流的控制，从面辅料的采购开始，经过设计、加工制成成衣，最后由销售网络送到消费者手中的网链结构，其供应链结构示意如图3－4所示。服装业上游为纺织业，是将天然纤维或化学纤维加工而成各种纱、丝、绳、织物及其色染制品。产业链下游为销售渠道，品牌商主要通过直营和经销商，非品牌商主要通过小企业（夫妻店或区域性中小零售商）。服装业的物流需求主要有以下特点。

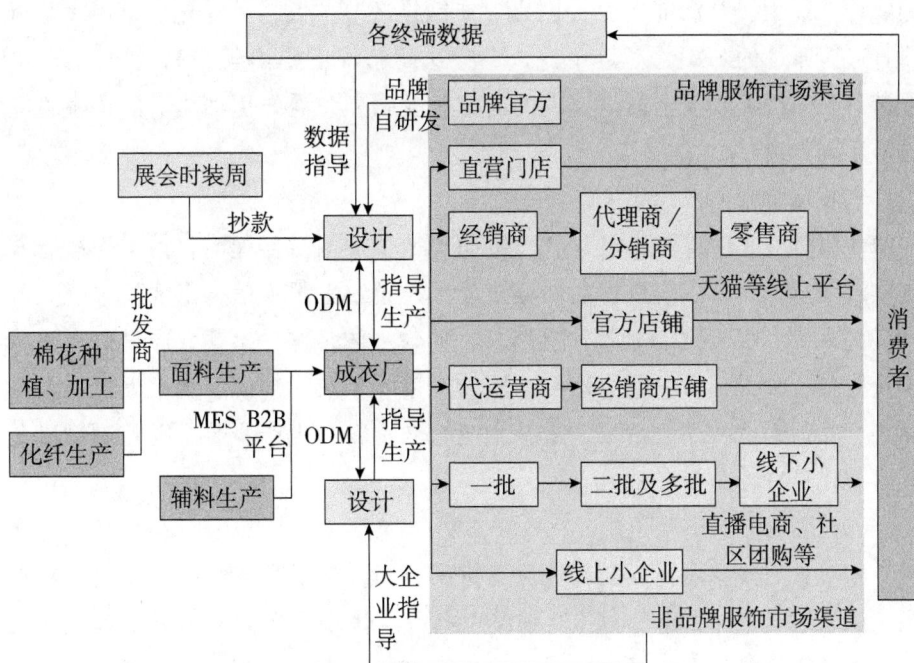

图3－4 服装业供应链结构示意

①季节性强、时效要求高、需求波动大。

服装行业具有强烈的季节性特点，不同季节服装品牌商或厂家都会推出不同的全新产品，满足消费者不断变化的需求。因此，生产、流通都要在相对短时间内完成，服装进出库、调换货、退货等业务非常频繁，要求物流快速响应和准确配送，尽量缩短从收到订单到货物送达的时间。新上季服装通常不打折，目标客户群体是对价格承受能力较强的客户，服装销量通常较为平稳。而在重要节日或季节更替之际，服装厂家都会打折促销提升销量，导致物流需求快速增长。过季服装不仅销量骤减甚至会成为滞销商品，还会额外产生一笔仓储物流费用，对企业利润产生较大影响。

②物流运作管理复杂。

服装属于个性化非标产品，不同消费者有不同的产品需求，决定了服装生产和销售物流的复杂性。一件服装制作包括裁剪、缝制、贴袋、装饰等多个工序，涉及不同颜色、不同款式、不同尺码，因而需要对应不同的面料和配件。随着越来越多的服装企业采用小批量、多品种的生产方式，服装生产物流对应的物料和配件SKU呈指数增长，如何高效管理服装生产车间的物流组织作业成为提升产能的关键因素。在销售环节，大量碎片化的订单，数以百计甚至千计的SKU，对订单拣选、配送的精准度提出了较高要求。此外，服装厂家对线上线下全渠道管理的需求日益强烈，需要更加灵活的拣选方案适应不同渠道订单。

③物流全程可视化要求高。

牛鞭效应是信息流从最终客户端向原始供应商端传递时，由于无法有效地实现信息共享，使信息扭曲而逐级放大，导致了需求信息出现越来越大的波动的现象。服装供应链整体链路长，参与主体多样，牛鞭效应显著。为减少牛鞭效应和提升市场响应速度，服装厂家希望及时准确了解全渠道、全网络各产品的销量和存货情况，指导企业采购物料和生产服装，因此对物流全程可视化具有较高要求。

④逆向物流需求增长快。

相对其他行业而言，服装行业退货率较高，电子商务快速发展进一步提高了服装退货率。目前，淘宝、天猫、抖音、快手等电商和直播平台上，服装日均退货订单量合计已达到千万级别，在电商大促期间，部分电商平台的退货率高达60%。服装逆向物流，不仅要进行收件、上架、仓储等作业，还要对大量退换货商品进行检查、整理、二次包装等附加工作，以便于二次销售。这些附加工作无法采用自动化设备处理，只能依赖人工，导致逆向物流的处理时间是正向物流的3~5倍。此外，不同品牌退货商品返仓路径不同、处理流程不同，这些或大或小的差异使逆向物流更加复杂。目前，众多快递公司与电商平台签订逆向物流战略合作协议，将电商平台退货作为新业务增长点。

3. 建筑业物流需求

建筑业是专门从事土木工程、房屋建设和设备安装以及工程勘察设计工作的生产部门，其产品是各种工厂、矿井、铁路、桥梁、港口、道路、管线、住宅以及公共设施的建筑物、构筑物和设施。建筑业的产品转给使用者之后，就形成了各种生产性和非生产性的固定资产。它是国民经济各物质生产部门和交通运输部门进行生产的手段，是人民生活的重要物质基础。2021 年，建筑业增加值达 80138 亿元，占国内生产总值的 7%，是我国国民经济的支柱产业。2017—2021 年建筑业增加值及其增长速度如图 3-5 所示。

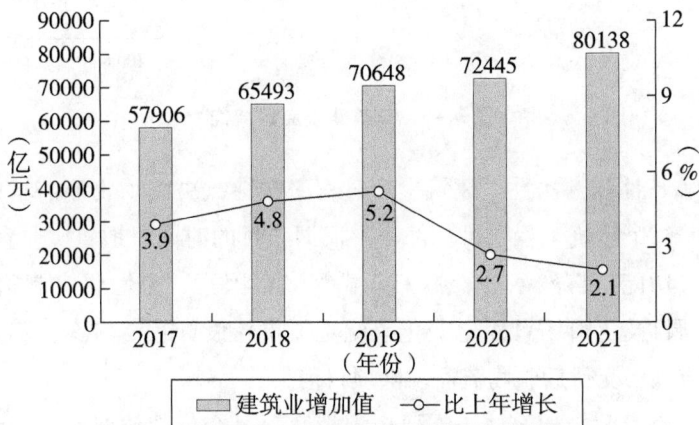

图 3-5　2017—2021 年建筑业增加值及其增长速度

注：增速按可比口径计算。全书同。

建筑业供应链是指围绕建筑安装活动，以建筑总承包商、供应商、分包商、设计单位、业主等组成的网链结构，涉及设计、采购、施工和交付使用等多个环节。业主将自身的需求提供给设计单位并给予设计费用，设计单位按照业务需求提供工程图。之后业主将设计工程图交给建筑总承包商，总承包商按照工程图采购物料、施工建设或将部分工程外包给分包商。工程完工后，建筑总承包商将产品交付给业主验收，验收合格后业主再将产品出售给用户获取利润，其供应链如图 3-6 所示。

从物流角度看，建筑业物流活动包括资源（建筑材料、机械设备和人员配置）的采购和供应计划、物资供应质量标准制定、原材库存的管理与控制、现场物料的运输和配送、物流业务工作的顺序安排，各施工队伍间的物流协调等，其物流需求有以下四个特点。

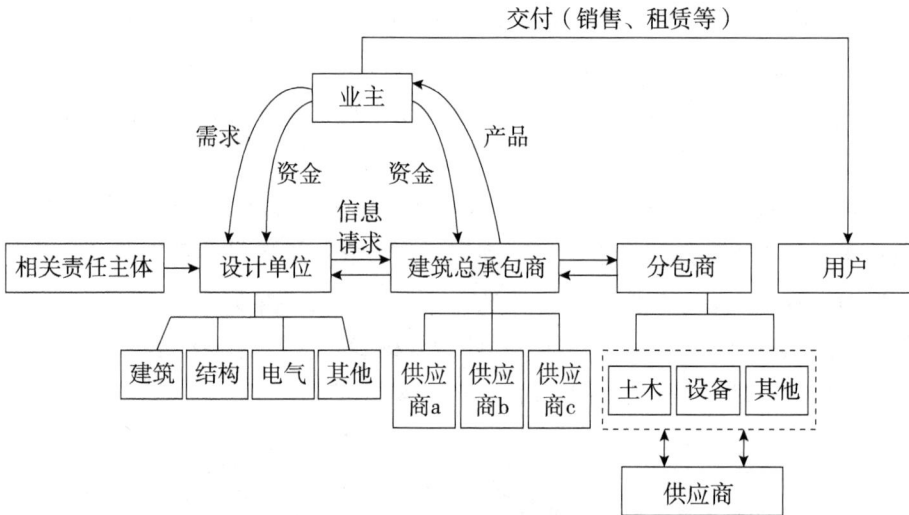

图3－6　建筑业供应链结构

（1）独特性和一次性。建筑生产过程一次性，决定了物流需求的独特性和一次性。每个建筑工程项目，都需要根据项目的时间、地点、质量、资金，工程性质、功能、自然条件、施工方式等多重因素，个性化定制物流方案。一旦建筑项目及使用场景发生变化，就必须重新设计物流方案，不具备可复制性。完成施工交付后，物流需求随项目消失。

（2）计划性强。建筑施工需要根据拟建项目交付使用时间，制订建筑工程施工总进度计划，明确各子项目的建设顺序、完工时间与安装衔接时间，进而计算出劳动力、物料、施工技术装备的需要量，具有很强的计划性。由此，建筑物料必须要在施工节点前运到，否则就会因工期延误造成损失。此外，模板制作、钢筋搭建、混凝土浇筑等施工工序均是在工地完成的，留给物料储放的空间有限，这对物料供应时间的准时性提出了更高要求。

（3）专业性强。不同的工程项目、工程项目的不同阶段对物流业务的专业技术要求不同。例如，一些桥梁隧道建设，必须采用大型机械设备提升工程效率和保证施工安全，而大型机械设备的运输及装卸技术难度极大，运输途中需要专业人员进行勘验道路和保管储存。有些设备属于精密设备，对环境有特殊要求（恒温、恒湿、防振、防尘），需要专业人员特殊照料。

（4）复杂性高。建筑物料来源不同、品种繁多、规格复杂、自然属性千差万别，如何在有限时间、有限空间、有限成本内，保证物资供应与施工生产无缝衔接，是一项复杂的系统工程。同时，建筑业缺少标准化建造方式，施工过程中物料流动交错复杂，具有高度变动性，也进一步增加了物流复杂性。

（三）第三产业物流需求

第三产业是一个庞杂的混合产业群，具体包括流通和服务两大部门，主要包括交通运输、仓储和邮政业，批发零售业，住宿餐饮业，金融业，房地产业和其他行业。第三产业的加快发展是生产力提高和社会进步的必然结果。第三产业的兴旺发达是现代化经济的一个必要特征。大力发展第三产业有利于增强农业生产的后劲，促进工农业生产的社会化和专业化水平的提高，有利于优化生产结构，促进市场充分发育，缓解就业压力，从而促进整个经济持续、快速健康发展。伴随第三产业的发展，其物流需求也不断增长。

1. 批发零售业物流需求

生产和消费往往是非对称的，生产多为一次性大量生产，而消费则一般是少量、多次的。生产与消费的不匹配，催生了批发零售业兴起。批发业是向其他批发或零售单位（含个体经营者）及其他企事业单位、机关团体等批量销售生活用品、生产资料的活动，以及从事进出口贸易和贸易经纪与代理的活动。零售业指百货商店、超级市场、专门零售商店、品牌专卖店、售货摊等主要面向最终消费者（如居民等）的销售活动，以及互联网、邮政、电话、售货机等方式的销售活动，还包括在同一地点，后面加工生产，前面进行销售的店铺（如面包房）。从定义可以看出，批发业与零售业有以下几点不同。

（1）两者的服务对象不同。批发商以转卖者和生产者为服务对象；零售商以终端消费者（个人或集体）为服务对象。

（2）在流通过程中所处的位置不同。批发商处于流通过程的起点和中间环节，当批发交易结束时，商品流通并未结束；零售商处于流通过程的终点，商品售出后就离开流通领域而进入消费领域。

（3）交易数量和频率不同。批发商是供转卖和加工生产的买卖活动，所以批发商的交易量大、交易频率低，属资金密集型行业；而零售商一般是零星交易，频率很高。

（4）营业网点的设置、布局不同。批发网点少，但市场覆盖面宽，并且一般设置在租金低廉的地段；而零售网点面向广大消费者，点多面广，一般多设在繁华地区。

改革开放 40 多年来，我国批发零售业发生翻天覆地变化，2022 年全国社会消费品零售总额约达 44 万亿元，比 1978 年增长约 220 倍。在批发零售业规模跃升的同时，流通领域产品供应极大丰富，供求格局实现了根本性转变，多样化、多渠道、多层次的市场流通体系基本形成，物流需求也发生了显著变化。表 3 - 4 是 2019—2022 年我国批发零售业基本指标情况。

表 3 - 4　　　　　2019—2022 年我国批发零售业基本指标情况

指标		2019	2020	2021	2022
批发零售业	商品购进总额（亿元）	709505.3	800298.9	1037966.3	1132163.4
	商品销售总额（亿元）	782518.3	864261.2	1107727.2	1201793.5
	商品库存总额（亿元）	46410.0	52982.9	54539.4	57573.9
社会消费品零售总额（亿元）		408017.2	391980.6	440823.2	439732.5

资料来源：http://data.stats.gov.cn/easyquery.htm? cn = C01.

随着我国智能手机的广泛普及，"全民网络时代"到来，电子商务与批发零售业融合创新态势不断深化。一是电子商务模式与业态迭代创新，直播电商、短视频电商、社区团购等新业态层出不穷；二是电子商务发展空间不断拓展，农村电商、跨境电商、大宗商品电商蓬勃发展；三是零售企业线上线下深入融合，"线上下单，线下 30 分钟送达"的即时零售成为新潮流。这些新产业、新业态、新模式对物流时效、服务质量、辐射范围、服务价格等提出了更高要求，物流需求向更高层次演化。

2. 住宿餐饮业物流需求

住宿业指为旅行者提供短期留宿场所的活动，有些单位只提供住宿，也有些单位提供住宿和饮食等一体化服务。餐饮业是指通过即时制作加工、商业销售和服务性劳动等，向消费者提供食品和消费场所及设施的服务。住宿餐饮业是与人民生活密切相关的行业之一，是扩大内需、拉动消费、促进发展的重要角色。近年来，随着国民经济稳定快速增长和城乡居民收入水平明显提高，我国住宿餐饮业规模持续扩大，服务质量显著提升，新模式、新业态不断涌现，成为拉动消费需求稳定增长的重要力量。在消费扩容升级的带动下，住宿餐饮业呈现连锁化、品牌化发展态势。但很多企业特别是餐饮企业都面临中等规模困境，即当门店数量达到十几家体量时，采购、品控、物流管理方式很难做到全部门店标准化，带来成本上涨和用户体验不一致。结合行业发展趋势，住宿餐饮业物流需求特点主要体现在以下几个方面。

（1）货物供应多批次、小批量。住宿餐饮企业多位于商业居民区，租金成本较高，可用于存放货物的空间受限，普遍倾向于多批次、小批量订购。特别是部分餐饮企业，为了保证食材新鲜度，对于一些消耗量较大的蔬菜、肉类等食材，要求一天送一次货。

（2）货物品种繁多，冷链服务要求高。餐饮食材包括肉和肉制品、蔬菜类、蛋品类等多种类型，SKU 有上千种之多，主要食材分类如表 3-5 所示。这些食材非标准化属性明显、品控要求复杂，对全程冷链物流服务质量要求较高。

表 3-5　　　　　　　　　　餐饮业主要食材分类

分类			举例
肉和肉制品	鲜肉类	猪肉	五花肉、猪心、猪肚、猪舌、龙骨
		牛肉	牛后腿肉、牛腩、牛杂
		禽肉	鸡爪、鸡边、鸡翅、鸡肾、鸡尖
	冻肉类	猪肉	五花肉、猪心、猪肚、猪舌、龙骨
		牛肉	牛后腿肉、牛腩、牛杂
		禽肉	鸡爪、鸡边、鸡翅、鸡肾、鸡尖
	水产类	活鱼	鲢鱼、鲈鱼、草鱼、福寿鱼
		冰鲜	红昌鱼、河虾、泥鳅、鱼片
	熟食类	熟食	烧鹅、烧鸭、叉烧
	腊味腌肉类	腊味腌肉	腊肠、腊肉
蔬菜类	新鲜蔬菜	叶菜	大白菜、麦菜、小白菜、包菜、空心菜
		根茎	土豆、莲藕、香芹、地瓜、红萝卜
		瓜果	茄瓜、西红柿、冬瓜、南瓜
		豆类	荷兰豆、黄豆
		菌菇	鲜香菇、鲜平菇、水木耳
		水果	苹果、香蕉、西瓜
	蔬菜制品	咸菜	酸菜、梅干菜、榨菜丝
		豆制品	黄豆干、油豆腐、水豆腐、腐竹
		干菜	干木耳、干海带、黄花菜、黄豆

续　表

分类		举例
蛋品类	鲜禽蛋	鹌鹑蛋、鸡蛋、鸭蛋
	蛋制品	咸蛋、皮蛋

（3）需求可预测性、计划性强。虽然住宿餐饮业有明显的季节性，节假日和工作日营业额也有明显波动，但物资消耗基本是有规律可循，可根据历史数据推算预测。住宿餐饮企业通常还会与供应商提前沟通，哪一天进哪几类货，甚至几点钟进货。

（4）成本敏感性高。住宿餐饮业是充分竞争行业，入行门槛不高，行业整体利润率偏低，对各项成本较为敏感。住宿餐饮企业希望在保证食材安全和品质的前提下，能够降低供应链环节的成本，提升物流时效。

（5）服务覆盖范围扩大。随着我国住宿餐饮企业连锁化发展，其对物流服务公司的网络覆盖能力要求越来越高，仅覆盖一、二线城市已不能满足企业需求，服务网络需要向三、四线城市扩展延伸。

（6）增值服务需求增加。住宿餐饮企业除了要求物流企业提供运输、配送服务外，还要提供仓储、分装、分拣、代加工或代采等服务。有些连锁企业为了降低菜品制作成本、提高翻台率，要求直接提供预制菜（经预选、调制等工艺加工而成的半成品，仅需要简单加热或蒸炒就能直接食用）。

案例3-6：上海浦东香格里拉酒店的物资采购业务量分析

浦东香格里拉大酒店1998年8月开业，仅仅两年的时间就收回了投资的大部分成本。其成功之处在于哪里呢？有好的地理环境，过硬的设施，优质的服务，带来了好的客源。但这只是表面的。俗话说，巧妇难为无米之炊。这里的"炊"就是酒店的采购。香格里拉大酒店采购部门通常涉及房务部（包括客房部和前厅部）、餐饮部、采购部三大部门。

浦东香格里拉大酒店有923间客房入住率都在90%左右。从客房部来看，作为一个五星级的酒店，客房部有自己的服务标准。每天都需要更换客人用过的东西。客房基本的用品设施有卫生纸、牙刷和牙膏、毛巾、梳子、两种不同的肥皂、洗发水、沐浴露、浴帽和棉花棒，这只是卫生间里的。房间里有浴袍，床单、被子、枕头（每天都要换干净的）、便笺纸、铅笔和一些文具，还有四瓶免费的矿泉水，这些都是常用的日常设施。我们就以90%的客房率计算以上这些物品每天的消耗量。

卫生间每样东西都需要2套，$923 \times 90\% \times 2 = 1661.4$（套）。也就是每样东西每天需要1662套。香格里拉大酒店的客房用品都是一周领货一次，每周订货，下星期一提货，因此，每周所需要的量就是：$1662 \times 7 = 11634$（套）。

浦东香格里拉大酒店餐饮部也是采购计划制订的重要部门。餐饮部主要采购的物品有两大方面：一是食品（包括冷冻食品和时令食品），二是厨房和餐厅用品。浦东香格里拉大酒店是每天提供餐饮服务较多的酒店之一。据酒店统计，每天有70%以上的客人会点不同做法的鸡蛋，西式点心房平均每天消耗将近1500个鸡蛋（不包括有大型宴会的时候）。如此之大的需求量，就需要有一个完整的采购计划。

资料来源：沈以德．上海香格里拉大酒店采购物流研究［D］．上海：上海电视大学，2006．

目前，我国餐饮物流与供应链依然处于极其不完善的初级阶段。北美最大的食品供应商Sysco，作为世界500强企业其2017年营收高达503亿美元（约合人民币3520亿元），占美国供应链市场份额的18%。而我国在国内市场的领先者年营业额为4亿元左右，仅占预估市场的0.03%。由于我国餐饮物流与供应企业供给能力不足，一些规模实力餐饮企业选择自建物流中心。例如，2017年3月31日，百胜中国西安物流中心在西安国际港务区开仓，将服务百胜旗下的肯德基、必胜客、小肥羊、必胜宅急送四个品牌西北区域的储存配送。该物流中心的建筑面积共12000平方米，其中，干仓5000平方米、冻仓7000平方米，其中，冻仓分为低温码头、冷藏库、冷冻库三个部分，整个冻仓采取多区间温度控制，以保证冷链物流储存过程的食品品质及安全。此举既填补了西安冷链物流业的空白，为西北老百姓能够吃上放心的食品作出贡献，同时可以让百胜旗下餐饮品牌不受制于第三方物流公司，根据市场变化迅速调整。

二、影响物流需求的主要因素

（一）经济发展规模与水平

在当今全球化的商业环境中，经济发展与物流需求之间存在密不可分的联系。一方面，经济增长是物流需求增加的主要驱动力之一。随着国内生产总值（GDP）的增加，市场对商品和服务需求也相应增加，导致供应链各个主体和环节都需要更多的物流服务支持。另一方面，物流需求受经济发展水平影响，不同社会经济增长的时期与阶段决定了物流需求不同的特点。经济发展水平相对发达的地区，产业分工体系更加完善，社会物流需求规模和层次相对较高；而经济发展水平相对较落后的地区，生产制造企业、商贸企业等倾向自己从事物流组织活动，社会物流需求规模和层次相对较低一些，多数需求是分散的、零碎的物流需求。

（二）产业结构与空间布局

一般而言，第二产业涉及供应链产业链主体多，环节多、流程多，产业的物流需求规模大于第一产业和第三产业。例如，我国是制造业大国，2022年GDP是121.02万亿元，第一、第二、第三产业的比值为7.3∶39.9∶52.8。而美国是服务业大国，2022年GDP达到25.46万亿美元（约合人民币178万亿元），三次产业比重为1.1∶18.6∶80.3。虽然美国GDP比我国高，但我国货运量超过500亿吨，美国不到我国的一半。此外，由于物流需求具有派生性的特征，产业布局的变化将导致区域物流需求的变化。

案例3-7：河北有序承接北京非首都功能疏解

河北积极深化与京津区域合作，有序承接北京非首都功能疏解，建设北京批发市场转移承接地，主动承接北京服装、小商品、农产品、家具、建材等区域性批发市场搬迁转移。依托布局在京津周边农产品物流配送基地，完善冷链物流、加工配送服务体系，打造环京津1小时鲜活农产品物流配送圈。截至2021年年底，累计承接北京疏解转移投资5000万元以上项目2094个，承接京津转入法人单位2.88万个，资金额1.28万亿元。

资料来源：http://tjj.hebei.gov.cn/hetj/tjxx/101655889834459.html.

（三）贸易自由化水平

贸易自由化的理论基础来源于亚当·斯密和大卫·李嘉图的比较优势论。该理论认为，对于一个国家来说，不仅在其具有超过其他国家的绝对优势的产品上进行专业化生产是有利的，而且在那些具有比较优势的行业进行专业化生产也是有利的。通过贸易互通有无，各国在具有相对较高生产力的领域进行专业化生产，将有助于提高各国的真实财富总量。所以，贸易自由化实际上就是经济体通过逐渐降低关税，削减贸易壁垒，为他国提供贸易优惠，减少对进口商品和服务的限制。贸易自由化水平提升，有助于推动各国间进出口贸易规模的扩大，增加跨国物流需求。在国家内部不同区域间，由于法律、政策、监管、语言、文化等不尽相同，也会产生一定的贸易壁垒限制商品自由流通，从而影响物流需求。

案例 3-8：中国加入世贸组织，推动进出口物流需求快速增长

2001 年，中国加入世贸组织以来，积极践行自由贸易理念，履行货物贸易领域开放承诺，实现更广互利共赢，在对外开放中展现了大国担当。

大幅降低进口关税。减少进口成本，促进贸易发展，让世界各国更多分享中国经济增长、消费繁荣带来的红利。截至 2010 年，中国货物降税承诺全部履行完毕，关税总水平由 2001 年的 15.3% 降至 9.8%。其中，工业品平均税率由 14.8% 降至 8.9%；农产品平均税率由 23.2% 降至 15.2%，约为世界农产品平均关税水平的四分之一，远低于发展中成员 56% 和发达成员 39% 的平均关税水平。农产品的最高约束关税为 65%，而美国、欧盟、日本分别为 440%、408%、1706%。

显著削减非关税壁垒。减少不必要的贸易限制，促进贸易透明畅通。截至 2005 年 1 月，中国已按加入承诺全部取消了进口配额、进口许可证和特定招标等非关税措施，涉及汽车、机电产品、天然橡胶等 424 个税号产品；对小麦、玉米、大米、食糖、棉花、羊毛、毛条和化肥等关系国计民生的大宗商品实行关税配额管理。

全面放开外贸经营权。促进经营主体多元化，激发各类企业开展贸易的积极性。自 2004 年 7 月起，中国对企业的外贸经营权由审批制改为备案登记制，极大地释放了民营企业的外贸活力，民营企业进出口发展迅速，份额持续扩大，成为对外贸易的重要经营主体。民营企业和外商投资企业进出口占全国进出口总额的比重由 2001 年的 57.5% 上升到 2017 年的 83.7%。2017年，作为第一大出口经营主体的民营企业出口占比达 46.6%。

2017 年，中国在全球货物贸易进口和出口总额中所占比重分别达到 10.2% 和 12.8%，是 120 多个国家和地区的主要贸易伙伴。中国货物贸易出

口为全球企业和民众提供了物美价廉的商品；2001—2017 年，中国货物贸易进口额年均增长 13.5%，高出全球平均水平 6.9 个百分点，已成为全球第二大进口国。

资料来源：https：//www.gov.cn/zhengce/2018 –06/28/content_ 5301884.htm？trs =1.（有删改）

（四）物流供给能力

物流供给能力与物流需求之间是相互依存、相互影响的动态平衡过程。物流供给的变化可以引发物流需求的变化，例如，物流基础设施升级、物流技术水平提高、物流组织效率提升、物流辐射范围扩大等，都可能吸引更多企业采用物流解决方案，进一步释放物流需求。物流供给能力如果出现瓶颈、拖延或不足，导致订单延误、库存积压、货物丢失、成本上升等情况，使商品市场边界缩小，物流需求也会随之减小。

案例3–9：中欧班列扩大沿线国家经贸往来

中欧班列的发展壮大，有效促进了中欧间贸易往来。通过中欧班列，中国的消费类电子产品、家电、日用小商品等多种产品，以更快速度、更优价格到达欧洲，大大提升了欧洲消费者福利。同时，中欧班列为欧洲生产商和贸易商扩大对华出口开辟了新的运输途径，特别是为众多中小企业和"隐形冠军"的产品进入中国市场提供了经济快捷的运输方式，为俄罗斯、德国、荷兰等国家的木材、粮食、畜牧业产品、水果等特色产品创造了更加广阔的市场空间。2016—2021 年，中国自欧盟进口贸易额增长了 63.7%，其中，自中东欧进口增长了 127.3%。中欧班列成为欧洲产品源源不断运达中国的重要贸易通路。

资料来源：《中欧班列发展报告（2021）》。

（五）技术因素

技术进步能使物流需求量增加，使潜在的物流需求得到释放。诸如通信和网络技术的发展、电子商务的广泛应用，对物流需求的量、品质和服务范围均产生了重大影响，而集装箱的使用推动了集装箱多式联运的发展，托盘技术的使用提高了物流服务能力，也间接地促进了物流需求的释放。

（六）消费水平和消费者偏好

消费水平和消费者偏好是直接影响物流需求的重要因素之一。消费者的购买行为和偏好直接决定了市场上的产品种类、数量和运输要求，进而影响了物流系统的运作。一是当消费者购买的产品数量增加时，供应链需要相应地增加生产、运输和分销的能力，从而增加了物流需求规模。二是随着消费者对多样化、个性化产品的追求增加，生产方式从大批量、少品种向小批量、多品种转变，也对物流需求规模和层次产生了重要影响。三是消费者对即时满足的需求增加，要求物流系统匹配更快速的交付和配送能力。

第三节　物流市场的需求分析

前文我们分析了物流需求的主要来源，这些来源包括第一产业、第二产业和第三产业。那么，这些产业需求的主体是什么呢？本节将详细开展论述。

一、物流市场的需求主体分析

随着人们对物流理念认识的不断深化，物流在社会经济中的作用进一步加强，企业、消费者、政府等社会组织都在扩大对物流的需求。总体来看，工商企业仍然占据物流需求的主体地位，非企业物流需求则呈现多元化的趋势，尤其是以家庭和个人为主体的物流需求迅速发展。

（一）企业物流需求主体

企业物流需求主体包括两类，工业企业物流需求和批发零售企业物流需求。企业物流需求主体具有典型的行业特征，不同类型的企业由于其业务性质和市场需求的不同，对物流的需求存在着显著差异。例如，制造企业重视生产制造，强调供应链稳定，对准时交付、库存管理和生产计划优化的物流需求较为强烈。提升客户服务体验是零售企业的核心竞争力，其物流需求主要表现在准确高效的订单响应、快速的补货和商品配送、精确的库存管理和预测等方面。对于全国性的零售企业来说，快速高效地将商品运输配送至全国各地尤为重要。医药行业事关国民的身体健康，医药企业对物流环境有着严格的要求，需要确保在供应链的每个环节都能够保持商品的质量和安全，以避免货品受损或过期。高科技行业企业通常面临产品生命周期短、技术更新快等挑战，需要建立灵活的供应链以适应市场的变化。跨国企业需要处理不同国家的法规、税务和文化差异，应与专业的跨境物流企业合作，以确保顺利的国际供应链运作。

从需求方面来看，根据中国物流与采购联合会和中国物流信息中心发布的数据，疫情之后，物流需求结构继续调整，新动能带动引领作用凸显。工业领域的高新技术物流需求、国际物流需求、网上零售物流需求快速发展，新产业、新业态、新产品的拉动作用持续增强。2022年全国社会物流总额347.6万亿元，同比增长3.4%，物流需求规模再上新台阶，实现稳定增长。2023年，工业品物流需求稳中有升。前三季度，工业品物流总额约220万亿元，同比增长4%，超过六成行业实现增长，工业品物流基本面进一步稳固。

（二）政府物流需求主体

政府物流需求主体即为各级政府，其主要的需求来源在于对应急物流、大型物流设施项目物流和重大体育赛事物流等方面的物流需求。在这些物流需求中，政府不直接参与物流业务的具体运作，而是主要负责物流的组织管理，充分发挥各部门的组织协调作用，形成了各级政府紧密协作，并通过信息共享进行组织协调的组织管理模式。

案例3-10：北京冬奥会物流的政府角色

2022年2月4日，第二十四届冬季奥林匹克运动会在北京隆重开幕。为保障冬奥会物流工作的顺利推进，2018年，北京冬奥组委物流部成立，主要负责北京冬奥会的采购、物流以及物资管理工作，下设四个处室，分别是综合处、采购处、物流处和物资处。这场长达16天的运动盛事，不仅考验着来自全球各地的运动员们，同时还给冬奥会物流工作带来了不小的挑战。政府提出把冬奥会的举办统一到京津冀三地统筹发展的战略规划中，需要有更长远和更高层次的物流规划。京津冀作为本次冬季奥运会举办的主体区域，积极推进海关检查方面的配合工作，2021年年底，京津冀三地海关邀请北京冬奥组委物流部联合举办北京冬奥会海关监管服务保障工作培训，为共同做好北京冬奥会监管服务保障工作打下了坚实基础。

冬奥物流运作管理，除了管理冬奥会所需的器材、设备、人员，还涉及对相关物流基地、配送中心、冬奥物流网络的管理，以及对冬奥物流的全链全流程有效控制与监管，最终实现冬奥物流系统的高效运作。北京2022年冬奥会需要统筹协调的范围更大、层次更多，冬奥会筹备组织工作更复杂，因此取得的成绩也是来之不易，离不开政府层面的创新引导和推动作用。概括而言，第二十四届冬奥会物流保障服务呈四大特点。

第一，工作量巨大，时间跨度长。北京2022年冬奥会和冬残奥会主物流中心总体面积达81000平方米，是本届冬奥会所有场馆当中最早交付、工作最晚结束的非竞赛场馆。本届冬奥会物资涉及两地三赛区40余个场馆、55个业务领域以及28个类别，物资数量巨大、品类繁杂，按照国际奥委会的估测，本届冬奥会的物流工作是和平时期体量最大的一次。

第二，工作要求高，保密性强。由于物流服务保障对象包括对于运动员极其重要的雪板、雪球、雪球杆、冰帽、冰鞋、冰刀等运动器材，因此冬奥会物流保障要求极高且工作涉密，所有参与冬奥物流保障项目的人员不仅要通过严格的政审，还需与国安局签署保密协议。

第三，受新冠疫情影响，物流工作量及供应链的不确定性增加。其中，物流工作量的增加主要体现在各环节多轮次消杀工作和面向所有工作人员的定期核酸检测。对于高、中、低风险地区的器材和其不同流向，北京冬奥组委物流部严格按照防疫方案执行，每个环节都有专业的消杀手段和科学的管理手段来预防新冠病毒。

第四，绿色和科技成为关键词。为践行"绿色办奥"理念，北京冬奥组委物流部通过对主物流中心的一些细节改造，减少了29%的能源消耗；为减少本届冬奥会占比较大的家具物资运输中的碳排放，几乎所有的家具都设计成了可折叠和可堆叠的款式，此举措可将家具物资的整体体积降低75%，极大节约了运输空间，大约减少50%的运输物流量；为了打造低碳奥运会，张家口赛区率先使用氢能源货车，北京赛区全部使用新能源货车和物流操作设备。此外，主物流中心随处可见物流"黑科技"，包括"地狼"机器人、无人车和无人配送柜等智能设备。

资料来源：[1] 罗文丽. 点赞冬奥会物流保障团队 [J]. 中国物流与采购，2022 (4)：5.

[2] 余飞. 北京冬奥会物流保障体系已经搭建完毕 [J]. 中国储运，2022 (1)：53.

[3] 王彦英，孙琴，周三元. 2022年冬奥会物流规划管理创新策略 [J]. 北京体育大学学报，2018，41 (10)：55－61.

（三）家庭和个人物流需求主体

家庭和个人消费品物流需求近年来增长迅速。目前，牛奶、水果、蔬菜等食品及书籍、报纸等生活用品逐步以配送形式进入家庭。另外，个人电子商务正迅速成为中国人生活消费方式之一。电子商务下的城市配送迅速发展，成为家庭和个人物流需求的重要表现。

随着我国电商企业服务能力和影响力不断提升，团购等新型业态迅速发展，网上商品的价格优势深入人心，网购的优势进一步凸显，促使更多的用户被吸纳进入网购消费者的队伍。根据国家统计局于2023年发布的《中华人民共和国2022年国民经济和社会发展统计公报》的数据，2022年我国互联网上网人数10.67亿人，其中手机上网人数10.65亿人。互联网普及率为75.6%，其中农村地区互联网普及率为61.9%。全年移动互联网用户接入流量2618亿GB，比上年增长18.1%。全年实物商品网上零售额119642亿元，按可比口径计算，比上年增长6.2%。网购人群的迅速增长，催生了家庭和个人物流需求的迅速扩大。

二、物流市场的需求指标分析

发现、观察、理解和捕捉产业物流需求是企业不断增强竞争力的根基。但物流需求复杂多样，主观性和不确定性强，影响因素众多，如何用指标描述物流需求变化是一个难题。目前，学术界尚未有统一指标来测度物流需求。不过，可以从社会物流总额、社会物流总收入、社会物流总费用、货运量和货物周转量等指标，从不同维度观察宏观物流需求变化。

（一）社会物流的物品总额

简称社会物流总额，即报告期内，社会物流物品的价值总额。社会物流物品是指从供应地向接受地实体流动的全部物品，是社会物流产业活动的对象。为避免重复计算，社会物流的物品按初次来源计算，即第一次进入国内需求领域，产生从供应地向接受地实体流动的物品。

从国内社会物流物品的初次来源看，主要有以下五个方面：①第一次进入国内需求领域的农林牧渔业产品，简称农产品；②第一次进入国内需求领域的工业产品，简称工业品；③进口货物；④进入需求领域的再生资源商品，简称再生资源；⑤单位与居民物品，包括铁路、航空运输中的行李、邮递业务中的包裹、信函、社会各界的各种捐赠物、单位与居民由于搬家迁居形成的物品装卸搬运与运输等。

因此，社会物流总额同样包括五个方面：①进入需求领域的农产品物流总额；②进入需求领域的工业品物流总额；③进口货物物流总额，即进口总额；④进入需求领域的再生资源物流总额；⑤单位与居民物品物流总额。社会物流总额是从货物价值维度反映物流需求，在很大程度上决定社会物流产业活动的规模，它的增长变化一定程度上反映物流需求的增长变化。

2022 年，我国社会物流总额为 347.6 万亿元，其中，工业品物流总额占比接近 90%，工业企业是我国物流需求的重要主体（见表 3-6）。

表 3-6　　　　　　　　　2022 年社会物流总额构成及比例

	绝对额（万亿元）	比例（%）
社会物流总额	347.6	100.00
其中：农产品物流总额	5.3	1.52
工业品物流总额	309.2	88.95
进口货物物流总额	18.1	5.21
再生资源物流总额	3.1	0.89
单位与居民物品物流总额	12.0	3.45

资料来源：中国物流与采购联合会。

注：数据存在四舍五入，未进行机械调整。全书同。

（二）社会物流总费用

社会物流总费用是指报告期内，国民经济各方面用于社会物流活动的各项费用支出。包括支付给运输、储存、装卸搬运、包装、流通加工、配送、信息处理等各个物流环节的费用；应承担的物品在物流期间发生的损耗费用；社会物流活动中因资金占用而应承担的利息支出；社会物流活动中发生的管理费用等。社会物流总费用既包括各行各业企业自营物流产生的费用，也包括将物流业务委托给第三方物流企业所产生的费用。对于国民经济各行各业经济部门来说，社会物流总费用是成本。对于物流企业来说，社会物流总费用是潜在物流市场规模。

社会物流总费用划分为运输费用、保管费用、管理费用三大部分核算。

1. 运输费用

运输费用是指社会物流活动中，国民经济各方面由于物品运输而支付的全部费用。包括支付给物品承运方的运费（即承运方的货运收入）；支付给装卸搬运保管代理等辅助服务提供方的费用（即辅助服务提供方的货运业务收入）；支付给运输管理与投资部门的，由货主方承担的各种交通建设基金、过路费、过桥费、过闸费等运输附加费用。

运输费用 = 运费 + 装卸搬运等辅助费 + 运输附加费

2. 保管费用

保管费用是指社会物流活动中，物品从最初的资源供应方（生产环节、海关）向最终消费用户流动过程中，所发生的除运输费用和管理费用之外的全部费用。包括物流过程中因流动资金的占用而需承担的利息费用；仓储保管方面的费用；流通中配送、加工、包装、信息及相关服务方面的费用；物流过程中发生的保险费用和物品损耗费用等。

保管费用的基本计算公式如下。

保管费用 = 利息费用 + 仓储费用 + 保险费用 + 货物损耗费用 + 信息及相关服务费用 + 配送费用 + 流通加工费用 + 包装费用 + 其他保管费用

3. 管理费用

管理费用是指在社会物流活动中，物品供需双方的管理部门因组织和管理各项物流活动所发生的费用。主要包括管理人员报酬、办公、教育培训、劳动保险、车船使用等各种属于管理费用科目的费用。

管理费用的基本计算方法如下。

管理费用 = 社会物流总额 × 社会物流平均管理费用率

式中，社会物流平均管理费用率，是指报告期内，各物品最初供给部门完成全部物品从供给地流向最终需求地的社会物流活动中，管理费用额占各部门物流总额比例的综合平均数。

（三）社会物流业务总收入

社会物流业务总收入（也称物流业总收入）是指报告期内，物流相关行业参与社会物流活动，提供社会物流服务所取得的业务收入总额，既是物流相关行业的总产出，也是国内物流市场总规模。包括参与社会物品物流过程中运输、储存、装卸搬运、包装、流通加工、配送、信息处理等各个方面业务活动的收入。可见，社会物流业务总收入是物流业在现有生产力水平下，国民经济各个领域对社会物流服务的实际需求所产生的支出。

社会物流业务总收入根据参与过程，也可以简单划分为运输收入和保管收入两大部分来计算。

1. 运输收入

运输收入是指社会物流活动中，物流相关行业参与物品运输而取得的全部收入。包括物品运输承运企业的货运收入；装卸搬运保管等辅助服务企业的货运业务收入；货运代理服务企业的货运代理业务收入。运输管理与投资部门收取的各种交通建设基金、过路费、过桥费、过闸费等货物运输附加费用，虽然不能直接计入物流相关行业的业务收入中，但属于社会物流运输活动的成果，应计入社会物流业务总收入中。

2. 保管收入

保管收入是指社会物流活动中，物流相关行业参与物品从配送、流通加工、包装、信息及相关服务、仓储保管和其他属于保管环节活动，所取得的业务收入。

（四）货运量和货物周转量

运输是物流的核心功能之一，几乎所有商品流通都离不开运输。货运量是指报告期内各种运输工具实际运送的货物数量，是从货物重量（体积、件数）维度反映运输物流需求。货物周转量是指报告期内各种运输工具运送的货物（旅客）数量与其相应运输距离的乘积之总和，是从货物运输工作量反映客户的货物运输需求。

2022 年，我国完成营业性货运量 506.63 亿吨，完成货物周转量 226160.96 亿吨公里。其中，公路货运量 371.19 亿吨、货物周转量 68958.04 亿吨公里，占总货运量和货物周转量的比例分为 73.3%、30.5%，主要满足短途运输需求。铁路完成货运总发送量 49.84 亿吨，完成货物周转量 35945.69 亿吨公里，占总货运量和货物周转量的比例分为 9.8%、15.9%。水路完成营业性货运量 85.54 亿吨，完成货物周转量 121003.14 亿吨公里，占总货运量和货物周转量的比例分为 16.9%、53.5%。铁路和水路主要满足中长途运输需求。2022 年营业性货运量构成（按运输方式分）如图 3-7 所示。

货运量
民航，0.01%

货物周转量
民航，0.1%

水路，
16.9%

铁路，
9.8%

公路，
73.3%

铁路，
15.9%

水路，
53.5%

公路，
30.5%

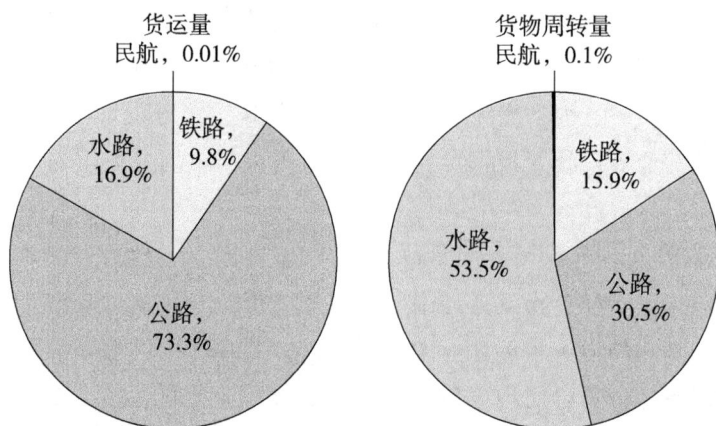

图3－7　2022年营业性货运量构成（按运输方式分）

三、物流市场的需求结构分析

需求结构即市场中的物流服务购买主体结构，是指物流服务购买主体在市场中的分配比例。需求结构可以从两个方面来衡量：一是物流服务购买主体的需求层次结构；二是物流服务购买主体的空间分布结构。

（一）需求层次结构分析

物流需求层次结构是指物流需求主体对物流服务需求的深度，它可以从外包的程度和外包的服务内容两个方面测量。一般来说，越是社会化程度高的，其物流需求的层次也越高。这里，可以用物流外包渐进式发展的理论来分析物流需求的层次结构。基于外包渐进式发展的理论，工商企业要根据实际物流需求情况，选择适合自己的物流外包形式，企业物流的经营形式大约有以下几种形态：物流完全自营、物流业务部分外包、物流系统剥离、物流战略联盟、物流业务完全外包、物流系统接管六种形态，这六种形态的比较如表3－7所示。

（二）需求空间分布结构分析

物流需求空间结构是由不同区域所形成的物流需求集聚区按照区域经济关系构成的一种空间秩序，反映区域经济系统中物流需求体系各构成要素之间的空间组织关系，包括各区域物流需求在空间中的相互位置、相互关系、相互作用、集聚程度及分布规律等。区域物流需求空间结构的特征具有以下几个方面。

表 3 - 7　　　　　　　　　　物流需求的层次结构情况

物流需求的层次	物流外包层次	物流需求的社会化程度
低 ↓ 高	物流完全自营	没有社会化需求
	物流业务部分外包	部分社会化需求
	物流系统剥离	较多的社会需求
	物流战略联盟	完全社会化需求
	物流业务完全外包	完全社会化需求
	物流系统接管	完全社会化需求

1. 物流需求产业关联特征

物流需求主要产生于产业经济活动，与产业经济活动的性质、规模、水平等密切相关。同一区域的不同产业对物流需求规模和发展水平产生不同程度的影响，不同区域的相同产业对区域物流需求又具有不同的拉动力，不同发展阶段的产业与其产生的物流需求关联程度也存在差异，从而引起各区域物流需求规模、构成及发展水平的差别，因此，物流需求具有产业关联性特征。

2. 物流需求分布分形特征

一般来说，区域之间产生广泛的物流需求联系。因此，区域物流需求并不是独立存在的，而是始终处于相互联系、相互影响、相互制约的区域物流需求系统之中。由于区域物流需求空间分布具有明显的无标度性，即具有分形特征。区域间物流需求联系越密切，空间结构越优化，区域物流需求分布分形特征就越显著。

3. 物流需求异速生长特征

由于各区域经济发展能力水平及所处地位的差异，物流需求的增长速度各不相同，而各区域物流需求的增长速度又是建立在区域物流需求相互作用基础上的，并按照一定的机制和规则增长，呈现区域物流需求空间分布异速生长特征。区域经济发展水平越高，物流需求空间分布的异速生长特征越显著。

在进行物流需求产业关联特征分析时，可以以社会货运量作为区域物流需求的特征指标，以工业总产值、社会消费品零售总额和进出口贸易总额作为区域物流需求的关联指标，采用灰色关联度分析方法计算两类指标的关联度和区域物流需求关联量，在此基础上，判断各城市不同产业经济活动对物流需求增长的拉动力，计算各区域的产业物流需求关联量，分析区域物流需求空间分布特征。

在进行区域物流需求规模分布分形特征分析时，可以通过分析区域物流需求规模分布的分形分维数 D，来判断其空间结构的优化程度和发展趋势。当 D<1 时，表示区域物流需求空间分布较为松散，排名首位的区域的垄断性较强；当 D>1 时，表示区域物流需求规模分布较为集中，处于中间位序的区域数目较多，物流需求规模空间分布比较均衡。

在进行物流需求异速生长特征分析时，可以利用异速生长理论方法，计算区域物流需求空间分布的异速生长系数，通过整理得出各区域物流需求发展潜力（增长速度）与空间份额，一定程度上能够预测未来区域物流需求空间分布的发展趋势。

第四节　我国物流需求的主要特点是增速趋缓、结构调整

一、我国物流市场持续稳步增长，需求增速有所放缓

经过多年发展，我国已发展成为世界第二大经济体、制造业第一大国、第二大消费市场、货物贸易第一大国，带动物流需求规模稳步增长。总体来看，我国已成为名副其实的物流大国。

随着我国经济从高速增长迈向高质量发展，物流需求规模呈现稳中趋缓态势。从社会物流总额来看，"十二五"时期我国社会物流总额年平均增速为11.8%，"十三五"时期年平均增速则下降至 6.5%。2020—2022 年，受新冠疫情冲击，物流需求波动性加大，年均增速为 5.3%。2022 年年底，我国疫情防控政策优化调整，经济社会恢复常态化运行，有望带动物流需求增长。但在消费需求完全恢复尚需时日、国际贸易格局加速调整、世界经济增长放缓等多种因素叠加影响下，"十四五"时期物流需求增速将趋于平缓。

二、产业升级类物流需求增长动力强劲，中西部物流需求增速较快

近年来，我国坚定不移贯彻新发展理念，深入推进供给侧结构性改革，

加快推动经济结构调整和转型升级，着力优化产业空间布局，物流需求结构发生深刻变化。

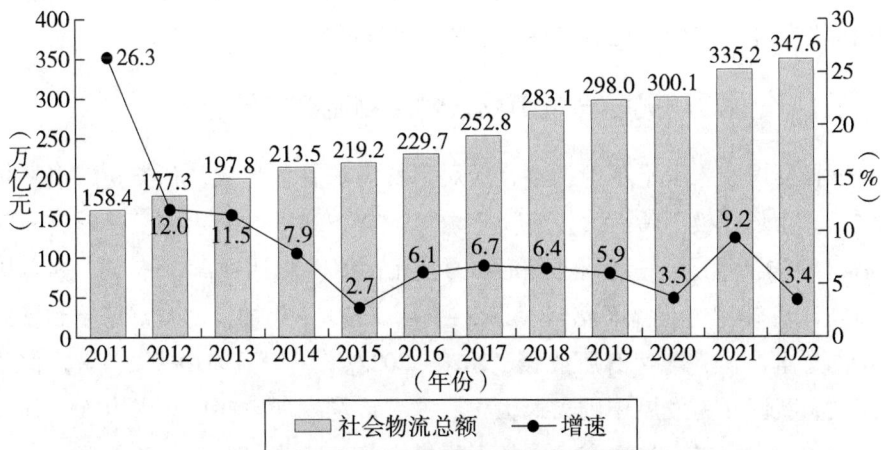

图 3 - 8　2011—2022 年我国社会物流总额及增速变化
数据来源：中国物流与采购联合会。

一方面，我国深入实施重大技术改造升级工程，推进传统产业改造提升，扩大中高端产品生产供给能力，实施高端装备创新工程，大型飞机、载人航天、电力装备、高档数控机床等领域均实现创新突破，新能源汽车、机器人、新材料、生物医药及医疗器械等新兴产业得到快速发展。2022 年，我国高技术制造业物流总额同比增长 7.4%，增速高于工业品物流总额 3.8 个百分点；装备制造业物流总额同比增长 5.6%，增速高于工业品物流总额 2.0 个百分点。技术含量较高、附加值较高的装备制造业和高技术制造业持续保持较快增长，成为推进工业品物流需求增长的新生力量。此外，我国开展淘汰落后产能专项行动，钢铁行业提前两年完成"十三五"去产能 1.5 亿吨的目标，1.4 亿吨"地条钢"全面出清，电解铝、水泥等行业落后产能基本出清，部分过剩重工业物流需求有所下降。

另一方面，我国持续推进区域重大战略和区域协调发展战略，深入推动产业在国内的有序转移，逐步建立起合理分工、优势互补的产业体系，区域板块发展平衡性显著增强。2022 年，中部和西部地区生产总值分别达到 26.7 万亿元、25.7 万亿元，占国内生产总值的比重分别为 22.1%、21.4%。随着我国进入以国内大循环为主体、国内国际双循环相互促进的新发展阶段，我国参与全球经济分工的模式发生重大改变，从全球价值链中的供给中心"世界工厂"升级为"供给—需求"双中心驱动的"世界市场"，货物流向以面向东部沿海的外循环单向流动为主，逐步转向内外联动的双循环双向流动，中西部地区生产总值占比有望继续提升，促进物流需求较快增长。

三、疫情短期扰动消费市场，网购物流需求蓬勃发展

我国居民收入水平不断提高，居民消费需求有效释放，各类新型消费快速增长，市场规模不断扩大。2012 年、2016 年、2019 年社会消费品零售总额先后突破 20 万亿元、30 万亿元和 40 万亿元，2021 年达到 44 万亿元，再创历史新高，是 2012 年的 2.1 倍（见图 3 – 9）。2020 年年初，消费市场受到新冠疫情的严重冲击，增速有所放缓，2020—2022 年三年平均增长 2.5%。但总体来看，我国作为发展中的人口大国，消费市场发展空间广、潜力大、韧性足，仍是全球第二大消费市场，超大规模市场优势依然明显。随着受疫情影响的居民消费意愿得到释放和经济复苏提升居民对未来收入和消费的信心，前期积累的部分预防性储蓄有望逐步释放为实际消费需求。此外，2022 年 12 月，中共中央、国务院印发《扩大内需战略规划纲要（2022—2035 年）》，提出牢牢把握扩大内需这个战略基点，加快培育完整内需体系，加强需求侧管理，促进形成强大国内市场，着力畅通国内经济大循环，促进国内国际双循环良性互动，推动我国经济行稳致远、社会安定和谐。在宏观政策积极推动

图 3 – 9 2011—2022 年我国社会消费品零售总额及增速变化

和潜在需求有效释放下，消费将成为扩大内需的关键和拉动经济增长的第一动力，促进商贸物流需求规模持续增长。

随着互联网特别是移动互联网技术加快应用，物流配送体系不断完善，居民消费方式发生了深刻变革。网络购物通过为广大消费者提供层次丰富、品种多样的消费选择，释放出强大的消费引领和促进动力，成为消费市场的重要增长点。2022年，全国实物商品网上零售额11.96万亿元，比上年增长6.2%（见图3-10）。2016—2022年，实物商品网上零售额年均增长接近20%，实物商品网上零售额占社会消费品零售总额的比重由2016年的12.6%上升至2022年的27.2%，我国已成为全球规模最大的网络零售市场。网络购物的兴起流行，催生了快递物流行业的高速发展。2022年，我国快递业务量为1105.8亿件（见图3-11），平均每天超过3亿件，2016—2022年年均增长超过20%。我国包裹快递量超过美国、日本、欧洲等发达经济体总和，对世界快递市场贡献率超过60%，连续10年稳居世界第一。

图3-10　2016—2022年我国实物商品网上零售额及其占社会
消费品零售总额的比重变化情况

四、乡村振兴促进农村物流需求增长，电商快递物流需求旺盛

乡村振兴战略深入实施，提升了我国农业农村生产力和消费水平，促进了农村物流需求逐年增长。特别是随着农村网络、物流等基础设施的不断完善，农民运用电子商务的意识和能力不断增强，快递物流在推动农产品出村进城、消费品下乡进村中的作用进一步显现。

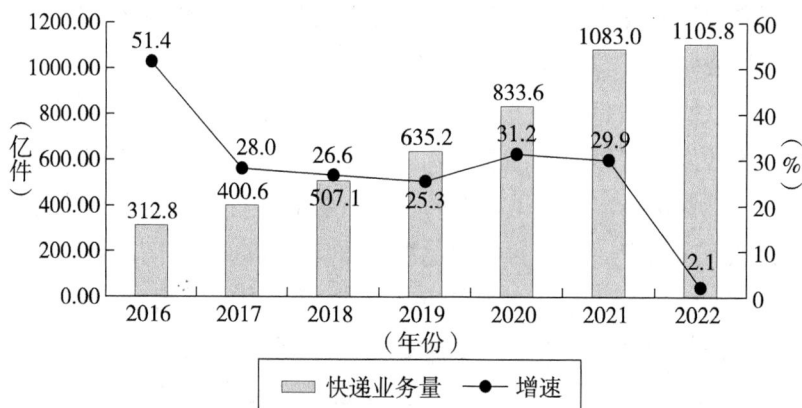

图 3 - 11　2016—2022 年我国快递业务量及增速变化

在农产品上行方面，2022 年我国农产品物流总额再创新高，达到了 5.3 万亿元，同比增长 4.1%（见图 3 - 12）。2011—2022 年，我国农产品物流总额增长 1.26 倍，年均增长 7.7%，农产品物流需求持续释放。随着电商平台竞争日益激烈，未被充分开发的农村及农产品市场成为各电商平台争夺的重点领域，直播、短视频、社区团购、社交裂变等新模式新业态不断涌现，推动了农产品电商快速增长。根据商务大数据监测，2022 年全国农产品网络零售额达到 5313.8 亿元，同比增长 9.2%，增速比 2021 年提高了 6.4 个百分点。

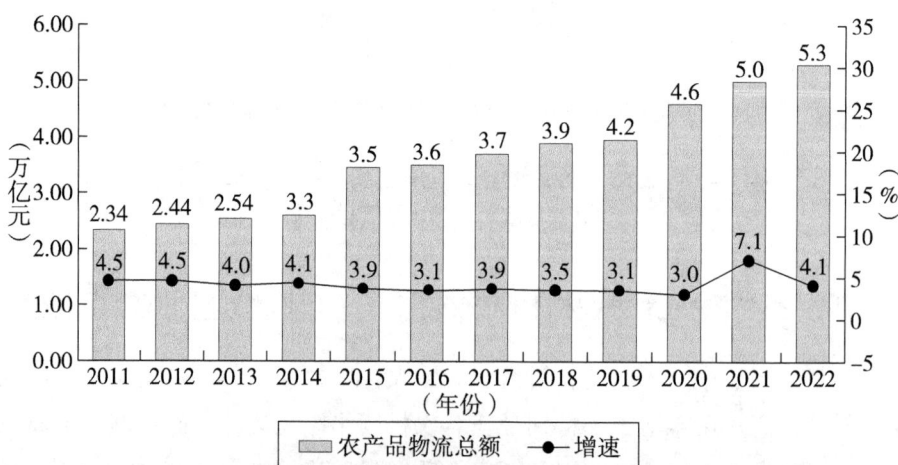

图 3 - 12　2011—2022 年我国农产品物流总额及增速变化

在消费品下行方面，2022 年，我国农村居民人均可支配收入 20133 元，首次迈上 2 万元新台阶。农村居民人均可支配收入连续 13 年快于城镇居民，城乡居民收入比从 2012 年的 2.88 下降到 2.45，也是首次降至 2.50 以内，城乡居民收入相对差距持续缩小。农村居民收入保持较快增加，对扩大内需发挥了重要作用。2022 年，我国乡村消费品零售额达 5.93 万亿元，占社会消费品零售总额的 13.5%，包含镇区和乡村的县乡消费品零售额占社会消费品零售总额的 38.1%。2022 年全国农村网络零售额为 2.17 万亿元，占全国网络零售总额的 15.74%，同比增长 3.6%。其中，农村实物商品网络零售额为 1.99 万亿元，占全国农村网络零售额的 91.7%，同比增长 4.9%。

农村电商的快速发展，推动了农村寄递物流体系建设。截至 2022 年年底，全行业拥有各类营业网点 43 万处，累计建成 990 个县级寄递公共配送中心、27.8 万个村级快递服务站点，实现乡乡设所、村村通邮，快递网点乡镇全覆盖，每天有 1 亿多件快递包裹在农村进出。

五、进出口物流需求稳定增长，外贸需求结构持续优化

近年来，全球经济增长放缓、贸易保护主义抬头、国际地缘政治冲突加剧、新冠疫情全球蔓延等多重因素叠加，对多边贸易体制和全球贸易活动造成严重冲击。我国外贸顶住多重超预期因素冲击，2022 年进出口规模再创历史新高，达到了 42 万亿元，比 2021 年增长 7.7%，首次突破 40 万亿元大关，已经连续 6 年保持货物贸易第一大国地位。特别是疫情期间，巩固拓展疫情防控成果和全产业链条优势，2020—2022 年年均增长率超过 10%。

从贸易伙伴来看，"一带一路"建设深入推进和《区域全面经济伙伴关系协定》（RCEP）生效实施，进一步促进了我国外贸多元化发展。截至 2022 年年底，中国已与 151 个国家、32 个国际组织签署了 200 余份共建"一带一路"合作文件，经贸合作规模持续扩大。2022 年，我国与"一带一路"共建国家贸易规模创历史新高，货物贸易额达 13.8 万亿元，同比增长 19.4%，占我国外贸总值的 32.9%，提升 3.2 个百分点。RCEP 进一步促进了我国与东盟经贸往来，2022 进出口规模达到 6.52 万亿元，增长 15%，东盟继续为我国第一大贸易伙伴。

从贸易方式来看，跨境电商已成为我国外贸进出口增长的新动能。2022 年我国跨境电商建设独立站超过 20 万个，综试区内跨境电商产业园约 690

个，跨境电商进出口规模达到2.1万亿元，同比增长9.8%，跨境电商货物进出口规模占外贸的比重上升到5%左右。从国内区域来看，东部沿海仍是我国跨境电商的集聚区。2022年，我国跨境电商进出口总额排名前五的省份为广东、山东、浙江、福建、江西，占跨境电商进出口总额的69.7%。中西部地区的跨境电商增速较快。2022年，我国跨境电商进出口增速排名前五的省份为云南、青海、河北、内蒙古、四川。

从出口货物来看，我国出口产品结构持续升级，出口重心由劳动密集型逐步向资本与技术密集型产品切换。2022年，我国机电产品出口13.7万亿元，增长7.0%，占出口总额的57.2%（见图3-13）。其中，电动载人汽车、锂电池、太阳能电池出口额分别为1635.6亿元、3426.6亿元、3085.2亿元，增长133.2%、86.7%和67.8%。纺织品、服装、箱包、鞋靴、玩具、家具、塑料制品七大类劳动密集型产品合计出口4.3万亿元，增长8.6%，占出口总额的17.9%。

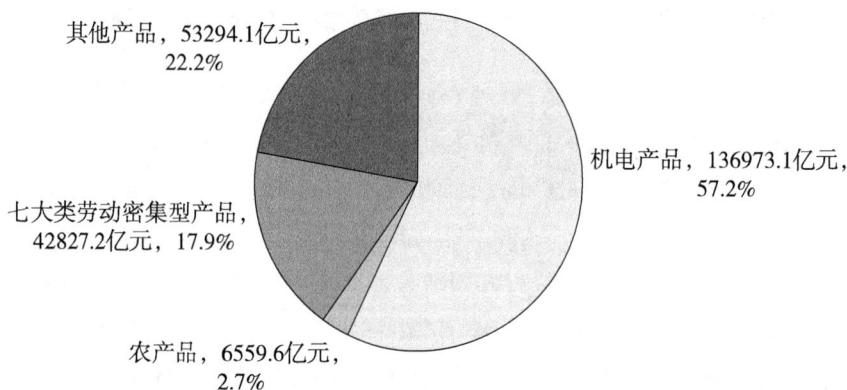

图3-13　2022年中国主要出口商品金额及占比

六、产业融合发展趋势显现，物流服务质量要求提升

2017年，国务院办公厅印发《国务院办公厅关于积极推进供应链创新与应用的指导意见》，将供应链创新与应用作为物流业与制造业、商贸业、农业融合发展的新方向，物流业与其他产业互动融合、协同发展步伐加快，产业物流需求在有效释放的同时，也对物流服务质量提出了更高要求。

一是一体化物流服务需求增加。随着产业竞争日益激烈，以降低资源要素成本为主的发展模式难以为继，通过供应链与物流的整合优化来创造利润价值，成为上下游企业的共同选择。随着线上线下渠道多元化、一体化发展，订单来源更加分散碎片化，客户需求多种多样，传统的物流作业模式难以适应，订单交付难度不断上升，迫使企业将物流外包出去。京东物流股份有限公司 2022 年度业绩报告显示，2022 年京东物流一体化供应链客户收入达 774 亿元，外部一体化供应链客户近 8 万家，其中，年收入贡献超过千万元的客户收入占比已过半；年收入贡献超过 1 亿元的外部一体化供应链客户数量达 26 家，平均合作时长超过 4 年。

二是服务时效性需求显著提升。快节奏的都市生活，催生了懒人经济的兴起，消费者对物流时效性的追求日益提升。近年来，提供高效物流服务的即时物流快速发展，逐步从外卖餐饮向生鲜、零售、医药多品类和本地生活全场景拓展。根据《2021—2022 中国即时物流行业发展报告》显示，2021 年即时物流行业订单量为 294 亿单，同比增速为 38%，用户规模达 6.33 亿人。此外，快递物流公司也不断升级"时效产品"抢占市场。例如，顺丰先后完成"顺丰特快""同城半日达"等时效产品的升级扩围，菜鸟推出自营快递发力中高端快递市场。

三是物流网络覆盖范围扩大需求强烈。一方面，电子商务缩短了交易链条，使生产制造企业可直接面对消费者，企业销售网络可覆盖至全国各地，需要物流企业提供通达全国的物流服务；另一方面，随着我国企业相继走出国门，到境外开展投资合作，在全球范围内参与国际竞争，也需要建立匹配的国际物流网络。部分龙头企业率先捕捉需求、抢占先机，建立了一张畅通国内、联通国外的物流服务网络。例如，顺丰国内可覆盖中国地级市（含直辖市）335 个，城市覆盖率为 99.4%；覆盖中国县区级城市 2813 个，县级覆盖率为 97.6%；国际快递及供应链业务和跨境电商包裹业务覆盖国家及地区分别为 98 个、208 个。

四是全程透明化需求日趋明显。21 世纪的竞争不再是企业与企业之间的竞争，而是供应链与供应链之间的竞争。提升供应链上下游企业协同水平，实现供给与需求更高水平动态平衡，全产业链信息透明是关键。现代物流一头连着生产，一头连着消费，高度集成并融合运输、仓储、分拨、配送、信息等服务功能，逐渐成为企业打通供应链信息孤岛的重要方式。例如，立邦（中国）与大陆物流有限公司合作打造全新数字化物流链路"工厂—运营中心—终端"，取代传统"工厂—经销商—分销商—终端门店"的传统流通链条，助力生产环节由市场环节决定生产计划，从而使生产计划制订得更加准确，降低囤货量，减少库存占压成本，实现高效生产运营模式。

第五节　扩大我国社会化物流需求的主要途径与方法

一、关于扩大社会化物流需求的理解

有些人认为，扩大社会化物流需求，需求方只要把物流的事情交给社会物流企业去做就可以了，这个看法存在相当的片面性。如果需求方对现代物流没有真知，没有相应的管理，那么就不可能做出是否应当把物流交给物流企业去运作的决策，物流供给方的服务也不可能真正到位，当然就不可能出现有效的需求拉动。要理性解决需求不足的问题，作为需求方的工商企业必须下大力气实行物流管理，同时，还有赖于工商企业运行机制的转变。

二、制约我国社会化物流需求扩大的主要因素分析

（一）我国经济增速放缓影响社会化物流需求释放

物流需求扩大与经济发展增速密切相关。2023 年以来，我国经济逐步摆脱疫情影响，向常态化运行轨道回归，呈现恢复向好态势。2023 年上半年，国内生产总值同比增长 5.5%，明显快于 2020 年全年 3% 的经济增速，也明显快于世界主要发达经济体的经济增速。但也要看到，我国经济运行面临新的困难和挑战。从外部来看，民粹主义、排外主义抬头，单边主义、保护主义、霸权主义对世界和平与发展构成威胁，多边贸易体制和全球贸易活动受到严重冲击，全球供应链产业链深刻调整，世界经济复苏艰难曲折，我国外贸出口形势复杂严峻。从内部来看，我国经济内生动力不强、需求不足。一方面疫情"伤疤效应"、老龄化程度加深、居民负债率偏高等多因素交织叠加，我国消费市场增长动能减弱。另一方面，基础设施和房地产投资增速趋缓，资本形成对经济增长的贡献减少。尽管外部环境复杂严峻，国内经济发展也面临压力，但我国经济稳中向好、长期向好的基本面没有变，潜力足、韧性大、活力强、回旋空间大、政策工具多的基本特点没有变。未来一段时间，我国将继续坚持稳中求进总基调，保持经济运行在合理区间，实现经济持续稳定

健康发展。我国经济发展稳中趋缓，将加速物流市场优胜劣汰进程，倒逼物流企业提升服务供给能力，促进工商企业物流外包。

（二）工商企业内部性管理约束影响社会化物流需求释放

近年来，我国工商企业纷纷着手进行物流整合，加大力度进行物流外包，但是从总体来看，我国工商企业物流外包开放度仍然不够。

第一，传统工商企业的大而全、小而全的运作模式，使部分企业很难认识到现代物流的发展对企业发展的战略性作用，导致工商企业仍然热衷于自营物流，主观上排斥社会化物流方式的选择。

第二，许多国有工商企业物流管理是分段管理的，如采购部管理进货物流、制造部管理生产物流、销售部管理出货物流、配件服务部管理服务物流，物流企业进入工商企业要面对多个部门的沟通，效率很慢，同时，因为物流分段管理，企业物流成本统计也是分段的，没有办法知道企业物流成本占销售额的比例，造成物流管理取得的价值没有办法比较。

第三，工商企业物流运作设施利用程度虽然不高，但由于物流设施资产存在各种退出障碍，因此，部分工商企业主观上存在继续实施物流自营。

第四，部分工商企业由于经营管理不足，手段落后，缺乏对物流外包风险进行控制的有效手段，对物流社会化外包存在心理障碍，加上我国对物流服务商的社会信用监管落后，部分物流企业从自己的利益出发，做出有损工商企业利益的事情，如泄露工商企业的信息资源、核心技术、商业机密等。因此，工商企业物流外包的开放度不够。例如，许多国有工商企业物流工作由自己运作或自己的亲属运作，第三方物流企业根本无法进入。

（三）工商企业内部性资产和体制约束影响社会化物流需求释放

许多制造企业尤其是广大国有制造企业在瘦身、转型、跨越的过程中，希望能够将物流业务外包给专业的第三方物流企业，但是，由于企业自营物流退出成本高，使这些企业对物流外包可望而不可即。第一，工商企业存在物流社会化的动机，但是由于国家政策在物流外包上缺乏扶持和引导，缺乏出台行之有效的主辅分离政策，导致企业物流业务很难从原有的系统中剥离，如企业的原有物流设施的处置，原有物流从业职工的安置，企业物流税收方式的更新等都存在不同程度的障碍。第二，物流外包过程中需要对原有的生产物流系统进行流程再造，对原有的物流资源需要进行整合优化，在企业流程再造的过程中涉及企业管理的多方面因素，需要上下各级领导的支持和配合，而这些改革工作需要投入大量的人力、物力和财力，不少保守的工商企业宁可安于现状也不愿实施外包。

（四）物流企业物流服务水平尚有待提升

尽管我国物流产业规模不断扩大，物流企业取得快速发展，但同发达国家物流企业规模和实力相比较，我国物流企业整体水平弱，仍然处于粗放式经营的层面，质量和效益并不理想。我国物流企业的主营业务附加值低，增值服务少。多数从事物流服务的企业只能提供单一运输和仓储服务，缺乏流通加工、物流信息服务、库存管理、物流成本控制等增值服务，特别是在物流方案设计及全程物流服务等高附加值服务方面还没有全面展开，长期处于低水平的粗放阶段。

（五）物流市场不规范，信用机制不健全

我国物流市场无序竞争依然存在，主要表现在市场竞争手段较为单一、市场竞争的规范性较差等方面。例如，一些物流企业在竞争中仅以压低价格为主要手段，导致和竞争对手两败俱伤；还有一些物流企业为抢占市场而不顾自身能力限制，导致服务质量下降。

商无信不盛，市无信不兴。我国物流行业的信用监督机制尚不健全，让许多不守信用的物流企业有了可乘之机。这些失信行为通常表现在恶意竞争、合同违约、债务拖欠、偷逃税费、货物"蒸发"等商业欺诈现象，影响了制造企业对物流企业的信任。

三、扩大社会物流需求的主要途径和方法

针对物流需求释放问题，可以从物流需求方和物流供给方两个角度，提出相应的途径和方法。具体来说，有以下几个方面。

（一）工商企业应主动参与供应链体系建设

1. 明确物流在企业竞争中的战略地位

当前市场由短缺经济向过剩经济转变，消费者的选择空间越来越大，企

业竞争压力剧增，服务成为获取竞争优势的重要手段。物流服务不仅是消费者购买商品的重要决策因素，还是工商企业降低运营成本的重要环节。工商企业应逐渐改变物流的角色定位，将其视为价值中心而不是成本中心，来提升自身竞争力。工商企业应结合企业发展的目标和愿景，制定明确的物流与供应链战略，选择适合企业发展的物流运作模式。对于大型的产业"链主"企业，可建设供应链协同平台，面向行业上下游开展集中采购、供应商管理库存（VMI）、精益供应链等模式和服务，提升全供应链条资源要素利用效率，实现更高的效率、更低的成本和更高的客户满意度。中小型工商企业应衡量成本、服务、资源等因素，通过多个物流功能外包或系统外包，集中精力于其核心业务，降低运营成本，提高灵活性，从而更好地参与供应链体系建设。

2. 树立合作共赢的思想观念

工商企业采用外购物流模式，根本原因是与自营物流相比能获得更多的效用价值。（物流企业向客户提供物流服务也是为了盈利。主、客都要有利可图，这"利"只能来自物流成本的降低。）物流企业通过规模效应、经验效应和改进管理而降低的物流成本应在工商企业和物流企业之间进行合理分配。工商企业在保证通过物流外包而获得降低物流成本的同时，也要把其中一部分利润让渡给物流企业，以利于物流企业的生存和发展。如果工商企业把物流服务的价格压得太低，物流企业即使通过内部资源整合能勉强维持生存，也会削弱其自身发展的后劲。由于物流成本的降低主要取决于物流企业的规模和运作能力，如果物流企业的发展后劲不足，就会使其降低物流成本的能力受到影响，最终缩小了工商企业降低物流成本的空间。所以，对工商企业而言，最合理的做法是和物流企业合作，共同降低物流成本，而不是盲目压低外购的物流价格。

3. 共同推动物流提质增效降本

物流外包不仅是将物流运作管理交给物流企业。工商企业还需要积极参与和监督合作，共同追求降低成本、提高效率和提升物流质量的目标，以确保物流活动按照预期方式进行并达到预期的效益。工商企业可与物流企业重点从以下几个方面推进物流降本增效提质。一是设施设备共享。以托盘、周转箱、集装箱等装备设施的共建共享共用，推动集装化、单元化物流发展，获取降本增效收益的模式。二是业务流程融合。结合产业特点和供需实际情况，整合分散在各环节的物流业务，实施组织重组和流程再造，减少物流资源浪费。三是标准规范融合。从物流操作流程、运作环节、质量管理、风险控制等不同角度，进行标准化管理，通过设施设备标准化、作业标准化和管理标准化，推动物流各环节有效衔接和顺畅运转。四是信息资源融合。通过共享数据和新技术应用，推动全程物流可视化管理，利用大数据持续改进优化物流组织管理活动。

（二）物流企业应提升供给能力对产业需求的适配性

中国物流与采购联合会会长何黎明指出，我国物流业需求不足的主要矛盾在于结构，而结构性矛盾主要在于供给，大量存量资源沉淀在传统物流业务领域不能退出，无法满足生产者和消费者对高端服务的需求，同时，因增量资源投入不足和体制机制约束，难以创造新需求。因此，扩大物流需求的主要工作是进行供给侧结构性改革，需要融合有效需求。

1. 充分理解产业需求

理解产业需求是物流企业成功和可持续发展的基础。理解产业需求不仅要深入了解企业客户的需求，还要对服务企业的供应链上下游需求有全面深刻的认识，包括从原材料供应商到制造商、分销商和最终消费者的全过程。通过供应链产业链视角审视服务企业客户的供应链运作，清晰地了解供应链各个环节之间的关系，识别潜在的问题和瓶颈，寻找切入企业供应链的关键点。此外，物流企业还要对市场趋势、竞争情况、政策法规及行业的可持续性等进行全面分析，更好地进行市场定位，并根据这些需求开发有竞争力的产品和服务。

2. 善于集聚产业需求

规模化运作可以帮助物流企业实现更高的效率、更低的成本和更快的交货速度，是物流企业打造核心竞争力的基石。因此，物流企业在选定具有比较优势的细分领域后，必须找到合适的方式撬动需求集聚的杠杆，形成规模化运作优势。有些物流企业通过先发优势形成规模效应。例如，满帮集团抓住公路货运行业线上化的趋势，率先开发专门用于货运信息发布的 App，提升公路货运供需匹配效率，2022 年平台总交易额达到 2611 亿元，已成为网络货运头部平台企业。有些物流企业依托供应链"链主"企业的需求规模形成规模效应。例如，日日顺供应链科技股份有限公司脱胎于家电巨头海尔，依托其遍布全国的营销网络，搭建了覆盖全国、送装同步、到村入户的物流服务网络，业务覆盖家电、家居、汽车、光伏、快消、冷链、跨境、健身、出行等众多行业和领域。还有些物流企业依托资源优势形成规模效应，例如，港口企业、内陆港等。

3. 积极引领产业需求

物流企业将规模效应转化为集约效应和品牌效应后，应结合对物流、商流、资金流、信息流的掌控程度，积极向采购、生产、销售、回收等环节延伸，不断提升客户黏性。例如，京东物流为服装行业提供的解决方案能够实现从当天多次配送、促销期履约能力保障，到全渠道存货管理与调拨、大量SKU 管理、布料及衣物储存，退货贴标签、修理及重新包装等全方位一体化服务。浙商中拓聚焦各类基建和制造业客户的物料和资金等供应链需求痛点，融合中拓全国线下网络和电商平台，数字化协同整合社会仓储、运输及加工资源，为客户打造端到端的产销衔接、库存管理、物流配送、半成品加工、套期保值等全链条集成化管理和一站式服务。

4. 勇于创造产业新需求

物流企业应将创新发展作为企业的优先战略，更高层次、更大范围、更深程度推进物流与供应链系统集成和资源整合，不断推出新产品、新服务，形成需求牵引供给、供给创造需求的更高水平动态平衡。如全新的物流产品。重庆陆港探索国际陆上贸易规则，参照海运模式中"货代单"代替"船东单"的方式，将重庆铁路口岸公司作为货到整车口岸的控货单位，赋予铁路货代单唯一提货权，帮助企业加快资金周围。例如，更加优质的产品。芜湖港打造"芜湖—洋山"长江支线运输航线共舱管理新模式。由若干支线经营人共同投入船舶组成运力，通过舱位共享、开放订舱、班期固定等措施，将船舶待港时间由 48 小时减少到 24 小时，装载率由 54% 提高到 77%。

四、促进我国社会化物流需求释放的有关政策建议

（一）加强物流链、供应链、产业链融合的顶层设计

为更好应对全球产业链供应链重构和推进区域协调发展，《中华人民共和国国民经济和社会发展第十四个五年规划和 2035 年远景目标纲要》提出，要优化区域产业链布局，引导产业链关键环节留在国内，强化中西部和东北地

区承接产业转移能力建设。因此，必须高度重视产业转移带来产业链空间布局调整优化的机会，加强物流链、供应链、产业链融合顶层设计，进一步推进产业物流需求释放。要发挥不同地区比较优势，有序推进产业转移，促进产业集群化、专业化、特色化发展，形成同类物流需求大规模集聚区。要将物流作为现代产业体系建设的基础设施，纳入各类产业和开发区发展规划，推动物流与农业、制造业、商贸业融合发展。要稳步推进国家物流枢纽建设，引导产业围绕枢纽节点和通道沿线及城市群调整优化空间布局，加强物流组织与产业组织网络耦合，推动区域分工深化和一体化发展。要引导产业"链主"主动优化供应链管理，通过企业主体融合、设施设备联动、业务流程融合、标准规范融合和信息资源融合，全面提升供应链运行组织质量和效率。

（二）坚持以扩大消费作为战略基点

随着市场和资源两头在外的国际大循环动能逐渐减弱，将消费作为拉动经济发展的重要引擎、促进国内国际双循环，既是应对国际环境深刻变化的必然要求，也是满足人民对美好生活向往的现实需要。当前，我国居民消费意愿不强，市场消费活力不足，消费增长速度趋缓，如何从根本上解决居民能消费、敢消费、愿消费的堵点痛点，应成为政策发力的重点。要深化收入分配制度改革，提高居民收入分配占比，重点增加低收入者收入，持续壮大中等收入群体规模，让中低收入居民"能消费"。要建立健全社会保障体系，加大医疗、教育和养老等民生福利支出，消除居民消费后顾之忧，让中低收入居民"敢消费"。要以创新驱动、高质量供给引领和创造新需求，打造多元化、多样化、多层次的高品质商品服务供给体系，不断适应需求结构细化升级趋势，让中高收入居民"愿消费"。

（三）着力推动制造业与物流业深度融合

当前，在社会物流总额中，工业品物流总额占90%左右，制造业物流也是社会物流需求的主要来源。但是，我国制造业社会化物流程度偏低，与物流业融合深度不大，物流协同效应没有发挥，全程物流成本难以降低，制约了制造业顺利向产业链中高端迈进，高价值服务需求释放空间巨大。要研究制定科学合理的资金、税收、金融、土地等优惠政策，鼓励制造企业分离、分立物流资产和业务，系统外包给专业物流企业。要发挥行业协会组织联动作用，建立制造业物流业对话交流机制，推动供需有效匹配。要引导制造业物流业逐步从简单外包向战略合作伙伴关系转变，从提供基础性服务向增值服务再到供应链一体化服务转变，从基础服务商向物流服务商再向物流整合商转变。要在大宗商品物流、生产物流、消费物流、绿色物流、国际物流、应急物流6个重点领域，遴选一批两业融合试点示范企业，加强先进经验和创新做法宣传推广，引导制造企业物流社会化。

（四）更大力度、更高水平推动对外开放

中国改革开放40多年的经验表明，对外开放是国家繁荣发展的必由之路。虽然当前"逆全球化"思潮抬头，但从长远看，经济全球化仍是历史潮流，各国分工合作、互利共赢是长期趋势。要充分发挥我国超大规模市场优势，以国内大循环吸引全球商品和资源要素，加快建设贸易强国，扩大进出口物流需求规模。要稳步扩大规则、规制、管理、标准等制度型开放，降低国际市场与国内市场联通的制度壁垒，持续推动贸易和投资自由化便利化。要持续推动共建"一带一路"高质量发展，深化与沿线各国产业分工合作，拓展国际贸易发展新空间。要加强数字贸易顶层设计，积极培育数字贸易新业态新模式，打造国际贸易新引擎。要积极推动全球治理体系改革，积极贡献中国智慧和方案，构建更加公平合理的国际经济新秩序和国际规则，维护多元稳定的国际经济格局和经贸关系。

第四章　物流供给主体要素分析

【引例】 目前，我国物流业降本增效取得阶段性成果，但与发达国家相比仍有一定差距，与"物流强国"的目标也不相称。要降低我国物流成本，必须从供给端整合资源、优化流程转型升级，降低物流相关环节结构性成本。如果不能深刻剖析物流供给要素的组成、基本特征、影响因素和供给现状，就很难提出科学地提高我国物流供给能力，从而降低物流成本的主要途径与方法。因此，在研究物流需求端的同时，也需要对供给端进行深入分析。

第一节　物流供给的含义及特征

一、物流供给的定义

物流供给是与物流需求相对应的一个重要概念。经济学中的供给，是指在一定价格下，企业愿意提供产品的数量。从微观经济主体看，物流供给主要是指在一定价格水平下，企业愿意提供的各种物流服务的数量。物流供给的实质就是物流服务供给。

二、物流供给的特征

魏际刚（2006）认为，物流供给具有以下几个方面的特征[①]。

（一）个性化

个性化是物流服务供给与传统物流服务如运输、仓储最显著的区别，因

[①] 魏际刚. 物流需求和物流供给 [J]. 中国物流与采购，2006（4）：40-43.

为后者大多体现的是一种标准化服务。但物流供给的个性化并不排斥标准化，相反，它是标准化基础上的个性化，即物流供给是整合运输、仓储等标准活动基础之上的个性化。具体表现为：物流服务供给主体能够根据不同的需求主体提供"量身定做"的服务，既可以提供从供应地到消费地的全程一体化服务，也可以提供环节性服务。

（二）完整性

物流供给是由一系列不同的功能活动（运输、仓储、包装、流通加工等）有机协调，才能有效地满足客户真正需要的服务。如果只是完成其中某一环节的功能，那么这种不完整的服务，也不是完整意义的物流供给。

（三）节约性

物流供给的节约性表现为通过现代管理和各种技术手段，实现物品在时间和空间变化方面的合理化，达到对空间和时间的节约，寻求把正确的物品以正确的方式送到正确地点的正确客户的手中。物流活动是一种降低总成本的活动，这种成本降低活动包括的内容是广泛的，即时间成本的降低、空间成本的降低，还包括交易成本的降低等。

（四）网络性

一次完整的物流过程是由许多运动过程和许多相对停顿过程组成的。一般情况下，两种不同形式运动过程或相同形式的两次运动过程中都要有暂时的停顿，而一次暂时停顿也往往联结两次不同的运动。物流过程便是由这种多次的运动—停顿—运动—停顿所组成。与这种运动形式相呼应，物流网络结构也是由执行运动使命的线路和执行停顿使命的节点两种基本元素所组成。

三、物流供给的层次结构

案例 4-1：面对供应链发展，公路货运有没有出路？

有一次，作者在上海大学给在职物流研究生班授课，讲课主题是供应链管理。为了拓展大家的思路，作者介绍了当前供应链服务的发展态势，介绍了供应链服务的典型模式。作为案例，也给大家总结了当前国内供应链服务的优秀公司及其成功经验。班上的每一位学生都非常认真地听讲。突然，有位姓冯的学生打断了我的话："老师，我来自苏州的一家货运公司，是该公司的董事长兼总经理，我们公司主要从事长途货运业务，这几年我们的利润率非常低，我们干得非常辛苦。我们知道物流是我们的发展方向，但头一次听你说供应链服务，也知道供应链服务很有利润，很有前景。我们能不能进入供应链服务呢？另外，听你说了供应链服务是一个趋势，那么我们干货运是否就是没有出路呢？"话一说完，许多学生就纷纷讨论起来。有的表示赞同冯同学的意见，的确当前货运没有出路，尤其是公路货运，经常发生交通事故，"十次事故九次快，还有一次是超载"，这种处于低利润的行业很难有竞争力。也有同学不信，认为公路货运行业也有不少干得很好的，并不是都不行。还有同学认为，供应链服务是高端的服务，有较高的门槛，一般的货运公司很难介入这个服务环节。那么，面对供应链发展，公路货运有没有出路呢？

回答案例4-1中所提及的问题，必须了解物流供给的层次性，即不同层次的物流需求，将有相应层次的物流供给与之匹配。即物流的供给是分层次的，其层次结构分为如下四种。

（一）满足普遍物流需求的基本供给

这是物流的普遍服务，其对象是绝大多数的、能够接受普遍认同的物流服务标准的一般的物流需求。

（二）满足不同领域不同要求的有针对性的基本供给

不同领域物流的对象存在差别，当其规模足够大时，对普遍服务也要求具有一定的针对性，这种针对性的服务，在初期的创新形成了有效的增值服务和特殊供给，但随着规模的扩大，会逐渐变成这个领域的普遍服务，变成一种有针对性的基本供给。

（三）满足增值服务要求的特殊供给

特殊供给形式是需要条件的，一是物流需求方在实行物流管理之后，对本身的物流需求更加理性，有此需求并且能够承受；二是物流供给方确有能力提供这种创新服务。因而，这种供给不存在普遍的适用性。

（四） 满足系统服务要求的系统供给

满足系统服务要求的（如供应链物流）系统供给形式面向高端客户系统的物流需求，既是当前物流供给的最高形式，也是我国物流未来发展的重要趋势。

第二节 物流供给的主体来源与影响因素

一、物流供给的主体来源

按照本书第二章所给出的现代物流服务运作的要素构成表，物流供给的主要来源有两大类别：一类是物流业务来源主体是社会化的物流，即专业型的第三方物流企业；另一类是物流业务来源主体是工商企业自身的物流，即企业物流主体或者自营型的物流企业。具体如表4-1所示。下面分别论述这两类供给主体的发展情况。

表4-1 物流供给的主体来源

一级要素	二级要素	三级要素	四级要素
物流服务供给主体	企业物流	完全自营型企业物流	工业企业、流通企业等
		部分外包型企业物流	工业企业、流通企业等
	第三方物流企业	通用服务型物流企业	运输企业、仓储企业、快递企业、货代等
		专业配套型物流企业	汽车物流、电子物流等
		基础平台型物流企业	港口、货场、物流园区物流信息服务等

（一） 企业物流部门

企业物流部门是工商企业物流供给的最初主体。在经济社会不发达、市场竞争不激烈的情况下，工商企业往往实施自营型物流，即把物流业务交给企业所属的物流部门（如运输部、仓储部等）完成，这些物流部门成为保障企业产品得以顺利销售的支持主体。但是，在全球经济一体化快速发展的环境下，由于企业产品在市场上竞争更加激烈，企业为了获得更大的竞争优势，引入了新的物流管理理念和技术，纷纷重视物流供给的能力。不少企业成立了专业化的物流公司或者将部分物流业务外包，形成了自营型企业物流和外包型企业物流相结合的供给状态。

根据外包渐进式发展理论①，企业要根据实际情况选择适合自己的物流供给和外包形式，企业物流的供给形式大约有以下几种形态。

1. 物流完全自营

企业的物流业务完全由企业物流部门来完成。完全自营物流运作模式有利于企业更好地了解顾客，可靠性强。企业通过自营物流，可以直接支配物流资产，控制物流职能，保证供货的准确、及时和顾客服务的质量，维护好企业和顾客间的长期关系。尤其是企业自身组织物流配送，可以说是自己掌握了交易的最后环节，有利于控制交易时间。采用完全自营物流运作模式的企业，其物流方面的投资规模会大大增加，特别是配送规模较小时，成本和费用会相对较高。目前，国内有许多企业，特别是国营大型制造企业仍然采用这种物流自营的方式。这类企业是物流需求社会化释放的重要主体。

2. 物流业务部分外包

企业先把物流业务分类：一类是以高效率操作的关键业务，这类业务由企业自营；另一类是企业不擅长的物流业务，企业把这类业务外包给第三方物流企业。其中，又可以分为两类：一类是物流业务操作外包，将部分物流业务操作（如仓储、运输等）进行外包；另一类是物流业务管理外包，企业拥有物流设施的产权，将管理职能外包出去。

3. 物流系统剥离

企业将物流部门从母公司分离出去，成立一个独立的子公司，子公司主要为母公司服务，但同时又可以承担外部企业委托的业务。如海尔集团将自己原来的采购、仓储和运输部门分离出来，成立日日顺供应链科技股份有限公司，不仅承担海尔的物流业务，还为其他需要物流服务的企业提供物流服务。

---

① 中国物流与采购联合会，中国物流学会. 中国物流重点课题报告（2009）［M］. 北京：中国物资出版社，2009.

4. 物流战略联盟

企业与第三方物流企业或其他企业合资，企业保留物流设施部分产权，并在物流作业中保持参与。同时，物流合同商提供了部分资本和专业服务，企业也为合资者提供特色服务，达到资源共享的目的。如青岛啤酒股份有限公司与招商局合作，成立了青岛啤酒招商局物流公司，主要为青岛啤酒股份有限公司提供服务，其中，青岛啤酒股份有限公司拥有一定股份。

5. 物流业务完全外包

将企业所有的物流业务外包给第三方物流企业。这是最彻底的物流外包形式。如果企业不具备自营物流能力或企业虽具备自营物流能力，但操作成本较高、服务质量较低，则企业将放弃自营物流，将整个物流系统外包给第三方物流企业。

6. 物流系统接管

物流系统接管也称物流社会化，是指企业将物流系统全部卖给或承包给第三方物流企业，由第三方物流企业接管企业的物流系统，并雇用原企业的员工。例如，山东某物流公司承接某大型柴油机生产企业的全国物流配送业务，将该公司的原有物流业务人员和相关设施设备全部接管，解决了该企业的后顾之忧。

这些物流运作模式各有各的特点，具体比较如表 4 - 2 所示。

表 4 - 2　　　　　　　　　企业物流的不同供给形式的对比

供给形式	物流完全自营	物流业务部分外包	物流系统剥离	物流战略联盟	物流业务完全外包	物流系统接管
企业参与程度与控制力度	高/强	较高/较强	中/中	中/中	低/弱	低/弱
企业管理的复杂性（管理成本）	高	较高	较高	中	低	很低
企业的交易成本	低	较低	中	中	高	高
企业资源的投入程度	多	较多	较多	较多	少	无

以上四个因素是从企业的角度来分析的。从企业参与程度与控制力度上看，物流完全自营、物流业务部分外包、物流系统剥离、物流战略联盟、物流业务完全外包和物流系统接管这六种物流运作模式的企业参与程度越来越低，企业对其物流控制的力度也越来越弱。从企业管理的复杂性上看，这六种物流运作模式对企业而言在组织管理的复杂性方面越来越简单，因而对应的管理成本会降低。从企业的交易成本上看，这六种物流运作模式的交易成本越来越高。从企业资源的投入程度上看，这六种物流运作模式的企业资源的投入越来越少。

案例4-2：北船重工实施物流完全外包模式，推进物流全流程深度融合

北船重工与中储发展股份有限公司青岛分公司（简称"中储青岛分公司"）在物流上采用完全外包模式。北船重工的相关管理技术由中储青岛分公司提供，还由中储青岛分公司提供人员介入北船重工的生产链进行船板管理操作，双方在物流全流程实现深度融合。

对北船重工而言，这种模式可以借助中储青岛分公司的精准定位能力，提高北船重工船板翻板的准确率和供应的及时性。对中储青岛分公司而言，该模式可以更深入调研和分析北船重工的实际需求，系统解决业务操作问题，从而利用更精准的管理技术全面介入船板供应链管理，保证服务的完整性。实践证明，经过中储青岛分公司北船项目部对库区内原有板材的重新整理归位，并应用先进的仓储管理系统将板材打理得井井有条，使北船重工原来积压在库区内始终无法查找使用的近万吨"死板"重新获得"生机"，年盘活船板数千吨，实现了资产的盘活，减少了船板库存的资金占用，初步估算年均盘活资金2000余万元。通过联动项目的开展，船板供应的准确率达到了100%，船板调用和周转效率提高，满足生产需要，以生产需求为核心进行船板管理，使船板供应走在生产计划的前面，实现了船板管理的供应及时性。中储青岛分公司的服务在准确率、效率上有了极大提高，且服务的持续提高更满足了北船重工的新要求、新期望，这样极大地节省了北船重工自身的精力投入，而且有力地保证了该项工作的完成质量及进度。

资料来源：国家发展和改革委员会经济贸易司，中国物流与采购联合会编. 物流业制造业深度融

110

合创新发展典型案例（2021）［M］. 北京：中国财富出版社有限公司，2021.

（二）社会化的物流企业

社会化的物流企业是经济社会发展和市场竞争日益激烈的直接结果。物流企业不是一个纯粹的概念，其提供的范围也是不断变化的。在现代经济意义的物流企业诞生之前，各种运输、仓储企业的存在已经有很长时间了，在现代市场竞争的压力之下，许多运输和仓储企业纷纷引入物流理念，向提供物流服务转型。目前的物流企业的内涵包含的是各种各样、数目众多的传统物流企业和现代物流企业的混合，它们共同构成了物流服务市场上的各种主体。

1. 物流企业的内涵

《物流术语》（GB/T 18354—2021）指出，物流企业是从事物流基本功能范围内的物流业务设计及系统运作，具有与自身业务相适应的信息管理系统，实行独立核算、独立承担民事责任的经济组织。

2. 物流企业的分层经营结构

如果把表 4 - 1 中物流供给的主体来源进行层次分析，可以发现，在整个物流行业中，呈现典型的金字塔结构，如图 4 - 1 所示。在塔式结构中，处于塔底的是软硬环境，这些环境构成了物流行业的生存基础。处于这些环境之上的是物流行业的业态，如平台型物流企业（如港口企业、铁路货场企业、公路和航空货运站企业、配送中心企业、物流中心经营企业、物流园区经营企业等）①，它们提供平台型的服务，专门为各类物流企业提供从事运营的必要场站设施服务。在平台型物流企业之上的是功能型物流企业，包括运输型物流企业、仓储型物流企业、综合型物流企业②，它们能够提供专业化、规模化、多产业化的通用型服务。在功能型物流企业之上的是专业型物流企业，它们是针对某一细分产业如汽车、医药、家电等进行物流服务的企业，这种企业往往具有针对某一产业的个性化专家服务的能力，比功能型物

---

① 例如，浙江传化物流以平台模式服务制造企业，持续打造线上线下协同的传化货运网，为制造企业提供端到端全链条的供应链解决方案，持续帮助企业降本增效，助力中国制造数字化转型升级。

② 根据国家标准《物流企业分类与评估指标》的分类，可以分为运输型物流企业、仓储型物流企业和综合型物流企业三类。不同的企业有相应的评估标准。

流企业具有更专业的物流能力①。在专业型物流企业之上的是供应链服务型企业，供应链公司主要是基于生产企业的供应链上下游结构，对供应链的物流、信息流和资金流进行整合和优化②。

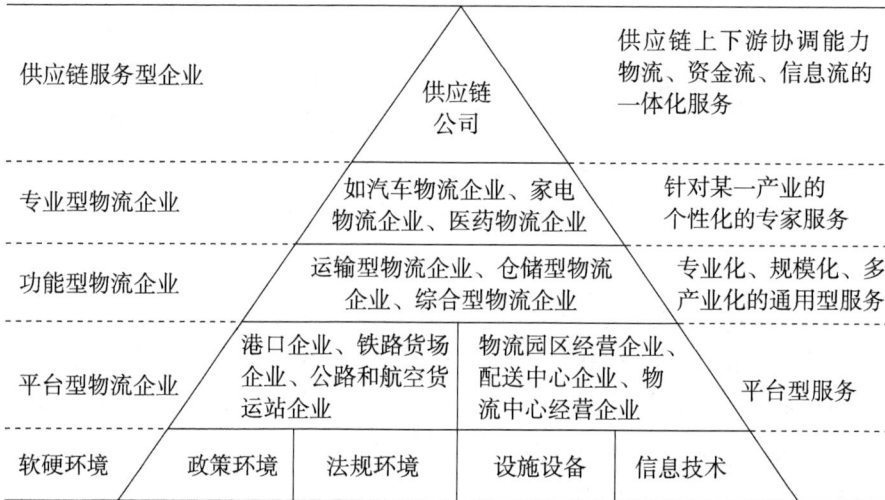

图 4-1　物流企业的典型分层结构

二、影响物流供给主体发展的主要因素

影响物流供给主体发展的主要因素可以从两个方面展开：一个是影响企业物流部门发展的主要因素；另一个是影响社会化物流企业发展的主要因素，下面我们将分别探讨。

---

① 例如，吉林长久物流有限公司已发展成为涉及乘用车物流、商用车物流、汽车销售、汽车零部件物流及普货物流等领域的集约化综合服务集团公司，在中国的汽车物流行业中位居三甲之列。该公司也是中国物流与采购联合会认定的第二批5A级物流企业。

② 例如，深圳怡亚通供应链股份有限公司成为中国第一家上市供应链企业，为全球众多顶尖企业提供专业的供应链服务。怡亚通运用先进的信息技术，整合全球资源，融商流、物流、信息流、资金流于一体，搭建了全方位一站式供应链服务平台，专业承接企业非核心业务的外包——物流外包、商务外包、结算外包，提供以采购执行、分销执行为核心的多样化服务产品，包括进出口通关、供应商管理库存、虚拟生产、DC、国际物流等，帮助企业提高供应链效益，推动企业供应链创新。除了怡亚通之外，还有深圳亦禾供应链管理有限公司、深圳市飞马国际供应链股份有限公司、香港利丰供应链管理（中国）公司等知名的供应链公司。

（一）影响企业物流部门发展的主要因素

影响企业物流部门发展的因素可以从宏观和微观层面展开，从宏观层面上看，影响因素包括以下几个方面。

（1）社会经济发展水平。

物流是社会经济发展到一定阶段的产物，企业物流供给受社会经济发展水平的制约。例如，原始社会，经济发展水平很低，社会生产力低下，就不存在完整意义物流服务供给。随着社会经济发展，贸易范围的扩大，分工的进一步深化，特别是工业革命的发生，现代物流供给才有可能大规模地发生和发展。社会经济发展越快，企业物流的专业化分工程度越快，企业也就越可能将物流外包给专业化的社会化物流企业来完成，而企业物流部门自身直接完成的物流业务份额也就越少。

（2）价格。

价格是影响物流市场上物流服务供给量的重要因素。在一定时期内，当市场上的物流服务价格低于企业物流部门自身运作的成本时，企业就可能将物流业务外包给社会化的物流企业完成；反之，则扩大企业自营物流的比例。不妨令物流服务的市场价格与企业物流运作成本之差为 θ，当 $\theta > 0$，企业自营物流比例随着 θ 增加而减少；当 $\theta < 0$，企业自营物流比例随着 θ 减少而增加，如图 4-2 所示。

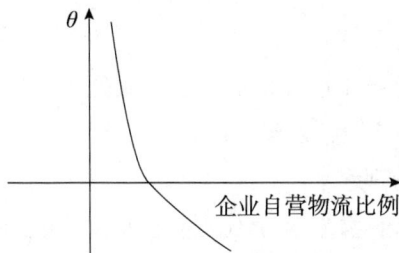

图 4-2 θ 和企业自营物流比例的关系

（3）物流需求的规模。

大型制造企业的物流总体需求规模大，由于规模越大，越容易通过集成优化物流成本，因此，大型制造企业普遍倾向物流自营。中小制造企业的物流需求规模较小，加上自有物流设施较少，容易进行全部外包。

从微观上看，影响企业物流部门发展的主要因素有以下几个方面。

（1）物流资源在企业中的战略重要性。

物流资源在企业战略中越重要，则越容易实施自营，例如沃尔玛强调利用物流赢得竞争优势，物流管理在企业战略中具有重要地位，因此，沃尔玛选择物流自营。如果物流资源在企业战略中越不重要，则企业越容易将之外包。

（2）制造企业物流资产的占有程度。

制造企业物流资产设施拥有程度越多，就越倾向利用自身的物流基础设施，从而越容易实现自营。如果物流资产设施越少，则越容易外包。

（3）市场（客户需求）竞争激烈程度。

不同的制造业的市场竞争激烈程度不一样，市场竞争越激烈，客户需求就越高，制造企业越容易通过外包提高物流服务水平，例如，国内的家电行业是物流外包较为充分的行业之一。相反，市场竞争越不激烈，制造企业越容易自营，例如石化行业，由于国家在该领域具有较强的垄断性，因此，客户需求不够强烈，相应的物流外包也不是很充分。

（4）物流资产的专用性。

物流服务所需要的资产设备具有的专业性越强，则越难以外包，例如，国内的石化行业、危险品制造行业等通常需要专业的物流资产设施，而物流行业提供相应资产设施的物流企业显然不多，导致这些行业容易存在自营行为。

（5）物流服务的复杂性。

如果物流服务的复杂性越大，则制造企业处于控制和管理物流服务水平的需要，越不倾向将物流服务外包，而容易将之自营。

（6）企业的物流管理水平。

管理水平越低则说明物流管理不是企业的核心能力，企业适宜将本企业的物流进行外包。

（二）影响社会化物流企业发展的主要因素

影响社会化物流企业发展的主要因素包括以下几个方面。

1. 社会经济发展水平

物流是社会经济发展到一定阶段的产物，社会经济发展越快，物流的社会化程度越高，物流企业特别是第三方物流的市场份额也越高。而且，伴随社会经济发展，物流企业的经营形态也呈现多样化的特征，从功能型物流企业到综合型物流企业再到供应链公司，社会经济的发展促进了物流企业形态的多样化。

2. 价格

价格是影响物流市场上物流服务供给量的重要因素。在一定时期内，当市场上的物流服务价格低于企业物流部门自身运作的成本时，社会化的物流企业发展迅速；反之，社会化的物流企业发展减缓。不妨令物流服务的市场价格与企业物流运作成本之差为 θ，当 $\theta > 0$，物流企业的业务比例随着 θ 增加而增加；当 $\theta < 0$，物流企业的业务比例随着 θ 减少而减少，如图 4-3 所示。

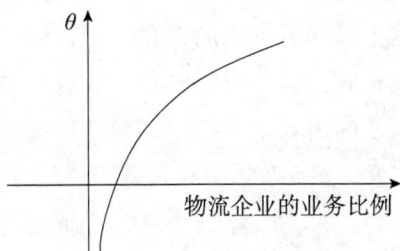

图 4-3 θ 和物流企业业务比例的关系

3. 物流需求的规模

物流需求规模的大小和变化方向决定了物流供给的可能空间和发展方向。缺乏物流需求，则会使社会化的物流企业发展缺乏动力。物流需求旺盛，社会化的物流企业发展迅速。如果存在潜在巨大的物流需求，则对未来的社会化物流供给有很强的诱导作用。

4. 物流技术和基础设施

物流技术和基础设施是物流供给的基础性条件，是物流供给的重要决定因素，物流技术与装备水平的提高，能对物流供给能力产生革命性的影响。低水平的物流基础设施和设备条件仍然严重影响着物流效率的提高。此外，物流基础设施空间布局的平衡性将影响区域物流发展的均衡性。

5. 物流企业的经营管理模式

物流企业经营管理模式是影响物流供给效率和水平的关键。为了实现对各种分散物流功能、环节和资源的有效整合，物流企业管理者需要提高自己的知识水平，学习和掌握目前发展的和将来出现的关于物流系统最优化设计的知识。当前，我国物流企业取得快速发展，但同发达国家物流企业规模和实力相比较，我国物流企业整体水平弱，仍然处于粗放式经营的层面，质量和效益并不理想。我国物流企业的主营业务附加值低，增值服务少。多数从事物流服务的企业只能提供单一运输和仓储服务，缺乏流通加工、物流信息服务、库存管理、物流成本控制等增值服务，特别是在物流方案设计以及全程物流服务等高附加值服务方面还没有全面展开，导致物流企业经营长期处于低水平的粗放阶段，物流供给能力不高。

6. 物流产业制度与政策

制度和政策是影响物流供给的重要因素。例如，市场准入的条件决定了物流企业进入市场的难易程度，严格的市场准入条件将会提高企业从事物流服务的门槛，从而影响市场物流供给的总量。而消除一些制度壁垒，如近年来全球范围内放松运输管制，对全球贸易和全球物流产生了重大影响。就物流产业政策而言，其涉及的内容十分广泛，包括产业发展目标、市场准入政策、土地政策、税收政策、融资政策、投资政策、外资合作政策、价格政策、技术政策、标准化政策等。物流产业政策对物流企业的发展产生至关重要的影响，能够调节和平衡物流企业发展的需要。

7. 物流行业信用体系

行业信用体系建设是社会信用建设的重要组成部分。商无信不盛，市无信不兴。不守信用的物流企业的失信行为通常表现为恶意竞争、合同违约、债务拖欠、偷逃税费、货物"蒸发"等商业欺诈现象。此种现象如不能得到及时遏制，物流产业就不可能健康发展，也影响整体的物流供给能力。因此，加快物流行业信用体系建设刻不容缓。

案例4-3：我国物流诚信体系亟须健全

物流业的诚信问题日益严峻。2015年2月5日，位于海口市的一家已经营业5年以上的物流公司人去房空。而在此前的两天，这家物流公司还信誓旦旦，承诺两天内将把一笔代收的白酒钱转入客户账户。据调查，在海口，从2009年2月到2015年2月的6年时间，仅媒体报道过的物流公司老板卷款"跑路"事件已达21起，且呈逐年增加之势。2022年6月15日，同样的事件再次出现，河南某物流公司为河南重点物流企业，因服务较好、价格便宜，不少河南酒商都在通过该物流公司收发货、代收货款。但是多家郑州酒商称该物流公司总部已人去楼空，负责人无法联系，众多商家聚集在该物流公司网点谋求维权。该物流公司的突然"跑路"，让众多酒商钱货两空，损失惨重。人们把这种现象称为物流产业的"毒瘤"。此种现象如不能得到及时遏制，物流产业就不可能健康发展。因此，加快物流行业信用体系建设刻不容缓。

目前，由于社会信用评价体系的不完善，大部分银行信用贷款只针对大型制造企业，广大物流企业很难得到信用贷款。某些不守信用的物流企业钻空子，影响了金融机构对物流行业的信任，主观上使物流企业很难得到信用贷款。

作为经全国整规办、国务院国资委批准的唯一一家物流企业信用评价机构，中国物流与采购联合会从 2007 年 3 月起，正式启动了对物流企业的信用评级工作。根据企业申报材料，中国物流与采购联合会按照《物流企业信用信息管理办法》《物流企业信用评级管理办法》等规定，经严格的评审程序，对首批 24 家物流企业信用等级进行了评价，并于 2007 年 7 月 24 日向社会公示。截至 2022 年 12 月初，中国物流与采购联合会已评出 A 级物流信用企业三十一批，第三十一批共评出 55 家企业，其中 AAA 级物流信用企业 44 家、AA 级物流信用企业 10 家、A 级物流信用企业 1 家。通过物流企业信用评级，引导和倡导全行业诚信经营的局面正在形成。

2014 年 11 月，国家发展改革委、交通运输部等 7 部门印发了《关于我国物流业信用体系建设的指导意见》，指出应加大物流信用服务机构的培育。2015 年 7 月在绵阳召开的"2015 中国物流与采购信息化推进大会"上，中国物流与采购联合会发布并正式成立了"中国物流与采购联合会物流平台诚信公约联盟"，24 家物流平台成为联盟成员，共同签署诚信公约，倡议行业诚信，将物流诚信体系建设推上日程。截至 2020 年 9 月，以平台企业为核心的诚信联盟成员单位增至 63 家，覆盖了国内社会化物流平台的 90% 以上，在物流干线和城配领域的运力覆盖面分别占全国份额的 85% 和 65%。

部分数据来源：http：//www. banyuetan. org/chcontent/zx/mtzd/201541/130142. shtml；https：//bai-jiahao. baidu. com/s? id = 1735973398912358589&wfr = spider&for = pc.

案例4-4：严重违法超限超载运输车辆的相关责任主体将受到多个部门联合惩戒

严重违法超限超载运输车辆的相关责任主体将受到多个部门联合惩戒。2017年4月，国家发展改革委、中国人民银行、交通运输部、中宣部、中央网信办、最高人民法院等36个部门联合签署《关于对严重违法失信超限超载运输车辆相关责任主体实施联合惩戒的合作备忘录》，对失信当事人实施3个方面26项联合惩戒措施，限制失信当事人的市场准入、行政许可、融资、部分高消费、享受优惠政策等行为。

据了解，联合惩戒对象为交通运输部门根据有关规定公布的失信当事人，惩戒内容包括：在加强日常监管、限制融资和消费方面，将加强货车生产和改装、重点货源单位、重要路段和节点、安全生产监管，将失信人失信记录供金融机构融资授信时审慎性参考，从严审核企业债券发行，限制乘坐飞机、软卧、高铁等部分高消费行为。

资料来源：http://credit.hangzhou.gov.cn/art/2017/2/24/art_1229634563_25670.html.

三、物流供给能力的构成

刘伟华等（2006）指出，物流能力是指在现有的物流固定设备、物流移动设备和物流组织方法下，单位时间内物流系统在整体上的最大物流运作能力。它是由物流基础设施要素能力和物流运作能力综合而成的。物流基础设施要素能力是指输入物流系统的各种资源，包括各种物流机械设备、物流设施、劳动力、资金、信息等。从实际评价性角度来讲，物流基础设施要素能力主要是指物流机械设备、物流设施等的能力（如数量、生产率、劳动时间等诸多要素的综合），它实际上是一种静态能力或者说是硬能力。物流运作能力是指物流管理者通过采用物流计划、组织和控制等手段，优化配置资源，为供应链提高效率，降低成本的物流服务能力，它实际上是一种动态能力或者说是软能力。

物流基础设施要素能力包括运输基础设施能力、仓储基础设施能力、搬运包装加工能力、信息处理能力四大部分。物流运作的核心目标是提高服务水平和降低物流成本。因此，物流运作能力由提供物流服务水平的运作能力和控制物流成本的运作能力两大部分构成。物流基础设施要素能力通常由国家和企业主体进行投资、兴建和改造，特别是公共性的物流基础设施属于公共物品，需要政府予以投资。而物流运作能力则由具体的物流企业在实际运作中，采取相应的组织管理方法得以实现，因此更具有个体性特征。物流供给能力的构成如图4-4所示。

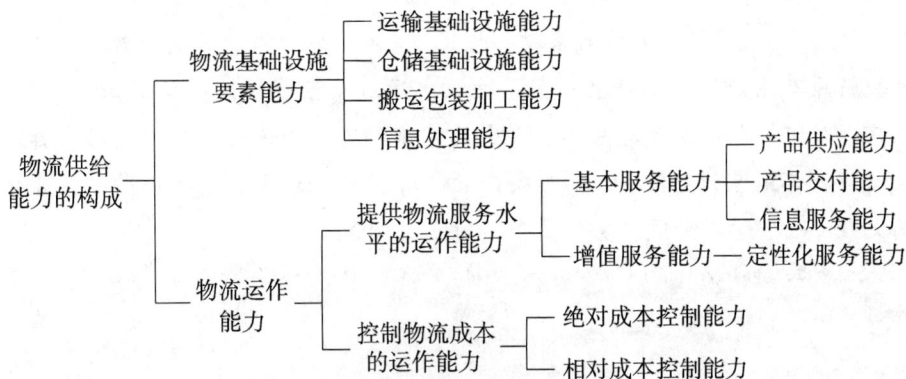

图4-4 物流供给能力的构成

必须指出的是，物流供给能力有两个方面的含义：一个是由物流基础设施和最优化运作方法决定的物流能力，也就是设计能力；另一个是在物流客户需求下，实际运作过程所产生的物流能力，也就是实际能力。通常，设计能力要大于实际能力。但是，当实际能力接近设计能力时，就出现了能力瓶颈，需要优化物流基础设施和物流运作方法，以提高设计能力。例如，京沪高铁二线的建设就是基于缓解既有京沪线和京沪高铁的运能压力，提升服务水平的重要举措之一。

案例4-5：京沪高铁二线的建设动态

2022年1月23日上午，山东省第十三届人民代表大会第七次会议在山东会堂隆重开幕，省长周乃翔代表省政府向大会作政府工作报告。报告提出，综合立体交通网方面，"加快推进京沪高铁辅助通道天津至潍坊段、雄商、济滨、济郑等项目，建成黄台联络线、济莱高铁"。在此之前，京沪高铁辅助通道天津至潍坊段（以下简称津潍高铁）正式获批，京沪高铁二线自此将进入多段、多点启动状态。

与之呼应的是，2022年1月18日，国务院发布《"十四五"现代综合交通运输体系发展规划》，其中明确提出"推进高速铁路主通道建设，提升沿江、沿海、呼南、京昆等重要通道以及京沪高铁辅助通道运输能力，有序建设区域连接线。"

津潍高铁是国家中长期铁路网规划中京沪与环渤海高铁的共同组成部分，其间人口密集，但却是高铁网布局相对薄弱的地带。京沪二线的推进，一方面将"弯弓拉直"，大大缩短京津冀与长三角两大城市群的时空距离，并且有效缓解原有京沪高铁的压力；另一方面，通过多条联络线，将济南、青岛、南京、合肥等中心城市与京津沪三大直辖市相连，加速区域连线成网。类比2011年通车的京沪高铁，这第二条南北"脊柱型"通道，也将给鲁中、苏北两大经济强省的"交通洼地"带来新的崛起机会。

资料来源：https：//baijiahao. baidu. com/s？id = 1723336681329883294&wfr = spider&for = pc. （有删改）

第三节　物流市场供给主体分析

一、物流市场供给主体的功能分析

物流市场供给主体（即物流供给主体）的功能分析可以从业务功能来体现，其业务类别与业务覆盖范围反映了物流供给主体的供给能力。

（一）企业物流部门的功能分析

企业物流部门是工商企业的物流供给主体之一。据国家发展改革委经济运行调节局于2015年6月开展的《新形势下推动制造业与物流业联动发展思路研究——促进我国制造业物流成本降低的方法研究》课题研究成果，在调研企业中，只有18%的企业认为选择自营物流其物流服务水平高于专业物流公司，有高达55%的企业认为自身的物流服务水平低于社会化的专业物流企业，因此，越来越多的企业选择设立独立的物流管理部门并且将物流业务外包。在企业外包的业务类型中，覆盖了物流业务的各个方面，其中最多的是销售环节的物流，占比43%。

国际经验表明，财富排行榜前100名的企业使用3PL比例高达90%以上，排名在101~200的企业使用3PL的比例为78%，排名在201~300的企业使用3PL的比例是73%，排名在301~400的企业使用3PL的比例是66%，排名在401~500的企业使用3PL的比例是61%。

对物流管理部门的职责进行分析，我国工商企业物流管理部门的主要职责为仓储与库存管理、运输管理和配送管理。近年来，物流规划和供应链管理的职责也得到了快速增长，显示出越来越多的企业对物流规划和协调运作日益重视。

（二）物流企业的功能分析

1. 业务类型分析

业务类型反映了物流企业供给的多元化程度。物流业务类型通常包括基本物流服务和增值物流服务两种。基本物流服务包括以下几个方面：运输、保管、配送、装卸、包装、流通加工、信息处理、总体策划服务等。增值物流服务指独特的活动，这些活动可以使物流服务的供需双方能够通过共同努力提高效率和效益。具体包括物流咨询与系统设计、物流金融。增值物流服务的起点就是各种物流服务的基本功能，增值物流服务的延伸将对物流企业的信息集成功能提出更高的要求。物流企业提供的增值物流服务有两个方向。一个是沿供应链顺流而下，在产品销售渠道内挖掘。例如，安徽芜湖一家物流公司为美的公司提供家电配送服务。服务过程中，发现消费者普遍希望能够在送货当天完成家电的安装以便他们尽快使用。因此，该公司将服务向供应链下游延伸，提供配送和家电安装服务，即送装一体服务。目前送装一体已成为家电配送行业的主流，并入选国家标准。另一个是逆流而上，在物料供应渠道内挖掘。例如，上海欣海报关提供的驻厂服务，即将公司的专业报关员派驻到客户企业，随时随地为客户提供报关服务。

2. 业务覆盖范围

物流企业业务辐射范围是企业规模和竞争能力的重要衡量指标。不仅体现在物流企业全国网络化业务范围步伐加快，而且在走出去布局方面也在蓬勃发展。例如，菜鸟网络联合社会化的仓配资源及能力，与合作伙伴一起，在大数据支撑下，为商家提供具有行业特色、电商特色的仓配服务。菜鸟网络在全球战略位置运营关键物流设施，服务范围覆盖200多个国家和地区，并将"科技基因"运用于物流运营的每一个环节，更建立了全球最大的数字化驿站网络[1]。

进入 21 世纪以来，特别是加入世界贸易组织以来，我国政府和企业坚持"引进来"与"走出去"相结合的对外开放方针，积极融入全球经济的进程。特别是近十年来，在政府的支持、企业的积极实践下，我国以对外直接投资、工程承包等为支撑的"走出去"战略方兴未艾，我国物流企业的"走出去"发展步伐也在明显加快。例如，以由多家国有物流大集团公司整合形成的中国物流集团有限公司为例，中国物流集团注册资本 300 亿元，自成立以来，积极响应国家号召，加快培育国际竞争力。目前，经营网点遍布国内 30 个省（区、市）及海外五大洲，国际班列纵横亚欧大陆，在国际物流市场具有较强竞争优势[2]。

二、物流市场供给主体的结构分析

（一）规模实力分析

随着企业生产规模的扩大，产品单位成本降低，从而导致收益增加。例如，我国快递业务量，从 2007 年的 12.02 亿件上升至 2022 年的 1105.81 亿件，快递平均单价却从 28.5 元下降至 9.56 元，一个重要的原因就是快递企业网络规模扩张，降低了快递服务生产成本。经过多年发展，我国物流业涌现出一批规模庞大、实力雄厚的大型物流企业。中物联《关于发布 2023 年度中国物流企业 50 强、民营物流企业 50 强的通告》数据显示，2023 年中国物流企业 50 强，收入排名前十的依次是：中国远洋海运集团、厦门象屿、顺丰控股、京邦达贸易（京东物流集团）、中国外运、菜鸟供应链、三快智送（美团配送）、圆通速递、中通快递、中铁物资。排名第一的中国远洋海运集团 2022 年物流业务高达 5700 多亿元，是我国远洋运输龙头企业。截至 2023 年 6 月 30 日，中国远洋海运集团经营船队综合运力 1.11 亿载重吨/1372 艘，排名世界第一。其中，集装箱船队规模 304 万 TEU/475 艘，居世界前列；干散货船队运力 4454 万载重吨/426 艘，油、气船队运力 2695 万载重吨/225 艘，杂货特种船队运力 598 万载重吨/178 艘，均居世界第一。

---

[1] 资料来源：https://www.cainiao.com/about - us - brief - introduction.html? spm = a2d524.28499007.header.17.56474a22M8uqB5.

[2] 资料来源：https://www.chinalogisticsgroup.com.cn/zh - cn/about/index.shtml.

（二）所有制结构分析

公有制为主体，多种所有制经济共同发展，是现阶段我国社会主义基本经济制度。国有企业作为坚持公有制主体地位的组织基础和制度保障，是引领现代化经济体系建设的重要力量。国有企业通常具有规模大、资金充裕、技术实力强等优势，但其管理效率较低，对市场变化反应较慢。

民营经济发展是我国经济发展的重要组成部分，贡献了50%以上的税收，60%以上的国内生产总值，70%以上的技术创新成果，80%以上的城镇劳动就业，以及90%以上的企业数量。民营企业体制机制灵活，贴近市场，对实际需求高度敏感而且反应敏捷，但由于资金和技术等方面的限制，多数发展速度相对较慢。

外资企业占比不到全国企业总数的3%，创造了中国2/5的对外贸易、1/6的税收收入和近1/10的城镇就业，对我国经济发展起到重要支撑作用。外资企业通常具有先进的技术、管理经验和资金等优势，但其经营受到国际市场和政策环境等因素的影响较大。

不同所有制企业在我国经济社会中发挥着不同的作用，对行业的结构、竞争、市场行为和经济特征有着深刻影响。在2023年中国物流企业50强中，国有及国有控股企业比例超过一半，还有19家是民营企业。国有及国有控股企业主要集中在航空运输、水上运输、铁路运输等公共属性较强的领域，而在快递、公路货运等市场化竞争程度较高的领域，以民营企业为主。从整个行业来看，民营中小微物流企业数量占比较高，大中型物流企业以国有企业居多。目前，我国物流业也在积极探索国有物流企业混合制改革，建立更加灵活的经营机制，促进中国物流业效率的进一步提升。

（三）市场集中度结构

市场集中度（也称行业集中度）是指某个行业的相关市场内前 N 家大企业所占市场份额（产值、产量、销售额、销售量、职工人数、资产总额等）的总和，是对整个行业的市场结构集中程度的测量指标，用来衡量企业的数目和相对规模的差异。一般来说，高度集中的市场可能意味着市场饱和度较高，进入难度较大，但也可能存在尚未满足的需求。低度集中的市场可能具有更多的增长潜力，但竞争也更激烈。最常用的市场集中度指标是集中率，表示产业前几家在市场中的占有率，公式为：

$$CR_n = \sum_{i=1}^{n} K_i$$

CR_n 的值介于 0 与 1 之间，数值越大表示集中率越高。根据《国家发展改革委办公厅 国家统计局办公室关于加强物流统计监测工作的通知》（发改办运行〔2023〕87 号）要求，中国物流与采购联合会组织实施了重点物流企业统计调查，根据调查结果提出了 2023 年中国物流企业 50 强排名。50 强物流企业 2022 年物流业务收入合计 23456 亿元，按可比口径计算，同比增长 13.4%。50 强物流企业物流业务收入合计占物流业总收入的比重升至 18%，为历年最高水平，行业集聚效应持续显现，物流行业市场集中度进一步提升[1]。

第四节　物流市场的供需均衡分析

一、物流市场的运行机制

（一）物流市场

物流市场是指有关物流产品和资源交换关系的总和，具有协调物流各要素，配置物流资源的功能，同时也体现出政府对物流活动的管制和干预等一系列活动过程。

在物流市场中，体现了物流供给者、物流需求者在对物流产品进行交换时的关系，以及在交换中发挥作用的一切机构、部门与交换主体之间的关系。

（二）市场机制

市场机制就是市场运行的实现机制。它作为一种经济运行机制，是指市场机制体内的供求、价格、竞争、风险等要素之间互相联系及作用机理。市场机制是一个有机的整体，它的构成要素主要有价格机制、供求机制、竞争机制和风险机制等。

价格机制是指在市场竞争过程中，市场上某种商品市场价格的变动与市

---

[1]　资料来源：https://baijiahao.baidu.com/s? id＝17732/63884744741357&wfr＝spider&for＝pc.

场上该商品供求关系变动之间的有机联系的运动。它通过市场价格信息来反映供求关系，并通过这种市场价格信息来调节生产和流通，从而达到资源配置。另外，价格机制还可以促进竞争和激励，决定和调节收入分配等。

供求机制是指通过商品、劳务和各种社会资源的供给和需求的矛盾运动来影响各种生产要素组合的一种机制。它通过供给与需求之间的在不平衡状态时形成的各种商品的市场价格及市场供给量和需求量等市场信号来调节社会生产和需求，最终实现供求之间的基本平衡。供求机制在竞争性市场和垄断性市场中发挥作用的方式是不同的。

竞争机制是指在市场经济中，各个经济行为主体之间为着自身的利益而相互展开竞争，由此形成经济内部的必然的联系和影响。它通过价格竞争或非价格竞争，按照优胜劣汰的法则来调节市场运行。它能够形成企业的活力和发展的动力，促进生产，使消费者获得更大的实惠。

风险机制是市场活动同企业盈利、亏损和破产之间相互联系和作用的机制，在产权清晰的条件下，风险机制对经济发展发挥着至关重要的作用。

二、物流市场供求均衡与价格

（一）供给曲线

供给曲线是指供给数量（Q）与价格（P）的关系曲线。通常来说，价格与物流服务的供给量（S）呈正比变化。在其他条件不变的情况下，价格越高，物流企业越愿意提供服务，因此，供给数量会随着价格上升而增加，其变化规律如图 4 - 5 所示。

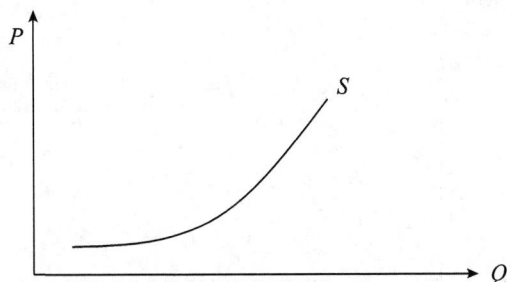

图 4 - 5 物流供给曲线

（二）需求曲线

需求曲线是需求数量与价格的关系曲线。通常来说，物流需求量（D）与价格呈反方向变化，其变化规律如图4-6所示。不过，这里需要说明的是，这里的物流需求是社会化的物流需求，也就是交给社会化物流企业完成的物流需求，当物流服务价格高时，有部分物流需求退出或者转化为自营型物流，因而物流需求量与物流价格呈现反向变化。

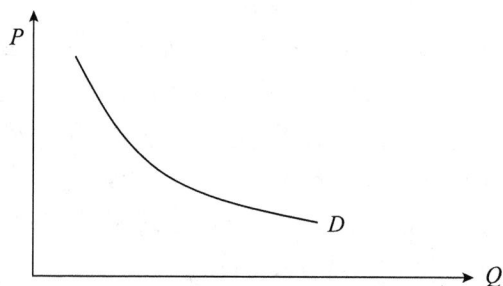

图4-6　物流需求曲线

（三）供需均衡含义

需求价格是消费者对一定商品所愿意支付的价格，供给价格是指生产者为提供一定量的商品所愿意接受的价格。西方经济学认为，一种商品的均衡价格是指该种商品的市场需求量和市场供给量相等时的价格。在均衡价格水平下的相等的供求数量被称为均衡数量。此时，均衡价格也就是需求曲线和供给曲线相交的价格，如图4-7所示。

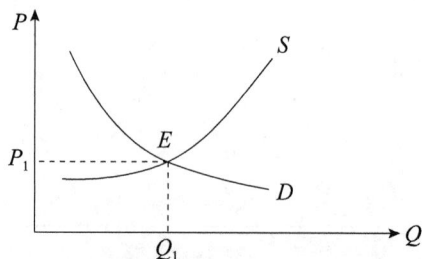

图4-7　物流服务均衡价格

（四）均衡价格分析

在图 4-7 中，P_1 为均衡价格，当市场价格上升了，超过 P_1 点时，物流需求量就会下降，而供给量因价格上升而增加。这样就形成了供过于求，但只是暂时现象，在物流市场的运行机制作用下，需求少，供给多，又将导致价格下降，一直降到均衡点以使供给量与需求量又相等，达到市场均衡。

如果市场价格下降了，低于 P_1 点时，需求量会上升，而物流企业因为利润的减少会降低供给量，这样就会形成供不应求，但这也是暂时现象，需求多，供给少，这将导致价格上升，一直升到均衡点使供给量与需求量又相等，达到市场均衡，形成类似图 4-8（a）中的正常商品的蛛网模型结构。当然，如果某种物流服务呈现出吉芬商品的特征①，其均衡过程的蛛网模型如图 4-8（b）所示。

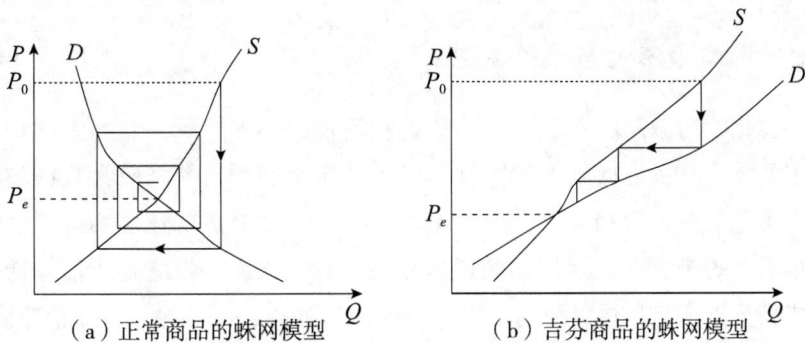

（a）正常商品的蛛网模型　　　　（b）吉芬商品的蛛网模型

图 4-8　蛛网模型：接近市场均衡的价格调整过程

在市场竞争环境下，市场竞争是一种形成均衡的机制，通过市场竞争的调节，使供给量与需求量处于平衡状态，当市场价格偏离均衡价格时，市场的调节又会使价格趋向于均衡价格，完全竞争市场的均衡是由供给和需求共同作用而产生的，是市场自发的行为和后果。

从上述关于需求与供给变动对均衡的影响分析可以得出供求定理的基本内容，可以归纳为四点。

①　所谓吉芬商品就是在其他因素不改变的情况下，当商品价格上升时，需求量增加，价格下降时，需求量减少，这是西方经济学研究需求的基本原理时，19 世纪英国经济学家罗伯特·吉芬对爱尔兰的土豆销售情况进行研究时定义的。还有一些商品比如带有投机性的证券和黄金交易就是如此。

第一，需求的增加引起均衡价格上升，需求的减少引起均衡价格下降。

第二，需求的增加引起均衡数量增加，需求的减少引起均衡数量减少。

第三，供给的增加引起均衡价格下降，供给的减少引起均衡价格上升。

第四，供给的增加引起均衡数量增加，供给的减少引起均衡数量减少。

简单来说，就是在其他条件不变的情况下，需求变动将引起均衡价格和均衡数量同方向变动；供给变动将引起均衡价格反方向和均衡数量同方向变动。这就是我们常说的所谓的供求定理。

供求定理是经济学中一个非常重要的定理，它具有广泛的实用价值。当影响需求或供给的因素发生变动时，将引发需求或供给的变动，原有的均衡将被打破。实际上，物流供需经常处于变动的非均衡状态，达到均衡状态的可能性较小。

三、物流市场供需的非均衡现象

（一）需求不足与供给不够并存

社会化的物流需求不足和专业化的物流供给不够，既是制约中国物流发展的主要矛盾，也是近年来我国物流发展的主要问题，并将成为我国物流发展必须跨越的一个门槛。一方面，物流需求集聚和释放的速度不够快，大而全、小而全的企业物流运作比例还比较高；另一方面，物流高质量供给能力还不能满足需求。从供需结构来看，一般性的服务、传统的运输和仓储服务，明显供大于求；而许多专业化的服务、供应链一体化的服务、能够满足特殊企业需要的个性化服务严重不足。从发展趋势看，能够适应企业专业生产需要的专业物流服务，适应精益化生产需要的精细化服务，将会获得更大发展空间；而缺乏专业特色、管理粗放的物流企业生存空间将进一步缩小。

（二）供需矛盾存在差异性

我国东中西部的物流发展仍存在失衡问题，对资源型地区而言，流出量和流入量的差距仍然较大；城乡物流发展差异大，农产品物流和农资物流的发展相对落后；行业物流发展失衡明显，部分传统产业物流模式转型缓慢，不同的物流环节发展不平衡，增值性服务所占比例仍然不大，不同运输方式衔接不够顺畅，公路运力相对过剩，部分区域铁路运能依然不足，普通设施设备过剩，物流基础设施设备分散在不同的地方、部门和行业，缺乏有效整合和充分利用。

（三）供需非均衡的反复性

供需矛盾是物流产业的典型特征之一，它主要体现为经济社会发展的波动带来的供需不平衡。计划经济时代，我国的物流供给曾经处于长期的短缺状态，这种状况一直维持到20世纪末。21世纪经历了快速发展，总体上已经基本扭转供给不足，开始出现买方市场的市场状态。这是一个可喜的局面，这个局面的直接表现是在正常的经济发展时期，基本上可以保持供求平衡、供略大于求的局面，并没有出现尖锐的供需矛盾。

但是，一旦社会经济发展出现异常的状态，矛盾就会突出。例如，当出现突发性的需求增长，供给便会呈现短缺；当国民经济出现一定程度的萎缩，供给随之会表现出过剩的状况。有很多例证可以说明：几乎每年冬储煤的运输季节，能满足需求的物流供给就处于短缺状态，这就出现了用汽车超距运输、超载等手段来弥补短缺；"双十一"期间，激增的购物量导致各地仓库爆仓、物流供给短缺的局面。当出现经济增长缓慢的状况，供给便会出现比较严重的过剩。

上述这些情况表明，物流服务的供给与需求经常是处于一种不稳定的平衡状态，无论是供给方面还是需求方面都缺乏自我调节的能力，缺乏应对市场变化的弹性。这表明物流领域市场还是一个发育不成熟的市场。

第五节　我国物流供给主体的主要特点

一、物流企业规模不断壮大

近年来，在良好的政策环境和市场需求条件下，物流企业集中度显著提高，在快递快运、铁路物流、港航物流、航空物流、合同物流、仓储园区、汽车物流等细分市场涌现出一批规模型龙头骨干企业，成为我国现代物流业发展的领头羊。

在快递物流领域，我国快递行业基本形成了"以大型快递企业为服务主力，个别中小快递企业差异化服务为补充"的行业格局。2022年，快递与包裹服务品牌集中度指数 CR8 为 84.5，相比 2021 年，集中度进一步提升。其中，中通、韵达、圆通是快递业务单量较大的三家企业，市场份额总和已经超过 50%。从快递业务单量看，多家快递企业已跻身全球前 10 位。在跨境电商、国际贸易的推动下，以中国邮政速递物流、顺丰、京东物流等为代表的龙头快递企业开始走向国际市场。

在港航物流领域，截至 2022 年年底，我国海运船队运力规模达 3.7 亿载重吨，较十年前增长一倍，规模跃居世界第二，海运航线和服务网络遍布世界主要国家和地区。中远海运集团、招商局集团经营船舶运力规模分别已经达到全球综合类航运企业第一位和第二位。2022 年我国港口货物吞吐量 156.8 亿吨、港口集装箱吞吐量近 3 亿标箱，较十年前分别增长 33%、56%，全球货物和集装箱吞吐量排名前十的港口中，我国分别占八席和七席。

在医药物流领域，2021 年药品批发企业主营业务收入前 100 位占同期全国医药市场总规模的 74.5%，同比提高 0.8 个百分点；占同期全国药品批发市场总规模的 94.1%。其中，前 100 位药品批发企业中排名第一位的中国医药集团有限公司主营业务收入为 5390 亿元，是第一家主营业务收入超过 5000 亿元的大型数字化、综合性药品流通企业；第 2～4 位的上海医药集团、华润医药商业集团、九州通医药集团主营业务收入均超过千亿元。

据数据统计，当前我国 A 级物流企业已超过 9000 家。从结构来看，物流业务收入千亿级的企业升至 5 家，百亿级企业升至 34 家，合计占比近八成，行业集聚效应持续显现，物流行业市场集中度进一步提升。

二、物流组织水平持续提升

随着资源要素成本不断上升和市场竞争日益激烈，我国物流企业将降本增效提质作为推进高质量发展的重要抓手，通过多种措施，不断提升物流资源利用水平和组织运营效率。

一是大力发展多式联运。自 2016 年以来，交通运输部联合国家发展改革委先后启动了 4 批次、116 个多式联运示范工程项目，围绕设施互联、信息互通、模式优化等，着力推进多式联运创新发展，带动多式联运"加速跑"。例如，围绕运输结构重点由"公转铁"运输为主转向"铁水并举、以水为主"，江苏省正不断加快推进运输结构调整，提升综合运输效率，降低社会物流成本。徐州淮海国际陆港优化升级运输装备，在长江、沿海、京杭运河首创 35

吨敞顶箱铁水联运，实现滚装设备/商用车、集装箱、件杂货的独立和混合，节省35%~50%的运输成本。海安商贸物流园区依托二级编组站、海关铁路监管场站开通海安至东盟中欧班列、沪苏通海铁快线班列（海安—洋山港、宁波港），先后与郑州国际陆港、广西南宁综合保税区、太仓港、上海港、通州湾等建立战略合作关系，为发货企业节约物流成本800~1000元/标箱，节约物流成本近5000万元。2021年，江苏省铁路货运量较2018年增长783万吨，多式联运量年均增长38%，直接带动物流降本约50亿元，推动江苏社会物流总费用与GDP比率下降约0.05%。

二是创新物流组织模式。部分物流企业整合各方资源，建立公共配送中心，实施"统仓共配"模式，成为降低"最后一公里"城市配送成本的有效措施。快递企业应用物流数据分析和网络化分仓，为电商企业提供全国一体化物流服务的"云仓"模式，受到市场欢迎。受益于餐饮连锁化，集挑选、清洗、分割、切配等食品初加工于一体的"中央厨房"加快建设。中西部内陆港与边境口岸物流园区共同推广"铁路快通"模式，通过海关铁路舱单系统数据互联互通，对电子数据进行审核、放行、核销，取消办理转关手续，实现通关时间减少约24个小时，单箱费用省200元以上。一些物流园区发挥资源集聚优势，深入调查园区物流流量、流向和需求特点，将货运量化零为整，开行直达货物班轮、班列、航班和班车，发挥物流网络规模优势，减少迂回运输，降低成本。

三是提升物流标准化水平。物流企业标准化是保障物流运作安全便利、高效畅通的重要手段。部分行业龙头企业积极发挥引领带动作用，着力推动设施设备标准化、运作组织标准化、管理服务标准化，促进了物流全链条高效运转。例如，重庆九州通医药有限公司投资1000多万元，以托盘标准化（1.2m×1.0m）为核心，对标准化仓储配送中心进行仓储物流设施设备升级改造，同时推动上游客户标准化进程，仓储配送各环节应用国家、行业和企业标准共计100余项，实现装卸货效率提高2.3倍，货损率降低22%，综合物流成本降低12%。湖南省浩通国际货运代理有限公司通过建立标准化机制、完善标准体系、推动标准实施应用，将标准化嵌入货运代理服务全业务、全流程，以标准规范企业经营行为，逐步提升服务能力，实现服务标准化。标准化工作深入推进，不仅减少了公司生产经营管理成本，更有效满足了客户需求，实现服务效能的提升，2022年上半年同比收入增长54.43%，费用减少0.33%。

三、服务价值链条拓展延伸

近年来，我国物流企业深入调查产业需求，加强与农业、制造业、商贸业联动融合，积极推进供应链创新与应用，通过资源整合和流程优化，提升产业集成和协同水平，通过延长服务链条，创造价值链条，谋求利润新增长点。

在农业方面，河北新发地农副产品物流园依托资源集聚优势，从农产品流通向农产品精深加工产业延伸，构建"产地初加工、园区精加工、净菜进厨房、全程可追溯"的食品产业协同发展新模式，2021 年实现年交易量 1470 多万吨，交易额 1090 亿元。上海郑明现代物流有限公司从薯条加工企业"麦肯"运输业务外包介入土豆供应链，利用自身的物流资金和信息优势，为"麦肯"提供土豆采购物流组织、豆农种植款垫付、土豆动产质押、厂内物流效率提升、分销物流、购销业务等一站式供应链服务，不仅巩固了供应链上下游客户关系，紧密了利益相关方合作，还通过多种服务寻找了新利润增长点，"麦肯"整体利润率高达 47.5% 。

在制造业方面，嘉诚国际物流中心将物流服务嵌入家电制造企业原材料采购、生产制造、产品分销、售后服务及逆向物流等供应链全流程，通过资源整合提供对流运输、JIT 物流配送、供应商库存管理、半成品加工等增值服务，帮助制造企业减少物流环节，降低物流成本和缩短制造周期。京东物流根据制造企业生产物料与规格种类繁多、出库流量低但路线多变等实际情况，结合生产制造工艺定制开发多款物流机器人等配套物流设备，量身定做线边物流解决方案。通过业务渗透、资源共享等方式，应用于家电企业的制造流程、布局规划，使制造企业整体成本降低 10%，库存利用率提升 13%，作业效率提升 20%，改善了物流成本结构，实现了全程可视化运营，提升了制造企业整体竞争力。

在商贸业方面，佳怡供应链针对快消企业碎片化、多样化的销售渠道，推出"线上线下全渠道一盘货"服务模式，以生产物流、销售物流、逆向物流等全链路数字化生态管理，为客户提供运输、仓储、配送、拆零再加工、商品溯源、尾货处理等一站式物流服务，不仅使客户库存周转率提升了 2 倍，配送效率提升至 48 小时，还通过定制化增值服务提升了企业盈利空间。怡亚通整合全国各地流通资源，打造供应链综合服务平台，为客户提供集商贸交易、仓储服务、流通加工、干线运输、城市配送、智慧托管等于一体的流通服务，打造更智慧、更迅捷、更高效的流通供应链新业态。

四、企业"走出去"步伐加快

随着我国积极推进高水平对外开放，增强国内国际经济联动效应，货物进出口总额占全球份额进一步提高，世界第一贸易大国地位更加巩固，为物流企业开展国际物流业务创造了有利条件。物流企业跟随产业"走出去"步伐，提升国际物流供给能力，服务国内国际双循环。

一方面，港口、内陆港、机场整合货源、聚零为整，不断提升直达货物班轮、班列、航班和班车开行数量和覆盖范围。山东港口抢抓 RCEP 机遇，2022 年海向新增航线 37 条，其中"一带一路"航线 13 条、RCEP 航线 14 条，拉动外贸进出口近 200 亿元，航线总数达到 327 条，外贸航线 233 条，数量和密度稳居我国北方港口首位。重庆国际物流枢纽园区已形成四向齐发、四式联运的开放通道体系，年发各类跨境班列超过 4000 班。在中欧班列方向，稳定运行线路近 50 条，境外辐射近 40 个国家的 100 余个城市，境内通达59 个铁路站点和 29 个港口，运输货物近万种。深圳机场 2022 年新开越南河内、卡塔尔多哈等 6 个国际全货机航点，加密美国洛杉矶、越南胡志明等 10 个国际全货机航点，国内国际全货机通航城市增至 57 个，2022 年实现货邮吞吐量 150 万吨，其中，国际及地区 77.6 万吨，同比增长 19.4%。

另一方面，物流企业沿着国际运输路线，积极布局海外仓、国际分拨中心等仓储设施，加快建设国际物流服务网络。菜鸟依托于其全球智慧物流能力，部署了 6 大数字物流中枢（eHub），开通超过 1800 条国际海、空货运航线，截至 2023 年 3 月，菜鸟已在全球布局 6 大智慧物流枢纽、15 座自动分拨中心，服务于进出口外贸的跨境仓库已突破 100 个，面积超过 300 万平方米，全球物流网络逐渐成形。京东物流加速海外仓的基础设施布局，目前，已在全球拥有近 90 个保税仓库、直邮仓库和海外仓库，在美国、欧洲、东南亚、中东、澳大利亚等地落地自营海外仓，初步实现了全球织网计划的阶段性成果。中国外运以30.06 亿元完成对欧洲物流公司 KLG Europe Holding B. V. 旗下 7 家物流业务公司的收购，这 7 家公司在荷兰、罗马尼亚、英国等国家从事货运及代理服务、物流及仓储服务，并拥有和租赁物流房地产，为中国外运提供全程端到端国际物流服务拓展了新空间。部分中国物流流通企业海外布局如表 4-3 所示。

表4-3   部分中国物流流通企业海外布局

物流流通企业类型	企业名称	海外布局
综合物流	中国外运股份有限公司	海外网络覆盖亚洲、非洲、美洲、欧洲等区域
	中国国际货运航空有限公司	全球通航国家（地区）41个，服务拓展到193个国家的1317个目的地，在欧洲、美国、日本、亚太等地拥有1400余条全球地面卡车航线
	中铁快运物流集团有限公司	在美国、英国、俄罗斯、韩国、日本、中国香港、尼泊尔、印度尼西亚等18个国家（地区）设有分支机构和多个海外仓
	中国远洋海运集团有限公司	在全球投资码头57个，集装箱码头50个，集装箱码头年吞吐能力1.32亿标箱
电商物流	京东物流	在全球运营近90个保税仓库、直邮仓库和海外仓库，总管理面积近90万平方米
	菜鸟	由菜鸟为核心并聚合各合作方能力、运达全球233个国家和地区
	递四方	在全球共拥有约10000名员工，超过100家分支机构，服务全球约100万家跨境电商商户与超过2亿跨境电商终端用户，在全球铺设海外仓50余个，面积近100万平方米，覆盖美国、加拿大、澳大利亚、日本、英国、德国、西班牙、捷克等18个国家
生产资料流通	中国五矿集团有限公司	在贸易物流领域，公司拥有遍布全球的贸易流通网络，仓储物流和分销配送能力突出
	天津物产国际物流有限公司	在美国、日本、韩国、越南、菲律宾、新加坡设有海外机构
	上汽安吉物流股份有限公司	上汽集团所属专业从事物流业务的全资子公司安吉物流拥有全球战略布局，为国内外主要主机厂家和零部件厂家提供物流服务，开设安吉物流北美有限公司、安吉日邮物流（泰国）有限公司、安吉日邮普尼纳物流（印度尼西亚）有限公司

续　表

物流流通企业类型	企业名称	海外布局
快递业	顺丰速运	覆盖超过 50 个国家及地区，包括韩国、新加坡、马来西亚、泰国、越南、日本、柬埔寨、印度尼西亚、缅甸、蒙古国、印度、澳大利亚、美国、加拿大、墨西哥等
	中国邮政速递物流	国际包裹业务可以通达全球 200 多个国家和地区
	圆通速递	国际网络覆盖 6 大洲，150 多个国家和地区，在 18 个国家和地区设立 48 个分公司及办事处，全球加盟及代理商 522 个
	申通快递	开设欧洲 30 国专线、北欧专线、中美专线、日本专线，美国仓、德国仓等，国际业务通达全球 220 多个国家
连锁零售	苏宁	提供跨境直购、跨境保税服务，以香港海外仓，南京、宁波保税仓，协同全国航空枢纽，构建一套海外仓储、国际运输、跨境保税仓、国内配送等一站式跨境物流解决方案
再生资源流通	浙江省再生资源有限公司	公司与美国、加拿大、秘鲁等多个国家的供应商建立合作关系，有效整合国内与国外两大资源和两大市场
物流装备	中国国际海运集装（集团）股份有限公司	在亚洲、北美洲、欧洲等地区拥有 300 余家成员企业及 3 家上市公司，客户和销售网络分布在全球 100 多个国家和地区

五、先进技术加快推广应用

近年来，我国积极把握数字经济发展机遇，推动数字技术与物流组织活动深度融合，提升各物流环节线上化、自动化、智能化发展水平，加快智慧物流体系建设，培育高质量发展新动能。

《"十四五"数字经济发展规划》将"智慧物流"与农业、工业、商务、金融等并列为七大重点行业"数字化转型提升工程"，同时"打造智慧供应链体系"被列入"数字经济新业态工程"。在各项政策支撑以及数字经济浪潮下，我国物流供给智慧化水平显著提升，依托大数据、物联网、5G、区块链等新一代信息技术，我国物流企业进入智慧转型阶段。一方面，通过引进智能仓储设备、智能分拣机器人、无人机等智能机器设施实现高度自动化，提升物流企业运作效率；另一方面，依托物联网进行全流程信息智慧化识别，并依托大数据、人工智能、区块链等技术建立智慧供应链平台，进行供应链信息协同、智能决策及全流程追溯等。

依托智慧化改造升级，我国物流企业服务供给呈现集约高效、个性定制、协同联动等特点，其具体能效体现在以下三个方面。第一，物流企业依托智慧物流平台实现了商业模式创新和资源最优化配置。具体来说，如基于大数据的众包配送模式整合社会物流资源，有效扩大物流供给能级，实现资源集约化配置；基于大数据、云计算等规划最优配送路线，实现"仓配一体化"等。第二，部分龙头企业已经通过对数据的存储、挖掘、分析和使用实现价值转移，开展运价预测、信用评价、运费垫付、小额贷款、金融保理、消费白条、车后商城等基于业务数据的增值服务并实现盈利，完成了物流行业由"作业产生价值"向"数据产生价值"的路径探索，为进一步提升行业高质量服务水平，构建智慧物流生态体系奠定了良好的基础①。第三，在国家政策支持下，我国物流企业积极与制造业等行业进行跨界融合，为制造业、农业、商贸流通等产业供应链提供智慧供应链改造方案，实现供、产、储、配、销等全链条高效协同，依托智慧供应链体系有效提升产业链，实现价值链延伸。

案例4-6：《智慧物流服务指南》国家标准获批发布，日日顺参与起草

国家市场监督管理总局、国家标准化管理委员会发布公告（2022年第13号），其中批准发布了由全国物流标准化技术委员会提出并归口的《智慧物流服务指南》（GB/T 41834—2022）国家标准。该标准由日日顺供应链科技股份有限公司、天津大学等单位起草。该标准提供了智慧物流服务的特征和关

---

① http://ptfh.chinawuliu.com.cn/ztyj/202105/24/549627.shtml.

键要素、服务能力保障、服务提供、服务评价与改进方面的指南，适用于智慧物流服务活动的开展。该标准于 2022 年 10 月 12 日正式实施。

资料来源：https://www.163.com/dy/article/HQAH7TOG0516U24V.html.（有修改）

六、行业兼并重组日趋活跃

我国经济发展增速逐渐趋缓，物流供给规模持续提升，行业竞争进入白热化阶段。激烈的竞争环境下，兼并重组成为物流企业加强资源整合、实现快速发展、提高竞争力的有效措施，也是化解产能严重过剩矛盾、调整优化产业结构、提高发展质量效益的重要途径。

一方面，国有企业立足国家战略，通过兼并重组形成国有资本的物流联动网络，更好建设现代物流体系和服务新发展格局。在国家层面，原中国铁路物资集团、中国物资储运集团、华贸国际物流股份有限公司、中国物流股份有限公司、中国包装有限责任公司合并组建中国物流集团有限公司，并引入中国东方航空集团有限公司、中国远洋海运集团有限公司、招商局集团有限公司作为战略投资者。通过国有资本布局优化和结构调整，央企综合物流航母应运而生，经营网点遍布国内 30 个省区市及海外五大洲，拥有土地面积 2426 万平方米，库房 495 万平方米，料场 356 万平方米；拥有铁路专用线 120 条，期货交割仓库 42 座；整合专业公路货运车辆近 300 万辆。在区域层面，重庆、新疆、宁夏、广西、甘肃等多个中西部地区成立省级物流集团，整合区域核心物流基础设施和重点物流业务，系统优化物流资源配置，做大做强做优物流产业。

另一方面，私有企业利用资本力量，不断通过并购等方式强化服务能力，延伸产业链，提高市场竞争力，加速行业资源的有效整合。顺丰控股以 175.55 亿港元收购嘉里物流约 51.8% 的股权，其在全球有超过 43000 名员工，遍布全球 59 个国家，拥有超过 10000 辆自营车辆，7500 万平方尺物流设施。京东物流斥资 89.76 亿元收购快运巨头德邦股份，利用其 3 万多个末端网点、140 个分拨中心及超过 2200 条干线，进一步强化综合物流网络能力和 B 端市场。极兔以约 68 亿元收购百世集团旗下的百世快递中国区业务，将其在全国的 87 个转运中心、49000 多个末端网点收入囊中。2020—2022 年物流业主要并购活动如表 4-4 所示。

表 4-4   2020—2022 年物流业主要并购活动

并购方	被并购方	完成年份
京东物流	德邦物流	2022
极兔速递	百世集团	2021
顺丰控股	嘉里物流	2021
中集物流	安顺达供应链	2021
华贸物流	佳成物流	2021
长久物流	ADAMPOL S. A	2021
中集物流	世倡货运代理	2021
京东物流	中国物流资产	2021
密尔克卫	华亿通物流	2020
嘉里化工物流	蓝海宏业	2020
京东物流	跨越速运	2020
菜鸟网络	心怡科技	2020
丰巢网络	中邮智递	2020
普冷国际	獐子岛中央冷藏物流	2020

第六节　提高物流供给能力的主要途径与方法

一、关于提高物流供给能力的理解

有些人认为，提高物流供给能力，只需要增加物流企业的数量，提高物流企业服务能力就可以了，这个看法实际上存在相当的片面性。提高物流供给能力是一个系统工程，首先需要借助一定的物流平台设施（如交通基础设施、物流园区等设施），根据物流客户的需求，在物流企业运作基础上，以最终满足客户需求的物流服务数量来作为物流供给能力的衡量指标。因此，扩大物流供给能力不仅依赖于物流企业本身，还来自物流客户需求的数量大小，同时，物流技术与设施设备也是影响物流供给能力的重要方面。这里重点阐述物流企业对物流供给能力的作用，关于物流设施设备不做详细论述。

二、提高物流供给能力的主要障碍分析

以物流企业为例，影响物流供给能力的主要障碍体现在以下几个方面。

(一) 企业组织化水平不高

物流行业各领域龙头企业加快兼并重组和上市步伐，国有物流企业重组整合深入推进，在一定程度上提升了我国物流组织化水平。但总体来看，由行业门槛低等原因所导致的集约化发展困难、效率低下等问题仍然存在，我国物流市场"小散乱弱"的局面没有得到根本性改善。"小"指物流企业经营规模小；"散"指物流企业处于"散兵游勇"状态，大多孤军作战，网络分散；"乱"指物流服务市场秩序还比较混乱。"弱"指企业竞争力弱。市场集中度不高一方面导致物流企业依靠低价争抢货源，网络规模效应难以发挥，不利于企业做大做强；另一方面导致物流信息分散在各个物流企业中，难以集中形成统一组织调度，物流环节多，产业的组织化水平不高。例如，钢铁贸易至少要经过四级批发，每个环节都需要储存搬运，产生大量物流费用。

(二) 物流企业服务水平不足

尽管我国物流产业规模不断扩大，物流企业取得快速发展，但同发达国家物流企业规模和实力相比，我国物流企业整体水平弱，仍然处于粗放式经营的层面，质量和效益并不理想。近年来，我国头部物流企业如京东、菜鸟、传化智联等，纷纷进行自动化、信息化、智慧化转型，提供了大量的创新性服务，显著提升了物流服务水平。但是从整体来看，我国物流企业的主营业务附加值低，增值服务少的状况仍然存在，与跨国物流企业相比，还有较大差距。多数从事物流服务的企业只能提供单一运输和仓储服务，缺乏流通加工、物流信息服务、库存管理、物流成本控制等增值服务，特别是在物流方案设计及全程物流服务等高附加值服务方面还没有全面展开，导致物流企业经营长期处于低水平的粗放阶段，物流行业长期微利运营的状况没有得到根本性改善。中物联数据显示，2022 年全年重点物流企业物流业务收入同比增长 5.1%，物流业务成本增长 5.7%，利润总额同比降幅超过 10%。年内收入利润率在 3% ~ 4% 波动，利润降幅及盈利水平均处于 2019 年以来的较低水平。

（三）物流各环节衔接不畅

物流业涉及运输、仓储、口岸服务、贸易、信息处理等多个领域，具有显著的跨区域、跨部门、跨行业特征，由多个政府部门分工管理。但由于不同政府部门间缺乏有效的纵横联动协同管理机制，对物流各环节分割管理，导致物流运营效率不高。

一是物流设施衔接不畅。铁路货场、公路场站、港口等基础设施规划统筹不足，难以实现多种运输方式的无缝衔接，降低了运输物流的运行组织效率。此外，铁路场站等货运设施缺乏匹配集散、分拨、储运的物流设施，需要多次转运、多次掏箱，综合运输成本居高不下。

二是物流标准不统一。不同物流领域作业过程中涉及的设施标准、装备标准、物流信息标准、作业标准等相关技术标准尚未统一，各种物流功能、要素之间难以有效协调。例如，海运集装箱与铁路集装箱、公路集装箱标准不统一、不兼容，导致集装箱运输占比微乎其微，严重削弱了多式联运"一箱到底"的优势。

三是物流信息互通难。随着大数据时代来临，数据被赋予多重战略含义，已成为新的生产要素，成为企业平台争夺的关键资源。但激烈的竞争环境使各企业不愿、不敢共享物流数据信息，物流数据信息分散在不同部门、不同企业、不同环节，信息孤岛现象显著，难以提高物流效率。

（四）国际物流竞争力不强

随着我国对外开放扩大，我国物流企业"跟随"产业"走出去"，积极建立全球化的物流网络。但是，与世界一流物流企业相比，我国物流企业还有较大差距。特别是新冠疫情期间，国际物流运营能力不足的短板充分暴露，我国国际供应链安全稳定性受到挑战。

一是航空货运网络短板明显。我国航空公司全货机机队规模偏小。截至2022 年年底，顺丰拥有全货机 95 架，南航货运 16 架，国航 15 架，东航 10架。对比国际 FedEx、DHL 和 UPS 全球 3 大综合物流商，FedEx 有 684 架，UPS 有超过 500 架，DHL 有超过 191 架。巨大的全货机运力差距，导致我国大部分机场的国际货邮运输来自外方航空公司，如浦东机场作为国际航空货运枢纽，七成以上国际货邮吞吐量由外航贡献。

二是供应链服务能力不强。目前，国际航空货运竞争已经从单纯的点到点运输发展到全程端到端的供应链服务竞争，比拼的是服务网络、配送服务、人员保障等能力，以及市场源头的揽货能力和物流综合解决方案能力。目前，我国大部分物流企业境外地面覆盖有限，无法提供全程一体化物流服务，对于供应链全程整体掌控能力差。

三是品牌影响力不足。我国物流企业服务品牌化刚刚起步，企业品牌投入总体不足，企业知名度和诚信度没有转化为品牌优势，缺乏具有国际影响力的知名物流品牌。此外，我国物流企业资本、技术、管理、人才投入，也与世界一流物流企业存在较大差距，市场竞争力偏弱，经营效益和盈利水平不高。

（五）企业营商环境不优

近年来，我国出台实施了一系列政策措施，着力推动解决制约现代物流业高质量发展的突出问题，提升了企业政策获得感。中国物流与采购联合会发布的《2023 年物流企业营商环境调查报告》显示，1154 家被调查企业对2023 年物流企业营商环境评价总体比较满意，八成以上的国企认为营商环境有所改善，民营企业、中小微企业认为营商环境有所改善的在七成左右。但物流企业在发展中仍存在诸多掣肘，亟须进一步深化改革。例如，在税费方面，物流业税负依然偏重，运输、仓储等各环节税率仍未统一，现行税制还不能适应"一体化运作、网络化经营"的需要。在物流用地方面，物流用地价格持续抬升，一些东部城市物流用地已经超过 100 万元/亩，物流用地难问题依然难解。在公平竞争方面，部分企业通过超限超载、非法改装、疲劳驾驶等多种违规方式不正当竞争，拉低市场运价水平，导致合规企业和司机生存艰难，出现"守法的人吃亏"现象。有些地方设置不合理的准入门槛，人为限制外地企业进入本地市场，甚至有黑恶势力欺行霸市行为。

三、提高物流供给能力的主要途径和方法

现代物流的发展有赖于物流企业的发展，物流企业应立足新发展格局，把握行业发展趋势，服务实体经济发展，着力推动供应链运行效率更高、质量更优、韧性更强，在实践中引领中国式现代物流体系建设，走出现代物流高质量发展之路。

（一）做产业物流的引领者

顺应"中国制造"向"中国创造"转变的时代机遇，推进物流业与制造业等产业深度融合，持续增强供应链物流集成能力和一体化服务能力，促进实体经济提质增效降本，共同迈向价值链中高端。在关系国计民生的重要领域和关系国家经济命脉、科技、国防、安全等领域加强物流资本布局和资源整合，夯实高质量的物流基础条件，保障产业链供应链自主可控、安全可靠。

（二）做物流网络的搭建者

落实国家区域重大战略和区域协调发展战略，抓住产业布局调整、需求转换的战略机遇，推动国家物流枢纽、骨干冷链物流基地、共同配送中心等重大设施建设，整合存量资源，做好增量优化，编织"通道＋枢纽＋网络"的物流运行体系。依托内外联通、安全稳定的物流网络，推动物流枢纽和产业集群的联动发展，助力区域经济转型升级，培育枢纽经济新增长极。

（三）做物流创新的推动者

抓住数字经济发展契机，加大数字化转型力度，强化技术人才储备，做好"上云用数赋智"，推动物流互联网与信息互联网、能源互联网的协同发展，争取在新一代人工智能等领域实现弯道超车。深入挖掘平台价值，以互联网理念改造传统物流发展方式，在钢铁、煤炭、冷链、快消等垂直领域寻求模式新突破，加快从要素驱动向创新驱动转变，形成"数字共享、协同共生"的智慧物流体系。

（四）做物流格局的开拓者

按照双循环新发展格局的战略要求，对内加强内功修炼、调整物流布局、完善服务体系，打破原有分工合作关系，聚焦企业战略合作，服务好消费和产业升级的中高端物流需求。对外延伸服务范围、渗透物流网络，以物流牵引带动沿线产业布局调整，开辟物流大通道和经济大走廊，改变原有国际市场格局。与供应链上下游强强合作，提供国际供应链集成物流解决方案，助力"中国制造"扬帆出海。

（五）做社会责任的倡导者

后疫情时代对绿色低碳、平台共生、社会稳定、共同富裕等提出更高要求。交通运输绿色低碳行动即将启动，货车司机、快递小哥权益保障受到关注。广大物流企业和企业家要勇于承担社会责任，深入践行绿色低碳理念，主动制定物流减排目标，推广绿色低碳技术与模式，推动绿色物流发展。厘清界定企业和平台责任，切实保障各方权益，强化企业治理、数据治理和平台治理，充分发挥各自优势，形成政府、协会和企业平台协同治理的良好局面。

四、培育现代化物流企业的有关政策建议

（一）支持物流企业做强做大

鼓励龙头企业加强联合，形成规模化、网络化、信息化、品牌化、国际化的大型物流企业集团。鼓励和支持大型物流企业通过增资扩股、加盟连锁和委托管理等方式对中小物流企业进行兼并重组。兼并重组过程中，遇到的流动资金、债务核定、人员安置等方面的问题，有关部门应协助解决。支持符合条件的物流企业通过发行股票、债券、可转债等方式融资，有效利用资本市场做大企业规模。鼓励航空、铁路、公路等运输企业兼并重组或合资合作，推动物流设施整合利用，拓展物流服务网络。大力支持网络货运平台企业发展，提升运力资源组织化水平。继续开展 A 级物流企业评估，培育壮大规模物流企业数量。

（二）鼓励物流企业提升服务效能

在延长物流服务链条方面，要制定合适的金融、土地、税收等优惠政策，鼓励物流企业托管置换工商企业物流资源要素，系统承接企业外包物流项目。鼓励物流企业面向制造企业量身定做供应链管理库存、"线边物流"、供应链一体化服务等物流解决方案，面向商贸企业供需对接、集中采购、统管库存、支付结算、物流配送等功能集成，面向农业企业提供产销对接、安全检测、加工包装、统仓统配、溯源查询等功能。鼓励物流企业应用大数据、区块链、人工智能等技术发展运价预测、供应链金融等创新增值服务，提升物流业价值水平。

在提升物流服务生产效率方面，要发挥龙头企业引领带动作用，加快统仓供配、共同配送、甩挂运输、网络货运等各类先进物流组织模式推广应用和融合创新，推动物流组织模块化、集装化、集约化发展。支持物流企业与产业"链主"企业共同建设物流与供应链协作平台，通过资源整合、流程优化和模式创新，打造快速响应、高效协同供应链条。要积极推进"机器换人"，加快应用自动导引车（AGV）、无人叉车、货架穿梭车、分拣机器人等智能化装备，提高运输、仓储、装卸等物流环节自动化程度。

案例4-7：宇石物流开展与制造业联动发展，创新服务模式，提升服务能力

经过多年探索和与当地制造企业反复协商沟通，宇石物流结合自身既有的物流业务和资源基础，为客户量身设计运用了一系列高效率、低能耗的物流解决途径。

全程物流服务模式。作为全球最大的玻璃纤维生产商，巨石集团所涉及的生产及下游加工企业有40余家，2019年中国巨石全年产能近175万吨。为了完成叶蜡石粉、叶蜡石微粉、玻璃纤维制品等运输配送，宇石物流以产权关系为纽带，依托母公司振石集团，深入开展联动合作。针对原材料的采购代管、运输、储存，产品的货运代理、运输、储存进行了供应链方案的制订，并提交客户甄选，为其提供了从原材料至产成品的全程物流服务。

定制物流服务模式。桐乡拥有桐昆集团、新凤鸣集团两家大型上市化纤企业，通过双方反复沟通协调，并实地考察生产现场，宇石物流提出其生产所需的原材料和产品运输物流服务方案。一改以往以吨袋装卸原材料的模式为利用罐式挂车进行运输，并将罐式挂车作为制造企业可移动的库存设备，为其提供原材料的临时存放。在充分降低自身运输成本的同时，为制造企业节省袋装所需的资源，减少环境污染。与此同时，充分利用了罐式挂车相比于袋装运输具有零损耗的优势，减少物料损失，以及袋装原材料装卸过程中的装卸器械、装卸人员的运营成本。

甩挂运输模式。作为首批甩挂试点企业，宇石物流积极将甩挂运输模式运用到制造业和物流业的联动中，采取"一线多点，循环甩挂"模式，通过路线优化及循环使用车、挂分离的优势，衔接当地制造企业的生产基地与上海码头堆场，运输的出口货类为玻璃纤维等产品，进口货类主要为华友钴镍

生产原材料。在桐乡市内则依托宇石物流的站场设施开展站场与客户生产基地之间的短驳甩挂业务。

多式联运模式。在内陆运输方面，宇石物流积极践行节能减排理念，探索发展公铁联运、公水联运的多式联运方式。2017年投资1.09亿元建设了一座拥有6个500吨级泊位的多用途码头，充分利用水运运量大、运费低的优势，采用"短驳甩挂＋水陆联运"模式，将部分制造企业的原材料及产品通过码头转运至外海，乃至利用海河联运运抵国外。

资料来源：物流业和制造业融合创新发展的宇石模式［J］. 浙江经济，2021（2）：44－45.

（三）大力支持运输结构调整

加快推动中长距离大宗货物和厢式运输实现公铁、公水等多式联运。大力发展铁路集装箱多式联运，在国家物流枢纽等重大物流基础设施之间开行直达、快速铁路集装箱班列。培育一批多式联运经营人，推动实现"一单制"。推进铁路专用线建设，吸引社会资本进入铁路货运建设和运营市场。推动货物"散改集"，大力发展甩挂运输，建立不同运输方式集装箱、标准化托盘、周转箱互认机制，提高多式联运换装效率。发挥枢纽平台作用，推动不同运输主体信息系统对接和数据共享，促进多式联运运单电子化。持续深化铁路货运改革，提升不同运输方式业务模式、管理规则、运作组织、技术标准衔接水平，推动铁路运输网络深度融入现代物流网络。研究推进包装基础模式与标准化托盘、货运车辆、内陆集装箱标准衔接，大力发展集装单元化运输。

（四）加快建设基础设施"一张网"

按照"通道＋枢纽＋网络"现代物流运行体系建设要求，统筹国家物流枢纽、物流园区、物流中心、配送中心等物流节点和各种运输方式的枢纽场站、集装箱站、中转站、货运站等货运功能设施布局，着力推动基础设施规模化发展，提升不同运输设施衔接水平，打造布局合理、层次分明、功能集成、快捷高效的现代物流设施网络。加快中西部地区交通物流基础设施建设，做好不同区域设施协同布局，充分发挥物流基础设施网络整体效能。面向大城市布局建设一批城郊大仓基地，推动形成"平时服务、急时应急"的"国家物流枢纽（国家骨干冷链物流基地）＋城郊大仓基地"的生活物资物流设施网络，提高城市物流体系"平急转换"水平、城市生活物资和消费品保障能力。加快在"一带一路"沿线重要交通物流节点投资建设分拨中心和海外仓，做好骨干物流通道布局，有序推进覆盖国内、连通国际，具有中国特色的现代化物流基础设施体系。

（五）加快完善相关物流标准体系

全面加强标准化基础能力建设，建立和完善一把尺子量到底的现代物流标准化体系。充分发挥行业协会的专业作用，加强基础性、通用性和关键领域的标准制修订，积极推动新领域、新技术等前沿物流领域的标准制定，着力推动全过程和各环节物流标准相衔接。加强各类物流标准宣贯，支持物流企业对标提升标准化水平，推广使用标准化基础装载单元。发挥龙头企业引领作用，大力推进全链条基础设施、装备技术、服务流程等标准融会贯通，以点带面促进物流标准化水平提升。鼓励企业沿"一带一路"走出去，以物流设施设备标准应用为基础，逐步推广应用技术、管理和服务标准，扩大我国技术标准的国际化应用水平。

（六）培育具有国际竞争力的物流企业

鼓励物流企业通过兼并重组和联盟合作等多种方式，做大企业规模，增强市场主体地位，深化与跨国企业客户建立战略合作关系，承接国际物流供应链一体化解决方案。鼓励制造企业和物流企业强强联合，组建集贸易、生产、物流等功能于一体的"综合商社式"运营主体，形成全产业链的"进口商＋国内物流企业"联盟形式，打破"出口商＋大承运商"的垄断格局。弥补国际航空货运能力短板，大力发展专业化航空货运机场，提升航空货运装备专业化水平，培育网络国际化的全球航空物流经营人。鼓励物流企业将自身运输网络布局和世界各地的物流枢纽连接，简化项目审批程序，完善信贷、外汇、财税、人员出入境等政策措施；对符合条件的大型企业，在境外投资的资金注入、外汇使用等方面给予支持；了解和介绍国外投资环境，为走出去企业提供信息和法律援助。

（七）加快完善软件环境

一是用地保障。要根据城市人口规模作出强制性规划，优先保障国家物流枢纽、示范物流园区用地需求，居民小区、机关学校、商场市场等都应配建相应的物流设施。对物流设施用地实施严格的用途管制，政府和企业都不得随意变更用地性质。二是税费保障。结合增值税立法，降低和统一物流业增值税税率。允许集团型流通和物流企业实现跨法人企业所得税汇总纳税。把物流业土地使用税减半征收政策纳入常态化机制，扩大到所有符合条件的物流企业仓库。清理规范涉企收费，严禁违规收费。全面推广高速公路差异化收费，进一步降低通行成本。三是执法保障。深化流通物流领域"放管服"改革，进一步简化和取消行政审批手续，推动相关管理部门电子政务系统建设和全国联网运行。推动跨部门、跨区域、跨层级政务信息开放共享，避免多头管理和重复监管。建立覆盖全国的"证照互认制度"，允许异地分支机构备案使用。适应电子商务、平台经济等流通领域发展特点，运用现代信息技术实施线上线下统一监管。加强流通领域法治化、标准化和诚信体系建设，推进治理体系和治理能力现代化。

案例4-8："十四五"现代物流发展——进一步优化物流企业发展配套政策

深化"放管服"改革，按规定放宽物流领域相关市场准入，消除各类地方保护和隐性壁垒。依托全国一体化政务服务平台，推动物流领域资质证照电子化，支持地方开展"一照多址"改革，促进物流企业网络化布局，实现企业注册、审批、变更、注销等"一网通办"，允许物流领域（不含快递）企业分支机构证照异地备案和异地审验。推动物流领域（不含快递）资质许可向资质备案和告知承诺转变。完善物流发展相关立法，推动健全物流业法律法规体系和法治监督体系。开展现代物流促进法等综合性法律立法研究和准备工作。严格依法行政依法监管，统一物流监管执法标准和处罚清单。推动跨部门、跨区域、跨层级政务信息开放共享，避免多头管理和重复监管。大力推动货车非法改装治理，研究制定非标准货运车辆治理工作方案。依托国际贸易"单一窗口"创新"通关+物流"服务，提高口岸智慧管理和服务水平。推动部门间物流安检互认、数据互通共享，减少不必要的重复安检。支持航空公司壮大货运机队规模，进一步简化货机引进程序和管理办法，优化工作流程，鼓励航空物流企业"走出去"。

资料来源：https://www.gov.cn/zhengce/zhengceku/2022-12/15/content_5732092.htm.（节选，有删减）

第五章　物流设施设备要素分析

【引例】2019年3月，国家发展改革委联合中央网信办、工业和信息化部、公安部等部门印发《关于推动物流高质量发展促进形成强大国内市场的意见》（以下简称《意见》）。《意见》提出要实施物流智能化改造行动，大力发展数字物流，加强数字物流基础设施建设，推进货、车（船、飞机）、场等物流要素数字化。加强信息化管理系统、云计算和人工智能等信息技术应用，提高物流软件智慧化水平。支持物流园区和大型仓储设施等应用物联网技术，鼓励货运车辆加装智能设备，加快数字化终端设备的普及应用，实现物流信息采集标准化、处理电子化、交互自动化。在物流业智能化、自动化的发展道路上，用设备逐步取代人工成为必然趋势。一些崭新的物流设施设备，如无人机、无人车、分拣机器人等正在快速推广应用，物流园区、仓库等基础物流设施也开始全面实现智能化、自动化。智能化的物流设施设备正给物流行业带来一场"效率革命"。如百世物流引入智能机器人系统之后，原来一天才能处理完的订单量现在能够在一小时内完成；京东、苏宁将无人机引入末端配送，使以往需要5~7天的物流过程简化为数小时。物流设施设备已成为企业提升物流效率，降低人工成本，增强顾客黏度的重要基础，因此，对物流设施设备进行分析，加强设施设备的管理，保证智能化、自动化的设施设备稳定高效运转，是当前构建现代物流服务体系必须建立的基础工作。

物流设施设备贯穿于物流活动的全过程，嵌入物流活动的每个环节。没有现代化的物流设施和物流设备，物流产业的规模效应、集约效应、网络效应和创新效应无法发挥。可见，物流设施设备在推进现代物流降本增效提质中发挥着重要作用，是构建现代物流服务体系的重要支撑。

第一节　物流设施设备的要素构成

一、物流设施设备的要素构成

按照本书第二章所给出的现代物流服务运作的要素构成表，物流服务供给的设施设备有四个方面，分别是运输设施设备、仓储设施设备、连接型设备和物流节点设施。具体如表 5-1 所示。下面分别展开论述。

表 5-1　　　　　　　　物流设施设备的要素构成

一级要素	二级要素	三级要素	四级要素
物流服务供给的设施设备	运输设施设备	铁路运输设施设备	线路、机车、车辆、货运站等
		公路运输设施设备	线路、车辆、货运站等
		水路运输设施设备	线路、船舶、港口等
		航空运输设施设备	线路、飞机、航空港等
		管道运输设施设备	线路及站（场）等
	仓储设施设备	库房设施设备	通用仓库、特种仓库等
		货场设施设备	堆场、铁路专用线、吊装设备等
		货架	托盘货架、自动货架、重力货架等
		其他设施设备	停车场、道路设施、办公设施等
	连接型设施设备	集装箱	铁路集装箱、海运集装箱等
		托盘	自用托盘、共用托盘等
		装卸搬运设备	起重设备、连续运输设备、装卸搬运车辆（如叉车）、专用装卸搬运设备、自动拣选设备、物流输送机械等
		识别设备	自动识别系统、RFID 智能识别系统
		其他配套设备	包装设备、升降台、自动化元器件
	物流节点设施	货运场站	铁路货运站、公路货运站、港口码头堆场、航空货运站
		配送中心	自营型配送中心、公共型配送中心

续 表

一级要素	二级要素	三级要素	四级要素
物流服务供给的设施设备	物流节点设施	物流中心	专业型物流中心、通用型物流中心、综合型物流中心
		物流园区	货运服务型、生产服务型、商贸服务型、口岸服务型、综合服务型

注1：在物流服务供给的设施设备中，由于物流节点设施是运输设施设备、仓储设施设备、连接型设施设备的集聚场所，它不能完全包容在仓储设施设备、运输设施设备中，所以，特别将物流节点设施单独作为一个二级要素。

注2：运输设施设备专指完成各种运输任务的生产工具（如机车、车辆等），连接型设施设备是指连接不同运输过程或不同物流场所中所使用的设施设备。把集装箱作为连接型设施设备，主要原因在于集装箱起到了连接不同运输过程的载体作用。

（一）运输设施设备及其发展情况

运输设施设备主要包括运输线路、载运工具、场站（码头）等几个方面，依据不同的交通运输方式，各有相应的设施设备。

随着世界新技术革命的发展，交通运输广泛采用新技术，实现运输工具和运输设备的现代化，我国各类运输方式的固定设备和移动设备取得了长足发展。经过改革开放40多年的建设与发展，我国各种运输方式都已具备了相当规模和实力，不仅交通运输严重短缺的不适应状况得到根本改善，而且各种运输方式得到了合理分工，协调发展的基础条件和实力大为增强，为进行多种运输方式的合理配置、组合结构优化、共建一体化运输服务系统、发挥整体优势创造了有利条件和基础。

从表5-2、表5-3和图5-1可以看出，2022年，我国的铁路营业里程15.49万公里；公路里程535.48万公里；其中，高速公路17.73万公里；内河航道里程12.80公里；管道输油（气）里程13.64万公里。此外，全国港口生产用码头泊位21323个，民用航空运输机场254个。

表5-2　　　　我国各类运输线路的发展情况　　　　单位：万公里

线路类别	2015年	2016年	2017年	2018年	2019年	2020年	2021年	2022年
铁路营业里程	12.10	12.4	12.7	13.17	13.99	14.63	15.07	15.49
其中：电气化里程	7.47	8.03	8.66	9.22	10.04	10.63	11.08	11.45

续 表

线路类别	2015 年	2016 年	2017 年	2018 年	2019 年	2020 年	2021 年	2022 年
公路里程	457.73	469.63	477.35	484.65	501.25	519.81	528.07	535.48
其中：高速公路	12.35	13.10	13.64	14.26	14.96	16.10	16.91	17.73
内河航道里程	12.70	12.71	12.70	12.71	12.73	12.77	12.76	12.80
定期航班航线里程	531.72	634.81	748.30	837.98	948.22	942.63	689.78	699.89
管道输油（气）里程	10.87	11.34	11.93	12.23	12.66	12.87	13.12	13.64

资料来源：http://www.stats.gov.cn/.

表 5 - 3　　　　　　　　**2022 年全国港口生产用码头数量情况**

分类	泊位个数（个）	其中：万吨级以上泊位数
沿海	5441	2300
内河	15882	451
合计	21323	2751

资料来源：http://www.stats.gov.cn/.

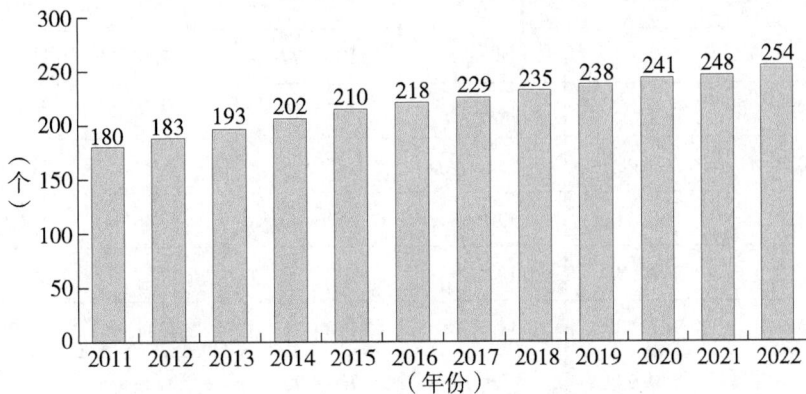

图 5 - 1　2011—2022 年我国民用航空运输机场数量情况

从各类运载工具的发展情况来看，如表 5 - 4 至表 5 - 8 所示，2022 年年底我国拥有铁路机车 221000 台，铁路货车 997000 辆，民用载货汽车 3317.65 万辆，公路营运载货汽车 1166.66 万辆，民用机动运输船数 114507 艘，民用驳船运输船数 7361 艘，民用飞机期末架数共计 7351 架，运输飞机 4165 架。

表 5－4　　　　　　　　我国铁路运载工具拥有量情况　　　　　单位：台/辆

分类	项目	2017 年	2018 年	2019 年	2020 年	2021 年	2022 年
机车	机车	21000	21000	22000	22000	21700	221000
	其中：内燃机车	8484	8000	8000	8000	7800	7800
	电力机车	12495	13000	13700	13800	13900	14200
车辆	铁路货车	799000	830000	87800	912000	966000	997000

资料来源：https：//www.mot.gov.cn/.

表 5－5　　　　　　我国民用载货汽车拥有量情况（按型号计）　　　单位：万辆

年份 型号	重型	中型	轻型	微型	合计
2010	394.8	269.75	911.88	21.12	1597.55
2011	460.58	267.8	1042.07	17.54	1787.99
2012	472.51	229.2	1179.65	13.4	1894.75
2013	501.97	196.4	1300.02	12.23	2010.62
2014	533.67	188.09	1385.77	17.93	2125.46
2015	530.05	148.87	1375.79	10.9	2065.62
2016	569.48	138.69	1455.29	8.43	2171.89
2017	635.41	130.68	1566.30	6.46	2338.85
2018	709.53	124.39	1728.53	5.37	2567.82
2019	761.70	116.27	1900.76	4.11	2782.84
2020	840.64	106.19	2092.72	3.09	3042.64
2021	907.09	95.88	2253.26	2.25	3258.47
2022	894.15	86.29	2335.60	1.61	3317.65

资料来源：http：//www.stats.gov.cn/.

表 5 - 6　　　　　　　　　我国公路营运载货汽车拥有量情况

年份	载货汽车				
	辆数 （万辆）	其中	吨位 （万吨）	其中	
		普通载货汽车		普通载货汽车	
2010	1050.19	996.43	5999.82	5223.23	
2011	1179.41	1116.36	7261.20	6273.51	
2012	1253.19	1184.58	8062.14	6963.29	
2013	1419.48	1080.75	9613.91	5008.34	
2014	1453.36	1091.32	10292.47	5241.45	
2015	1389.19	1011.87	10366.50	4982.50	
2016	1351.77	946.03	10826.78	4843.83	
2017	1368.62	902.90	11774.81	4868.40	
2018	1355.82	816.76	12872.97	4791.21	
2019	1087.82	489.77	13587.00	4479.25	
2020	1110.28	414.14	15784.17	4660.76	
2021	1173.26	406.94	17099.50	4923.43	
2022	1166.66	387.69	16967.33	4716.19	

资料来源：http：//www.stats.gov.cn/.

表 5 - 7　　　　　　　　　　我国民用船舶拥有量情况

年份	机动运输船				驳船运输船		
	艘数 （艘）	净载重 量（吨位）	载客量 （客位）	拖船功率 （千瓦）	艘数 （艘）	净载重量 （吨位）	载客量 （客位）
2010	155624	168985654	1001395	1410719	22783	11422911	2260
2011	157950	202602789	1004622	1600896	21292	10040453	3768
2012	158309	218793742	1021260	1531873	20282	9692502	3798
2013	155340	234317614	1031711	1235661	17214	9692720	1287
2014	154974	247399826	1030973	1424950	17003	10452402	1334
2015	149659	261434867	1015939	1424426	16246	11007996	1391
2016	144568	255170820	999008	1445786	15576	11056320	3124

续　表

年份	机动运输船				驳船运输船		
	艘数（艘）	净载重量（吨位）	载客量（客位）	拖船功率（千瓦）	艘数（艘）	净载重量（吨位）	载客量（客位）
2017	131746	246750827	964377	1532698	13178	9765519	3122
2018	125754	242447129	960245	1465403	11221	8705726	3044
2019	121440	248626381	882764	1422199	10115	8223366	3044
2020	117931	263138418	857098	1586411	8874	7463162	2846
2021	118025	276926929	856146	1888557	7865	7399347	1622
2022	114507	290687729	861574	2029434	7361	7070420	200

资料来源：http：//www.stats.gov.cn/.

表 5-8　　　　　　　　　　民用航空航线及飞机架数

指标	2000 年	2005 年	2010 年	2015 年	2020 年	2022 年
民用航空航线条数（条）	1165	1257	1880	3326	5581	4670
国际航线（条）	133	233	302	660	895	336
国内航线（条）	1032	1024	1578	2666	4686	4334
港、澳地区航线（条）	42	43	85	109	94	27
民用航空航线里程（公里）	1502887	1998500	2765147	5317230	9426313	6998940
国际航线（公里）	508405	855900	1070167	2394434	3828748	1537440
国内航线（公里）	994482	1142569	1694980	2922796	5597565	5461500
港、澳地区航线（公里）	55759	61056	121437	171621	136783	35407
民用航班飞行机场数（个）	139	135	175	206	240	253
民用飞机期末架数（架）	982	1386	2405	4554	6795	7351
民用运输飞机架数（架）	527	863	1597	2650	3903	4165

资料来源：http：//www.stats.gov.cn/.

（二）仓储设施设备及其发展情况

仓储设施设备是指与仓储活动有关的所有相关的设备与设施。

1. 库房设施设备

库房设施设备可以分为两类：一类是通用仓库；另一类是特种仓库。通用仓库是储存一般工业品、农副产品的仓库。它仅具有进出库、装卸、搬运、商品养护、安全要求一般的技术设施，无保温气调等特殊性装备。由于它可以存放各种一般的商品，适应性较大，利用率较高，在商业仓库中所占比重最大。特种仓库是储存物资具有特殊的物理、化学及生物等性质的仓库。由于特种仓库储存物资的特殊性，因此对仓库规划布局和建筑设施设备提出了特殊要求。目前，特种仓库以低温仓库数量最多。

2. 货场设施设备

货场也称"露天仓库"，是指用于堆放商品的场地。它比库房、货棚用料省、建造快、花钱少、容量大，只要平整地有围墙，有管理人员住房，就可存放商品，但对自然条件的适应能力差，储存的商品有一定局限性。现以铁路货场为例，介绍货场设施设备。

根据车站货运量的大小及办理货物的种类，货场内应设置相应的货运技术设备。

（1）货场配线，包括货物装卸线、选分线、存车线（留置线）、交接线、冷藏车加冰线、货车洗刷线、轨道衡线、起重机走行线等。

（2）场库设备，包括货物仓库、雨棚、站台、堆场和集装箱作业场等。

（3）装卸搬运机械及充电、检修设备。

（4）易腐货物加冰、加盐设备，必要时并应设有制冰及预冷设备。

（5）货车洗刷消毒设备及污水处理设施。大型货场必要时还应设置篷布维修设备。

3. 货架

货架泛指存放货物的架子。在仓库设备中，货架是指专门用于存放成件物品的保管设备。货架在物流及仓库中占有非常重要的地位，随着现代工业的迅猛发展，物流量的大幅度增加，为实现仓库的现代化管理，改善仓库的功能，不仅要求货架数量多，而且要求具有多功能，并能实现机械化、自动化要求。

按照货架的结构分类，货架可以分为七类，具体如下。

（1）横梁式货架。存取快捷、方便，保证任何物品都先进先出，无叉车类型限制，较快的取货速度，空间利用率为30%～50%（由叉车类型决定）。

（2）通廊式货架。高密度储存，先进后出，部分按单取货，20%～30%可选，取货的速度一般，储货净空可达整个仓库的60%。

（3）重力式货架。高密度、高效率的储存货物理想之选，采用自由出入式设计，具有极高的存货流转率，按单取货，取货快捷，还具有良好的地面利用率。

（4）阁楼式货架。阁楼式货架是用货架做楼面支撑，可设计成多层楼层（通常2～3层），设置有楼梯和货物提升电梯等。储货量大的情况下使用提升机和液压升降平台。

（5）悬臂式货架。适用于储存长而不规则的物件，如各类管道软管及钢材钢板等。

（6）电控移动型货架。每一组货架均可由电力（机械）驱动单独地在轨道上移动，用一条通道能解决6、8、10组或更多的货架的作业。按动按钮即可驱动货架，并开启所需的通道。

（7）托盘式货架。托盘式货架是以托盘单元货物的方式来设计并保管货物的货架，一般采用叉车等装卸设备作业。

4. 其他设施设备

其他设施设备主要包括停车场、道路设施、办公设施等，这里不详细论述。

（三）连接型设施设备及其发展情况

1. 集装箱

集装箱，是指具有一定强度、刚度和规格专供周转使用的大型装货容器。使用集装箱转运货物，可直接在发货人的仓库装货，运到收货人的仓库卸货，中途更换车、船时，无须将货物从箱内取出换装。按国际标准化组织（ISO）第104技术委员会的规定，集装箱应具备下列条件：①能长期地反复使用，具有足够的强度。②途中转运不用移动箱内货物，就可以直接换装。③可以进行快速装卸，并可从一种运输工具直接方便地换装到另一种运输工具。④便于货物的装满和卸空。⑤具有 1 立方米（即 35.32 立方英尺）或以上的容积。满足上述 5 个条件的大型装货容器才能称为集装箱。

按规格尺寸分，常见的集装箱可以分为两类：外尺寸为 20 英尺 × 8 英尺 × 8 英尺 6 英寸，简称 20 英尺集装箱，也称标准箱；外尺寸为 40 英尺 × 8 英尺 × 8 英尺 6 英寸，简称 40 英尺集装箱。

按用途分，集装箱可以分为冷冻集装箱、挂衣集装箱、开顶集装箱、框架集装箱、罐式集装箱、冷藏集装箱、平台集装箱。冷藏集装箱是一种附有冷冻机设备，并在内壁敷设热传导率较低的材料，用以装载冷冻、保温、保鲜货物的集装箱。开顶集装箱是用于装载玻璃板、钢制品、机械等重货，可以使用起重机从顶部装卸，开顶箱是顶部可开启或无固定顶面的集装箱。框架集装箱是以箱底面和四周金属框架构成的集装箱，适用于长大、超重、轻泡货物。罐式集装箱是由箱底面和罐体及四周框架构成的集装箱，适用于液体货物。平台集装箱是专供装运超限货物的集装箱，有一个强度很大的底盘，在装运大件货物时，可同时使用几个平台集装箱。

集装箱运输是现代物流业的发展方向。铁路具有全天候、运量大、运距长、运价低、安全环保等优势，作为物流链的重要环节，在现代物流和国际集装箱多式联运体系中地位重要，作用不可替代。随着中国制造能力的进一步增强，大宗货物和制成品的大进大出及集装箱适箱率的提升，为集装箱运输的发展带来了良好的机遇。

2. 托盘

作为与集装箱类似的一种集装设备，托盘现已广泛应用于生产、运输、仓储和流通等领域，被认为是 20 世纪物流产业中两大关键性创新之一。托盘作为物流运作过程中重要的装卸、储存和运输设备，与叉车配套使用在现代物流中发挥着巨大的作用。托盘给现代物流业带来的效益主要体现在：可以实现物品包装的单元化、规范化和标准化，保护物品，方便物流和商流。

从托盘所有权来看，可以分为自用托盘和共用托盘。按托盘的材料不同，可分为木托盘、钢托盘、铝托盘、纸托盘、塑料托盘、胶合托盘和复合材料托盘。按结构不同，可分为平托盘、柱式托盘、箱式托盘和轮式托盘等。据中国物流与采购联合会托盘专业委员会统计，2020 年，我国托盘年产量约为 3.4 亿片，同比增长 13.3%；托盘市场保有量达到 15.5 亿片，同比增长 6.9%；循环共用托盘池规模超过 2800 万片，同比增长 12%。木托盘产量逐渐降低，塑料托盘产量逐年提升，木托盘产量和塑料托盘产量约占托盘总产量的 80%。

近年来，我国托盘标准化取得了积极进展，带板运输和标准化工作深入推进，以路凯、集保、京东云箱为代表的托盘运营企业快速发展，国内的托盘循环共用系统进入了新阶段。我国已经制定了国家标准《联运通用平托盘　主要尺寸及公差》（GB/T 2934—2007），提出 1200mm × 1000mm 和 1100mm × 1100mm 两种规格作为我国托盘国家标准，并向企业优先推荐使用前者，以实现逐步过渡到一种托盘规格的理想目标。2020 年 3 月 1 日，由全国物流标准化技术委员会（SAC/TC 269）提出并归口的国家标准《托盘单元化物流系统　通用技术条件》（GB/T 37922—2019）正式实施。目前，托盘正朝着节能环保、可再生利用和共用系统化方向发展。

案例 5−1：托盘共用系统建设情况

2016 是商务部与国标委推行的全国商贸物流标准化专项行动计划的第三年；中国托盘行业的标准化程度持续提高。从 2013 年起，商务部开始高度重视托盘在商贸物流发展中的重要性，先后出台了《关于促进商贸物流发展的实施意见》《托盘循环共用系统建设发展指引》《商贸物流标准化专项行动计划》等多个文件；两次召开"全国商贸物流工作现场经验交流会"，要求省、市、自治区商务部门以托盘为切入点推行物流标准化。

2017 年 12 月 29 日，国家标准化管理委员会发布 2017 年第 32 号公告，批准发布 1090 项国家标准。其中包括全国物流标委会归口的《托盘共用系统　塑料平托盘》（GB/T 35781—2017）。该标准于 2018 年 7 月 1 日实施。标准规定了托盘共用系统塑料平托盘的分类、要求及试验方法、检测规则、运输、贮存、标志等。标准适用于共用系统中的塑料平托盘。其他用途塑料平托盘也可参照使用。

现在，全国商务系统都已行动起来，紧紧抓住托盘标准化，促进物流设施、装备标准化和城市配送托盘化。

资料来源：http://www.chinawuliu.com.cn/lhhzq/201801/26/328199.shtml.

3. 输送搬运设备

输送、分拣设备是生产和流通企业常用的系统设备，它包括叉车、自动拣选设备、物流输送机械。

（1）叉车。叉车是工业搬运车辆，是指对成件托盘货物进行装卸、堆垛和短距离运输作业的各种轮式搬运车辆。国际标准化组织 ISO/TC 110 称其为工业车辆。常用于仓储大型物件的运输，通常使用燃油机或者电池驱动。它广泛地应用于港口、车站、机场、货场、工厂车间、仓库、流通中心和配送中心等，并可进入船舱、车厢和集装箱内进行托盘货物的装卸、搬运作业，是托盘运输、集装箱运输必不可少的设备。

案例 5-2：2021 年叉车市场情况

2021 年 1 月至 8 月，全行业销售叉车 75.57 万台，同比增长 58.4%。其中，国内市场销售 55.72 万台，同比增长近 51%，出口 19.85 万台，同比增长 84%。

从国内市场来看，智能制造、智慧物流拓宽了叉车应用场景，带来巨大市场需求。随着智能制造加速发展，带动了智能工厂建设提速，促进智慧物流行业高速增长，为叉车行业带来了新的增长空间。同时，近年来随着国内锂电池产业的发展，中国企业在全球率先推出了锂电池叉车。据统计，2021 年上半年，国内电动叉车销量达 21.1 万台，同比增长 100.57%；我国电动叉车市场占全世界电动叉车市场的比重达 32.51%，比 2020 年增加了 9.34 个百分点，位列世界第一。

从国际市场来看，2020 年，全行业出口叉车 18.2 万台，同比增长 18.87%；2021 年上半年，全行业出口叉车 13.9 万台，同比增长 83.06%。叉车行业能实现"丰收"，有多重因素。一方面，全球工程机械行业产业链较长，新冠疫情在全球蔓延，打破了正常的供应链条，而我国统筹疫情防控和经济社会发展，产业体系完备，产业链完整，有效弥补了国际产能缺口，进而扩大了市场；另一方面，经过多年发展，我国企业的海外营销和服务体系日益完善，实力也越来越得到国际市场认可。

资料来源：https：//m. gmw. cn/baijia/2021 - 09/22/1302592793. html.

（2）自动拣选设备。自动分拣设备是先进配送中心所必需的设施条件之一，具有很高的分拣效率，通常每小时可分拣商品 6000 ~ 12000 箱；可以说，自动分拣机是提高物流配送效率的一项关键因素。该系统目前已经成为发达国家大中型物流中心不可缺少的一部分。它具有连续大批量地分拣货物、分拣误差率极低和分拣作业基本实现无人化等特点。

（3）物流输送机械。物流输送机械是按照规定路线连续地或间歇地运送散料物料和成件物品的搬运机械。输送机系统是由两个以上输送机及其附件，组成一个比较复杂的工艺输送系统，完成物料的搬运、装卸、分拣等功能，可广泛应用于工厂企业的流水生产线、物料输送线，以及流通中心、配送中心物料的快速分拣。

案例5-3：输送分拣机械行业发展情况

近年来，随着中国电子商务的发展，中国快递包裹的增速以超常规的速度发展，对快速分拣提出了更高要求。电商物流具有明显的季节特征，在每年"双十一"和节假日，由于电商平台的促销活动，快递包裹数量往往出现爆发式增长，快递公司因此常常出现爆仓，这也极大地推动了自动分拣技术在电商物流和快递领域的应用。电商领域是中国分拣技术装备应用最广、技术迭代升级最快、黑科技最多的领域，近年来交叉带分拣、模组带分拣、机器人等新技术不断涌现，分拣机与物流数据系统不断融合创新，正向柔性化、模块化、智能化方向进化。

根据监测，目前输送分拣设备行业市场需求呈现高速增长态势，2017 年全年增长预计在35% 以上，市场规模超过 70 亿元。输送分拣设备更加强调模块化，以实现高效生产和快速安装调试，同时通过标准化达到低成本、低维修的目的。行业领先企业 2017 年都推出模块化平台的战略。例如，德马第五代基于物联网应用的模块化智能输送机平台 i - G5，具有智、柔、美、捷、绿五大特点，可实现高速的输送性能、高效的运行效率、快速的交货周期、便捷的安装调试；英特诺模块化平台简化了各个部件的组装过程，实现即插即用，能够确保迅捷、可靠交货，便于规划和实施物料输送解决方案；华南新海（Hongsbelt）是运用模组带分拣技术的国际领先企业，其推出的模块化模组带物流分拣系统也得到了物流行业的广泛关注。从技术方向来看，今后需要开发可以处理多种类型、形状物品的自动分拣系统，如采用塑料袋包装的服装如何实现快速传送和分拣；提高系统处理效率，尤其是分拣系统的自动供件环节的效率；输送分拣设备与移动机器人（AGV）的结合应用受到关注。

　　资料来源：http://www.chinawuliu.com.cn/zixun/201804/26/330607.shtml.

4. 识别设备

自动识别技术在物流过程中，具有信息获取和信息录入功能，是指通过自动（非人工手段）获取项目标识信息并且不使用键盘即可将数据实时输入计算机、程序逻辑控制器或其他微处理器控制设备的技术。

为了实现自动识别，需要配备相应的系统设备。自动识别系统设备由标签、标签生成设备、识读器及计算机等组成。其中，标签是信息的载体，识读器可获取标签装载的信息，并自动转换为与计算机兼容的数据模式传入计算机，实现信息的自动识别及信息系统的自动数据采集。

识别设备通常可以分为两类：一类是条码自动识别设备，它由条码标签、条码生成设备、条码识读器和计算机组成；另一类是射频识别技术设备，它由标签、阅读器、天线等设备组成，射频识别的标签与识读器之间利用感应、无线电波或微波能量进行非接触双向通信，实现标签存储信息的识别和数据交换。

案例 5-4：RFID 在京东物流上的应用实例分析

京东物流可以快速响应，保证配送物流时效的原因是在其配送运输过程中融入了 RFID 技术。

1. 优化仓库日常管理

在仓库的日常管理中，货物管理员可以使用 RFID 技术实现对货物的实时追踪，包括货物的来源、去向、库存数量等信息都能即时收集，大大提升了库存的供应效率和货物的周转效率。

2. 提升仓内作业效率

京东物流配送的商品中有很多冰箱彩电等大件商品，不但体积大、重量大，而且包装规格也很多样，在出入库的时候耗时耗力，对于仓储运输来说有很大的挑战性。京东物流借助 RFID，采用 RFID 电子标签替换原有的商品条码，使用 RFID 读写器来批量进行标签信息的读取。利用手持 RFID 读写器可以使盘点效率提升至传统作业方式的 10 倍以上。

3. 自动追踪运输路线

RFID 还能实现商品的防伪，RFID 可实现一物一码识别身份，对货物进行真伪识别，避免退货产品货不对版及数据更新不及时等问题。同时，RFID 的应用还可以自动获取数据、自动分拣处理，降低取货、送货成本，提高整体仓储的精细化运营水平。

4. 助力供应链稳定性提升

RFID 的好处不仅这些，运用 RFID 可以让京东物流更充分地发掘 RFID 的应用场景，全方位提高供应链的稳定性。将 RFID 系统接入供应链管理中，可以帮助企业实现对库存信息、运输货物的追踪，企业可以根据这些信息来合理安排库存，还可以在大促时对用户需求进行预测。

资料来源：https：//baijiahao. baidu. com/s？id = 1754695615947217219&wfr = spider&for = pc.

（四）物流节点设施及其发展情况

物流节点又称物流结点，是指物流网络中的结节之处。物流节点的种类很多，不同线路上的节点也各异。例如，在铁路运输领域，节点包括货运站、货场、转运站、编组站等；在公路运输领域，节点包括货场、车站、转运站、枢纽等。在航空运输领域，节点包括货运机场、航空港等；在商贸领域，节点包括流通仓库、储备仓库、转运仓库、配送中心、物流中心、物流园区等。

物流节点设施类型多，功能不一，城市中更注重系统的运行，不同规模、不同层次的物流节点对城市的作用不同，有必要对众多的物流节点设施予以级别划分，以便更好地认识各种节点的不同地位作用。根据不同物流节点设施业务范围的差异，认为可以将物流节点设施分为仓库、货运场站、配送中心、物流中心和物流园区五个层次（见图 5 - 2）。

这里重点介绍物流园区、物流中心和配送中心三类物流节点设施，表 5 - 9 给出了三者之间的区别。

1. 物流园区

物流园区是一种大规模、多功能、物流组织活动高度集成的综合性物流

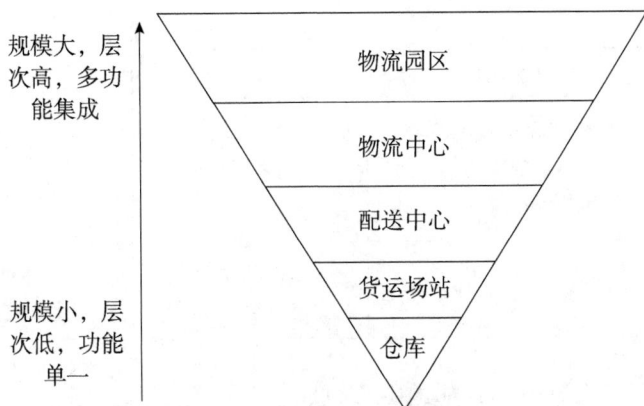

规模大，层次高，多功能集成

规模小，层次低，功能单一

物流园区

物流中心

配送中心

货运场站

仓库

图 5-2 物流节点的层次构成

基础设施，一般由不同功能的专业性物流中心组合而成，在物流基础设施体系中处于最高层次。

2. 物流中心

物流中心在物流基础设施体系中是处于物流园区以下的层次，具有现代化、大规模、多功能的特点，其物流活动集中化程度和规模低于物流园区，功能相对单一。

3. 配送中心

配送中心处于物流设施体系的基层，主要对上游供应方的大批量货物进行集中储存、转运、简单加工等作业，并根据下游用户的订货信息或上游供应方的发货信息，向下游用户（商家、最终用户）按要求的批量、批次、品种、时间进行配送服务。包括生产性配送中心和生活性配送中心。

表 5-9 物流园区、物流中心和配送中心的概念区别

比较项目	物流园区	物流中心	配送中心
规模	超大规模，规模不小于 1 平方千米	大规模和中等规模，一般不小于 100 亩	依靠专业化配送和市场大小而定
综合程度	综合性的物流设施	带有一定的综合性	一般是专业化的，或者是局部范围内
服务对象	综合性的基础服务设施，面向全社会	在局部领域内进行服务	特定的用户和特定的市场

续　表

比较项目	物流园区	物流中心	配送中心
功能	综合运输、多式联运、干线终端等大规模处理货物和提供服务的功能	主要是分销功能	向最终用户提供送货功能
运作方式	政府主导，企业运作	政府或企业主导，企业运作	主体是企业，运作也是企业

　　物流园区、物流中心、配送中心组成了典型的节点网络，一般而言，物流园区是综合性的、大规模的节点，在物流园区之间进行快速、直达、大量的干线运输，尤其是多式联运的干线运输；物流中心则是某一专业范畴的综合性大型物流节点，可以与干线运输相衔接，也可以从物流基地转运；配送中心则是面向最终用户末端的专业型物流节点。

　　在城市和地区范围内，按照层次关系规划和配置物流园区、物流中心、配送中心。考虑到城市的扩展和物流园区的生命周期，如果物流园区规划过近，近期的物流成本会大幅度降低，但是随着城市的扩展，物流园区的生命周期会比较短，鉴于物流园区的规模大、投资很高，过短的生命周期是不合时宜的。一般而言，超大规模的物流园区应该按照生命周期为50年来确定位置。而物流中心则需要考虑20年以上的生命周期，配送中心规模小，如果运营得当，效益较高，效益不比其他产业差。因此，城市的扩展不会影响其生命周期。但是由于配送中心的特殊运作方式，一般而言，在经济发展到一定高度后，配送中心需要大量实现"日配"，而这项工作一般都需要在深夜或者凌晨进行，存在干扰居民休息等问题。就北京市而言，配送中心一般规划在四环路以外的非居民地较为适宜。

　　我国物流节点设施的演变，经历了从仓库、场站到物流中心、物流园区不断升级迭代的过程，推动了物流要素集聚。但我国的物流基础设施存在系统规划不足、布局不尽合理、运营方式粗放、经营效益不佳、互联互通欠缺、协同效应不强等问题，以及多种运输方式与各类节点设施发展不平衡、全国性网络作用发挥不充分等问题。为贯彻落实中共中央、国务院关于加强物流等基础设施网络建设的决策部署，有必要在物流园区之上再次升级，建设国家物流枢纽，打造"通道+枢纽+网络"现代物流运行体系、促进物流资源集聚、提高物流运行效率、支撑产业转型升级、区域经济协调发展。

2018 年 12 月，经国务院同意，国家发展改革委、交通运输部印发《国家物流枢纽布局和建设规划》，在 127 个具备一定条件的城市规划布局 212 个国家物流枢纽，分为陆港型、港口型、空港型、生产服务型、商贸服务型、陆上边境口岸型 6 种类型，重点从点、线、网、面四个层次，构建衔接有序、高效协同、功能完备的物流基础设施网络，为物流高质量发展奠定坚实基础，为实体经济转型升级和新旧动能转换提供有力支撑。首先在"点"上，系统整合相对分散的存量物流基础设施，减少低水平重复建设和同质竞争，提高行业集约化发展水平。引导物流设施、物流企业等资源集聚，推动形成规模经济效应。其次在"线"上，加强国家物流枢纽之间、国家物流枢纽与其他物流枢纽之间的互联互通，推动形成规模化、组织化、常态化的物流活动，提高干线物流效率、促进干支高效衔接，推动降低社会物流成本水平。再次在"网"上，完善国家物流枢纽空间布局，构建国家物流枢纽网络，打造形成"通道 + 枢纽 + 网络"的现代物流运行体系，促进物流组织方式变革。最后在"面"上，依托国家物流枢纽的资源集聚和区域辐射作用，带动区域内制造、商贸等产业集聚，推动形成一批枢纽经济增长极，培育经济发展新动能。

案例 5 - 5：2018 年两部门印发《国家物流枢纽布局和建设规划》

2018 年 12 月，为贯彻落实党中央、国务院关于加强物流等基础设施网络建设的决策部署，科学推进国家物流枢纽布局和建设，国家发展改革委、交通运输部会同相关部门研究制定了《国家物流枢纽布局和建设规划》（以下简称《规划》）。其中明确，要加快国家物流枢纽基本布局，依据区域经济总量、产业空间布局、基础设施联通度和人口分布等，统筹考虑国家重大战略实施、区域经济发展、产业结构优化升级等需要，结合"十纵十横"交通运输通道和国内物流大通道基本格局，选择 127 个具备一定基础条件的城市作为国家物流枢纽承载城市，规划建设 212 个国家物流枢纽，包括 41 个陆港型、30 个港口型、23 个空港型、47 个生产服务型、55 个商贸服务型和 16 个陆上边境口岸型国家物流枢纽。

专栏1　国家物流枢纽布局承载城市

1. 陆港型国家物流枢纽承载城市。包括石家庄、保定、太原、大同、临汾、呼和浩特、乌兰察布、沈阳、长春、哈尔滨、佳木斯、南京、徐州、杭州、合肥、南昌、鹰潭、济南、潍坊、郑州、安阳、武汉、长沙、衡阳、南宁、柳州、重庆、成都、遂宁、贵阳、遵义、昆明、拉萨、西安、延安、兰州、酒泉、格尔木、乌鲁木齐、哈密、库尔勒。

2. 港口型国家物流枢纽承载城市。包括天津、唐山、秦皇岛、沧州、大连、营口、上海、南京、苏州、南通、连云港、宁波—舟山、芜湖、安庆、福州、厦门、九江、青岛、日照、烟台、武汉、宜昌、岳阳、广州、深圳、湛江、钦州—北海—防城港、洋浦、重庆、泸州。

3. 空港型国家物流枢纽承载城市。包括北京、天津、哈尔滨、上海、南京、杭州、宁波、厦门、青岛、郑州、长沙、武汉—鄂州、广州、深圳、三亚、重庆、成都、贵阳、昆明、拉萨、西安、银川、乌鲁木齐。

4. 生产服务型国家物流枢纽承载城市。包括天津、石家庄、唐山、邯郸、太原、鄂尔多斯、包头、沈阳、大连、长春、哈尔滨、大庆、上海、南京、无锡、苏州、杭州、宁波、嘉兴、金华、合肥、蚌埠、福州、三明、南昌、青岛、郑州、洛阳、武汉、十堰、襄阳、长沙、郴州、广州、深圳、珠海、佛山、东莞、南宁、柳州、重庆、成都、攀枝花、贵阳、西安、宝鸡、石河子。

5. 商贸服务型国家物流枢纽承载城市。包括天津、石家庄、保定、太原、呼和浩特、赤峰、沈阳、大连、长春、吉林、哈尔滨、牡丹江、上海、南京、南通、杭州、温州、金华（义乌）、合肥、阜阳、福州、平潭、厦门、泉州、南昌、赣州、济南、青岛、临沂、郑州、洛阳、商丘、南阳、信阳、武汉、长沙、怀化、广州、深圳、汕头、南宁、桂林、海口、重庆、成都、达州、贵阳、昆明、大理、西安、兰州、西宁、银川、乌鲁木齐、喀什。

6. 陆上边境口岸型国家物流枢纽承载城市。包括呼伦贝尔（满洲里）、锡林郭勒（二连浩特）、丹东、延边（珲春）、黑河、牡丹江（绥芬河—东宁）、防城港（东兴）、崇左（凭祥）、德宏（瑞丽）、红河（河口）、西双版纳（磨憨）、日喀则（吉隆）、伊犁（霍尔果斯）、博尔塔拉（阿拉山口）、克孜勒苏（吐尔尕特）、喀什（红其拉甫）。

资料来源：http：//www. gov. cn/xinwen/2018－12/25/content＿5351874. htm.

案例5-6：中国物流园区发展情况

根据2022年12月中国物流与采购联合会、中国物流学会发布的《第六次全国物流园区（基地）调查报告（2022）》显示，截至本次调查结束，全国符合本次调查基本条件的各类物流园区共计2553家，比2018年第五次调查的1638家增长55.9%。4年间，我国物流园区总数年均增长11.7%，增速总体上保持较快态势。在列入本次调查的2553家园区中，处于运营状态（园区已开展物流业务）的1906家，占74.6%；处于在建状态（园区开工建设但未开业运营）的395家，占15.5%；处于规划状态（园区已开展可行性研究但尚未开工建设）的252家，占9.9%。从区域分布来看，四大经济区域运营园区占比均有不同程度提升。东部地区运营园区占比从2018年调查的75.7%提升至2022年的84.1%，提升了8.4个百分点；西部地区、东北地区运营园区占比分别为68.0%和77.8%，均提升了6.7个百分点；中部地区运营园区占比提升3.6个百分点至69.0%。分省区来看，物流园区总数前三名分别为江苏（176个）、山东（174个）和广东（159个）；运营园区数量前三名同样为江苏（165个）、山东（137个）和广东（132个）。而青海、海南、西藏等省区的物流园区总数仍然较少。调查结果显示，运营园区平均投资强度为156.5万元/亩。其中，投资强度在100万~200万元/亩的园区占比最大，为34.6%；还有6.3%的园区投资强度在400万元/亩及以上。从区域分布来看，东部地区运营园区平均投资强度最高，为190.0万元/亩，分别是中部地区、西部地区、东北地区运营园区的1.33倍、1.56倍和1.50倍。从不同类型园区来看，在投入运营的园区中，口岸服务型园区平均投资强度最高，为213.9万元/亩；其次是商贸服务型园区，平均投资强度184.9万元/亩；货运服务型和生产服务型园区平均投资强度较低，均不足130万元/亩。调查结果显示，运营园区智慧物流投入占实际投资总额的平均值为9.2%。其中，智慧物流投入占比在5%以下的运营园区从2018年51.1%下降至47.8%，智慧物流投入占比在20%及以上的运营园区则从2018年的10.2%上升至16.8%。

"十四五"时期是物流园区高质量发展的重要战略机遇期。我国物流园区在快速发展的同时，仍存在支持性政策不足、物流用地供应紧缺、配套设施不完善、园区运营成本高等问题。物流园区应秉持开放共享、合作共赢理念，整合区域物流设施资源，扩大辐射区域，与上下游客户建立更紧密关系。同时，应加大技术投入，提高服务质量，推进物流园区数字化、智慧化、绿色化改造，与各类产业深度融合，助力实体经济降本增效，为我国经济高质量发展提供巨大推力。

资料来源：http://csl.chinawuliu.com.cn/html/19890158.html.

二、物流设施设备在物流系统中的地位和作用

物流设施设备在物流系统中发挥重要的作用，表现在以下几个方面。

（一）物流设施设备是物流系统运作的物质基础

物流设施设备既是物流系统进行物流活动的物质基础，也是物流服务水平高低与物流现代化程度的重要标志。物流设施设备作为生产力要素，对于发展现代物流，改善物流状况，促进现代化大生产、大流通，强化物流系统能力，具有十分重要的地位与作用。

（二）物流设施设备是物流系统中的重要资产

物流设施设备造价昂贵，物流设施设备往往占物流系统投资总额的较大比重。例如，建设一个现代化的物流园区所需要的物流设备的投资相当可观。在购置完物流设备后，为了维护设备的正常运转、发挥设备效能，在长期使用设备过程中还需要不断地投入大量的资金。

（三）物流设施设备涉及物流活动的每一环节

在整个物流过程中，物资通常需要经过包装、运输、装卸、储存等众多作业环节。离开一定的物质技术条件，任何物流活动都将无法进行。运输、仓储保管、装卸搬运、流通加工、包装、信息处理等都需要相应的物流设施设备。

（四）物流设施设备是物流技术水平高低的主要标志

随着生产的发展和科学技术的进步，物流技术在很大程度体现在物流设施设备上。物流设施设备是物流技术的载体和具体的体现，许多先进的物流技术通过物流设施设备实现，物流设施设备的应用和普及程度如何，直接影

响整体物流水平的高低。

三、物流设施设备的发展趋势

过去物流设施设备的发展趋势是机械化与自动化，技术的变革以硬件创新为主。当前，物流设施设备的创新正向智能化、绿色化、融合化的方向升级，软件与控制系统在物流设施设备中发挥着重要作用。

（一）智能化

物流设施设备呈现智能化的发展态势。智慧物流是当前的行业热点之一，该理念的提出，既符合物联网发展的趋势，也符合现代物流业发展的自动化、网络化、可视化、实时化、跟踪与智能控制的新趋势。智慧物流的成功实现需要物流设施设备的支持，这就要求物流设施设备向着自动化和智能化的方向发展，以提升整个物流运作过程的信息化和网络化水平。例如，在仓储管理领域，基于自动导引车的货到人分拨系统、基于自动分拣线的分拨系统、高层立体货架系统、基于语音或增强现实技术（AR）的仓库作业导航系统、智能仓库信息管理系统、云平台和数据系统、无人机巡航盘点监测系统等逐渐得以应用；在装卸搬运领域，遥控和自动感应的自动升降机系统、仓库内的无人叉车作业系统、人机协同的机器人外骨骼搬运系统、无人搬运机器人系统、单元化智慧物流箱系统等也逐渐崭露头角；在物流信息技术领域，新型处理算法、人机协同接口、高速宽带网络在构建信息交换通道时的应用，以及区块链加密技术在一些合同和支付领域中也逐渐应用。

（二）绿色化

物流设施设备呈现绿色化的发展态势。随着环保与可持续发展理念的不断深入，很多企业在物流设施设备选择时更关注环保与节能方面的表现。在绿色需求的牵引下，越来越多的物流设施设备商已主动将环保与节能作为提高其产品和服务竞争力的手段。例如，在货运方面，电动物流车辆、电动为主的混合动力物流车、氢能等新能源物流车正成为发展的主要方向；在生产制造方面，汽车轻量化技术、降低空气阻力技术、节能轮胎技术、废气涡轮增压技术等是绿色物流技术的重要手段，优化发动机热管理系统、负载智能驱动系统等措施是节能降耗的重要途径。

（三）融合化

物流设施设备呈现融合化的发展态势。随着信息技术更新和升级，物流资源与能力将被更好地整合，如5G传输技术与物流技术融合发展，使自动驾驶车辆在高速率、低延时、大容量的优势加持下，感知能力得到极大提升，实现车路协同，车与人、车与车之间的信息交流也将更加通畅，无人机也可以获得更好的规模化控制效果。同时，不同物流公司之间、不同智能物流装备之间，将可通过云端后台实现数据库共享、地图共享以及彼此之间的联络交互，实现群感智能，从而共同完成各项物流运作。5G和工业互联网技术还能将物流企业与工厂、分支机构、上下游合作单位、用户等主体连接，支撑网络化协同、远程调度控制等新业务、新应用，从而推动物流装备制造与服务在更广范围内的创新发展。平台与平台之间的跨界连接，可整合协同更多利益相关方，搭建相互赋能、融合共生的协同网络，形成多层、跨界、立体的生态结构，超越传统物流和供应链竞争，创造崭新的物流生态发展环境。

第二节　物流设施管理

物流设施管理是指随着科学技术进步，物流设施的规划、新建、改建、扩建、维修和运用，对各类设施的协调配套管理，以提高设施的利用率的一系列管理活动的总称，其主要内容包括：物流设施建设总体规划，物流网点配置及优化，物流设施的维修、养护、挖潜、改造、更新等。详细的内容可参见有关书籍。

物流设施的管理好坏，对物流过程影响很大。物流设施管理是保证物流活动顺利进行必不可少的条件，是物流管理的重要组成部分，关系到整个物流管理的水平，而提高物流设施的自动化、现代化水平，是提高物流管理水平的重要途径之一。

一、物流网络设施的系统配置

宏观物流网络的系统配置，是指将物流网络的组成要素在空间上予以合理配备与布置。其重点是综合运输网的配置和仓库网的配置。

微观的物流活动中，网点之间除了必要的硬件连接之外，还必须通过共同的业务活动连接起来，只有这样才能使这些要素成为一个整体。物流网络的构造与组织主要包括对经营机构、物流业务、物流资源及物流信息在市场区域范围内的分布进行规划、设计和具体实施。物流网络构造与组织的目标是使物流系统反应快速化和物流系统总成本最优化。

物流网络的配置过程可以在一些科学的方法下进行，如系统理论。物流的网络资源配置，配送中心和物流中心的数量、规模、地址规划和设计等决策，与生产布局、市场分布、分销渠道规划和设计等因素息息相关，必须借助科学的决策方法进行优化决策。

由于物流网络决策中的大量工作与方案的比较和选择有关，在计算机技术和信息网络技术高度发达和普遍应用的情况下，这些问题可以通过一些现成的管理决策软件解决。例如，运筹学中的网络理论，可以提供计算物流网络的最大流最短路径或者最小费用最大流问题的解决方法。因为这些方法已经发展得很成熟，故此不详细介绍。

二、区域物流基础设施的资源整合

近年来，我国的物流基础设施建设发展很快，为物流运作提供了基本条件。但也出现了互相攀比、盲目建设的倾向，特别是物流园区建设急需统筹规划、协调发展。有的地方在物流规划尤其是物流园区建设中缺乏明确的目标定位，缺乏明确的需求基础和客户群体，也没有可行的商业模式和投资回报机制，一味地贪大求全，蕴含着较大的投资风险。那些定位不清、盲目上马的园区，有的已陷入"进退两难"的境地。物流基础设施，特别是物流园区大多是投入高、占地多、回收期长的项目，而且涉及城建、交通、生态、环保等一系列问题，一定要慎重行事。

我国物流虽然起步较晚，但物流基础设施已有一定的基础。从固定资产投资规模来看，2022年我国仓储业（含装卸搬运）固定资产投资额约9153.6亿元，同比增长25.1%，增幅较上一年增加18.5个百分点，增速约是物流行业（即交通运输、仓储和邮政业，为9.1%）的2.7倍。从固定资产投资构成来看，新建冷库设施占有一定比例，但更多投资集中在数字化、智能化等技术投入和升级改造，这既与行业进入低速发展阶段相适应，也与国家多年来倡导的高质量发展、现代化升级相匹配①。然而，当前我国大量物流基础设施分散在各个地区和部门，整合的任务依然非常艰巨。2022年，我国仓库平均空置率为13.14%，同比增加1.14个百分点，在总体需求基本持平、新建仓库持续投入市场的情况下，空置率有所增加②。从我国的国情出发，要重视现有物流资源的利用、整合、改造和提升，亟须打破条块分割、地区封锁，对物流基础设施建设进行统筹规划，促进现有资源的充分利用。政府要在加强宏观调控的同时，出台整合利用现有资源的优惠政策，引导物流走内涵式发展的路子。

这里，借鉴王雨晴等（2005）提出的理论与方法，探讨区域物流基础设施资源整合方法。

区域物流基础设施资源整合的基本思路是将所有物流基础设施视为一个大系统，通过对系统各要素的加工和重组，使之相互联系，相互渗透，形成有机合理的结构体系，实现整体优化，协调发展，发挥整体最大效能，实现整体最大效益。

区域物流基础设施资源整合必须基于对特定区域现状的充分调研与分析，特别是对影响该区域物流基础设施的关键因素进行详细剖析，并在此基础上站在区域物流整体效益最大化的战略高度，对其进行有效整合。整合流程大致可以分为五个步骤。

（1）初步确定物流集聚因素重点分析区域。

（2）详细分析各区域内影响物流基础设施的各相关因素，确定合理的物流基础设施集聚区域及各区域的物流功能定位。

（3）综合考虑区域布局与定位，按集聚区域分析现有物流基础设施资源状况。

（4）在以上分析的基础上，提出区域物流基础设施资源整合的具体方案。

（5）根据其功能定位，对该区域的资源进行功能提升。

三、物流基础设施的综合协调

物流基础设施的综合协调是物流设施宏观管理的重要方面。物流基础设

---

① 资料来源：http://www.cawd.org.cn/index.php/article/detail/id/3414.html.
② 同①.

施的综合协调包括综合运输网络协调、运输仓储等功能环节协调，物流节点设施与网络体系协调等几个方面。

《"十四五"现代物流发展规划》提出①，加快物流枢纽资源整合建设。深入推进国家物流枢纽建设，补齐内陆地区枢纽设施结构和功能短板，加强业务协同、政策协调、运行协作，加快推动枢纽互联成网。加强国家物流枢纽铁路专用线、联运转运设施建设，有效衔接多种运输方式，强化多式联运组织能力，实现枢纽间干线运输密切对接。依托国家物流枢纽整合区域物流设施资源，引导应急储备、分拨配送等功能设施集中集约布局，支持各类物流中心、配送设施、专业市场等与国家物流枢纽功能对接、联动发展，促进物流要素规模集聚和集成运作。推动设施联动发展。加强工业园区、产业集群与国家物流枢纽、物流园区、物流中心等设施布局衔接、联动发展。支持工业园区等新建或改造物流基础设施，吸引第三方物流企业进驻并提供专业化、社会化物流服务。发展生产服务型国家物流枢纽，完善第三方仓储、铁路专用线等物流设施，面向周边制造企业提供集成化供应链物流服务，促进物流供需规模化对接，减少物流设施重复建设和闲置。

案例5-7：海铁联运　助力"一带一路"发展新通道

共建"一带一路"倡议提出以来，福建围绕建设"21世纪海上丝绸之路"重要枢纽，在海上打造"丝路海运"国际综合物流服务平台，吸引了全球317家企业和机构加入，上百条航线联通43个国家和地区的港口。在陆上，中欧班列加密开行，实施海铁联运、多式联运。截至2023年11月23日，中国铁路南昌局集团有限公司福州车务段已发送年货运量1483.56万吨，同比增长11.6%；其中海铁联运班列发送91.26万吨，占全段集装箱运输的85.25%。中国铁路南昌局集团有限公司福州车务段共管辖福州、莆田、宁德、南平四个地市内共60多个火车站，铁路营业线里程近1000公里，管辖线路涉及杭深线、合福线、昌福线、衢宁线、福平线、峰福线、福马支线、东吴支线、江阴支线、可门支线及部分联络线，承担着闽中、闽北、闽南、闽东地区的客货运输任务，海铁联运从管内莆田东站、可门站、江阴港站始发启程。

---

① 资料来源：https://www.gov.cn/zhengce/zhengceku/2022-12/15/content_5732092.htm。

近年来，为进一步深化路企合作，充分发挥莆田地区湄洲湾铁路和莆田港区位优势，打通福建莆田湄洲湾沿海辐射闽西、闽北、闽赣内陆通道，提高货运发送量，莆田东站大力推进"公转铁""散改集"运输，进一步做大做强海铁联运，路企双方建立了良好的联系沟通平台。

随着共建"一带一路"倡议在全方位、多领域互联互通不断深化，莆田罗屿港、国投湄洲湾港、可门港、江阴港等港口已经通过铁路专用线往内陆地区发运了来自澳大利亚、巴西、南非、马来西亚、伊朗、印度、俄罗斯、菲律宾、印度尼西亚等二十多个国家的货物。

资料来源：https：//baijiahao.baidu.com/s？id=1783423981073373744&wfr=spider&for=pc.

在综合协调的方法上，要注重加强新建设施在规划上的宏观协调、推进物流基础设施的合理空间布局与功能完善、提高物流基础设施的经营与网络化服务能力。

（一）加强新建设施在规划上的宏观协调

按照物流组织需要，物流基础设施建设需要占用大量土地，在土地资源的约束不断加大的情况下，若不能处理好各种基础设施发展规划之间的关系，将不利于相关设施的发展，并产生严重的相互制约和干扰。

作为推进现代物流发展和物流基础设施建设的重要手段，我们应从整体战略的高度进行相关规划的协调，理顺规划的关系，使物流规划、不同运输方式的场站建设规划、工业及商贸流通行业的仓储设施规划能够有机衔接和配合。在衔接和配合中，物流规划是资源整合和提高整体设施效率的指导，其他规划是基础，是按照构建支持物流组织与发展的环境而进行的规划。特别是要在以交通运输场站、仓储设施的规划占地为控制目标的基础上实现物流功能，防止重复建设和更多地占用土地。

（二）推进物流基础设施的合理空间布局与功能完善

无论是既有设施整合和综合利用，还是在新建设施上进行规划的协调，要真正做到按照"全面、协调和可持续"这一新的发展观推进相关设施的合理布局和功能完善，需要以物流基础设施规划为指导进行宏观协调，改变过去传统的各自实施规划的做法，否则无法推进物流基础设施的合理空间布局与功能的不断完善。

首先，运输场站在布局上与物流基础设施规划重合时，应使两者在布局上实现合并建设，并按照物流基础设施规划确立的功能和规模进行运输设施的建设，或依托运输设施进行满足物流组织要求的功能拓展建设。政府部门要从物流基础设施整体发展的角度对重复建设具有新的认识，以便加快既有的及规划的运输设施的整合，使运输基础设施功能因物流的运作组织而得以更好发挥，推进综合运输的发展和社会整体运输效率的提升。

其次，对于城市生活功能区和工业产业、企业集中区域，在进行仓储用地审批和建设时，必须通过土地置换方式，引导企业利用规划的物流基础设施建设范围内的相关设施或在规划区域内进行建设，推进仓储设施的社会化服务。

最后，在城市新的工业开发和商贸功能区域，不再分散进行各种运输方式的场站建设和立足于企业自用仓储设施的建设，而是通过集中进行规划的物流基础设施的建设，使规划的相关运输、仓储功能得到集中体现。

（三）提高物流基础设施的经营与网络化服务能力

要仔细考虑发挥物流园区、物流中心和配送中心以及运输场站、仓储设施等在区域性及城市物流组织上的功能，按照物流基础设施发展层次和功能分工。孤立进行设施的开发和建设，其功能和作用将很难得到发挥。因此，需要通过建设模式、运营模式和服务功能创新等途径，提高单个基础设施的经营发展能力。同时，更需要积极探索基础设施之间的合作，通过在设施之间开展运输的网络化经营，在供应链基础上合作和分工，提高基础设施的网络化服务能力，构建现代物流发展需要的高效率基础设施体系。

第三节　物流设备管理

一、设备管理在物流管理中的重要作用

设备管理在物流管理中发挥了重要的作用，总结起来，共有以下四个方面。

1. 设备管理是企业物流管理的基础内容之一

工业企业依靠机器设备体系进行生产，生产物流作业环节和生产工序必

须严格地衔接、配合，生产过程的连续性和均衡性主要靠机器设备的正常运转来保持。物流企业依靠物流设备进行物流业务操作，也离不开物流设备的稳定运行。因此，设备的技术性能下降或发生故障必然会影响生产计划的执行，导致物流作业的停顿。合理地操作使用和维护保养设备，才能保证物流活动的连续、稳定运行。

2. 良好的设备管理是提高企业产品质量和服务水平的保证

不管是有形的实体产品还是无形的物流服务，物流管理的水平直接影响了企业生产成本、产品质量、客户服务水平的高低。因此，要提高企业物流管理水平和产品质量，必须强化设备管理工作。

3. 设备管理是提高企业经济效益、降低物流成本的重要途径

物流成本是企业成本的组成部分，物料的消耗和设备维修费用与设备管理直接相关，要想控制产品成本、降低投入和提高产出，设备管理是重要影响因素。

4. 设备管理是实现企业节能环保、提倡绿色物流的前提

工业企业要响应国家关于"节能减排、绿色制造"的号召，物流企业要响应国家"低碳物流"的号召，必须改善设备技术落后和管理不善的状况，降低设备事故发生概率，减少有害物质排放。

案例5-8：物流企业的设备设施可视化管理

重庆安吉红岩物流有限公司于2005年12月注册成立，是由安吉智行物流有限公司（上汽集团下属企业）和重庆机电控股（集团）公司共同出资组建的合资公司，注册资本为3500万元（人民币）。公司致力向上汽依维柯红岩、上汽菲亚特红岩、上汽通用五菱及其零部件供应商提供优质物流服务，并获得广大客户良好评价。公司立足重庆、面向西南、走向全国，为众多客户提供有价值竞争力的一体化物流服务。

为了解决企业厂区内设备管理问题，该公司自主设计设备二维码、应用系统和流程、可视化平台及设备运行看板设计等项目，希望实现点检规范、报修能及时通知、数据支持统计分析的目的，具体解决方案：①创建一个移动端设备二维码点检、报修系统，代替员工手写点检方式，方便快捷，规范员工行为；②设置系统的数据存储、导出代替纸质文档，保证数据易查询、易追溯，支持数据分析；③设计一个通用应用系统，把公司三个基地的设备管理整合一起，规范管理，提高档案利用率；④建立实时更新设备状态的大屏报表，方便管理人员对设备进行管理。

资料来源：http：//www.chinawuliu.com.cn/xsyj/202004/30/501360.shtml.

案例 5-9：降低物流成本尚存在巨大的潜力和空间

"十三五"以来，我国现代物流发展取得积极成效。社会物流成本水平稳步下降，2020 年社会物流总费用与国内生产总值的比率降至 14.7%，较 2015 年下降 1.3 个百分点。但是，物流降本增效仍需深化。全国统一大市场尚不健全，物流资源要素配置不合理、利用不充分。多式联运体系不完善，跨运输方式、跨作业环节衔接转换效率较低，载运单元标准化程度不高，全链条运行效率低、成本高[1]。从企业物流成本来看，中国物流与采购联合会发布的《2021 年物流企业营商环境调查报告》显示，2020 年被调查企业成本支出与上年相比出现增长的占 50.8%，超过总量的一半；成本支出与上年基本持平的占 25%，还有 24.2% 的企业成本支出出现不同程度减少。企业成本支出总体呈上涨局面。进一步分析成本支出情况，2020 年被调查企业反映成本上涨最多的前四项依次是人力成本、资金成本、干线运输成本和配送成本。反映最多的首先是人力成本，占比达到 81.5%。调研显示，部分物流企业人员缺口大，人力成本特别是基层驾驶员、装卸工成本以每年 10% 以上的水平增加；其次是资金成本，占比为 45.2%，上游客户账期不断延长，垫资压力不断增加，资金成本持续上涨；再次是干线运输成本，占比为 39.5%，主要是受疫情阶段性封城断路、外包运力短缺等不稳定因素影响；最后是配送成本，占比为 35.5%，调研显示除了受人工、资金占用影响，主要是因为上游客户时效要求高与城市配送通行限制多的矛盾；反映成本上涨多的还有管理成本、房租成本、仓储成本、用地成本、通行成本等，分别占比 28.2%、25%、24.2%、16.9%、12.9%，现阶段降低物流成本仍存在巨大的潜力和空间。

资料来源：http：//www.chinawuliu.com.cn/lhhzq/202106/16/551813.shtml.

二、物流设备管理的主要内容

设备管理是指为了有效地发挥设备效能，提高企业的生产效率和经济效

---

[1]　资料来源：http：//www.gov.cn/zhengce/content/2022-12/15/content_5732092.htm.

果而对设备进行的设计、选型、维修、改进等各种技术活动和管理活动的总和。物流设备管理是对设备进行全过程管理，它是从设备规划和选购设备或者自行设计制造设备开始，到设备在物流系统中的使用、维护、修理直至报废退出物流系统的全过程管理，如图5-3所示。

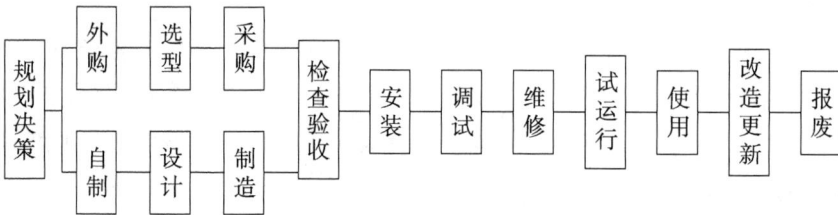

图5-3 物流设备管理的全过程

三、物流设备管理的原则

一般来说，物流设备管理主要有以下基本原则。

（1）设计、制造与使用相结合。指设备制造单位在设计的指导思想上和生产过程中，必须充分考虑生命周期内设备的可靠性、维修性、经济性等指标，最大限度地满足用户的要求。设备使用单位应正确地使用设备，在使用过程中，及时向设备的设计、制造单位反馈信息。

（2）维护与计划检修相结合。这是贯彻"预防为主"的方针，保证设备持续安全经济运行的重要措施。

（3）修理、改造与更新相结合。这是提高企业技术装备素质的有效措施。修理是必要的，但不能一味地追求修理，既妨碍技术进步，在经济上也不合算。企业必须依靠技术进步，改造更新旧设备，以技术经济分析为手段，进行设备大修、改造、更新的合理决策。

（4）技术管理与经济管理相结合。技术管理包括对设备的设计、制造、规划选型、维护修理、更新改造等技术活动，以确保设备技术状态完好和装备水平不断提高。经济管理是指对设备投资费、维持费、折旧费的管理，以及设备的资产经营、优化配置和有效营运，确保资产的保值增值。

四、物流设备管理的主要内容

物流设备管理主要有以下几个方面的内容。

（一）物流设备的技术管理

主要包括：设备的规划、选购、自制和安装调试；设备的合理使用和维护保养管理；设备的计划检修；设备维修状态检测与技术诊断；设备安全技术管理和事故处理；设备备件管理；设备的技术资料管理；设备技术改造；设备技术档案管理等。

物流设备技术管理遵循物流设备的运动特性与技术状况的变化规律，科学地组织好物流设备管理各项内容的技术工作，不断提高技术素质，保证正常工作状态，使之充分发挥效能，完成生产作业任务，为企业创造良好经济效益。

案例 5-10：开发和推广节能新技术，积极降低物流成本

在新一轮科技革命和产业变革中，加速汽车全面电动化已成全球众多国家的战略选择。我国相关政策也明确要求：从 2021 年 7 月 1 日起重型柴油车开始全面实施国六标准，在降本增效、节能环保的社会大环境下，为提高物流运输各环节工作效率，实现高质量转型升级发展，车辆应用方面的升级换代已成为重要途径之一。物流重卡电动化其中的一个典型案例产品便是 2021 年比亚迪公司自主设计生产的比亚迪 Q3。比亚迪自进入新能源汽车行业以来，通过掌握电池、电机、电控及芯片等全产业链核心技术，以领先技术、绿色产品、整体性解决方案，引领全球汽车工业科技革命和产业变革。诞生在此环境下的比亚迪 Q3，搭载自主研发的高安全磷酸铁锂电池、全新一代集成桥、多合一控制器等领先核心技术，传动高效，布置合理，空间利用率高。整车电量 355kWh，续航里程超过 200 公里，充分适用于远距离运输需求。

在电动卡车成为大趋势之下，比亚迪全新纯电动牵引车 Q3，相较于之前的传统燃油重卡，在能耗成本、车辆维护成本等综合评估中，其经济效益显著，初步计算，每年可节约运营成本超过 10 万元。除了在经济上带来可观的效益外，Q3 所产生的环保效益也"不可小觑"：据悉，一辆纯电动牵引车 Q3 在使用期间，与燃油车相比，一年可减少使用 2.7 万升柴油，减少二氧化碳排放量 72.27 吨，减少二氧化硫排放量 0.092 吨，减少氮氧化物排放量 0.12 吨。若形成大规模置换，其低碳减排效益，不仅将有效助力绿色物流行业的可持续发展，也将为生态环境保护、全球气候改善作出巨大贡献。

资料来源：http://www.chinawuliu.com.cn/zixun/202104/15/546302.shtml.

（二）物流设备的经济管理

主要包括：设备投资效益分析；资金和使用；设备移交验收、分类编号、登记卡片和台账管理、库存保管、调拨调动、年终清查等资产管理；折旧的提取与管理；费用的收支核算；设备更新等。

物流设备经济管理必须遵循价值规律和生命周期费用变化规律，对物流设备管理的各项活动进行经济论证、经济核算、经济分析和成本控制等活动，开展多种形式的增收节支活动，使企业取得最佳投资效益。

（三）物流设备的组织管理

主要包括：人员教育与培训；设备管理制度和规范的制定；设备管理、使用的监督、检查和评比等。

物流设备的组织管理，必须遵循物流设备使用与磨损的客观规律，运用行政手段，科学地把物流设备技术管理和经济管理结合起来，全面完成物流设备管理任务。

设备管理的三个方面内容是相互联系的一个整体。其中，技术管理是基础，经济管理是目的，组织管理是手段。只有三者结合，才能实现综合管理的目标。

五、提升物流设备管理的思路与方法

现代化的物流设备具有大型化、智能化、高速化等特点，不同于传统物流设备相对简单的技术结构，现代物流设备的大型化使物流作业高度集中，且大型物流设备维保费用较高，设备一旦出现故障，带来的损失较大；现代物流设备的智能化使设备的技术复杂程度较高，物流企业难以对出现的故障进行自主维修，设备维修工作困难；现代物流设备的高速化同时也带来了一些技术经济问题，如驱动能耗增大，导致对物流设备的高效调度优化更加重要。

鉴于现代化物流设备的特点，提升物流设备管理可从以下几个方面展开。

（1）加强对设备管理的重视。必须认识到设备管理是物流管理和控制的重要组成部分，把物流设备管理作为企业经营管理的核心内容之一来考虑。

（2）提高物流设备管理的水平，建立数字化的设备全生命周期管理平台。

通过数字化平台实时监控设备状态，实时收集设备管理的原始数据、设备运行信息等，存储在设备数据库中，实现设备的各类过程信息全程可追溯。开发智能维护预警功能，由平台对生产运行时的各种信息进行统计、分析，生成维护设备计划，为设备管理决策提供准确、可靠的依据。

（3）合理的车间和设备平面布置。在企业生产规划的前期就应注意物流设备合理的种类、数量和空间配置问题，以及后期的维护保养问题。

（4）结合物流设备管理的特点和企业自身条件，创造性地、有选择地将全员管理、岗位点检等方法应用到物流设备管理中。

（5）探索开展多样化的物流设备维护管理模式，包括自主维护、联合维护、服务外包等，为企业物流设备管理提供新思路。

（6）根据合作企业的实际特点及需求，加强对专用性设备的投资。

第四节　我国物流设施设备的主要特点

一、加大建设力度，物流设施网络规模持续扩大

党的十九大报告首次将物流与公路、铁路等国家重大基础设施并列，确立了物流基础性和准公益性的地位。党的十八大以来，我国加大物流基础设施建设，搭建了以国家物流枢纽为核心，多种运输方式为通道，物流园区、多式联运场站、城市配送中心、物流末端网点等为支撑的物流基础设施网络，初步形成了"通道＋枢纽＋网络"的物流运行体系。

在物流节点方面，按照《国家物流枢纽布局和建设规划》，要在127个承载城市规划布局212个国家物流枢纽。"十四五"规划再次明确，推进120个左右的国家物流枢纽建设。截至2023年7月，国家发展改革委等部门已牵头确认布局建设125个国家物流枢纽。《第六次全国物流园区（基地）调查报告（2022）》显示，2022年调查全国150亩以上的各类物流园区共计2553家，比2012年第五次调查的754家增长238.6%。10年间，我国物流园区总数年均增长9.1%，增速总体上保持较快态势。为贯彻落实党中央、国务院关于城乡冷链物流设施补短板和建设国家骨干冷链物流基地的决策部署，国家发展改革委公布了前两批41个国家骨干冷链物流基地建设名单。为支撑国家综合立体交通网主骨架建设，财政部、交通运输部下发通知，计划用3年左右时间

择优支持30个左右城市实施国家综合货运枢纽补链强链。

在运输设施方面，截至2022年年底，我国综合交通网突破600万公里，国家"十纵十横"综合运输大通道基本贯通。全国铁路营业里程达15.5万公里，其中，高铁4.2万公里，稳居世界第一，较2012年的9.8万公里增长58.2%；公路通车里程535.5万公里，其中，高速公路17.7万公里，高速公路对20万人口以上城市覆盖率超过98%；全国内河航道通航里程12.8万公里，其中，等级航道通航里程6.75万公里，通江达海、干支衔接的航道网络进一步完善。此外，我国拥有生产性码头泊位2.1万个，在环渤海、长三角、粤港澳大湾区逐渐形成三大世界级港口群。民用颁证机场达254个，较2018年增长38.8%，亚洲最大的专业货运机场——鄂州花湖机场建成投入运行，机场覆盖密度进一步提升。

二、补短板强弱项，物流设施功能结构逐步完善

随着我国物流基础设施网络逐步成型，设施建设发展模式从数量规模扩张向质量效益提升转变，提升物流基础设施网络综合承载能力成为重点任务。特别是疫情期间，党中央、国务院将固定资产投资作为稳经济的重要抓手，对全面加强基础设施建设做出战略部署，进一步加大物流基础设施补短板力度。

在多式联运设施方面，自2016年以来，交通运输部联合国家发展改革委先后启动了4批次、116个多式联运示范工程项目，带动引领多式联运场站设施建设，加快推动构建全国多式联运网络。自2018年运输结构调整以来，新建投用铁路专用线213条，建设长度1387公里，总投资763亿元。全国铁路专用线8853条、3.1万公里。全国沿海和内河主要港口铁路进港率分别超过90%和70%，约四分之一的物流园区建有铁路专用线。

在仓储设施方面，我国物流需求增速放缓，仓库建设步伐也有所放缓。据推算，截至2022年年底，我国营业性通用（常温）仓库面积约12.2亿平方米，同比增长1.67%，增幅较2021年和2020年分别降低3.13个和4.33个百分点。其中，高标仓（立体仓）和冷库在电子商务和消费升级的带动下，增速高于平均行业水平。高标库（立体库）约4.1亿平方米，同比增长3.79%，占设施总量的比例已达33.6%。我国冷库总容积约2.18亿立方米，同比增长9%。

在航空物流设施方面，国家发展改革委、民航局于 2020 年联合印发《国家发展改革委 民航局关于促进航空货运设施发展的意见》，提出"以货运市场需求为导向，聚焦航空货运设施发展短板和弱项，提高国际航空货运能力"，各机场和快递企业顺势加快航空物流设施建设。郑州机场总投资 48 亿元的机场北货运区建成投用，其中，全货机位 16 个、库区面积 7 万平方米，设计年保障能力 60 万吨，能够大幅提升航空货物物流转时效。顺丰在鄂州花湖机场建成顺丰航空全国最大的中转分拣中心，京东、圆通分别宣布在芜湖、嘉兴建设航空物流枢纽。

在农村物流设施方面，随着乡村振兴战略深入实施，农村交通物流设施建设取得明显成效。截至 2022 年年底，我国已累计建成 990 个县级寄递公共配送中心、27.8 万个村级快递服务站点，全国建制村快递服务覆盖率已达 95%。农产品仓储保鲜冷链物流设施建设得到支持，数万个仓储保鲜冷链设施在村镇田头拔地而起。农村公路总里程已达 453 万公里，等级公路比例达 96%，实现了具备条件的乡镇和建制村全部通硬化路。不断完善的农村物流网络，进一步推动了农产品出村进城、消费品下乡进村，平均每天有超过 1 亿件包裹在农村进行寄递。

三、积极布点连线，国家物流枢纽加速联网运行

随着"一带一路"建设、京津冀协同发展、长江经济带发展、粤港澳大湾区建设等国家重大区域战略的深入实施，分工协作、优势互补的产业发展格局正在逐渐形成，对广覆盖、高效率、低成本的物流运作网络体系的诉求日益强烈。国家物流枢纽充分发挥关键节点、重要平台和骨干枢纽作用，以战略联盟、资本合作、平台对接等多种方式整合物流资源要素，在物流网络建设中走在前列。

一方面，国家物流枢纽积极推进"海陆空"物流通道网络建设，服务国内国际双循环。在陆路方面，河北、浙江、河南、湖北、成渝、陕西等多个省区以枢纽为核心，统筹区域内中欧班列开行，优化省内通往亚欧陆路通道网络。西安陆港型国家物流枢纽对外新开通中欧班列跨里海及黑海班列、中老班列和中越班列，国际运输干线达 17 条；对内与广东广州、湖北十堰、河北武安合作开行国际班列，"+西欧"集结线路增加至 18 条，2022 年，中欧班列长安号共开行 4639 列，同比增长 20.8%。在航空方面，空港型国家物流

枢纽积极拓展国际全货机货运航线，着力提升辐射范围和运行频次，抢占发展先机。深圳空港型国家物流枢纽2022年新开河内、多哈等6个国际全货机航点，加密洛杉矶、胡志明等10个国际全货机航点，国内国际全货机通航城市增至57个，2022年实现货邮吞吐量150万吨，其中，国际及地区77.6万吨，同比增长19.4%。在海运方面，港口型国家物流枢纽将周边内河港口视作港区内部，提升干支联动、无缝衔接水平，搭建辐射全球的江海联运网络。苏州港口型国家物流枢纽全年新辟集装箱班轮航线8条，其中，越南等外贸干线4条，海口等沿海内贸干线2条，湖州等内河支线2条，基本建成近洋直达集散中心、远洋中转基地、内贸转运枢纽，2022年完成货物吞吐量2.66亿吨，同比增长9%。

另一方面，国家物流枢纽发挥不同枢纽资源优势，推动物流枢纽间业务对接，形成跨区域联动发展新动能。陆港型国家物流枢纽利用港口型国家物流枢纽出海通达全球、港口型国家物流枢纽利用陆港型国家物流枢纽扩展腹地货源，两类枢纽合作呈现多点扩散、互联成网的蓬勃发展局面。2022年，海铁联运班列累计开行数量超过8800列，同比增长44%。陆上边境口岸型国家物流枢纽积极深化"铁路快速通关"模式应用，推行先期审核转关数据、"延时、错时+7×24小时预约查验"等便利措施，最大限度压缩通关时间。2023年上半年，七个陆上边境口岸型国家物流枢纽共通过国际货运班列13831列，同比增长16.0%。生产服务型、商贸服务型国家物流枢纽发挥靠近生产地和消费地的优势，整合货源、聚零为整，为周边陆港型、港口型和空港型国家物流枢纽提供集装货物单元，货物集散分拨效率显著提升。同时，在国家发展改革委大力支持与指导下，由中国物流与采购联合会牵头，枢纽运营单位参加的国家物流枢纽联盟成立，为枢纽联网运行提供了制度保障。

四、新技术赋能，物流设施设备改造升级

以物联网、云计算和大数据为代表的新一代信息技术飞速发展，物流业充分利用互联网技术所带来的机遇，设施设备不断向智能化、自动化、信息化的方向发展，物流运作效率显著提升。在仓储设施设备方面，国家发展改革委会同商务部组织评选出京东上海"亚洲一号"物流基地等10家单位为国家智能化仓储物流示范基地，以点带面推动传统仓储转型升级，提高物流仓储智能化、信息化水平。示范工作的开展，为物流企业建设智能化仓储物流

基地树立了标杆，推动 AGV、自动货架、自动存取机器人、自动识别分拣等物流设备从少数企业向全产业链条成果转化和推广应用，快递、电商、医药、烟草等物流企业纷纷加快物流中心智能化建设和改造。在运输设施设备方面，我国全面掌握自动化集装箱码头全链条关键技术，引领全球智慧港口发展，截至 2023 年 6 月底，已经建成的自动化集装箱码头达到 16 座、在建 10 余座，已建成和在建的自动化集装箱码头均居世界首位。太原陆港型（生产服务型）国家物流枢纽的铁路场站是全国铁路物流园首个采用"智能作业调度指挥＋门吊远程控制＋集装箱 AGV 水平搬运"模式的自动化无人集装箱作业场站，集装箱整体作业效率提高 50%，减少作业人员 20 人。无人机、无人车在配送领域开展推广应用，大型货运无人机、无人驾驶卡车、无人货船等起步发展。此外，随着物流各环节分工的不断细化，专业化的新型物流技术装备不断涌现，主要集中在电商快递、新能源、高端制造、医药物流、服装物流等领域。

目前，我国因为资源环境承载能力已经达到或接近上限，经济社会发展同生态环境保护的矛盾日益突出，全社会开展绿色低碳转型，绿色低碳物流设施设备加快推广应用。一是各地在新能源物流车购置、运营、通行等方面提供有力政策保障，加快新能源汽车推广应用。2022 年，新能源轻卡共销售4.05 万辆，同比翻倍增长。新能源重卡共销售 25477 辆，同比增长 142.34%。在 71 个"绿色货运示范工程（创建）城市"中，新能源物流配送车辆保有量目前已经超过 41 万辆。二是随着光伏风电技术迭代升级，发电成本逐渐降低，光伏风电进入规模化应用推广阶段。仓库屋顶具有大量平整空间，是建设分布式光伏电站的理想载体之一。例如，普洛斯成立普枫新能源，在运营园区投资建设可再生能源基础设施，已逐步在全国 25 个省市稳定运营分布式光伏发电项目，累计开发规模超过 1GW。三是新工艺、新材料、新技术不断涌现，物流设施设备节能降碳效果提升。例如，物流设施的照明、用电、用水等系统采用分区、定时、感应等节能控制；仓库建设采用绿色材料；自动化设备采用先进的直流电机降低电能消耗，冷库采用性能优良的螺杆式压缩机降低压缩能耗；物流设备采用轻量化材料等。四是采用物联网、大数据、5G、人工智能等先进技术，对各类物流设施设备开展实时信息采集、数据分析和管理决策，提升物流作业效率、降低物流能耗。例如，智慧运输系统、智慧仓储系统、微电网能源管理系统。

五、示范引领带动，物流园区经营水平提升

自 2015 年以来，国家发展改革委会同自然资源部等有关部门共分四批确定了 100 家示范物流园区，覆盖全国 29 个省区市。这些物流园区将创新发展作为园区的优先战略，不断推动制度创新、业态创新、组织创新、管理创新，在更高层次、更大范围、更深程度推进物流与供应链系统集成和资源整合，以点带面提升全国物流园区高质量发展。

在业态创新方面，杭州传化公路港围绕物流新技术及行业产品升级的需要，从单点"公路港"向全国公路物流园区网络转型，从线下"公路港"向线上传化货运网转型，从基础设施平台向智慧物流平台转型，形成了线下和线上融合发展的智能物流服务平台。迁安北方钢铁物流园区紧紧围绕发展钢铁物流业，打造钢铁贸易、仓储运输、钢材剪切加工、废钢加工利用、电子商务、期货交割、工业研发设计等物流生态圈，可为钢铁制造业提供"一条龙式"全业态服务，为钢铁制造业转型升级提供强大的服务支撑。

在组织创新方面，上合组织（连云港）国际物流园采用"船车直取"作业模式，将铁路审批环节前置到过境集装箱抵港前，从而直接将集装箱从船舶分流至园区后用火车发运，将过境集装箱班列的发运时间由原来的 4 天压缩到 1 天以内，单箱中转成本降低约 60%。香江物流园在长春市区布局 4 个二级配送中心、122 家终端网点开展共同配送，配送车辆日均到发 210 辆（次），实现配送路线优化 60%、货损率降低 70%、配送时效提高 80%、综合物流成本降低 10%。

在技术创新方面，示范物流园区积极引入穿梭车、AGV、自动分拣线等智能化物流设备，探索建立具备思维、感知、学习、分析、决策和执行能力的信息系统，提高仓储生产效率和管理水平。例如，深国际华南物流园将现有保税仓升级改造为高密度智能自动化仓库，库容率提升 100%、作业率提高50%、整体仓库运营成本降低 30%。福建福港综合物流园区搭建智慧港物流信息平台，将港口各项业务通过数据统一存储、跨平台工作流整合，推动园区通关效率提升。截至 2021 年年底，智慧港物流信息平台注册企业近 700家，活跃用户近万人。

在监管创新方面，如河南保税物流中心率先推进"电子商务＋保税中心＋行邮监管"模式，将海关、检验检疫融入业务流程，加快了通关速度，实现

全球"门到门"服务时效缩短80%，物流成本降低30%，推进了跨境电子商务加速发展；义乌港物流园针对小商品市场特点，建立大型仓库，持续探索各类海关拼箱模式，吸引大量货源集聚，货物平均等待时间降低近60%，节约物流成本超过20%，有力支撑义乌"买全球、卖全球"。

六、"一带一路"走深走实，国际物流设施布局提速

2013年共建"一带一路"倡议的提出，为构建人类命运共同体提供了实践平台。多年来，在各方的共同努力下，共建"一带一路"从中国倡议走向国际实践，从理念转化为行动，从愿景转变为现实，从谋篇布局的"大写意"到精耕细作的"工笔画"，取得实打实、沉甸甸的成就，成为深受欢迎的国际公共产品和国际合作平台。2013—2022年，中国与共建国家贸易规模稳步扩大，进出口总额从16290.6亿美元增长至28446.4亿美元，年均增长6.4%，带动"一带一路"物流稳步发展。截至2023年6月底，中欧班列累计开行7.4万列，运输近700万标箱，货物品类达5万多种，通达欧洲25个国家的200多个城市。"丝路海运"航线已通达全球43个国家的117个港口，300多家国内外知名航运公司、港口企业、智库等加入"丝路海运"联盟，"丝路海运"网络持续拓展。中国已与104个共建国家签署双边航空运输协定，与57个共建国家实现空中直航。目前，共建"一带一路"基本形成以"六廊六路多国多港"为基本架构，"陆海天网"四位一体的互联互通格局。

"一带一路"设施联通初具规模，离不开我国物流企业的谋篇布局。中远海运港口在全球37个港口运营及管理367个泊位，覆盖东南亚、中东、欧洲、南美洲等主要区域，年总处理能力约1.22亿标准箱。招商局港口通过Terminal Link SAS公司完成收购达飞集团旗下位于东南亚、南亚、欧洲等地的8个优质码头投资项目，进一步完善了自身全球港口网络。中远海运集团、连云港港口控股集团和哈萨克斯坦国家铁路公司共建"霍尔果斯—东大门"无水港，为更好服务中亚国家和地区进出口贸易提供支撑。沿着"一带一路"骨干基础设施网络，一些物流企业和贸易企业加快海外仓建设，加快完善内外联动的物流服务网络。例如，京东物流加速海外仓等基础设施的布局，相继在美国、德国、荷兰、法国、英国、越南、阿联酋、澳大利亚、马来西亚等地落地自营海外仓，拥有接近90个保税仓库、直邮仓库和海外仓库，总管理面积接近90万平方米。递四方：在全球铺设海外仓50余个，面积近100万

平方米，覆盖美国、加拿大、澳大利亚、日本、英国、德国、西班牙、捷克等18个国家。据统计，2022年我国海外仓数量超过2600个，总面积超过2000万平方米。

第五节　改进物流设施设备管理的有关建议

一、加强国内物流设施补短板

在省区层面，结合国家物流枢纽建设，系统规划本地区物流枢纽节点布局建设，依托国家物流枢纽整合区域物流设施资源，引导土地集约、要素集聚和功能集成发展，提升本地区物流运行水平，促进区域产业空间布局优化，形成具有集聚辐射带动能力的产业集群。在城市层面，优化城市各级物流节点布局与功能，进一步推动交通物流设施融合；研究规划铁路货物走廊，支持公铁货运中心在城市次中心建设，减轻城市交通货运压力；推动高速公路服务区、收费站扩围增能，增加中转分拨等物流服务功能，加强与国家物流枢纽、示范物流园区、综合货运场站等物流基础设施联网运行。支持闲置用地和老旧设施二次开发，加大城市内物流配送、末端网点的配套改造。在县域层面，推进邮政快递、物流运输、供销、城乡客运等公共基础设施综合一体化，畅通"农产品上行、消费品下行"。在农村层面，加强农业农村物流基础设施整合和建设，鼓励邮政服务点、供销社服务点增加物流服务功能，更好服务农业农村现代化。

二、强化国家物流枢纽网络规模经济效应

持续稳步推进枢纽布局建设，开展承载城市布局调整优化专题研究，高质量建设国家物流枢纽网络。依托枢纽联盟，组织开展信息互联、业务对接、项目合作、交流互访、人才培训等系列活动，探索建立长效稳定的枢纽网络合作机制。支持枢纽联盟建设综合服务信息平台，制定信息交换标准和共享规范，构建"N-1-N"信息互联互通模式。发挥枢纽联盟综合信息服务平台集采功能，对接国际贸易单一窗口、铁路95306等信息平台，降低枢纽信息联通成本。持续深化铁路货运改革，提升不同运输方式业务模式、管理规则、运作组织、技术标准衔接水平，推动铁路运输网络深度融入枢纽网络。

加强与"一带一路"共建国家沟通协商，深化规划对接和政策协调，共同推进重大基础设施建设，合力疏通基础设施网络堵点、卡点。积极推进国际航权谈判，加大空港型枢纽国际航权、空域、时刻资源分配倾斜力度。

三、鼓励物流园区提升供给服务水平

推动分散的仓储、分拨配送、口岸保税等物流资源要素向物流园区集聚，提高园区规模集聚效应。引导生产制造企业、商贸企业剥离或外包物流业务，鼓励园区承接需求，提供综合物流与供应链解决方案。适当降低园区铁路干线运输费用，优先保障园区铁路运力需求，鼓励园区大力发展多式联运业务。以战略联盟、资本合作、平台对接等方式整合内部资源，共同开展多式联运、甩挂运输、共同配送等先进物流组织方式。进一步深化跨境贸易便利化改革，支持园区沿"一带一路"建设海外仓，鼓励园区参与国际物流服务体系建设。支持有需求、有实力的物流园区建设综合物流公共信息平台，推动铁路、港航、民航、交通、海关等部门的信息开放共享。鼓励园区加大对5G、大数据、物联网、人工智能等技术的规模化集成应用，投入资金支持园区物流设施设备数字化改造，推动园区管理和服务智慧化升级。支持专业园区运营公司和大型物流企业并购整合仓储物流设施，提升园区网络化运营水平。

四、持续发挥示范物流园区带头作用

制定示范物流园区发展产业政策，推动示范物流园区数字化、智慧化、绿色化改造。支持示范物流园区作为国家物流枢纽建设的承载地或辐射的集散点，推动园区物流资源集聚、运行效率提升和服务网络扩容。加大对示范物流园区在财政税收、投资金融、土地规划、车辆通行等方面的支持力度，积极营造示范物流园区高质量发展的政策环境。完善示范物流园区工作协调推进机制，加强综合协调和分类指导，切实解决园区发展面临的突出问题。加强示范物流园区监测评估工作，提升常态化年度评估总结水平。在自评估基础上，开展现场考察督导，健全完善示范物流园区动态进出调整机制，探索实施差异化政策支持。系统总结100家示范物流园区创新发展模式和经验做法，有效发挥示范带动作用。对于长期重视程度不够、建设运营效果较差、示范带动作用不强的示范物流园区，及时给予警示；警示后没有明显改进的，建议调出示范物流园区建设名单。

五、加大境外物流设施布局

结合"一带一路"建设情况，在国家层面统筹国际物流设施建设，加大在沿线重要交通物流节点投资建设力度，打造具有中国特色的国际物流基础设施网络，增强我国产业链供应链韧性和自主可控能力。鼓励各类金融机构创新金融产品，打通"内保外贷"制度壁垒，支持境外物流设施建设。推动金融配套服务跟随"海外仓"走出去，建设更多服务网点，打通"内保外贷"制度壁垒，使我国分支金融机构在当地为海外仓提供更多抵押和信用贷款支持。探索设立国际物流产业基金，借助资本市场力量帮助国内物流企业开展投资建设、兼并重组，加快"走出去"速度。鼓励国家物流枢纽运营主体、龙头运输物流企业、供应链"链主"企业等组建海外投资建设联盟，以实际需求为导向，共同投资建设海外物流设施，提升国际物流设施经营效益。确定海外仓建设标准，规范行业补贴支持政策，促进海外仓联网运行。积极推进建设海外仓综合服务平台，推进公共海外仓共用共享。

六、加快物流设备智能化、绿色化升级

鼓励5G、物联网、人工智能等新一代信息技术创新应用，大力发展无人仓、无人码头、无人场站等新型基础设施。开展智能驾驶试点示范，鼓励物流企业和智能驾驶企业开展战略合作，重点推进高速公路场景试点，切实解决车辆路权问题。支持鼓励新能源重卡投入商业化应用，加大充电桩、加氢站、换电站等配套设施建设，建设油电气氢综合加能站。出台措施降低车辆通行成本。围绕物流设备智能化的瓶颈问题，梳理一批前瞻性关键核心技术项目，组织实施科技重大专项和重大技术攻关，推动智能物流设备国产化。开展物流智能装备首台（套）示范应用，加快推动智能物流装备产业化发展。开展高效运输技术和装备推广，依托行业协会设立高效运输重点技术和装备推广目录，加大对高效节能、安全防护、绿色低碳的先进技术和装备的推广和行业应用。

第六章　物流信息技术要素分析

【引例】中储智运是中国物流集团旗下专注提供智慧物流服务和数字供应链解决方案的科技型企业，相继成为国家第一批"无车承运人"试点企业和首批 5A 级网络货运平台。当前，物流业正向综合化和供应链化方向延展。数字经济风口上，数字供应链已成为中国物流发展的主阵地。中储智运基于自身技术沉淀，加快布局以物流为核心的数字供应链。对内协同引领，通过区块链等信息技术，充分协同仓储、运输等各个环节，构建了规模、高效的服务网络体系。一家中国制造业 500 强企业在加入中储智运平台后，通过该平台内部 ERP 与物流业务的数据交互及流程管控，全年降低物流费用超过 3000 万元，降幅达 8% 以上。对外研判市场，打造因需而变的数字供应链，赋能企业进行数字化转型升级。中储智运借助物联网、云计算、大数据等新一代信息技术，积极优化供应链生态圈服务。例如，中储智运为优然牧业实现系统互联互通，实现实时监控各合作商的物流运输情况，提高运输效率；通过全面数字化改造智慧物流园区，实现园区整体的电子化作业与数字化、可视化管理，全面提升园区智能化管理水平。

第一节　物流信息技术的概念与要素构成

一、物流信息技术的概念与内涵

在国家标准《物流术语》（GB/T 18354—2021）中，物流信息技术是"以计算机和现代通信技术为主要手段实现对物流各环节中信息的获取、处理、传递和利用等功能的技术总称"。根据物流的功能及特点，物流信息技术包括计算机技术、网络技术、信息分类编码技术、条码技术、射频识别技术、电子数据交换技术、全球定位系统、地理信息系统等。

从定义来看，物流信息技术有以下主要内涵。

（1）它是运用于物流管理领域的技术。这些信息技术将运用于物流管理过程的各个环节（如采购、仓储、运输等）及物流企业横向合作的整合管理环节。因此，信息技术要和物流管理和服务相结合，信息技术的应用是重点，也是信息技术发展的最终目的。

（2）它强调与计算机网络技术相结合。物流信息技术是现代信息技术在物流各个作业环节中的综合应用，是现代物流区别于传统物流的根本标志，也是物流技术中发展最快的领域，尤其是计算机网络技术的广泛应用使物流信息技术达到了较高的应用水平。

二、物流信息技术的重要作用

（一）物流信息技术是现代物流技术的核心

信息技术是现代物流技术的核心。信息技术在现代物流中发挥了重要的支撑作用，是整个物流体系运作的基础。首先，物流技术提高了物流信息的共享程度，消除了原先物流过程中的时滞和不增值的环节。其次，借助现代信息技术，整合原来无法整合的物流的各个环节，即出现专门从事整合性业务的社会组织——"第三方物流"，进而出现"第四方物流"，即从事物流业务的社会组织借助于自己所拥有的信息技术和实现物流的充分需求和供给信息，开展物流运作。再次，信息技术促进着物流与商流的分离，使商流和物流按各自的规律和渠道独立运行。最后，信息技术提升了物流服务质量。应用信息技术，可将物流各环节连成一个整体，按照统一的供货计划准时地实现物资的流动，压缩物流过程中的原材料和成品的运输与储存时间，从而提高经济效率。在物流服务质量上则要体现为 JIT 的思想，也就是要做到"在需要的时间、需要的地点，以尽可能低的物流成本，提供需要的物资"。

（二）物流信息技术提高了物流的运营效率

在物流企业的生产流程中广泛应用信息技术，可以容易地实现产品设计自动化、生产过程自动化和生产设备智能化。信息技术的引入，能够减少物流生产部门的从业人员，大大降低了物流企业的生产成本，从而有效地提高生产效率。从全社会范围看，随着各行各业信息化程度的进一步提高，整个社会的信息流通更为顺畅，这样，单个企业的人流、物流和资金流也将随之畅通起来。因而，信息技术在全社会范围内的广泛应用将有助于提高物流企业的运营效率。

案例6－1：八家西安物流企业应用信息技术大幅提升运营效率

2021年，国家统计局西安调查队对西安市8家物流企业开展专题调研。结果显示：2019年75%的企业营业收入实现增长；2020年受新冠疫情影响，62.5%的企业营业收入下降；2021年上半年，仅3家企业营业收入略有下降，其余5家企业营业收入均有不同程度增长，涨幅最高达47%。西安物流企业广泛运用信息技术、多式联运等先进模式。

随着现代物流企业的发展需求，越来越多的信息技术被运用到物流行业。调查显示，所有物流企业均采用了信息技术，使用较多的是条码技术、GPS与GIS等，部分企业还自主研发电子信息系统。这不仅有利于优化和降低物流运输成本，而且对物流企业经济效益有显著提升。多式联运模式是依托两种及以上运输方式的有效衔接，提供全程一体化组织的货物运输服务，其主要目的是发挥不同运输方式的比较优势，促进资源集约利用。在所调查的企业中，运送货物采用多式联运模式的企业占50%，同比增长20%，运输效率提高10%以上。

资料来源：https://esb.sxdaily.com.cn/pad/content/202111/24/content_770828.html.

（三）物流信息技术是增强企业竞争优势的关键技术

物流信息技术通过切入物流企业的业务流程来实现对物流企业各生产要素（车辆、仓库等）进行合理组合与高效利用，从而降低经营成本。它有效地把各种零散数据变为商业智慧，赋予了物流企业新型的生产要素——信息，大大提高了物流企业的业务预测和管理能力。通过"点、线、面"的立体式综合管理，实现了物流企业内部一体化和外部供应链的统一管理，有效地帮助物流企业提高服务质量，提升物流企业的整体效益。

案例6-2：京东物流信息技术的应用

（1）条码的应用。

京东商城的每个库房都分三个大部分：收货区、仓储区和出库区。在收货区，厂家送来的货进行质量抽查后，每个商品都要贴上条码作为这个商品的"身份证"。然后，商品全部在仓储区上架入库，在货架上，每个架位都有编号，在上架时，理货员会扫描货物的商品条码，使其与货位进行关联，并上传至系统。这样，订单在生产时，取货员只要根据系统记录的货位去相应货架上取货，不用核对商品的名称。

（2）可视的包裹运输——GIS的应用。

京东和一家提供地图服务的公司合作，将后台系统与地图公司的GPS进行关联，在包裹出库时，每个包裹都有一个条码，运货的车辆也有相应的条码，出库时每个包裹都会被扫描，同一辆车上包裹的条码与这辆车的条码关联起来。当这辆车在路上运行时，车载GPS与地图就形成了实时的位置信息传递，与车载GPS是一个道理。当车辆到了分拨站点分配给配送员时，每个配送员在配送时都有一台PDA（手持终端），通过扫描每件包裹的条码，这个包裹又与地图系统产生关联，而这个实时位置信息与京东商城的后台系统打通之后开放给前台用户，用户就能实时地在线页面上看到自己的订单从出库到送货的运行轨迹。在提升用户体验的同时，GIS也提供了实时监控功能，可提升整体的物流管理水平。

（3）区块链技术。

京东在2016年开始布局区块链，已经先后在数据交易、供应链管理、金融科技、政务及公共服务等领域落地，包括供应链追溯、动产评估、交易清结算、二手买卖、商品一致性、慈善公益、合同防伪、电子发票、资质备案、开放API十大场景。在物流领域，京东区块链技术在生鲜、奶粉等行业的供应链追溯应用广泛。截至2018年，京东区块链已经上线超过300个品牌商，接入8000多个SKU，售前触达用户28万次，售后用户查询65万次，在库商品追溯码数量超过6亿条，已上链数据超过1亿条。

（4）5G技术。

2019年，京东物流在北京的"亚洲一号"率先建成5G智能物流示范园区，依托5G技术，整合AI、物联网、自动驾驶、机器人等智能物流技术和产品，推动智能物流建设进一步升级，为行业发展做出示范，而且在物流领域率先探索 5G 专网建设，5G 专网提供的"差异化、可定制、安全可靠"的网络接入和结合行业特点的集成能力，将为智能物流建设开辟广阔前景。在京东物流智能物流园区，依托 5G 专网建设的智能管控系统，可使人员效率提高15%，园区人员安全隐患降低 50%，园区整体运营成本和场址转移效率大幅提升，智能物流建设优势更加突出。

部分资料来源：https://ishare.ifeng.com/c/s/v002Qd4ydaBoaccwn4JIbug8x2rWql0 - _ w9BkJmT iX-Qg18Hw_ .

三、物流信息技术的构成

从构成要素上看，物流信息技术作为现代信息技术的重要组成部分，本质上都属于信息技术范畴，由于信息技术应用于物流领域而使其在表现形式和具体内容上存在一些特性，依据使用的物流功能的类型，我们可以简单地将之分为三类。

（一）信息采集技术

信息采集技术主要指对物流管理关注的物品或设备进行识别并把识别的信息加以收集和处理的技术，包括条码、IC 卡、RFID 等技术。

（二）跟踪定位技术

跟踪定位技术是指对静态、动态物品及运输载体实现定位追踪的技术，包括 GPS、GIS 等技术。

（三）业务管理技术

业务管理技术是指采用计算机、网络和编程技术对物流业务进行自动化、信息化处理的技术，表现形式为各种类型的管理信息系统和供应链管理信息系统，如包括运输管理系统、仓储管理系统、配送管理系统、货代管理系统和各类供应链管理系统等。

如果我们依据使用的层次划分，物流信息技术又可以分为技术层次和管理层次。从技术层次上看，物流信息技术包括基于各种通信方式的移动通信手段、GPS、GIS、计算机网络技术、自动化仓管技术、智能标签技术、条码、

RFID 技术、信息交换技术等现代尖端科技。在这些技术的支撑下，形成以移动通信、资源管理、监控调度管理、自动化仓储管理、业务管理、客户服务管理、财务处理等多种信息技术集成的一体化现代物流管理体系。

四、主要物流信息技术介绍

（一）条码技术

条码技术是在计算机的应用实践中产生和发展起来的一种自动识别技术，它是为实现对信息的自动扫描而设计的，是一种实现快速、准确而可靠地采集数据的有效手段。

在物流行业中，条码技术为我们提供了一种对物流中的货物进行标识和描述的方法，是物流管理现代化、提高企业管理水平和竞争能力的重要技术手段，是实现计算机管理和电子数据交换不可少的前端采集技术，是实现 POS（销售终端）系统、电子数据交换技术、电子商务、供应链管理的技术基础。

（二）IC 卡技术

IC 卡（Integrated Circuit Card，集成电路卡）是继磁卡之后出现的又一种新型信息工具，已经十分广泛地应用于包括金融、交通、物流、社保等很多领域。

IC 卡的核心是集成电路芯片，是利用现代先进的微电子技术，将大规模集成电路芯片嵌在一块小小的塑料卡片之中。其开发与制造技术比磁卡复杂得多。IC 卡主要技术包括硬件技术、软件技术及相关业务技术等。硬件技术一般包含半导体技术、基板技术、封装技术、终端技术及其他零部件技术等；而软件技术一般包括应用软件技术、通信技术、安全技术及系统控制技术等。

IC 卡读写器是 IC 卡与应用系统间的桥梁，在 ISO 国际标准中称之为接口设备 IFD（Interface Device）。IFD 内的 CPU 通过一个接口电路与 IC 卡相连并进行通信。IC 卡接口电路是 IC 卡读写器中至关重要的部分，根据实际应用系统的不同，可选择并行通信、半双工串行通信和 12C（两线式串行总线）通信等不同的 IC 卡读写芯片。

（三）电子数据交换技术

电子数据交换技术（Electronic Data Interchange，EDI）是指通过电子方式，采用标准化的格式，利用计算机网络进行结构化数据的传输和交换。构成 EDI 系统的三个要素是 EDI 软硬件、计算机通信网络和数据交换标准。

在现代物流中，电子数据交换技术主要是应用于单证的传递、货物送达的确认等。电子数据交换技术是现代物流企业适应国际化运作进行信息传输交换的重要载体，也是降低信息传输成本的有效方式。

（四）全球卫星导航系统

全球卫星导航系统（Global Navigation Satellite System，GNSS）是能在地球表面或近地空间的任何地点为用户提供全天候的三维坐标和速度及时间信息的空基无线电导航定位系统。全球卫星导航系统国际委员会公布的全球四大卫星导航系统供应商，包括中国的北斗卫星导航系统（BDS）、美国的全球定位系统（GPS）、俄罗斯的格洛纳斯卫星导航系统（GLONASS）和欧盟的伽利略卫星导航系统（GALILEO）。

在物流领域，全球卫星导航系统可用于运输设备的导航定位和跟踪调度，帮助企业加强运输管理监控、优化运输路线等，提高企业运输管理水平；也可用于仓库物资定位和监控，帮助企业了解物资仓库利用情况、库存水平、物资流转情况等信息，降低库存管理成本。

（五）地理信息系统

地理信息系统（Geographic Information System，GIS）是以地理空间数据为基础，采用地理模型分析方法，可以适时地提供多种空间和动态的地理信息，是一种为地理研究和地理决策服务的计算机技术系统。其基本功能是将表格型数据转换为地理图形显示，然后对显示结果进行浏览、操作和分析。

物流企业可以应用地理信息系统进行经营业务规划中的物流资源分布的分析和决策，客户位置查询、客户分布分析、专题图分析、物流路线分析、网络拓扑分析、配送范围查询分析等方面。

（六）RFID

射频识别技术（Radio Frequency Identification，RFID）是一种非接触式的自动识别技术，它通过射频信号自动识别目标对象并获取相关数据，识别工作无须人工干预，可工作于各种恶劣环境。RFID可识别高速运动物体并可同时识别多个标签，操作快捷方便。

RFID是一种简单的无线系统，只有两个基本器件，该系统用于控制、检测和跟踪物体。系统由一个询问器（或阅读器）和很多应答器（或标签）组成。

（七）便携式数据终端技术

便携式数据终端（Portable Data Terminal，PDT）一般包括一个扫描器、一个体积小但功能很强并有存储器的计算机、一个显示器和供人工输入的键盘。所以是一种多功能的数据采集设备，PDT是可编程的，允许编入一些应用软件。PDT存储器中的数据可随时通过射频通信技术传送到主计算机。

（八）视觉识别技术

视觉识别系统是一种通过对一些有特征的图像分析和识别系统，能够对限定的标志、字符、数字等图像内容进行信息采集。视觉识别技术的应用障碍也是对于一些不规则或不够清晰图像的识别率问题而且数据格式有限，通常要用接触式扫描器扫描，随着自动化的发展，视觉技术会朝着更细致、更专业的方向发展，并且还会与其他自动识别技术结合起来应用。

（九）大数据技术

大数据（Big data）通常用来形容一个公司创造的大量非结构化和半结构化数据。最早提出"大数据"时代到来的是全球知名咨询公司麦肯锡，麦肯锡称："数据已经渗透到当今每一个行业和业务职能领域，成为重要的生产因素。人们对于海量数据的挖掘和运用，预示着新一波生产率增长和消费者盈余浪潮的到来。"大数据具有四个方面特征：第一个特征是数据量大。大数据的起始计量单位至少是PB（拍字节）。第二个特征是数据类型繁多。包括网络日志、音频、视频、图片、地理位置信息等，多类型的数据对数据的处理能力提出了更高的要求。第三个特征是数据价值密度相对较低。如随着物联网的广泛应用，信息感知无处不在，信息海量，但价值密度较低，如何通过强大的机器算法更迅速地完成数据的价值"提纯"，是大数据时代亟待解决的难题。第四个特征是处理速度快，时效性要求高。这是大数据区别于传统数据挖掘最显著的特征。

在大数据方兴未艾的时刻，大数据在变革车货匹配、运输路线分析、销售预测与库存、设备修理预测、供应链协同管理等方面发挥着潜移默化的作用，逐渐改变和影响着物流人的思维方式。所谓物流大数据，即运输、仓储、搬运装卸、包装及流通加工等物流环节中涉及的数据、信息等。通过大数据分析可以提高运输与配送效率、减少物流成本、更有效地满足客户服务要求。将所有货物流通的数据、物流快递公司、供求双方有效结合，形成一个巨大的即时信息平台，从而实现快速、高效、经济的物流。例如，在亚马逊的运营中心，不管是什么时间点，基本上在任何一个区域、任何一个通道里面，你不太会看到很多人围在一起，为什么？因为亚马逊的后台有一套数据算法，它会给每个人随机地优化其拣货路径，拣货的员工可以直接朝前走，而且确保全部拣选完了之后，路径最少，通过这种智能计算和智能推荐，可以把传统作业模式的拣货行走路径减少约60%。

（十）云计算技术

云计算是一种按使用量付费的模式，这种模式提供可用的、便捷的、按需的网络访问，进入可配置的计算资源共享池（资源包括网络、服务器、存储、应用软件、服务），这些资源能够被快速提供，只需投入很少的管理工作，或与服务供应商进行很少的交互。云计算是基于互联网的相关服务的增加、使用和交付模式，通常涉及通过互联网来提供动态易扩展且经常是虚拟化的资源。云计算是通过使计算分布在大量的分布式计算机上，而非本地计算机或远程服务器中，企业数据中心的运行将与互联网更相似。这使企业能够将资源切换到需要的应用上，根据需求访问计算机和存储系统。好比是从古老的单台发电机模式转向了电厂集中供电的模式。它意味着计算能力也可以作为一种商品进行流通，就像煤气、水电一样，取用方便，费用低廉。最大的不同在于，它是通过互联网进行传输的。

（十一）虚拟现实技术

虚拟现实技术（VR）是仿真技术的一个重要方向，是一门富有挑战性的交叉技术前沿学科和研究领域。虚拟现实技术主要包括模拟环境、感知、自然技能和传感设备等方面。模拟环境是由计算机生成的、实时动态的三维立体逼真图像。感知是指理想的 VR 应该具有一切人所具有的感知。除计算机图形技术所生成的视觉感知外，还有听觉、触觉、力觉、运动等感知，甚至还包括嗅觉和味觉等，也称为多感知。自然技能是指人的头部转动、手势或其他人体行为动作，由计算机来处理与参与者的动作相适应的数据，并对用户的输入作出实时响应，并分别反馈到用户的五官。传感设备是指三维交互设备。

（十二）人工智能技术

人工智能（Artificial Intelligence，AI）是研究、开发用于模拟、延伸和扩展人的智能的理论、方法、技术及应用系统的一门新的技术科学。

人工智能是计算机科学的一个分支，它企图了解智能的实质，并生产出一种新的能以人类智能相似的方式做出反应的智能机器，该领域的研究包括机器人、语言识别、图像识别、自然语言处理和专家系统等。人工智能从诞生以来，理论和技术日益成熟，应用领域也不断扩大，可以设想，未来人工智能带来的科技产品，将会是人类智慧的"容器"。

"人工智能技术发展，为智慧物流带来了重大机遇。"传化智联打造了传化网智能物流系统平台。无论是人、车、货的智能调度，还是立足公路港城市物流中心开发的智能云仓系统，都实现了货物就近入仓、就近配送，以及产业链效能的提升。如今，传化网的各个组成部分，无不与人工智能相辅相成。

（十三）物联网技术

物联网（Internet of Things，IoT）被认为是继计算机、互联网与移动通信网之后人类历史上第三次信息革命，物联网技术与传统物流业相结合演变成了智慧物流。物联网是通过红外感应器、射频识别技术设备、激光扫描器、全球定位系统等信息传感设备，采用一定的网络协议，将互联网与任何物品连接，用来交换信息，实现对物品的智能化识别、定位、追溯、管理和监控的一种网络。物联网体系结构由感知层、网络层和应用层组成，对应三大技术体系：一是感知技术体系；二是通信与网络技术体系；三是智能技术体系。物联网通过数据获取和通信技术将网络信息数据与实际物体关联到一起，从而实现人与人、人与物和物与物之间的高度互联互通。物流领域主要运用的物联网技术有 RFID、GIS、传感器技术、条码自动识别技术和区块链技术等。

五、物流企业应用信息技术的基本原则

物流企业在应用物流信息技术时，应把握以下几个方面的原则。

一是战略性原则。物流企业应从经营战略目标出发，分析企业的管理和各项经营业务及流程对信息的需求，借鉴国内外成功经验，对应用信息技术进行系统规划，使企业的管理水平和业务能力上一个新台阶。

二是实用性原则。从企业物流信息化建设及其业务流程需求的实际出发，选用实用性强的信息技术。系统应考虑易用性、可维护性。在保证系统能够安全、可靠运行的前提下，提供良好的性能，并最大限度地降低造价和运行成本。

三是安全性和可靠性原则。按照"集中式管理，分布式控制"的要求，在设计软、硬件方案时，应充分考虑系统运行时所可能发生的情况，采用高可靠性的产品和技术，提高整体系统的安全能力、应变能力和容错能力。充分考虑核心业务系统和业务流程的安全需要，从整体上考虑安全体系的构建，从而提高系统的可靠性。

四是可管理性和可维护性原则。由于应用信息技术的整个系统涉及物流管理流程各环节的整体业务，因此要考虑系统应具有良好的可管理性和可维护性。

五是先进性和可扩展性原则。采用先进、稳定和成熟的信息技术，保证系统结构模块化，务必做到设计简明，各个功能模块间耦合度小，系统设计要考虑到企业物流业务未来应用发展的需要，使系统规模在业务扩张的过程中不需要重新进行系统规划与设计，并能够顺利、平稳地向更新的技术过渡。

六是架构的灵活性原则。灵活性是指系统可以不断增加和接入新的功能和服务，确保信息系统各个部分和模块可以有良好的接口和沟通界面，很快适应企业未来的业务模式。

七是开放性原则。系统设计在网络通信、操作系统、应用服务器、程序

开发语言、数据互联等方面要遵循业界流行的开放标准，能够广泛地兼容不同的产品和标准，集成多种不同类型的信息系统。

八是整体性和规范性原则。整个系统应遵循总体的开发规范、代码规范和接口标准，同时要考虑和其他应用系统如业务系统等的接口，保证系统结构的完整性和信息的一致性。

九是可移植性原则。应用信息技术所构成的物流信息系统应具有可移植性，在系统升级时不需再重新开发，以保证系统能够顺利移植。

第二节　物流信息技术的发展情况

一、我国物流信息技术的应用现状

物流信息技术是实现现代物流运作革命的关键手段。当前，我国各类物流信息技术发展迅速，二维码、条码、智能标签、RFID、GPS、GIS 等先进技术加速应用，云计算、大数据、物联网等新一代信息技术方兴未艾，物流信息化的技术水平进一步得到提高。

（一）物流信息技术发展迅速

1. 条码技术

条码技术是我国物流企业应用较广的物流技术之一。目前，我国从事条码识别技术的企业和科研院所已超过 1000 家，部分企业还开发出了具有自主知识产权的条码识别技术设备，并在利用国外先进技术和产品进行二次开发和集成应用等方面取得重大突破。例如，在 2021 全球物流技术大会上，菜鸟主导的"精准射频识别技术"曝光，获得中国物流与采购联合会颁发的物流技术创新奖。这是继条码、二维码之后的第三代识别技术，已经具备大规模商用条件，有望大幅推动供应链和物流领域的数字化升级①。虽然我国在低端条码设备上获得了一些技术突破和竞争优势，但是拥有自主知识产权的条码技术和产品非常有限，大部分产品的核心技术还被国外企业所掌握。

---

① https：//t. cj. sina. com. cn/articles/view/1659643027/62ec249302000y2dr.

2. RFID

RFID 可以有效提升物流业的管理水平。目前我国的 RFID 应用仍然是以封闭环境为主，开放环节的应用还处在初级阶段。不少大型企业已经开始应用 RFID 的相关技术，例如，上海宝钢、上海港等企业先后实施了 RFID。

案例 6-3：芯频跳动以 RFID 打造新时期发展标杆

当前，智慧城市、工业 4.0、物联网的快速发展催生了市场对 RFID 产品的大量需求。在这个过程中，利用 RFID 实现无接触、智能化、高效率的数据采集，并且在流程、物资、供应链管理等方面助力合作客户强劲发展，正在成为当今时代的发展标杆。

芯频跳动持续在 RFID 行业创新融合，并结合大数据、人工智能等新兴技术聚焦于垂直行业，以持续创新作为引领行业发展的制胜法宝，旗下 RFID 产品触及服装鞋饰、防伪标签、新零售、仓储物流等多个领域，具有无接触、精度高、抗干扰、速度快及适应环境能力强等显著特点。芯频跳动 RFID 仓储物流标签结合最完美的解决方案，在数据采集上的准确性高，且能在仓储物流领域上，实现批量群读，全面提升仓库收货、盘点、出库复核、货品定位、库位管理等业务效率，实现数据的高度可视化，极大地提升了仓库库位的利用率，有效降低了人力成本和了解当前的运营状态。此外，RFID 智能仓库管理的优势在于最优化的仓储资源配置、精确的仓库作业控制，以及实时有效的仓储数据透传，最大限度地避免了传统人员密集接触的工作模式，规避了更多人员因接触带来的风险隐患。

资料来源：https：//k. sina. cn/article_ 3809022190_ e30910ee001014zzt. html.

随着 RFID 技术标准的陆续出台和相关硬件（标签、读写器、芯片）成本的降低，RFID 产品的性价比将逐步提高，应用环境也将不断成熟。有关二维码和 RFID 应用的测试技术与手段，也会随着应用系统的不断开拓和发展而日趋完善。条码技术、射频识别技术与移动通信业务结合，将会有巨大的应用发展前景。

3. 全球卫星导航系统

我国立足国情国力，坚持自主创新、分步建设、渐进发展，不断完善北斗系统，走出一条从无到有、从有到优、从有源到无源、从区域到全球的中国特色卫星导航系统建设道路。1994 年，中国开始研制发展独立自主的卫星导航系统，至 2000 年年底建成北斗一号系统，采用有源定位体制服务中国，成为世界上第三个拥有卫星导航系统的国家。2012 年，建成北斗二号系统，面向亚太地区提供无源定位服务。2020 年，北斗三号系统正式建成开通，面向全球提供卫星导航服务，标志着北斗系统"三步走"发展战略圆满完成①。

目前，我国北斗系统已进入持续稳定运行、规模应用发展的新阶段，不断与交通、物流、农业、电力等领域融合发展，正在形成一系列新型数字应用场景。根据中国卫星导航定位协会研究，在交通物流领域，2021 年全国超过 780 万辆道路营运车辆、4 万多辆邮政快递干线车辆、47000 多艘船舶应用北斗系统；长江干线北斗增强系统基准站和水上助导航设施数量超过 13106 座；近 500 架通用航空器应用北斗系统。

4. GIS 技术

GIS 技术在物流行业得到了广泛应用，如用于实现快速智能分单、网点合理布局、送货路线合理规划、包裹监控与管理等。2021 年，亿景智联就结合 GIS 的地理编码技术与 AI 机器学习能力，重磅推出位置智能订单分拣服务平台——亿景分单，帮助物流企业按照业务需求轻松划分管理片区，利用准确率超过 98% 的地址解析及智能分单技术，将批量订单地址自动快速定位到地图上，与区块及提送货站点进行关联，实现对订单的自动识别分区，从而完成精准分单，高效下达派送任务，为业务执行降本增效②。

5. 大数据技术

大数据是指无法在一定时间范围内用常规软件工具进行捕捉、管理和处理的数据集合，是需要新处理模式才能具有更强的决策力、洞察发现力和流程优化能力的海量、高增长率和多样化的信息资产。大数据技术的战略意义不在于掌握庞大的数据信息，而在于对这些含有意义的数据进行专业化处理。换而言之，如果把大数据比作一种产业，那么这种产业实现盈利的关键，在于提高对数据的"加工能力"，通过"加工"实现数据的"增值"。

物流大数据就是通过海量的物流数据，即运输、仓储、搬运装卸、包装及流通加工等物流环节中涉及的数据、信息等，挖掘出新的增值价值，通过

---

① 资料来源：https：//www. gov. cn/zhengce/2022 – 11/04/content_ 5724523. htm.

② 资料来源：https：//zhuanlan. zhihu. com/p/440796943.

大数据分析提高运输与配送效率，减少物流成本，有效满足客户服务要求。如顺丰科技自主研发的大数据平台、数据灯塔和丰溯三款产品正式发布。大数据平台作为顺丰信息网的核心组成部分，具有对数据进行采集、存储、分析计算等功能，为系统每日的高强度运作保驾护航；数据灯塔是基于大数据平台延伸的一款应用，通过大数据技术对产品的全生命周期进行监管；丰溯则是通过区块链技术以达到对商品物流信息的溯源。通过对三个产品的运用，顺丰实现大数据技术与物联网、区块链、人工智能深度融合，打造出完整的数字化供应链体系，帮助企业客户连接产业上下游[①]。

6. 云计算技术

运用云计算分类的方法，物流行业中的"行业云"就是"物流云"。"物流云"是物流信息的共享平台。"物流云"利用云计算的强大通信能力、运算能力和匹配能力，集成众多的物流用户的需求，形成物流需求信息集成平台。用户利用这一平台，最大限度地简化应用过程，实现所有信息的交换、处理、传递，用户只需专心管理物流业务。同时，"物流云"还可以整合零散的物流资源，实现物流效益最大化。

从快递业应用"物流云"的实例看，"物流云"的作用主要体现在物流信息方面。在实际运作中，快递行业中的某个企业首先搭建一个"行业云"的平台，集中行业中的私有数据，即集中来自全球发货公司的海量货单；其次，对海量货单和货单的目的路径进行整理；再次，指定运输公司发送到快递公司；最后，送达收件人。在这一过程中，"物流云"对快递行业的收货、运输、终端配送的运作模式进行了整合，实现了批量运输，部分解决了我国运输行业长期存在的空驶（或是半载）问题，提高了运输公司的效率，降低了成本。

7. 移动互联技术

移动互联技术在物流中的应用之一就是掌上配货。掌上配货实现了移动终端和物流信息平台的联结，为配货站、车主和货运司机提供基于移动终端的找货和车辆管理应用功能，满足车找货、货找车的物流配货需求以及车主对司机、车辆的监管需求，主要功能包括以下两种：①找货。解决车主的配货问题，用户可通过多功能地址选项查询最适合的货源信息，系统可实现选

---

① 资料来源：https：//xueqiu.com/5023884359/155326358.

择拨号功能，在系统内可直接选择用户拨打电话或发送短信；②空车发布。根据货运司机需要，手机在线发布实时空车信息，操作简单。

国内某电信运营商开发的掌上配货应用，综合利用移动互联网能力、定位能力、移动通信能力，以实时的车源、货源信息为核心，为车主和货运司机提供基于移动终端的找货和车辆管理应用功能，满足车找货、货找车的物流配货需求以及车主对司机、车辆的监管需求。

（二）工商企业物流信息化成绩喜人

近年来，以供应链管理系统为代表的物流信息化在工商企业中发展迅速，供应链管理系统有两个明显的特点，一是业务范围更广，不仅有物流，还有商流甚至资金流，服务内容是根据客户的要求来扩展的，个性化特点也更突出；二是要求信息系统更高的开放性，要与客户的系统相衔接、相整合，实现业务的协同。国内各行业的领袖企业，如新华制药、广东美的、江苏春兰、上海烟草集团、雅戈尔集团等纷纷实施了供应链管理系统应用。例如，格兰仕在整合分销渠道基础上建立的供应链管理系统可以进一步提高市场反应速度，准确预测客户需求，科学安排产销计划，加快存货周转，避免呆滞存货。

案例6-4：方大特钢搭建智能物流体系，推进信息化高度融合

方大特钢通过信息化建设，搭建"智能物流"平台，打通企业各项生产经营壁垒，将供应商、企业、客户整合到一个统一的、无缝化程度较高的功能网络链条中，实现企业内外资源协同、提质增效、堵塞漏洞，为企业创造可观社会和经济效益。

作为黑色金属制造企业，原材料采购与产品销售是主要的成本支出与盈利环节，控制好其物流过程将为企业带来不菲的效益。早前，方大特钢采购物资何时进厂、在途情况跟踪等信息只能通过业务人员与供应商或承运单位通过电话、邮件等方式进行了解，信息存在滞后性和不确定性，且在销售业务方面，产品装车后无法及时掌握货物运输情况、送达客户时间等信息。为此，2020年，该公司找准自身物流"痛点"，充分发挥其在信息化、自动化领域的人才、技术优势，围绕各工序实际需求，提出以"物流跟踪"为纽带的"智能物流"设计思路，将供应商与承运单位纳入企业物流管理体系。

"为降低物流与仓储成本，高效组织生产，对物流的管控是企业精细化管

理的一个重要环节。"方大特钢软件开发主任工程师王亮说，按照"智能物流"设计思路，公司加大科研力度，承运单位或供应商可通过手机登记入厂车辆信息，系统程序可自动将车辆信息传入进厂、卸车、转运、提货、计量、核验、出厂等企业内部信息数据端口，使"物流跟踪系统"能够以纽带的形式将该公司现有 MES 产销一体化系统、大宗原燃料采购系统、远程计量等多个应用系统数据桥梁一并打通，实现从单纯的物资运输到目前全流程、多维度、立体化的智能物流平台。

通过"智能物流"平台的成功应用，方大特钢大力在全公司范围内普及智能识别设备、移动设备的应用，并充分利用无线及 5G 网络技术，使工业控制网络得以互联互通，保证生产数据在各部门间得到充分流动。2021 年，该公司将建立全公司数据仓库、建设铁前信息化系统、云计算和物联网等新一代信息技术的创新与运用作为下一步的智能制造研发方向，一方面，解决公司各业务系统间数据难以共享的问题；另一方面，通过接入网络的传感设备、移动终端等收集生成各种统计数据、交易数据、交互数据和传感数据，从中获取有价值的信息，并通过挖掘这些信息，预测市场需求，从而进行更加智能化的决策分析和判断。

资料来源：https://baijiahao.baidu.com/s? id =1697809225733575029&wfr = spider&for = pc.

（三）物流企业对物流信息技术应用日益广泛

物流信息化就是应用 IT 来改造物流过程、物流企业及物流产业的过程，使物流过程更加高效，物流企业的运作更加合理，物流产业的资源配置更加优化。物流信息化过程中离不开物流信息技术的广泛应用。当前，物流企业使用较多的物流信息技术仍然是全球定位系统、条码技术和电子数据交换系统，使用其他物流信息技术（如电子订货系统、射频识别技术和自动分拣系统）的企业比例还相对较低。根据国家发展改革委经济运行局 2014 年的调查统计，当前，物流企业计划投资的物流信息技术与设备主要是全球定位系统、射频识别技术和电子数据交换系统。随着物联网、大数据等不断更新，越来越多的新技术已经逐步在个性化、场景化的服务中发挥价值。

（四）物流企业对物流信息系统的重视程度明显加强

近年来，越来越多的物流企业开始注重加强物流信息系统建设。企业物流信息系统主要包括运输管理、仓储管理、财务管理、订单管理、车辆监控、配送管理、客户查询管理、设备管理、采购管理、销售管理、装配和包装管理等功能模块。在物流行业越来越强调降本增效及高质量发展的背景下，企业也开始改进物流信息系统以适配企业新的业务模式。

案例6-5：中国移动通信集团终端有限公司S2B2C模式下的物流信息系统应用

浙江移动拟以智能电视机为切入口，打造家庭合约类产品。和传统手机终端相比，电视机体积大、屏幕易碎，且为轻抛货，传统B2B和B2C模式存在诸多问题。对此，公司提出"代收代发"模式，为电视机量身打造物流服务体系，构建商贸企业的S2B2C模式，来解决电视机大屏家电的运营难点。

1. 业内首创"代收代发"系统

公司建立了一套面向渠道的进销存管理系统（"代收代发"系统）。一是建立销售环节和物流环节的桥梁。通过进销存管理系统，实现客户自助下单。二是实现S2B2C订单可视化显示。客户可通过进销存管理系统查看库存并制单，同时相关物流信息可回传至进销存管理系统。三是实现暂存仓进销存统一管理。通过进销存管理系统，实现电视机先按非串码管理，进而合并所有渠道的暂存仓，大大提高了仓库空间利用率和拣货效率。

2. 持续创新优化仓储业务服务标准

一是联动厂家优化到货入库规范，在外包装上张贴集单台电视机串码于一体的二维码，供仓内到货入库时直接扫码，提升生产效率。二是推出虚拟串码方案，破解先做合约再发货的难题，实现电视机串码级管理，并可在"代收代发"系统中实时查看实物串码及物流信息。三是热敏面单前置打印，通过对接运代系统获取快递号段，提前在接单环节进行三单匹配，降低错误率。四是利用仓内材料零成本升级设备，通过改革生产工具提升生产效率。五是通过引入多家物流承运商，实现区域物流最优配置，物流配送时效得到明显提升。

3. 引入DM监控系统，实现串码精细化管理

一是借助DM预装契机，实现电视机串码统一管理，统一各厂商串码规则与印刷方式。二是制定编码规则，实现产品串码级精细化统一管理。三是引入DM监控系统，实现串码管理及数据监控，强化合约管控，降低返利套

取风险。四是利用系统规则，实现日异动、月度、季度、半年度盘点、不定期抽盘，确保账实一致。

4. 建立开放、透明、共享的数据服务平台

一是提供运单路由跟踪、配送异常信息报告等。二是利用系统进行回单监控、时效监控、质量监控。三是大屏实时展示物流七大模块的 KPI 指标，为前端决策提供实时信息。四是提供定制化报表，包含每日进销存报表、周报、月报等。

5. 服务浙江移动，协同大市场

一是统一全品牌验收标准。二是建立 7×24 小时专项保障团队。三是编写产品运输、仓库储存等操作手册。四是实现精细化分级策略。

资料来源：http://www.chinawuliu.com.cn/xsyj/202103/24/544333.shtml.

（五）物流企业信息化进程加快

物流企业的信息化需求和制造、商贸等企业的物流信息化需求有很大的不同，特别是一些专业性质的行业对信息化的需求更加有特色。大中型物流企业为了应对日益激烈的竞争，一是加大了内部整合及信息共享的力度，二是优化业务流程，提高反应速度。

二、我国物流信息技术应用存在的问题

物流信息技术在我国的研发和应用取得了明显的成绩，但还是不能与快速发展的物流业相匹配，有待完善的地方仍然很多，主要有以下几个方面。

（一）信息技术应用发展较快，但总体水平还比较低

经过多年发展，我国物流信息技术的应用取得了长足发展。现代包装技术和机械化、自动化货物搬运技术在我国已有比较广泛的应用，在一定程度上改善了我国物流活动中的货物运输的散乱状况和人背肩扛的手工搬运方式。但由于以信息技术为代表的高新技术的迅猛发展，现代物流企业正在向信息密集型发展，而条码、EDI 等物流信息技术和手段，尽管在我国企业中开展得较早，但普及程度还远远不够。现代物流信息技术的落后已成为我国物流企业亟须解决的问题。

从长期来看，先进技术的应用不仅能够有效降低物流运作成本，也能显

著提高物流运作效率和效益。当前，我国的物流业先进技术应用程度仍然较低，间接地制约了物流业降本增效的工作成效。根据中国物流信息中心2023年的调研结果，我国很多企业已经认识到数字化、智能化的重要性，近半数物流企业选择信息化数字化改造和仓储设施升级改造作为未来升级的重要方向，力求巩固扩大物流数字化发展优势①。但发展进程不理想，仍需加快发展。从现状来看，目前企业较多进行固定资产投资，数字化转型发展意愿强烈，但对数字化认识的差别较大，数字化转型投入方向不明确，需要进一步引导②。我国大部分企业，尤其是中小企业，处于利用较少的投资来解决流程中的各类信息化问题的阶段。根据中国物流与采购联合会征集的案例数据，小部分基础较好的企业已经进入了寻求流程设计和运行操作的优化阶段，占中国物流企业总数的20%左右③。这类企业拥有较好的管理机制和信息化基础，能够为流程再造提供一定的数据基础和制度保证。但我国通过信息化来提升供应链的整体效益及协调性的企业目前寥寥无几。因此，虽然目前我国一些领先的企业已经引入无人机、仓储机器人等新兴技术，但总体来看我国智能物流发展仍处在基础期，全面利用先进技术获得物流效率的提升和效益的进步还需要很长一段时间。

（二）原创能力低，应用受限

物流信息基础技术的研发总体来说发展较慢，自主原创能力偏低，大部分物流信息技术的核心知识产权掌握在国外企业手里，我国的物流行业应用受到了一定的牵制。

案例6-6：国产设备与国外相比还存在较大差距

物流仓储装备产业涉及机械、自动化、力学、电子信息、计算机技术、通信技术、人工智能技术等多学科领域，创新型发展是物流仓储装备产业的基础和保证。近年来我国国产设备基础研究已取得了一定的进步，但与国外技术相比，仍然有较远的距离，特别是部分高精尖设备和核心零部件，长期

---

① 资料来源：http：//www. clic. org. cn/zxdt/310454. jhtml.

② 资料来源：http：//www. clic. org. cn/wljqzs/309812. jhtml.

③ 资料来源：http：//www. szkway. cn/wo - guo - wu - liu - xin - xi - tong - shi - chang - xu - qiu - te - dian -419. html.

研发投入力度不够，导致高端应用场合依旧只能依赖进口，从一定程度上阻碍了产业的发展。

当前我国的物流仓储装备企业，大多仍处于一种跟随状态，学习国外的先进技术和产品，迅速转化并在市场的广泛应用中提升技术水平，在整体技术方面缺乏原始创新的想法，仅是应付当前的市场需求。在设备研制方面，不管是设备系统和软件能力的创新驱动强度，还是创新产品的数量和质量，都始终集中在少数的物流集成商身上，但仍无法与国外知名企业相比，科研经费少、研发周期短，导致行业内的技术多停留在应用层。

资料来源：唐超．新形势下我国物流仓储装备产业面临的机遇与挑战［J］．起重运输机械，2020（20）：63－67．

（三）物流决策技术实践应用少，效率不高

目前，物流决策技术在国内的应用很少。只有少数物流企业在其信息系统中体现决策技术，而且主要局限在最佳库存决策和配送路径优化决策两个方面，如对于北京烟草物流中心来说，动态优化调整配送路线，已经成为提升配送效率的"常规动作"。从 2018 年起，北京烟草物流中心持续开展路线优化工作，到 2020 年，全市接力配送车辆月均减少 42 车次，减少行驶里程 6200 公里，有效避免了重复和迂回的不合理运输，卷烟配送更加高效安全。

除了决策技术之外，还有仿真技术在国内物流业中的应用也是弱项，此项技术可用于码头、堆场、高架仓库、物流配送等许多环节，在美国和日本应用较多，可节省大量的教学及决策模拟成本，而我国现在只有少数学校和研究机构初级应用此项技术，国产化的物流仿真软件几乎没有。

（四）信息化意识提高，但仍处于起步阶段

近年来，我国的物流企业和工商企业纷纷开发物流信息平台，应用综合性或专业化物流管理信息系统，加大投资力度。但是，与国际先进水平相比，仍处于起步阶段。信息化对企业运营生产环节的渗入层次还较低，即使在信息化水平较高的大中型物流企业，其企业网站的功能仍然以企业形象宣传等基础应用为主，作为电子商务平台的比例相对较少。同时，已建信息化系统的功能主要集中在仓储管理、财务管理、运输管理和订单管理，而关系到物流企业生存发展的有关客户关系管理的应用所占比例却很小，已成为制约中

国物流业发展和竞争能力提高的技术瓶颈。

（五）信息资源共享程度低，物流运作成本过高

在现代物流中，只有保证各项活动的信息采集、传输与处理通畅无阻，才能在整个供应链范围内实现基于信息共享的资源整合，提高物流资源的利用率。我国多数企业目前没有应用 ERP（企业资源计划）、SCM（供应链管理）等流程优化技术和 EDI、互联网等信息共享技术，无法开展以供应链为基础的物流流程优化和物流功能整合，物流活动中的准确性差、可靠性低等问题得不到根治，上下游企业之间没有快速、及时、透明的信息传递和共享机制，难以形成其对市场需求变化的快速反应能力，最终使物流综合协调能力薄弱，增加了物流成本，直接影响了供应链的整体竞争力。

案例 6-7：大庆市物流产业间信息共享程度仍较低

大庆市在 20 世纪末开始形成了较具规模的物流活动，经过多年的不断发展，大庆市的物流产业已经具有一定规模。大庆市通过对传统物流企业仓储配送技术的不断升级，来提升仓储配送中心的自动化水平。不断鼓励引导物流企业搭建公共物流信息服务平台，以此来促进物流行业和其他行业之间的交流合作，从而实现供应链全程物流信息共享，以及全产业链的物流信息共享。

尽管大庆市意识到了信息化的重要性，也采取了一些相应的措施，但是大庆市在信息化的道路上还有很远的路要走。大庆市物流产业的信息没有得到很好的整合和充分利用，尽管大庆市将 GPS、ITS 等现代物流技术引进了物流产业，但是，很多物流企业没有形成一个统一的信息化平台，信息处理手段与技术也比较落后，有效的物流信息处理功能体系尚不健全，产品流通环节的信息获取速度比较慢，信息流通与信息技术应用的范围也十分有限，存在严重的失真现象。整个物流产业的主体信息化程度不同，各参与主体之间缺乏统一的信息交流平台，合作关系不紧密，共享程度也很低，导致大庆市物流产业主体间缺乏协同作业，增加了物流成本。

资料来源：高艳，蒋春铭，刘晓晶，等. 大庆构建国家物流枢纽承载城市策略研究［J］. 物流科技，2022，45（5）：122-126.

三、物流信息技术应用水平落后给我国物流业带来的影响

当前，与发达国家相比，我国物流信息技术应用水平整体仍然较为落后，这不仅直接影响了物流企业的竞争能力和服务水平，还制约了我国物流产业的快速发展。下面，我们将从微观和宏观两个角度分析物流信息技术应用水平落后给我国物流业带来的影响。

（一）物流信息技术应用水平落后影响了物流服务能力、服务效率与服务水平

1. 服务能力方面的影响：增值服务能力与服务创新能力不足

增值服务主要是指借助完善的信息系统和互联网，发挥专业物流管理人才的经验和技能来实现，它能够创造出新的价值，因而是增值的物流服务。信息技术在物流运作中的广泛应用，不但打破了传统的运输、仓储、配送等物流各个环节各自为政的局面，使一体化物流运营成为可能，而且使物流企业为客户提供增值服务提供了有力的技术保证。由于我国物流企业普遍应用信息技术水平较低，以信息技术为基础的物流增值服务方面，还没有或根本没有能力全面展开。

2. 服务效率方面的影响：严重制约了物流自动化水平的发展

物流作业自动化改造是提高物流作业效率的重要途径和手段，也是物流产业发展的重要趋势。国际经验表明，实现物流作业自动化需要两个条件的共同作用，一是应用各种物流机械装备，实现部分环节自动化。二是将大量信息技术应用于物流机械装备，实现全流程自动化。尽管我国部分物流企业和工商企业拥有一些自动化物流设备，如自动分拣系统、自动堆垛机、自动巷道起重机等，但并没有充分发挥出其应有效率，主要根源在于缺乏信息技术的配套应用。信息技术应用水平低对物流自动化水平提高的制约主要表现在三个方面：一是物流信息的采集、处理及通信的自动化水平难以提升，导致自动化作业效率低下；二是影响商品实物运动等操作环节的自动化，如分拣、搬运、装卸、储存等，同时各环节难以协同联动作业，制约整体自动化效率的提升；三是制约物流管理和决策的自动化乃至智能化水平，如库存管理、自动生成订单、优化配送路线等。

3. 服务水平方面的影响：削弱了企业对市场的快速反应能力和竞争力

物流的重要特性就是强调整合与协调。我国多数企业之间的物流信息难以得到有效管理应用，且信息壁垒较高，导致上下游物流活动难以有效协调，企业难以对市场需求变化进行快速反应，不仅影响供应链上每个企业的市场竞争力，而且严重制约了供应链整体竞争力的提升。

（二）物流信息技术应用水平落后使我国物流产业的规模扩大和差异化竞争受到约束

1. 物流市场差异化竞争程度不够突出

在信息技术没有广泛应用的情况下，物流企业提供的服务比较单一，特别是集中在运输和仓储等传统储运活动方面，物流企业的竞争优势只能通过其物流设施能力的提高和价格水平下降来体现。这就使围绕传统储运服务的物流价格竞争异常激烈。有些物流企业虽然以较低的价格承揽了业务，但却不能提供令工商企业满意的服务。这种低层次的价格竞争反过来又会影响工商企业对物流服务企业的信赖，从而影响物流市场规模的扩大和物流企业的长期发展。

2. 我国物流产业的规模扩大受到制约

现代物流发展完善的过程就是推进现代信息技术的应用过程。发达国家现代物流业近一个世纪的发展历程表明，没有现代信息技术的发展和应用水平的不断提升，现代物流不可能发展到现在的水平。与发达国家相比，我国社会化物流发展仍然较为缓慢，其中原因之一就是物流活动大量地停留在工商企业内部，两业联动发展受到制约。制造企业不愿意将物流社会化，本质原因是社会物流服务的水平和服务的价格不能达到制造企业的期望要求。因此，如果加大力度提高物流信息技术应用水平，不仅能显著地提高服务水平，还能间接地促进物流市场整体发展，提高我国物流产业的总体规模。

四、物流信息技术的发展趋势

随着社会经济的快速发展，今后一段时间，我国物流信息技术将呈现以下发展趋势。

（一）物流动态信息采集技术将成为物流发展的突破点

在全球供应链管理趋势下，及时掌握货物的动态信息和品质信息已成为企业盈利的关键因素。但是由于受到自然、天气、通信、技术、法规等方面的影响，物流动态信息采集技术的发展一直受到很大制约，远远不能满足现代物流发展的需求。借助新的科技手段，完善物流动态信息采集技术，成为物流领域未来技术突破点。

（二）物流信息安全技术日益被重视

借助网络技术发展起来的物流信息技术，在享受网络飞速发展带来巨大好处的同时，也时刻饱受着可能遭受的安全危机，例如，网络黑客无孔不入地恶意攻击、病毒的肆虐、信息的泄密等。应用安全防范技术，保障企业的物流信息系统或平台安全、稳定地运行，是企业长期将面临的一项重大挑战。

（三）物联网技术的全面应用已经为时不远

物联网技术是通过射频识别（RFID）、红外感应器、全球定位系统、激光扫描器等信息传感设备，按约定的协议，将任何物品与互联网相连接，进行信息交换和通信，以实现智能化识别、定位、追踪、监控和管理的一种网络技术。当前，传感网、物联网关键技术发展很快，已引起高层领导高度重视。物联网"物—物"相连的基本属性，决定了物流业是重点推广应用领域。事实上，在我国铁路、民航、水运等方面，已有成功案例。未来几年，将会得到更快推广，能否掌握和运用这项技术，将会成为物流企业的重要竞争手段之一。

（四）人工智能技术将推动物流再发展

人工智能技术及相关软硬件产品能够有效降低物流企业的人力成本，提高人员及设备的工作效率，是缓解物流业顽疾的一味良药。人工智能在物流中的应用方向可以大致分为两种：一是以 AI 技术赋能的智能设备代替部分人工；二是通过计算机视觉、机器学习、运筹优化等技术或算法驱动的软件系统提高人工效率。随着信息技术的不断发展，未来人工智能技术在物流行业的应用将更加广泛和成熟，将推动物流业的再发展。

（五）区块链技术加速发展

所谓区块链技术，简称 BT（Blockchain technology），也被称为分布式账本技术，是一种互联网数据库技术，其特点是去中心化、公开透明，让每个人均可参与数据库记录。区块链的特点使其能够在整个物流网络中实现信息的全面传递，并且能够检验信息的准确程度，在供应链管理、外贸物流、终端消费品追溯、危险品监管等方面都有良好的发展前景。我国已经开始加快区块链技术的发展，"十四五"规划指出，要推动智能合约、共识算法、加密算法、分布式系统等区块链技术创新。

第三节　物流信息平台的发展情况

数字时代，平台经济崛起，2021年中央财经委员会第九次会议指出，近年来，我国平台经济快速发展，在经济社会发展全局中的地位和作用日益凸显。物流业也积极响应平台经济发展趋势，物流信息平台建设步伐加快，是提升物流业服务水平、增强物流业集约化能力及发展物流业新业态的重要支撑。物流信息平台按照使用者的属性可以分为企业物流信息平台和公共物流信息平台。由于企业物流信息平台为单个企业自身建设、自身使用，是企业信息化建设不可缺少的组成部分，其表现形式多为企业各类信息管理系统。因此，这里不详细介绍企业物流信息平台，重点介绍公共物流信息平台（或称为物流公共信息平台）。

一、物流公共信息平台的基本分类与概况

物流公共信息平台是应用信息技术，统筹和整合物流行业相关信息资源，并向社会主体提供物流信息、技术、设备等资源共享服务的系统。现代物流公共信息平台按服务领域、支撑环境、技术要素和运营主体等可分为：企业物流公共信息平台、行业物流公共信息平台、区域物流公共信息平台和政府物流监管公共信息平台。其中，政府物流监管公共信息平台位于所有公共信息平台的核心，对其他公共信息平台起到监管和指导的作用，其他的公共信息平台相互关联，相互衔接（见图6-1）。

（一）企业物流公共信息平台

企业物流公共信息平台是指由某一企业承建，其他企业联合参与的物流公共信息平台，这些企业形成互利合作关系，共享信息资源。企业物流公共

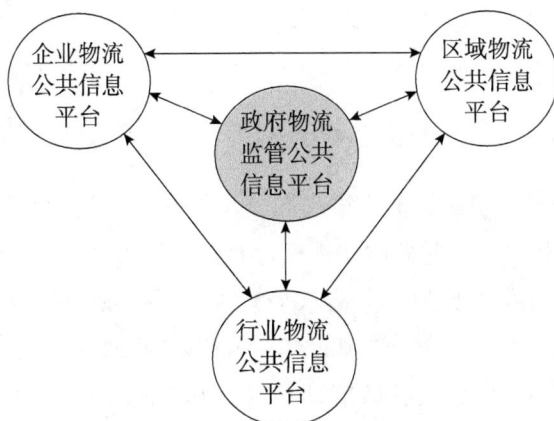

图 6 - 1　四类物流公共信息平台的关系

信息平台将面对多个企业的核心业务系统。企业级物流信息平台系统中的电子商务平台是基于企业核心业务系统上的，整合多方相关业务数据，实现准确及时的业务信息发布，支持实时动态的网上交易，结合现代通信手段提供快捷的物流信息服务。企业物流公共信息平台一般会建立在某一核心企业的ERP系统基础上，通过 ERP 系统面向其他企业提供信息服务，相应的系统如物流业务管理系统、物流企业管理系统、物流电子商务系统和客户服务系统等。

案例 6 - 8：多维度提升客户服务体验，中储智运推进平台精准服务全覆盖

智慧物流最终的落地要体现在信息化、供应链技术的支撑上。中储智运在智能配对的基础上继续探索，以领先的科技实力为货主及司机提供精准服务，并以此谋划出更大提升物流运输效率的创新业务模式。"智通"开放平台是中储智运独立开发的针对企业级用户的物流系统互联互通解决方案，可以帮助不同类型的大型生产、制造及零售企业，实现企业 ERP、TMS 与中储智运平台的互联互通。企业用户完成销售、采购环节的同时，相应的物流需求信息请求随即通过"智通"开放平台同步至中储智运平台，中储智运平台中每笔运输业务产生的业务数据、财务数据、票务数据又通过"智通"开放平台同步给企业用户，实现企业供应链的数字化互联互通。除"智通"开放平台提供的通用接口服务外，中储智运平台还可以根据货主需要进行定制化接

口开发，满足不同类型企业的深入对接需求。

资料来源：http：//www.chinawuliu.com.cn/zixun/202008/10/519740.shtml.

（二）行业物流公共信息平台

行业物流是现代物流的重要组成部分，因此，行业物流公共信息平台在促进行业物流发展中起到重要的作用。行业物流公共信息平台可以分为两类。

一类是物流行业本身的公共信息平台，特别表现在以物流枢纽（口岸、港区、物流园区、城市物流配送中心等）为载体的公共信息平台。

另一类是其他行业物流公共信息平台。由于物流需求的行业性，所以物流服务也具有专业性，有些专业性甚至非常强。在行业物流中，为了共享行业内部的信息资源，实现互通有无，合作共赢，行业物流公共信息平台成为完成这一功能的重要载体。这些平台是专业化的，按其行业性、功能性等可以有不同的分类。例如，一类是以行业物流业务为基础的行业物流信息平台，如制造业物流信息平台、冷链物流信息平台、汽车物流信息平台、医药物流信息平台、烟草物流信息平台等，连接上下游合作伙伴的信息系统，成为行业物流信息化解决方案的重要组成部分；另一类是以特定的物流服务功能为基础，如公路货运信息平台、国际海运货代信息平台、陆上货物交易中心公共信息平台等。这些行业物流信息平台都通过整合其供方与需方的信息，以降低交易成本、优化资源配置来赢得市场。

（三）区域物流公共信息平台

区域物流公共信息平台是指利用计算机、网络和通信等现代信息技术对区域内物流作业、物流过程和物流管理的相关信息进行采集、分类、筛选、储存、分析、评价、反馈、发布、管理和控制的通用信息交换平台。区域物流公共信息平台是一种基础设施，是建立在某一区域内原有物流基础设施的基础之上的信息平台，最主要的作用是协助特定区域内物流的系统运作，使区域内物流基础设施的利用率提高到最大化，另外，可以统一管理区域内部的相关物流信息，为企业、个人和政府提供服务。它是支撑区域物流发展的关键基础技术，不同于企业或行业物流信息系统，它着眼于一个区域的整体物流系统，目标是提高全社会的物流效率，降低全社会的物流成本。

案例6-9："长江e+"航运公共服务平台

"长江e+"作为长江航务管理局系统履行公共服务职能的主平台，行业公共服务的主阵地与龙头应用，以及与公众良性互动的主渠道，体现了"长江一家人、行业一盘棋"的共建共享理念。"长江e+"秉承"融合、创新、悦享"的建设思路，汇聚融合了通航信息、过坝服务、绿色服务、综合服务、政务服务5大类30余项服务功能，通过科技创新、数据赋能，构建了"数字+服务""联动+服务"的集中统一高效服务体系。

"长江e+"坚持系统观念，实现技术、业务、数据三大融合，发挥资源优势，整合长江航道在线、船E行、三峡通航e站、长江旅游、长江汇等多项行业内外成熟的业务与应用；"长江e+"坚持创新驱动，逐步向数字化、网络化、智能化方向迈进，为用户提供更智能、更便捷的信息查询、展示与应用；"长江e+"坚持便民利民，积极了解服务对象需求，持续拓展公共类、公益类服务功能，同步提供个性化定制服务，不断改善服务体验，努力实现"所需皆成真""所见即所得"。

"长江e+"有关负责人表示，下一步努力将"长江e+"打造为船企船员船民之家、流域百姓出行管家，共同谱写智慧长江建设和行业高质量发展新篇章。

资料来源：https：//baijiahao. baidu. com/s？id＝1764103019616909705&wfr＝spider&for＝pc.

（四）政府物流监管公共信息平台

此类平台是为有关政府部门的行政职能服务的，主要依靠国家财政性投资完成。例如，中国国际贸易"单一窗口"建设由国务院口岸工作部际联席会议统筹推进，具体工作由国家口岸管理办公室牵头、相关口岸管理部门共同组成的"单一窗口"建设工作组负责推动实施。中国国际贸易"单一窗口"作为口岸和国际贸易领域相关业务统一办理服务平台，实现申报人通过"单一窗口"一点接入、一次性提交满足口岸管理和国际贸易相关部门要求的标准化单证和电子信息，相关部门通过电子口岸平台共享数据信息、实施职能管理，处理状态（结果）统一通过"单一窗口"反馈给申报人。通过持续优化整合使"单一窗口"功能范围覆盖到国际贸易链条各主要环节，逐步成为企业面对口岸管理相关部门的主要接入服务平台，提高国际贸易供应链各参与方系统间的互操作性，优化通关业务流程，提高申报效率，缩短通关时间，降低企业成本，促进贸易便利化。

案例6-10：中交智运

中交智运作为中交集团下属专业从事智慧运输业务的全资子公司，2019年3月成立至今，始终以"服务国家、服务行业、服务司机"为企业使命，积极践行"交通强国"战略，从交通运输供给侧结构性改革探索创新，通过融入信息技术创新、导入金融衍生服务、接入车货后市场和整合运输线下资源，推出"互联网+智慧运输+衍生服务"业务模式，打造"线上线下一体化"的智慧运输服务网络，着力打造集政府管理、行业服务和企业应用于一体的国家级智慧运输网络业务平台及国家级智慧运输协同管理平台。

中交智运将推广电子证照工作与保障货运司机权益相融合，与保险公司合作，在自主研发的App产品中引入货运险、司机意外险、司机百万医疗险和家财险等产品。同时，中交智运通过渠道推广服务模式，将优质、优惠的轮胎、发动机油、车用尿素等车用产品推荐给平台注册用户。中交智运以用户需求为导向，构建政务+商业化服务体系生态圈，助力道路运输行业发展。在广西，中交智运利用积累的高速公路MTC发行和运营经验，积极与路网中心、高速收费联网中心及相关第三方取得合作。通过ETC与电子证照的融合，实现两种业务的相互促进和相互补充。以广西道路运输电子证照——多拉联盟App为试点，为用户提供道路运输电子证照免费申领、展示、证件查询功能，并在平台上开展物流、社交、电商、金融保险、综合服务、大数据在内的一站式服务。在山西，中交智运试点推广道路运输电子证照过程中，利用电子证照与危险货物电子运单的融合，正在策划简化山西省数万辆危险品运输车辆与数百家危险货物生产企业的交互方式，实现电子证照在生产场景中的大面积场景应用。

资料来源：https://www.ccccit.com.cn/home.

二、物流公共信息平台的主要特性

不同类别的物流公共信息平台，由于建设目的不同，因而其特性各有差异。但是，作为公共信息平台，也有共性的特点。一般来说，物流公共信息平台应具备以下基本特征。

（一）物流公共信息平台以提供基础性公共服务为主

物流公共信息平台主要用于解决当前我国物流信息化水平较低、物流服务平台建设运营成本高、物流信息系统间壁垒高且分散、政府掌握的信息不能服务于行业应用等基本问题存在而提出的。通过物流公共信息平台，物流服务各参与方能够显著加快物流信息化进程，降低建设与运营成本，并依托公共信息和系统提供更高水平、更高效便利的物流服务。从功能定位上来说，物流公共信息平台以提供基础性物流公共服务为主，包括信息传输与转换、政府各业务系统服务门户、物流信用与安全认证等。

（二）物流公共信息平台强调信息资源的整合

物流公共信息平台的建设目标之一是依托物流公共信息平台实现区域物流资源整合，打破区域物流信息壁垒，提高整体物流流程运营效率。因此，公共信息平台强调将政府信息资源、产业信息资源、物流行业信息资源和其他信息资源进行有机结合，提供给不同需求主体。

（三）物流公共信息平台的经营具有一定的垄断性

由于物流公共信息平台需要实现区域内资源的整合，单独的企业不具备这种信息能力和体量，必然决定了当前我国物流公共信息平台的建设与经营应与政府资源结合，因此，公共资源的属性决定了物流公共信息平台具有一定的垄断性。从建设主体来看，物流公共信息平台的建设运营一般由政府下属机构来负责，如依托区域内行业主管部门、电子口岸信息中心等机构或者由政府委托某些物流企业来建设运营。由企业自行建设的物流信息平台，并不具备整合政府信息资源的能力，不具备提供基础性公共服务的基础条件，不能作为物流公共信息平台。

三、建设物流公共信息平台的意义

建设物流公共信息平台，对于企业与企业、企业与中介、企业与政府之间实现物流相关信息的沟通与资源共享，促进企业发展，提高区域物流竞争能力和服务水平都有积极的意义。总结来看，主要有以下几个方面。

（1）有利于物资和信息资源的整合与共享。物流公共信息平台的重要作用在于对一定时空范围内的物流活动所必需的各种物资和信息资源进行整合，并在一定范围内对这些资源进行共享。这将超越企业内部不同职能部门的边界、企业内部的边界，使物流公共信息平台上的参与者都能进行合理分工和市场定位，进行规范化运作。

（2）有利于社会物流技术水平和物流服务水平的提升。物流系统信息化在一定程度上将解决行业间信息互通、企业间信息沟通及企业与客户间交流的问题，实现对客户的个性化服务，从根本上提升物流服务水平。通过物流公共信息平台，集中政府和社会各界的力量，实现一个或几个企业所不能实现的技术，有利于实现社会物流技术水平的提升。

（3）有利于推动物流企业信息化进程。物流公共信息平台将促进中小物流企业向现代化、网络化、信息化发展，特别是为中小物流企业实现信息化提供了有效途径，从整体上提高全社会物流服务水平。

（4）有利于加强政府对物流业的监管。长期以来，政府对物流行业的监管缺乏有效的渠道和信息来源，由于各类公共信息平台集聚了大量的物流供给信息、需求信息、运作信息和其他信息，因此，物流公共信息成为政府了解物流发展，发布监管和服务信息的重要渠道，这有利于政府加强对物流行业的监管工作。

四、我国物流公共信息平台的发展现状

物流公共信息平台的打造，已成当今国际物流行业的共识，而中国国内物流行业信息平台还处于发展的初级阶段。近年来，政府、行业部门、企业都充分认识到了物流公共信息平台的重要性，各类物流公共信息平台不断涌现。

（一）不少企业的物流公共信息平台实现了成功应用

随着供应链上下游合作的日趋紧密，企业开发的物流公共信息平台已经成为发展趋势，不少本土企业已经取得了成功应用。例如，2018年，新疆天顺供应链股份有限公司信息化建设围绕打造供应链云平台的发展战略，结合公司业务实际需求，对信息化平台进行了迭代升级。同时，公司积极整合资源，加强无车承运人与"互联网+"的融合，努力推行试点"无车承运人"这一物流新模式。此外，公司积极开展物流公共信息平台的项目市场推广，

提升定制化服务开发能力，使信息化建设逐步由内部服务向市场化转移，并逐步开始由成本中心向利润中心转变。

（二）物流枢纽的物流公共信息平台起步较早，发展较快

不少物流枢纽相继建立了物流公共信息平台。例如，随着我国各类物流园区建设的快速发展，一系列"空港物流监管信息平台"和"保税物流园区监管信息平台"已完成开发投入使用。其中，广州白云机场物流监管系统、上海的洋山港管理信息系统、传化智联公共信息平台等就是范例。

（三）部分行业物流公共信息平台实现可持续运营

行业物流公共信息平台近年来发展迅速，已有部分平台实现可持续运营。以公路运输服务平台为例，易流是深圳市易流科技股份有限公司推出的公路运输服务平台，易流在"物流透明"理论的基础上，以运输全链条信息透明为切入点，通过易流云、e-TMS两种业务模式，提供物流金融服务、大数据服务等多种服务，打造出中国最大的公路运输产业链互联网平台，帮助中国公路运输产业提升运行效率。易流云平台和e-TMS平台积累着物流行业的运营大数据，基于这些大数据，可以进一步开展物流信用评估、物流金融服务等延伸数据增值服务。另外，易流基于积累的物流大数据，成为交通运输部全国货运价格与成本监测数据采集定点单位。易流还和中国物流与采购联合会联合开展公路货运效率指数发布工作。

案例6-11：广西物流公共信息服务平台——"行·好运"网服务货值突破10000亿元

2021年12月16日，广西物流公共信息服务平台——"行·好运"网服务货值突破10000亿暨2021年服务货值超5000亿元庆典仪式在广西数字经济示范基地举行。这是广西现代物流集团发展智慧物流过程中具有里程碑意义的成果。

广西现代物流集团是自治区物流产业平台企业，在自治区"加快打造面向东盟的跨境产业链供应链价值链，服务构建国内国际双循环重要节点枢纽"中承担大力发展智慧物流的任务。该集团以"行·好运"网为基础，通过信息化、大数据整合物流资源要素，推进海港、公路港、铁路港、内河港、空

港"五港"信息联动，打破"信息孤岛"，形成跨区域、开放、共享的"互联网＋"高效物流平台，打通供应链上下游，为实体企业提供精准高效的物流供应链协同服务。

作为广西现代物流集团发展智慧物流的重要抓手，"行·好运"网自 2017 年 6 月正式启动运营，由广西供应链服务集团和数字广西集团合作运营。该平台运营不到 5 年时间，实现了四大"提升"，成为广西物流业"中枢大脑"。一是功能服务不断提升，完成了 3.0 版本的迭代升级，实现了网络货运、云仓储、运力池、供应链金融等功能整合，特别是与兴业银行、华夏银行、柳州银行等 7 家金融机构开展合作，打通了银企信息壁垒。二是物流资源要素整合能力不断提升，平台服务货值、注册用户、运营车辆和货运量连年呈指数级增长，截至 2021 年 12 月 16 日累计服务货运量超过 5600 万吨，注册用户 7.8 万户，物流车辆 7.7 万辆，服务货值累计突破 10000 亿元，特别是 2021 年全年服务货值超过 5000 亿元，仅用 1 年时间就完成了过去 3 年多时间的服务货值，实现跨越式发展。三是产业资源引聚的"通道效应"不断提升，整合了煤炭工业互联网、西部陆海新通道集中采购中心平台、交通强国广西信息化平台等多个国家和自治区级平台，更好地服务、支撑广西实体经济发展。四是行业影响力不断提升，平台拥有多项专利和科技成果、21 项软件著作权，摘取了"改革开放 40 年·中国物流行业杰出贡献企业"等行业荣誉 21 项。

资料来源：http://gzw.gxzf.gov.cn/xwzx/gzdt/t10997309.shtml.

（四）区域物流公共信息平台呈现出不平衡特点

近年来，区域物流公共信息平台发展迅速。不少省市陆续出台了鼓励区域物流公共信息平台的规划和政策，一些地区按照规划建设了综合物流信息平台。但是，区域物流公共信息平台呈现出区域不平衡的发展特点。经济发展较快的长三角、珠三角等地区物流公共信息平台的规划建设较早，而中西部地区相对发展较慢。例如，2022 年 1 月，浙江"四港"联动智慧物流云平台（简称"四港"云平台）2.0 正式发布上线，由浙江四港联动发展有限公司开发运营，阿里云、百度、运去哪、货讯通等知名平台共同参与，旨在打造浙江省物流一站式公共服务平台，通过物流数智赋能，推动海港、陆港、空港等相关物流数据交互共享、汇聚融合，构建物流数字生态。"四港"云平台2.0新增了物流数据交互中台、物流管家、公铁水内贸货运网络三大集成应用。其中，公铁水内贸货运网络将以区域内河集装箱运输为切入口，开辟标准化、专业化、低碳化、便利化、可视化的公铁水联运通道，建立浙江省内及长三角地区内贸运输信息共享网络体系，形成优势互济、要素互动、条块互通、立体互联的运输格局，为用户提供"端到端"的物流服务和"一票制"结算。

（五）政府物流监管信息平台中跨部门合作成为潮流

随着电子政务理念的深入，电子政务的发展对于政府物流监管平台的促进作用开始显现。除了物流中涉及通关、税收、交通、保税监管等主管部门的电子政务平台建设和应用外，已经出现了一些跨部门的合作，并成为今后的发展潮流。例如，商务部与海关、银行的电子政务平台合作，正在把与内外贸业务有关的企业安全证书逐步过渡到电子口岸统一身份认证系统，建立"一卡通"和一体化服务体系。新白云机场"空港物流监管信息平台"的开发与建设，是海关与新机场合作的信息平台，该信息平台以舱单数据为依据，将卡口管理系统、仓储管理系统、快件通关系统、电子地磅等与通关系统联网。

五、我国物流公共信息平台发展的主要制约因素

近年来，我国物流公共信息平台建设的步伐正在加快，不少省市、行业和物流枢纽纷纷开展物流公共信息平台的规划、建设和运营工作。但由于整个行业对物流公共信息平台的认识还只是初级阶段，需要解决的问题还很多。总结来看，目前存在以下六大制约因素。

（一）物流业信息化总体水平较低直接制约了公共信息平台的发展速度

当前，我国物流企业普遍规模较小、设备落后，大多数物流服务企业尚不具备运用现代信息技术处理物流信息的能力，即便是拥有信息系统的企业，其信息化需求也多数属于底层需求。如果物流信息化的总体水平上不来，即使建好了公共信息平台，也会面临修好了高速公路却没有车来跑的问题，使平台建设和运营成为空壳。

（二）行政管理多头冲突影响了物流公共信息平台的最佳功效

我国信息化建设存在的最大问题就是没有统一的规划，各地各部门各建各的网，各唱各的调，导致重复建设，标准不统一，资源不能共享。物流信息平台建设同样面临这一问题。物流信息公共平台的建设不是一项简单的技术开发工作，它涉及物流产业流程等许多方面，需要政府、电信、电子、银行、海关、检验检疫、船代、货代、港务等多个相关部门的统一规范服务。特别是在平台建设中，需要对有些职能部门的传统业务流程进行规范化改造，这就不可避免地影响到相关业务主体部门或单位的原有利益。目前，国家没有设置专门的物流公共信息平台管理职能部门，这种行政管理上的多头冲突，直接导致了物流公共信息平台无法达到信息高度共享，降低了物流公共信息平台的运行效率。从目前各省物流公共信息平台建设的情况看，最多只能整合交通、交警、银行等少数几个部门的职能，使平台的功效大打折扣。

（三）经营模式的可行性影响了物流公共信息平台的可持续发展

物流公共信息平台由于其"公共"的属性决定了必须采取合理的经营模式，否则，会影响物流公共信息平台的可持续发展。一般来说，物流公共信息平台的建设和运营基本上可以分成三种模式。第一种是以政府为主的模式。平台的规划、建设、运营和维护都由政府负责，免费为车主、货主提供货运物流信息，这种模式的弊端是容易造成与市场结合的紧密度不够，需要政府长期投入。第二种是以企业为主的模式。平台的建设、运营完全由企业自己负责。比如一些规模较大的物流企业建立的信息平台。这种模式的优点是企业自主经营，不会给政府带来压力，缺点是由于企业资金有限，造成平台功能不全，信息资源的整合有限。第三种是政府建设、企业运营的模式。由于全国没有统一的平台，导致各地平台建设的模式各异，影响了平台之间的联网共享。这三种模式各有利弊，如何选择最佳的模式以适应信息平台的可持续发展已经成为信息平台运作的成功关键。

（四）"信息孤岛"现象影响了物流公共信息平台的数据集成

物流信息平台的最大优势就是可以将上下左右的信息资源都整合起来，实现信息共享，避免出现信息孤岛。当前物流业公共信息平台建设中普遍都遇到"信息孤岛"的问题，即已建立的各信息系统不能够互联互通，影响了信息资源的交换与共享，不能达到数据高度集成，不能充分发挥公共信息平台的核心价值。

（五）技术兼容与信息接口影响了物流公共信息平台的可扩展性

物流信息化的技术和需求都在不断变化，因此信息平台建设需要具有适当的前瞻性，要充分考虑到未来的技术发展方向和需求变化方向。在实际应用过程中，如果出现了新的技术和功能需求，可以逐步加以补充和完善。信息平台的系统设计和建设要充分考虑到这些情况，为将来的发展预留好接口，使系统在一定阶段内都能够适应物流的发展需要。目前各地的平台功能暂时还比较完善，但对将来的升级和扩展考虑得还不是很充分。

（六）规范性监管的力度影响了物流公共信息平台的健康发展

随着信息的作用越来越被重视，信息已经成为重要的资源。物流领域由于其开放性特点，物流信息的交换、转化及其相关的信息服务也在快速发展，但是对于物流信息的质量、认证，信息发布者、传输者的资质、责任等在制度建设上都还是空白，这种状况已经影响了物流信息化的进程，也直接影响着城市现代物流的发展，甚至在物流配送中接二连三地出现"货运蒸发"等诚信危机的现象。因此，加强对物流公共信息平台的物流信息及其服务的监管成为当务之急。

第四节　新时期我国物流信息平台发展的主要特点

一、物流信息平台服务功能不断拓展，新业态不断涌现

新时期，物流信息平台服务功能不断拓展，呈现总体平台数目越来越多、跨部门合作共建物流信息平台日益增多、服务功能越来越全面的特点。根据京东物流研究院的统计，截至2021年，完全未使用信息化管理的企业已经不足5%。除了企业内部自用的物流信息平台，区域的、综合性的物流信息平台越来越多，如黑龙江公共物流信息平台上线运行、深圳推进航空物流公共信息平台试点、湖南交通物流信息共享平台全面整合公路、铁路、水运、

航空及邮政等各类物流信息。国铁集团联合海关总署、周边国家铁路公司共同推进铁路"数字口岸"系统建设，可实现铁路国际联运各方数据网上共享、申报快速查询、中外文信息自动翻译，进一步促进铁路国际联运高效便捷。与传统的物流信息平台不同，新时期物流信息平台不仅具有信息服务功能，还有一体化物流服务、金融服务和增值服务等，社会服务功能不断提升。如中储智运为了解决平台货主融资难题，将金融创新与网络货运场景相结合，联合银行等金融机构，基于平台货主信用分、货运订单流、运输物流、结算资金流等平台中所能反映客户信用的数字信息，以及工行货主征信数据为客户提供金融服务，极大突破了传统物流金融业务限制，在无须抵押、质押的情况下，通过可信数据存证为企业带来信用增值，将企业的无形数据变成有形资产，更好地为平台货主服务。中国国际贸易"单一窗口"与银行保险行业合作，探索创新"外贸＋金融"服务模式，将"单一窗口"大数据平台优势与金融机构服务企业资源优势结合起来，共同开发应用了"单一窗口"金融服务系统，先后12家金融机构参与试点，在支持实体经济发展、提升跨境便利化水平方面成效显著。

随着物流技术突飞猛进，物流信息化、自动化水平明显提升，网络货运、货运车联网等物流新业态蓬勃兴起。据交通运输部统计，截至2021年12月31日，全国共有1968家网络货运企业（含分公司），整合社会零散运力360万辆、驾驶员390万人，全年完成运单量6912万单，是2020年的3.9倍[①]。满帮集团的物流信息平台在网络货运中发展迅猛。满帮集团通过大数据与人工智能降低货车司机的空驶率、提高货运效率，打造连接人、车、货三个维度的超级数据平台；为用户提供准确便捷的信息交互平台服务，通过覆盖车油、ETC、新车、金融、保险、园区等服务领域，为货车司机提供一站式服务。截至2019年年末，满帮集团认证司机用户数900万，认证货主用户数400万，业务覆盖全国339个主要城市，年度撮合成交规模达到8000亿元，覆盖路线数量超过11万条等[②]。货运车联网方面，北京汇通天下物联科技有限公司（G7）以物联网技术构建物流信息平台，将货主、运力、安全管理、装备运营、能源消费等公路货运全链条有机整合，旨在让公路货运更安全、

---

① 资料来源：https：//mp. weixin. qq. com/s? ＿ ＿ biz ＝ Mzl3MDQwMDQ5NQ ＝ ＝ &mid ＝ 2247560200&idx ＝ 1&sn ＝ 8610f4e87987bf14a5843908e9f11163&scene ＝ 0.

② 资料来源：https：//view. inews. qq. com/a/20201116A0HSYF00.

更高效、更低成本。公司业务覆盖全国及周边亚洲国家，截至 2020 年 4 月底，G7 物联网平台连接的货运卡车超过 150 万台，日均跟踪货车行驶里程超过 1.3 亿公里，油气站点连接超过 10000 个①，实现了年数百亿网络货运的交易流量，客户类型覆盖快递、快运、城市配送、专业运输、合同物流等物流全领域，是我国货运车联网先行企业。

二、新型信息平台建设加速，推进物流数智升级

"十四五"规划描绘了现代物流发展的宏伟蓝图，其核心要义在于建设现代物流体系。在现代物流体系的信息系统方面，要注重推进数智升级，以互联网、大数据、云计算、物联网、人工智能等技术应用为依托，建设有效串联产业链供应链环节、物流运作环节和市场流通环节的新型信息平台，为嵌入交易、物流、结算等各运营环节功能提供技术支持。

一些企业基于数字化、智能化、信息化、自动化等新兴技术已积极开展应用实践，推动新型信息平台建设，打造智慧物流。圆通速递以数字化促进物流信息互联互通，变"数"度为加速度。在圆通速递总部"物流信息互通共享技术及应用国家工程实验室"的快件物流资源共享平台上，实时显示着圆通等多家速递企业的到件量、派件量、签收量等信息。该实验室由国家发展改革委批复、圆通速递牵头承建，围绕"互联网 + 数字技术"进行针对性创新，聚焦改善物流信息互通共享、智能装备信息化和自动化，提升物流行业运行效率、降低物流成本、提高服务水平。针对物流信息互联互通不足、物流供需信息不对称等问题，圆通速递以"物流信息互通共享技术及应用国家工程实验室"建设为契机，开展不同物流企业间信息交互、通用接口、数据传输等技术的研发和工程化，实现二维码、无线射频识别等物联网感知与大数据等技术在物流系统中的应用，完善物流信息交换开放标准体系，整合仓储、运输和配送信息，攻克一批物流信息技术和智能装备关键核心技术并成功转化，为新型物流信息平台建设提供了良好的示范。无独有偶，吉利自主研发的 OTWB 一体化物流信息平台于 2021 年落地应用，这一平台不仅覆盖吉利汽车所有整车及零部件工厂、售后备件厂，以及上千家 4S 店的订单需求，而且细化到物流运输、仓储、分拣、包装、配送等环节。在此基础上，

---

① 资料来源：https：//www.sohu.com/a/407768082_ 120774730？ _ f = index_ pagefocus_ 4.

该平台将物流订单整合并统筹下发到对应的运输、仓储、配送等系统，最后与结算系统联通，形成了闭环，让吉利汽车集团下所有零部件和整车的信息流与实物流合一，做到对每个产品、零部件在生产的全流程中可以实时监控和管理，事前预测、事中操作和事后追踪。

三、新技术应用加快，产业智慧化水平提升

随着第四次信息技术革命的悄然而至，新一代物流技术的应用不断加快。人工智能、大数据、物联网、增强现实、无人驾驶、数字孪生等技术在仓储作业、干线运输、城市物流、末端配送等众多物流场景中有着广泛而重要的应用前景。总体上看，新技术在流通中的应用领域越来越广泛、规模越来越大、投资越来越大。在应用领域方面，物流技术可以用于医药、烟草、零售、电子商务、机械制造等方面。例如，RFID 在零售领域因相较传统条码技术，具有存储信息量大、非接触识别、识别距离远、识别速率高、可重复使用等突出优势，目前，沃尔玛、乐购、麦德龙、迪卡侬、优衣库等快消零售巨头都在大力推进 RFID 应用，带动物流和供应链改革。在应用规模方面，以无人驾驶为例，菜鸟已经部署了全国快递末端最大规模的无人车配送集群。2021年，菜鸟对外公布的数据显示，在全国 200 多所高校，有超过 350 台菜鸟无人车投入运营[1]。随着 5G、AI 等技术的发展和国内人力成本不断提升，低速无人驾驶的价值在未来会得到更大释放，实现规模化应用后将带来成本的大幅下降，有望孕育下一个物流万亿市场。在投资方面，据百睿智库（BR）不完全统计，2021 年物流科技领域共发生 113 起投融资事件，其中，披露金额超过 260 亿元（估算金额），总体来说，物流智能化、信息化是投资热点[2]。

随着新一代物流技术的应用加快，智慧物流的发展方向也正在从单点信息化向全链路数字化方向转变。作为现代物流的最新发展方向，智慧物流要求在多个环节实现信息化、自动化和智能化处理，从而大幅提高物流效率，降低物流成本，促进产业低碳化发展。安能物流作为国内零担快运行业的领军企业，一直在推动自身的智慧物流体系建设，并积极推动整个物流行业的智慧物流发展。从运输到仓储、包装等环节，安能物流通过数字化运营逐步

---

① 资料来源：https://3g.163.com/tech/article/GNFQC9LU00097U7R.html.

② 资料来源：https://www.sohu.com/a/515574520_120957821.

从规模化竞争走向精细化管理竞争阶段，通过持续部署各种自动化、智能化设备，利用智能管理系统、AI 等，运用科技创新来提升其运营效率和成本领先优势，在平衡复杂运营场景的同时，也有效降低了成本。安能物流以大数据、云计算等科技手段为基础，将科技创新和运营结合，自主研发了 40 余套 IT 系统，有力地提升了销售效率、运营效率、服务效率、决策效率。通过全链路数字化运营，安能物流可以实时跟踪货物在途数据，并根据数据信息和算法配置最优的装载和运输方案，极大提高了物流的服务效率。在将货物从发货人送到收货人手中的整个链条中，安能物流将其划分为不同的场景，如针对销售效率设计了 360 智灵通系统，这个系统不但让销售的动作数字化，还通过数据分析和监控来辅助网点经营决策和提升运营质量。

四、物流业融合发展深化，重点领域平台不断搭建

2022 年 1 月，国务院印发《"十四五"数字经济发展规划》，提出要大力发展智慧物流，加快对传统物流设施的数字化改造，以促进现代物流业与农业、制造业等产业的融合发展。物流业与农业、制造业、商贸业的融合发展在国家政策的大力支持下已有诸多实践案例，随着跨界融合的不断深化，物流信息平台建设也不断加快。

物流业与农业的融合发展方面，2020 年 2 月，农业农村部办公厅印发《2020 年乡村产业工作要点》，提到以信息技术带动业态融合，促进互联网、物联网、区块链、人工智能、5G、生物技术等新一代信息技术与农业融合，发展数字农业、智慧农业、信任农业、认养农业、可视农业等业态。2020 年 6 月，三亚崖州湾科技城管理局、南繁科技城有限公司和海南环海冷链配送有限责任公司签署合作协议，打造农产品专业冷链物流综合信息平台。海南环海冷链配送有限责任公司及其关联公司以冷链配送服务为先导，打造海南农产品专业冷链物流综合信息平台，配合"百城联动、一城一网"项目，把海南农产品的信息化数据服务带给多方受众。2021 年 7 月，环海冷链网络配送服务平台成功加入了海南省"十四五"规划项目。

物流业与制造业的融合发展方面，2020 年 8 月，国家发展改革委印发了《推动物流业制造业深度融合创新发展实施方案》，文件指出要积极探索和推进区块链、5G 等新兴技术在物流信息共享和物流信用体系建设中的应用，实现采购、生产、流通等上下游环节信息实时采集、互联共享，推动提高生产

制造和物流一体化运作水平。北方恒达物流园5G＋工业互联网智慧园区是本钢集团顺应先进制造业和现代服务业融合、增强制造业核心竞争力、培育现代产业体系、实现高质量发展的重点项目。园区充分发挥"科技创新"的支撑引领作用，深植"数字基因"，用人工智能、大数据、物联网等新一代信息技术升级传统"老字号"。园区以电商运营为核心，打通钢铁行业供应链上下游，实现"建设产业链、壮大产业链、补齐产业链、延长产业链"，深入推进"原字号"向价值链中、高端发展；不断进行技术革新、管理创新、模式创新，进行智能信息化系统的集成创新，壮大"新字号"。

物流业与商贸业的融合发展方面，2022年5月，武汉市发布的《武汉市现代物流业发展"十四五"规划》中明确提出，将依托武汉国际贸易城，加快推进汉口北综合物流园建设，整合提升仓储设施，发展集中仓储、共同配送、仓配一体等消费物流新模式，打造中国最大、世界领先的现代商贸物流平台。完善汉口北交通基础配套设施，促进武汉国际贸易城与滠口铁路物流基地、武汉天河机场、阳逻国际港、吴家山铁路物流基地等交通枢纽互联互通，强化与义乌、上海、西安等商贸服务型枢纽联系。

五、跨行业、跨区域的物流信息服务平台建设加快

新时期下，跨行业、跨区域的物流信息服务平台同样发展进步明显，受到了国家的高度重视，体现出服务功能多元、区域范围扩大的特点。国务院印发的《"十四五"数字经济发展规划》对"十四五"时期我国数字经济的发展目标、重点任务进行了部署，其中明确提到要加快建设跨行业、跨区域的物流信息服务平台。

发啦网是明伦高科在长江物流公共信息平台基础上研发的面向全国性的大型综合性平台，继承了长江物流公共信息平台由政府主导、企业参与、市场化运作的具有国际先进水准的综合物流信息平台，不仅在功能上具有世界领先水平，同时在商业模式上，还有创新内容，是一个横跨多个行业和多领域的综合信息平台。平台集政府物流、园区物流、企业物流、个人物流四位一体，具备信息发布、移动商务、办公自动化、供应链管理、网上交易和CA认证等各类服务功能，特别是物流用户通过平台专门的智能终端可以随时、随地进行找车配货，从而帮助司机和企业提高经济效益，帮助政府加强服务管理，改善从业环境，促进产业结构调整，助推经济发展。

潍坊市弘嘉孚国际物流有限公司自主开发"中车运"网络货运平台，在 2020 年获得了国家级网络货运许可证，并正式开通了以潍坊为腹地、全国性跨区域的"互联网＋"供应链物流信息化运营平台，为货源和运力源用户提供车货匹配对接、信息发布、交易结算、车辆管理、轨迹可视化跟踪等服务，为生产企业和货运企业提供高效、智能的智慧物流供应链全流程服务。

另外，国家物流信息平台还积极拓展跨国界信息互联工作，2022 年 4 月正式签约加入国际物流可信数据共享网络（NoTN）。NoTN 在跨境数据交换共享方面安全性和高效性的创新模式，将进一步丰富我国国家物流信息平台开展国际信息化合作的手段和资源，为服务我国构建"双循环"新发展格局，保障国际物流供应链安全、稳定、畅通，发挥物流信息化基础设施的坚实支撑作用。

六、多式联运发展加快，信息资源共享力度加大

2017 年，交通运输部等十八个部门联合出台《交通运输部等十八个部门关于进一步鼓励开展多式联运工作的通知》，标志着多式联运正式上升为国家战略。在此背景下，我国的多式联运进入了快速发展的阶段。首先，政策稳步推进。2018 年，国务院办公厅印发《推进运输结构调整三年行动计划（2018—2020 年）》。2021 年，交通运输部发布《交通运输部关于服务构建新发展格局的指导意见》，指出以多式联运为重点，以基础设施立体互联为基础，努力推动形成"宜铁则铁、宜公则公、宜水则水、宜空则空"的运输局面，发展绿色运输，推进大宗货物及中长途货物"公转铁""公转水"，优化运输结构取得更大进展。深化多式联运示范工程，推广多式联运运单，推动多式联运"一单制"。其次，联运规模大幅增长。2020 年，沿海港口集装箱铁水联运量共完成 668.5 万标箱，同比增长 30.1%；内河港口集装箱铁水联运量完成 18.69 万标箱，同比增长 12.4%；全国港口完成集装箱铁水联运量共计 687 万标箱，同比增长 29.6%[①]。最后，多式联运示范工程带动效应逐渐显现。2021 年 8 月 1 日，武汉阳逻国际港集装箱水铁联运项目（水铁二期项目）正式开港通车，真正打通了水铁联运"最后一公里"，彻底实现了水运和铁路运输无缝对接，打造了"铁港同场、运营同场、查验同场、信息同场"

---

① 资料来源：http://ydyl.jiangsu.gov.cn/art/2021/9/30/art_ 76290_ 10034518. html.

一体化格局，把阳逻国际港变为武汉新的"出海口"。

信息化建设是多式联运发展的核心驱动力，需要打破不同运输模式之间的信息壁垒，创建"一网通办""一网共享"，实现"一次计费""一次申报""一单到底""一票到底"和"一箱到底"。许多港口、企业都在对此进行积极探索与应用，加大信息资源的共享力度。例如，南京港充分发挥大数据优势，搭建多式联运信息共享平台，探索铁水联运"一单制"集成应用及江海河转运一体化服务与运作系统，着力解决公、铁、水相互衔接问题，以"互联网＋"助力多式联运"加速跑"。温州市物流信息枢纽港平台汇聚融通了物流仓储、交通运输、城市配送、金融商贸等供需要素信息，通过优化物流运输组织、培育多式联运发展、优化运力统筹等举措推动物流供需要素的高效匹配。以该平台旗下的金温集装箱海铁联运应用为例，其有效融合铁路和海港信息，以"公转铁""公转水"的"双碳"模式解决物流多头对接问题，金华、义乌等腹地集装箱货物经温州出口的能耗降低一半、效率提升一倍、成本下降一半，成功实现浙江省第二条海铁大通道直航国外。

第五节　提高物流信息技术应用水平的途径与方法

一、支持物流信息技术的创新和推广

在物流信息技术的创新方面，政府要支持和鼓励物流信息技术、计算机软件和新型基础设施的研究与应用。第一，要支持和资助科研机构、高校在物流方面的信息技术和软件的研究和创新活动；第二，要鼓励企业与高校及科研机构合作，加强应用性物流信息技术和软件的开发与应用；第三，要支持以第五代移动通信（5G）、人工智能、物联网等新一代信息技术为核心的新技术革命推动铁路、公路、机场、港口、管道、电网、水利、市政、物流等传统基础设施更新换代，促进绿色能源、智慧公路、智慧铁路、智慧园区等新型基础设施快速发展。在物流信息技术的推广方面，政府要顺应现代物流业与产业互联网相结合的物流互联网发展趋势，鼓励和引导物流企业培育数据、算法等新型核心竞争力，增强发展动力，不断提高物流服务的科技含量水平；加快夯实信息基础网络，加快新型技术推广普及，为物流企业应用现代信息技术实现创新创造条件，鼓励物流企业应用新技术提高物流环节效率和产业运行效率。

案例6-12："十四五"现代物流发展规划——强化物流数字化科技赋能

加快物流数字化转型。利用现代信息技术推动物流要素在线化数据化，开发多样化应用场景，实现物流资源线上线下联动。结合实施"东数西算"工程，引导企业信息系统向云端跃迁，推动"一站式"物流数据中台应用，鼓励平台企业和数字化服务商开发面向中小微企业的云平台、云服务，加强物流大数据采集、分析和应用，提升物流数据价值。培育物流数据要素市场，统筹数据交互和安全需要，完善市场交易规则，促进物流数据安全高效流通。积极参与全球物流领域数字治理，支撑全球贸易和跨境电商发展。研究电子签名和电子合同应用，促进国际物流企业间互认互验，试点铁路国际联运无纸化。

推进物流智慧化改造。深度应用第五代移动通信（5G）、北斗、移动互联网、大数据、人工智能等技术，分类推动物流基础设施改造升级，加快物联网相关设施建设，发展智慧物流枢纽、智慧物流园区、智慧仓储物流基地、智慧港口、数字仓库等新型物流基础设施。鼓励智慧物流技术与模式创新，促进创新成果转化，拓展智慧物流商业化应用场景，促进自动化、无人化、智慧化物流技术装备以及自动感知、自动控制、智慧决策等智慧管理技术应用。加快高端标准仓库、智慧立体仓储设施建设，研发推广面向中小微企业的低成本、模块化、易使用、易维护智慧装备。

促进物流网络化升级。依托重大物流基础设施打造物流信息组织中枢，推动物流设施设备全面联网，实现作业流程透明化、智慧设备全连接，促进物流信息交互联通。推动大型物流企业面向中小微企业提供多样化、数字化服务，稳步发展网络货运、共享物流、无人配送、智慧航运等新业态。鼓励在有条件的城市搭建智慧物流"大脑"，全面链接并促进城市物流资源共享，优化城市物流运行，建设智慧物流网络。推动物流领域基础公共信息数据有序开放，加强物流公共信息服务平台建设，推动企业数据对接，面向物流企业特别是中小微物流企业提供普惠性服务。

专栏4：数字物流创新提质工程。加强物流公共信息服务平台建设，在确保信息安全的前提下，推动交通运输、公安交管、市场监管等政府部门和铁路、港口、航空等企事业单位向社会开放与物流相关的公共数据，推进公共数据共享。利用现代信息技术搭建数字化、网络化、协同化物流第三方服务平台，推出一批便捷高效、成本经济的云服务平台和数字化解决方案，推广一批先进数字技术装备。推动物流企业"上云用数赋智"，树立一批数字化转型标杆企业。

资料来源：http：//www.gov.cn/zhengce/content/2022 - 12/15/content_ 5732092.htm.（有删改）

二、加大物流信息技术应用的财税与金融支持力度

各级政府一方面应从资金、税收、贴息等各方面对信息系统的建设、维护、升级和有关人才的引进、新技术的引用等给予支持，以推进专业化、集约化过程，特别是重点领域大中型物流企业的信息化进程；另一方面要进一步加强和改进金融服务，营造有利于物流信息技术应用的金融环境。积极创新金融产品和服务方式，对符合信贷条件的信息技术项目和企业加大金融支持。鼓励银行加大对中小企业信息技术应用的信贷支持。建立企业物流信息技术发展基金，为企业研发和推广信息技术提供资金保障。

三、推进信息技术在农村物流领域的应用

相关部门一方面要完善乡村新一代信息基础设施，加强基础设施共建共享，打造集约高效、绿色智能、安全适用的乡村信息基础设施。例如，加快农村光纤宽带、移动互联网、数字电视网和下一代互联网发展，提升4G网络覆盖水平，探索5G、人工智能、物联网等新型基础设施建设和应用。另一方面应加快探索新一代信息技术在农业农村领域的应用场景，推动新一代信息技术与农业全产业链的深度融合与应用，并逐步形成相关标准，充分发挥标准对促进技术融合、业务融合、数据融合的引领和支撑作用，推动建立农业信息化标准体系。

四、加强智慧物流领域信息技术应用的试点示范

目前，我国已经有一些内部物流信息技术应用水平较高的生产与流通企业，也有一批智慧物流发展迅速的先进企业，这些企业在应用信息技术方面有许多经验和教训，应当认真总结，为更多企业更好地利用信息技术提供示

范。有关部门还可以考虑在智慧物流相关领域开展试点示范。例如，实施关键物流技术突破试点工程，围绕智慧物流的关键场景，突出大数据、云计算、物联网、区块链、人工智能、虚拟现实、智能机器人等信息技术与设备的应用，开发智慧物流集成解决方案，提高物流供给质量和运行效率。实施智慧物流主体培育试点工程，做大做强一批实力雄厚、模式先进、行业领先、国际知名的智慧物流运营主体，不断增强物流全程智慧化及增值服务能力。

五、加强人才培养，构建物流信息技术应用的人才支撑体系

随着互联网 5G 时代的到来，ICT（信息与通信技术）、区块链、IoT、AI 等新技术的不断发展革新，物流业正经历着翻天覆地的变革，行业数字化、智慧化升级势在必行，精通信息技术的数智化物流人才至关重要。但现阶段信息技术人才的培养和物流从业人员信息技术知识与技能的培训难以满足业界需求。因此，第一，要建立行之有效的人才引进机制和对优秀人才的奖励机制，鼓励物流信息技术人才的引进和培养；第二，应积极推动物流技术教育机构的发展，加大对物流信息人才培养的投入，建立一支培训队伍，培养不同层次的复合型人才；第三，要由政府部门与行业协会牵头，做好"产学高度融合"并结合校外实训基地，多方共同打造适合今后数智物流发展的人才培养体系及共享教学平台。

第七章　物流体制政策环境要素分析

【引例】 现代物流业是指原材料、产成品从起点至终点以及相关信息有效流动的全过程。它强调将运输、仓储、装卸、加工、整理、配送、信息等方面功能进行有机集合，为用户提供多功能、一体化的综合性服务。这些方面的功能涉及多个部门和主体，因此，现代物流业是一个新型的跨行业、跨部门、跨区域、渗透性强的复合型产业，更需要加强综合组织与协调。由于物流的跨地区跨部门的特性，不同地区不同部门都存在行政壁垒，不同地区的交通、城管、路政等部门的各种规制较多，物流业经常遭遇十字路口现象，必然影响物流业高效顺畅运行。解决物流业十字路口现象不仅要靠谈判和合作来解决，还需要通过政府部门、行业中介等部门机构来出面创建公平、公正与公开的物流发展制度与环境，以保证物流的运行通畅、经济的良好发展和人民生活水平的稳步提高。因此，物流体制政策环境要素成为决定能否真正实现物畅其流目标的关键，也是现代物流服务物流体系建设的重点。

第一节　物流体制政策环境要素的构成分析

物流环境是指与物流相关的客体情况和外部条件。按其客观存在，可以分为物流硬环境和物流软环境。前者如港口、航道、机场、铁路、公路等交通基础设施，后者如物流体制、市场机制、政策法规等环境。物流与环境密切相关，环境是物流产生的沃土、存在的基础、发展的动力，而物流的发展又要求环境与之相适应。除了基础设施等硬件环境外，物流软环境也开始受到关注。本章将重点研究物流业的软环境要素中的物流体制政策环境要素。

物流业发展的软环境即人们在特定社会的物流产业的发展和运作中所创

造所反映出的体制上和精神上的境况的总和，现代物流业的软环境包括：政策环境、法律环境、市场环境、服务环境、经营环境和文化环境等方面。结合本书前文提出的现代物流服务体系构成要素，我们给出物流体制政策环境要素构成，如表7－1所示，其主要构成包括政府管理体制、行业管理体制、中介服务体制、产业政策体系和法律法规体系。

表7－1　　　　　　　　物流体制政策环境要素构成

政府管理体制	部际政策协调	各级政府的部际联席会议
	区域政策协调	合作区域的物流联席会议
	行业监管制度	现代物流重点企业联系制度、行业统计核算制度
行业管理体制	行业准入体制	企业准入、市场准入、职业准入、岗位准入
	行业自律体制	自律组织：（行业协会建设）自律过程：（行业标准建设、企业信用机制建设、评估与认证制度建设）
	行业退出体制	退出标准、程序、方式等
中介服务体制	物流中介市场	实体交易市场、网络交易市场（包括航运交易市场、货运交易市场等）
	物流中介组织	中国物流与采购联合会、中国交通运输协会、中国国际货运代理协会、中国船舶代理及无船承运人协会等
产业政策体系	规划与指导性政策	物流发展规划、物流指导意见
	鼓励和支持性政策	税收、财政、金融等
	规范和限制性政策	工商、交通和土地政策等
法律法规体系	通用性法律法规	经济法、行政法、社会法等
	行业性法律法规	《中华人民共和国铁路法》《中华人民共和国公路法》《中华人民共和国港口法》《中华人民共和国邮政法》等

第二节 政府管理体制的构成与优化

在市场经济条件下，政府不再是万能管理者，而是服务者、协调者和监督者，其主要职责有两方面：①进行公共管理，弥补"市场失灵"，即提供市场不能提供或提供不好的公共服务和公共物品，如法治环境、政策体系、社会秩序、基础设施等；②促进社会公平，维护社会稳定，如提供基本社会保障、转移支付、社会救济等。因此，政府管理体制的合理构建与功能发挥，将对物流业发展有重大的导向和推动作用。

一、政府在现代物流业管理中的作用

（一）中央政府在现代物流业管理中的作用

中央政府在现代物流业管理中的作用包括以下方面。

1. 物流产业的宏观调控

中央政府应当担负主导角色，成为宏观经济调整的主导力量，逐步提升宏观经济调控的职能，实现任务的集中管理，并建立直接负责执行的机构，以确保政策实施的一贯性和协调性，防止地方政府在执行过程中出现的曲解和偏差。

2. 区域协调

中央政府应当履行义务和责任，采取干预措施，调整地区差距，同时考虑社会公平，确保物流业的发展差异在社会可接受的范围内，推动区域协调发展。物流业的发展尤其需要关注农村地区和中西部地区等领域，必须建立完善的地区间规范的财政转移支付制度，积极支持地区间的对口支援和跨地区的广泛合作。在实施协调措施时，可以采取多种方式，如公共投资、经济激励、直接管理、政府采购和公共区位等。

案例7-1：《中共中央 国务院关于加快建设全国统一大市场的意见》（以下简称《意见》）：破除地方保护和区域壁垒

《意见》明确要抓好"五统一"。一是强化市场基础制度规则统一，推动完善统一的产权保护制度，实行统一的市场准入制度，维护统一的公平竞争制度，健全统一的社会信用制度。二是推进市场设施高标准联通，以升级流通网络、畅通信息交互、丰富平台功能为抓手，着力提高市场运行效率。三是打造统一的要素和资源市场，推动建立健全统一的土地和劳动力市场、资本市场、技术和数据市场、能源市场、生态环境市场。四是推进商品和服务市场高水平统一，以人民群众关心、市场主体关切的领域为重点，着力完善质量和标准体系。五是推进市场监管公平统一，以增强监管的稳定性和可预期性为保障，着力提升监管效能。

同时，《意见》还明确了要进一步规范不当市场竞争和市场干预行为。从着力强化反垄断、依法查处不正当竞争行为、破除地方保护和区域壁垒、清理废除妨碍依法平等准入和退出的规定做法、持续清理招标采购领域违反统一市场建设的规定和做法五个方面作出明确部署。可以看出，这些措施既规范市场主体，更强调规范政府行为，在着力打破显性壁垒的同时，也强调破除各种隐性壁垒。统一大市场的统一，并非整齐划一，而是在维护全国统一大市场的前提下，结合区域重大战略和区域协调发展战略的实施，优先开展区域市场一体化建设。

资料来源：https://www.gov.cn/gongbao/content/2022/content_ 5687499. htm.

3. 法制提供

中央政府有责任确立关于物流业发展的法律法规，以规范物流产业的经济运行。这有助于防止政出多门，维护法律法规的权威性和一致性，并完善市场机制，营造一个公平竞争的市场环境。

4. 市场规范

确保现代物流业的生产要素、产品和服务在全国范围内充分自由流动，是中央政府亟须建立和维护的统一市场的重要目标。为实现这一目标，中央政府可在软硬件两个方面采取措施：在软件方面，中央政府应主动推动各地区相互开放市场，制定相应法规，并进行监督管理；在硬件方面，中央政府应引领规划和建设全国性的物流业基础设施，包括交通运输、邮电通信、物流园区（中心）等。这些建设项目应被视为公共投资的重要组成部分，为物流业的持续发展提供坚实的骨架和可靠的平台。

5. 布局规划

中央政府有责任从整体和全局的角度进行综合规划，确保全国物流业的布局合理。这包括服务业的空间分布和中长期发展方向的规划，以促进现代物流业在不同地区的合理分工。在规划格局时，需要注重科学和合理设计，并关注配套措施的实际效果，同时不断进行改进和完善。

案例7-2：商贸物流高质量发展专项行动计划（2021—2025年）

优化商贸物流网络布局。加强商贸物流网络与国家综合运输大通道及国家物流枢纽衔接，提升全国性、区域性商贸物流节点城市集聚辐射能力。统筹推进城市商业设施、物流设施、交通基础设施规划建设和升级改造，优化综合物流园区、配送（分拨）中心、末端配送网点等空间布局。加强县域商业体系建设，健全农村商贸服务和物流配送网络。建设城乡高效配送体系。强化综合物流园区、配送（分拨）中心服务城乡商贸的干线接卸、前置仓储、分拣配送能力，促进干线运输与城乡配送高效衔接。

资料来源：https：//www.gov.cn/zhengce/zhengceku/2021-08/10/content_5630532.htm.（有删改）

6. 扩大开放

中央政府应积极采取有效措施，充分利用国内外两方资源和市场，积极融入全球分工体系，以开放促进改革和发展，提升对现代物流业增长的促进作用。这体现在两个方面。在对外方面，中央政府应担负主要的管理职责，全面规划确定要开放的物流领域和地理范围，积极引导外资投入。在对内方面，中央政府主导，地方政府协同配合。中央政府需要积极消除各种不利于现代物流业发展的地方保护主义措施，解决由此引发的地区矛盾和冲突。

案例7-3：《国务院办公厅关于加快发展外贸新业态新模式的意见》（以下简称《意见》）——物流业国际化发展

《意见》着眼全局，聚焦行业痛点和发展难点，围绕跨境电商、市场采购、外贸综合服务企业、保税维修、离岸贸易、海外仓6种新业态新模式，区分共性与个性，分类制定切实管用、积极有效的政策措施。支持运用新技术新工具赋能外贸发展，完善跨境电商发展支持政策，培育一批优秀海外仓企业。优化市场采购贸易政策框架，支持更多市场主体开展外贸，推动传统外贸转型升级。

重点推进四项工作：一是优化国内国际市场布局。构建更加科学合理的新业态的试点体系，促进东中西部协调发展。二是优化进出口商品结构。支持高技术、高附加值、品牌商品出口，也鼓励与老百姓生活密切相关的日用消费品扩大进口。三是加强贸易与产业的融合发展。要建成一批要素集聚、主体多元、服务专业的跨境电商线下产业园区，形成新业态驱动、大数据支撑、网络化共享、智能化协作的外贸产业链供应链体系。四是加强国际交流合作。要继续加强知识产权保护、跨国物流等领域的国际合作，大力发展丝路电商，加强"一带一路"经贸合作，在贸易伙伴之间创造更多的商机。

资料来源：https://www.gov.cn/gongbao/content/2021/content_5627685.htm.

（二）地方政府在现代物流业管理中的作用

地方政府在物流产业中的作用包括以下方面。

1. 营造物流发展环境

地方政府应承担起在当地营造良好的社会、政策和投资环境的职责，具体包括以下方面。①观念转变与氛围营造。需要引导当地制造企业改变传统观念，摆脱"重制造轻物流"的思维，使人们认识到物流业对未来国民经济结构的优化、效率的增长及竞争力的提升具有重要意义。要引导物流业提供规范和诚信的服务，强化职业道德教育、行业自律及外部监管，并加快信用评价体系建设和服务标准的制定。②政策导向的发挥。地方政府需要积极进行制度创新，探索有利于物流业发展的制度安排，最大限度地释放各种经济潜能。③创造良好的投资环境。为入驻的外来企业提供良好的投资环境，鼓励更多外来企业入户本地。

案例7-4：《江苏省"十四五"现代物流业发展规划》节选

（三）加大物流政策支持。

加强物流用地支持。完善物流设施用地规划，促进物流规划与国土空间规划的衔接，重点保障国家物流枢纽、骨干冷链物流基地、示范物流园区等重大物流基础设施项目用地。研究合理设置物流用地绩效考核指标。支持通过弹性年期出让、长期租赁、先租后让、租让结合等多种方式供应物流企业用地；支持利用工业企业旧厂房、仓库等存量土地建设物流设施或提供物流服务。

加强财税扶持。巩固减税降费成果，严格落实物流行业税费优惠政策，加大物流领域收费行为监管力度。深化收费公路制度改革，推广高速公路差异化收费，降低通行成本。发挥中央和省专项资金作用，支持物流枢纽、智慧物流、冷链物流、供应链管理、应急物流等领域建设，优先支持列入"十四五"物流业规划的重大项目。加大物流标准制定支持力度，对符合要求的国际标准、国家标准和地方标准项目编制单位予以一定财政补助。

加大金融支持力度。鼓励符合条件的金融机构、大型物流企业集团设立物流产业发展投资基金。发挥政策性金融机构作用，加大对物流领军企业信贷支持力度，引导和支持资金流向创新型物流企业。引导金融机构开发更多符合物流企业融资特点和融资需求的金融产品，用好人民银行普惠小微信用贷款专项政策。开展物流基础设施领域不动产投资信托基金试点。支持符合条件的物流企业发行各类债务融资工具，拓展市场化主动融资渠道，稳定企业融资链条。

（四）优化物流营商环境。

深化物流领域"放管服"改革，放宽物流相关市场准入。推动物流领域资质证照电子化，加快电子政务系统建设，实现注册、审批、变更、注销等政务服务"一网通办"。深入推进通关一体化改革，优化通关流程，提升通关效率。研究制定政府物流数据开放清单，推动跨部门、跨区域、跨层级政务信息开放共享。加强物流信用体系建设，建立健全物流行业经营主体和从业人员守信激励对象名单、严重失信主体名单制度，研究制定守信联合激励和失信联合惩戒措施。加强物流行业安全建设，严格落实企业主体责任。推行包容审慎监管，预防和制止物流领域平台经济垄断行为，为物流新业态新模式营造规范适度的发展环境。

资料来源：http://fzggw.jiangsu.gov.cn/art/2021/8/11/art_ 83783_ 9972175. html.

2. 促进物流就业

地方政府应该在增加物流业就业、提高薪资水平、促进社会和谐方面付出努力。现代物流业在解决就业问题上拥有独特的战略地位和优势。随着物流服务领域的不断扩展，其对吸纳就业人员的能力也在不断增强。未来，需要继续采取有效措施，促进相关物流业的发展。对于那些吸纳就业人员但资本有限的中小型物流企业，应制定相应的优惠鼓励政策，在资金、税收、用地等方面提供支持。

3. 推动物流区域联动

当前，地方政府的重要职能之一是强化区际交流，促进区域的开放和跨区域的合作。在物流业的区域经济合作方面，应考虑以下三个层次。①区域内协作。以相对成熟和先进的城市或地区为核心，建立多个区域性物流中心，更好地为周边城市提供全面的物流服务，提高整体竞争力，并逐步向外扩展。②区域间合作。以一些区域性都市圈为中心，实现物流业的有效分工，构建功能互补和错位发展的国民经济结构和布局，以提升国民经济组织水平和竞争力，为更广泛的经济合作和资源要素整合提供平台。③区域性联动。通过多个区域性物流业的有效组合和功能互补，构筑国民经济的有机体系。

案例 7-5：天津市大力推进京津冀商贸物流协同发展

2020 年 1 月 5 日，商务部驻天津特派办事处报道。京津冀三地通过制定相关政策来推动商贸物流协同发展。一是构建京津冀冷链物流服务体系。京津冀三地商务部门联合制定《环首都 1 小时鲜活农产品流通圈规划》，提高首都鲜活农产品供给保障能力，促进津冀鲜活农产品领域绿色流通体系发展。围绕京津冀周边蔬菜、畜禽生产基地，建设齐心、宽达、海吉星、港强等一批专业化冷链物流配送中心，完善蓝玺冷链、东疆港大冷链、金三冷链等区域性冷链物流基础设施建设，提升天津市服务京津冀区域性鲜活农产品冷链物流水平。规划建设中信达、中合农发、中商三农、月坛等冷库 12 座，库容约 31.3 万吨。规划建设金三冷链交易市场，预计年交易量 300 万吨，交易额 400 亿元。二是推动京津冀冷链物流标准协同发展。京津冀三地商务主管部门、标准化部门共同发布《冷链物流 冷库技术规范》《冷链物流 运输车辆设备要求》等八项冷链物流区域协同标准，并在京津冀区域内发布实施，是国内首部冷链物流储、运、销一体化系列标准。三是扩大京津冀标准化托盘循环共用规模。成立京津冀物流标准化联盟，加强京津冀区域供应链上下游企业对接合作，提高京津冀区域物流运作效率，推动区域内物流标准化工作的政策协同、工作协同和标准对接。成立京津冀鲁全球统一编码标准化托盘运营服务联盟，重点支持快消品、农产品、药品、电商等领域具有影响力的品牌供应商、连锁商业、电商平台、农产品流通企业、托盘运营服务商、物流服务平台及第三方物流企业等主体开展供应链体系建设，以标准托盘 1200mm×1000mm 循环共用和全球统一编码的 GS1 商品条码为切入点，带动物流上下游相关设施设备的标准化衔接，提高物流链标准化、信息化、智能化、协同化水平。

资料来源：http://www.mofcom.gov.cn/aarticle/resume/n/202001/20200102930445.html.

二、我国政府管理体制的发展现状和新时期特点

我国物流业政府管理体制建设主要表现在落实部际政策协调、协调区域物流发展政策和加强行业监管制度等几个方面。

（一）落实部际政策协调

物流业的管理需要政府多个部门间有效地协调合作。为切实加强对全国现代物流工作的综合组织协调，充分发挥各部门的职能作用，促进现代物流全面快速协调健康发展，2005年2月，国务院批准设立了全国现代物流工作部际联席会议制度。成员单位包括国家发展改革委、商务部、原铁道部、原交通部、原信息产业部、原民航总局、公安部、财政部、海关总署、原工商总局、税务总局、原质检总局、国家标准委、中国物流与采购联合会和中国交通运输协会共15个部门和单位。国家发展改革委为联席会议牵头单位，联席会议召集人由国家发展改革委分管副主任担任，联席会议成员为有关部门和单位负责人。联席会议下设办公室，办公室日常工作由国家发展改革委经济运行调节局承担。从2015年开始，全国现代物流工作部际联席会议形成新的运行机制，由国家发展改革委、商务部、交通运输部、工业和信息化部、中国物流与采购联合会轮流主持，坚持问题导向，着力解决制约物流业发展，亟待跨部门协调解决的重点问题。支持物流业发展的部门间合力逐步加强，行业政策环境持续改善。

（1）制定落实专项规划。2018年，国家发展改革委和交通运输部出台的《国家物流枢纽布局和建设规划》中指出，要加强国家物流枢纽网络建设，打造"通道＋枢纽＋网络"的物流运行体系。2019年，国家发展改革委出台《关于推动物流高质量发展促进形成强大国内市场的意见》，明确物流高质量发展的重要意义，构建了高质量物流基础设施网络体系。2021年，十三届全国人大四次会议表决通过《中华人民共和国国民经济和社会发展第十四个五年规划和2035年远景目标纲要》。"十四五"规划强调物流业要"回归本质"，加快发展现代服务业，强调了物流业的战略定位，并给出物流业的两大发展方向。随后各省市分别根据"十四五"规划制定关于"十四五"期间物流业发展的政策。2022年12月，国务院办公厅印发《"十四五"现代物流发展规划》，明确了现代物流发展重点方向，提出加快培育现代物流转型升级新

动能，深度挖掘现代物流重点领域潜力，强化现代物流发展支撑体系。

（2）加快体制机制改革。2011年，国务院决定开展深化增值税制度改革试点，以解决物流业现行税制中的重复征税问题，批准自2012年1月1日起在上海市交通运输业和部分现代服务业开展试点，逐步将目前征收营业税的行业改为征收增值税，正式拉开了"营改增"试点的序幕。随后，2012年，国务院决定扩大营业税改征增值税试点范围；2013年，国务院作出进一步扩大"营改增"试点的决定：一是扩大地区试点；二是扩大行业试点，力争全面推行营业税改征增值税。"营改增"既是财税制度的重大创新，也是推动经济结构调整和发展方式转变的重要手段，引发物流企业的普遍关注，使中国物流企业得到更好发展；2016年，《营业税改征增值税试点实施办法》《营业税改征增值税试点有关事项的规定》《营业税改征增值税试点过渡政策的规定》和《跨境应税行为适用增值税零税率和免税政策的规定》等一系列政策出台，推动在全国范围内全面推开营业税改征增值税试点。

2012年，国务院发布《国务院关于深化流通体制改革加快流通产业发展的意见》，进一步明确了流通领域改革的指导思想、原则和任务。2013年，国务院陆续颁发了《降低流通费用提高流通效率综合工作方案》《深化流通体制改革加快流通产业发展重点工作部门分工方案》《国务院关于促进信息消费扩大内需的若干意见》等多项政策文件，对深化推进流通领域改革，进一步降低物流成本，提升物流效率，加快我国流通领域现代物流发展起到了重要作用。2015年至今，国家颁布了多项政策来推动流通现代化发展。其中，在2022年1月24日，国家发展改革委发布《"十四五"现代流通体系建设规划》（以下简称《规划》），它是现代流通领域的第一份五年计划，《规划》突出现代流通体系建设的战略性，紧扣现代流通体系衔接供需两侧，串接上下游、产供销的特点，注重统筹市场、商贸、物流、交通、金融、信用等领域，围绕形成和发挥现代流通体系的整体性作用，提出了现代流通体系建设的4大总体方向。

关于交通运输体系的改革，2022年1月18日，国务院印发《"十四五"现代综合交通运输体系发展规划》（以下简称《规划》），指出到2025年，综合交通运输基本实现一体化融合发展，智能化、绿色化取得实质性突破，综合能力、服务品质、运行效率和整体效益显著提升，交通运输发展向世界一流水平迈进。为构建现代综合交通运输体系，《规划》推出了11大工程，实现综合交通运输一体化融合发展，同时推动综合物流体系的构建。

（3）出台多项专项规划，引导和支持细分行业物流发展。党的十九大以来，我国在物流细分行业出台了一批政策与规划文件，主要涵盖交通领域、农产品物流领域、流通领域、快递领域、国际物流领域，推动了我国行业物流的发展。具体如表7-2至表7-7所示。

表7-2 党的十九大以来中国交通领域主要政策与规划出台情况

发文单位	政策、规划名称
国务院	《"十四五"现代综合交通运输体系发展规划》
中共中央、国务院	《国家综合立体交通网规划纲要》
国家发展改革委、交通运输部	《关于进一步降低物流成本的实施意见》
交通运输部	《交通运输标准化管理办法》 《推进综合交通运输大数据发展 行动纲要（2020—2025年）》 《综合运输服务"十四五"发展规划》 《交通运输"十四五"立法规划》 《数字交通"十四五"发展规划》 《海事系统"十四五"发展规划》 《珠江航运"十四五"发展规划》 《长航系统"十四五"发展规划》 《公路"十四五"发展规划》 《绿色交通"十四五"发展规划》 《水运"十四五"发展规划》
交通运输部、科技部	《"十四五"交通领域科技创新规划》
交通运输部、国家标准化管理委员会、国家铁路局、中国民用航空局、国家邮政局	《交通运输标准化"十四五"发展规划》
交通运输部、国家铁路局、中国民用航空局、国家邮政局、中国国家铁路集团有限公司	《现代综合交通枢纽体系"十四五"发展规划》

表7-3　党的十九大以来中国农产品物流领域相关政策与规划出台情况

发文单位	政策、规划名称
中共中央、国务院	《中共中央　国务院关于抓好"三农"领域重点工作确保如期实现全面小康的意见》
国家发展改革委、公安部、财政部、自然资源部、生态环境部、住房城乡建设部、交通运输部、农业农村部、商务部、国家税务总局、市场监管总局、银保监会	《关于进一步优化发展环境促进生鲜农产品流通的实施意见》
农业农村部	《农业农村部关于加快农产品仓储保鲜冷链设施建设的实施意见》 《"十四五"全国农产品产地市场体系发展规划》 《农业农村部关于开展现代农业全产业链标准化试点工作的通知》 《农产品质量安全信息化追溯管理办法（试行）》 《"十四五"全国农产品质量安全提升规划》
农业农村部办公厅	《"十四五"全国农产品产地市场体系发展规划》

表7-4　党的十九大以来流通领域物流相关政策与规划出台情况

发文单位	政策、规划名称
中共中央、国务院	《中共中央　国务院关于推进贸易高质量发展的指导意见》 《中共中央　国务院关于加快建设全国统一大市场的意见》
国务院办公厅	《国务院办公厅关于加快发展流通促进商业消费的意见》
商务部	《商务部关于"十四五"时期促进药品流通行业高质量发展的指导意见》
商务部流通产业促进中心	《中国产业带数字化转型——生产、流通与消费的高效协同》
商务部等9部门	《商贸物流高质量发展专项行动计划（2021—2025年）》
商务部等22部门	《"十四五"国内贸易发展规划》
商务部等24部门	《"十四五"服务贸易发展规划》
财务部办公厅、商务部办公厅	《关于开展2018年流通领域现代供应链体系建设的通知》

发文单位	政策、规划名称
国家发展改革委	《"十四五"现代流通体系建设规划》
财政部、国家税务总局	《关于继续实施物流企业大宗商品仓储设施用地城镇土地使用税优惠政策的公告》

表7－5　党的十九大以来中国快递领域部分相关政策与规划出台情况

发文单位	政策、规划名称
国务院办公厅	《国务院办公厅关于推进电子商务与快递物流协同发展的意见》
国家邮政局	《国家邮政局关于支持民营快递企业发展的指导意见》《快递进村三年行动方案（2020—2022年)》《中国快递示范城市评定和管理办法》
国家邮政局、国家发展改革委、交通运输部	《"十四五"邮政业发展规划》
交通运输部	《邮件快件包装管理办法》
国家邮政局、工业和信息化部	《关于促进快递业与制造业深度融合发展的意见》
中国快递协会	《快递企业末端派费核算指引（试行)》（2020)

表7－6　党的十九大以来电子商务领域相关政策与规划出台情况

发文单位	政策、规划名称
全国人民代表大会常务委员会	《中华人民共和国电子商务法》
国务院办公厅	《国务院办公厅关于加快发展外贸新业态新模式的意见》
商务部办公厅	《商务部办公厅关于推动电子商务企业绿色发展工作的通知》
商务部、国家发展改革委、财政部、海关总署、国家税务总局、市场监管总局	《商务部　发展改革委　财政部　海关总署　税务总局　市场监管总局关于扩大跨境电商零售进口试点、严格落实监管要求的通知》
商务部、中央网信办、国家发展改革委	《"十四五"电子商务发展规划》

发文单位	政策、规划名称
财政部、国家税务总局、商务部、海关总署	《关于跨境电子商务综合试验区零售出口货物税收政策的通知》
市场监管总局	《市场监管总局关于开展落实电子商务平台责任专项行动的通知》
国家邮政局、商务部	《国家邮政局 商务部关于规范快递与电子商务数据互联共享的指导意见》
财政部办公厅、商务部办公厅、国家乡村振兴局综合司	《关于开展2021年电子商务进农村综合示范工作的通知》
商务部等6部门	《关于扩大跨境电商零售进口试点的通知》

表7-7　党的十九大以来中国国际物流领域相关政策与规划出台情况

发文单位	文件名称
国家税务总局等十部门	《税务总局等十部门关于进一步加大出口退税支持力度并促进外贸平稳发展的通知》
国务院办公厅	《国务院办公厅关于加快发展外贸新业态新模式的意见》

　　各地区参考全国现代物流工作部际联席会议制度，结合自身特点，相继建立起地区现代物流联席会议制度或物流组织推动领导小组等不同形式的协调机制。

　　如辽宁、江苏、河南、湖北、四川、云南等省先后建立了省级现代物流联席会议制度，以促进现代物流的全面快速协调发展。各省联席会议制度成员一般包括省发展改革委、商务厅、交通厅、公安厅、财政厅、国土资源厅、人事厅、劳动和社会保障厅、统计局、工商局、国税局、地税局、质检局等20多个职能部门和单位。联席会议一般每年召开1~2次全体会议，或由联席会议办公室根据工作需要提出建议召集临时全体会议。

　　还有部分省市根据自身组织机构的特点设置了不同类型的协调组织机制。如天津市成立了现代物流组织推动领导小组，明确市交通委员会为现代物流组织推动和行业管理部门，并设立了专门的行业处室；上海、云南也建立了现代物流工作领导小组，统一协调地区物流业的全面发展。

几年来，这些组织机构在全面掌握地区现代物流发展情况、综合协调物流发展战略和规划、促进地区间联动、部门间合作、形成长效机制等方面都发挥了很大作用。

（二）推动区域物流发展政策协调

跨行政区域的合作不仅是各省市物流发展的需要，而且还可以提高整个区域的物流发展水平。因此，中央和地方出台了一系列政策和措施来加强区域间的合作，推动构建区域物流一体化发展平台。"十三五"期间，我国中部地区的货运量增速已经超过东部地区。重庆通过发展渝新欧集装箱班列、国际集装箱班轮、陆海贸易新通道等外向型物流服务体系，吸聚和培育了富士康等一批高端制造企业，电子信息产业快速发展。党的十九大以来重点关注"京津冀协同发展""长三角一体化发展"等国家重大战略建设（见表7-8），来推动区域物流协同一体化。同时，根据2018年国家发展改革委和交通运输部出台的《国家物流枢纽布局和建设规划》，中西部和东北地区的国家物流枢纽数量占比达60%，中西部经济发展潜力将得到充分释放。此外，随着高速公路省界收费站撤销，长江干线货运能力充分释放，区域物流效率水平进一步提升。以出口加工为导向、东部沿海地区为中心的区域物流体系正在重组，逐渐转向国内区域物流体系发展，服务于新发展格局的产业链转移和供应链构建。"十四五"规划中也明确给出了"十四五"乃至今后一个时期实施区域协调发展战略方向。

表7-8　　党的十九大以来中国区域经济发展政策与规划出台情况

发文单位	政策、规划名称
北京市京津冀协同办会同各有关部门	《北京市推进京津冀协同发展2022年工作要点》
北京市人民政府、河北省人民政府	《北京市人民政府　河北省人民政府关于进一步加强非首都功能疏解和重点承接平台建设合作协议》
财政部	《关于全面推动长江经济带发展财税支持政策的方案》
交通运输部、国家发展改革委、生态环境部、住房城乡建设部	《关于建立健全长江经济带船舶和港口污染防治长效机制的意见》
交通运输部	《珠江航运"十四五"发展规划》

续　表

发文单位	政策、规划名称
广西壮族自治区 发展和改革委员会	《西部陆海新通道广西物流业 发展规划（2019—2025 年）》
中共中央、国务院	《中共中央　国务院关于新时代推进西部 大开发形成新格局的指导意见》

首先，在政策的指引下，部分重点区域物流市场协同发展态势明显。例如，随着京津冀一体化发展战略的深入推进，京津冀地区物流一体化进程加快。在区域交通系统方面，京津冀地区开通了全国铁路首列货物快运专列，到 2021 年基本形成了以"四纵四横一环"运输通道为主骨架、多节点、网格状的区域交通新格局，初步构建了现代化的高质量综合立体交通网。铁路方面，"轨道上的京津冀"初步形成。京张高铁、石济高铁、京雄城际、京津城际延伸线等建成通车，干线铁路、城际铁路、市域（郊）铁路、城市轨道交通融合发展水平加快提升。在公路方面，环京津地区的高等级公路基本实现了全覆盖。在水运方面，有序推进港航资源的共享。天津北方国际航运枢纽建设取得了积极进展，天津港高沙岭港区 10 万吨级航道一期、唐山港京唐港区第四港池 25 万吨级航道等一批项目也在加快推进，港口资源的跨行政区整合以及航道、锚地共享共用有序推进。民航方面，机场群功能分工持续优化。北京大兴国际机场正式投运，连通 12 个国际航点、138 个国内航点，机场高速公路、机场北线高速公路部分路段建成通车。

其次，区域综合交通运输体系建设加快。在长三角一体化的政策下，长三角地区交通一体化取得明显成效，作为全国交通运输网络密度和服务水平领先的地区，长三角地区交通运输发展成就显著，设施网络、枢纽效能、科技创新、交产融合、治理能力等均走在全国前列。2018 年年底，区域干线铁路、高速铁路网面积密度分别是全国平均水平的 2.2 倍和 2.6 倍，铁路客运密度是全国平均水平的 2.1 倍。区域干线公路网便捷高效，高速公路覆盖 97% 以上的县级行政区，路网面积密度是全国平均水平的 2.8 倍。长三角地区拥有全国最发达的内河航道网，等级航道里程约占全国的 30%。"一体两翼"世界级港口群基本形成，地区规模以上港口货物吞吐量和外贸集装箱吞吐量分别占全国的 39.1% 和 44.9%。上海国际航空枢纽地位持续巩固，杭州、南京、合肥等区域航空枢纽功能显著增强，协同联动的长三角机场群加快优化，地区运输机场完成旅客吞吐量和货邮吞吐量分别占全国的 19.6% 和 34%。长三角地区拥有一批示范性的综合客运枢纽和现代化货运枢纽，以及杭州湾跨海大桥、苏通大桥、洋山港集装箱全自动码头、长江口深水航道治理工程等一批闻名全球的交通超级工程。智慧交通工具广泛应用，成为中国首个"国家智能网联汽车（上海）试点示范区"封闭测试区，"互联网＋"交通、现代物流等率先突破。

再次，跨境物流通道加速建设，区域合作一体化前景广阔。伴随"一带一路"倡议的实施，2018 年年底，新亚欧大陆桥、中蒙俄、中国—中亚—西亚、中国—中南半岛、中巴和孟中印缅"六廊"建设已启动或建成，总投资近 200 亿美元的项目共 19 个。2020 年上半年，中欧班列开行 5000 多列，同比增长 30% 以上。同时，信息数字之路建设提速，《共同推进"智慧海关、智能边境、智享联通"建设与合作的倡议》的"三智"合作加快了海关信息交换共享平台、国际贸易"单一窗口"的建设。

最后，自贸区建设加速区域物流合作发展。2017 年 3 月，国务院批复成立中国（辽宁）自由贸易试验区、中国（浙江）自由贸易试验区、中国（河南）自由贸易试验区、中国（湖北）自由贸易试验区、中国（重庆）自由贸易试验区、中国（四川）自由贸易试验区、中国（陕西）自由贸易试验区。2018 年 10 月，国务院批复同意设立中国（海南）自由贸易试验区。2019 年 8 月，国务院批复同意设立中国（山东）自由贸易试验区、中国（江苏）自由贸易试验区、中国（广西）自由贸易试验区、中国（河北）自由贸易试验区、中国（云南）自由贸易试验区、中国（黑龙江）自由贸易试验区。2020 年 6 月，中共中央、国务院印发了《海南自由贸易港建设总体方案》。2020 年 9 月，中国新设 3 个自贸区，包括北京、湖南、安徽。截至 2021 年，中国的自贸区数量目前已经扩容至 21 个，有序分布在华东、华南、华北、华中、东北、西南地区，基本实现了沿海省份的全覆盖。各自贸区基于发挥地理优势和产业特点建构的功能定位都各有特色。这些自贸区为区域物流发展提供了强大的动力。上海自贸试验区成立以来，积极探索建立与国际投资和贸易规则相适应的行政管理体系，培育国际化、法治化的营商环境。例如，推进工商登记制度改革、探索负面清单管理模式、深化金融领域开放、加强事中事后监管等，有望破除企业发展的"天花板"和"玻璃门"。截至 2018 年，上海自贸区内海关注册企业超过 5 万家，物流企业占企业总数的 30% 左右，2020 年 3 月 4 日，被工业和信息化部评定为国家新型工业化产业示范基地。2020 年 9 月 1 日，上海自贸试验区临港新片区启动强化竞争政策实施试点。服务贸易整体环境的改善，将促进以港航企业为代表的物流业与国际接轨，加快国际航运中心建设，带动运输、分拨、仓储、物流、快递、供应链等一批专业化物流企业的发展壮大，逐步扭转服务贸易逆差局面，提升我国国际贸易整体竞争实力。

案例 7－6：交通运输部推"一省一港"，17 省市已整合成立省级港口集团

作为综合性的商贸和物流中枢，港口支撑沿海城市乃至国家经济，并以枢纽经济带动工业崛起。以港兴市造福了香港、深圳，以港兴国造福了荷兰、新加坡。在从全球物流大国迈向物流强国过程中，港口物流整合发展是中国当务之急。

遵循"一省一港"，全国、全省一盘棋的思路，2016 年，我国沿海港口整合浪潮拉开了序幕。2019 年 11 月，交通运输部等部门联合印发《关于建设世界一流港口的指导意见》，加快世界一流港口建设，提出了港口发展的"三步走战略"。同时，《意见》也将我国省级港口集团资源整合推向了高潮。第一步：到 2025 年，世界一流港口建设取得重要进展，主要港口绿色、智慧、安全发展实现重大突破，地区性重要港口和一般港口专业化、规模化水平明显提升。第二步：到 2035 年，全国港口发展水平整体跃升，主要港口总体达到世界一流水平，若干个枢纽港口建成世界一流港口，引领全球港口绿色发展、智慧发展。第三步：到 2050 年，全面建成世界一流港口，形成若干个世界级港口群，发展水平位居世界前列。

目前，我国 17 个省份组建了省级层面的港口集团。此外，区域港口群协同发展，三大世界级港口群（环渤海、长三角、粤港澳大湾区港口群）也正在形成。

资料来源：https://baijiahao.baidu.com/s?id=1772403989940146235&wfr=spider&for=pc。

（三）加强物流行业监管制度建设

近年来，为推动物流行业发展，我国中央和各级地方政府在行业监管方

面积极实施了重点企业联系制度和行业统计核算制度，以更好地了解和监管物流行业运行态势。

2001 年，原国家经贸委等部门在《关于加快我国现代物流发展的若干意见》中指出要建立现代物流工作重点企业联系制度。通过重点企业联系制度的建立，加强了政府与企业的沟通，各级政府可以掌握第一手资料，深入了解各地开展现代物流工作的基本情况和工作中遇到的突出问题，研究对策措施，以点带面，推广成功的经验，为企业发展现代物流创造良好的环境。

案例 7-7：国务院复工复产推进工作机制国际物流工作专班关于公布第一批国际物流运输重点联系企业名单的通知

2020 年 5 月，国务院复工复产推进工作机制国际物流工作专班（以下简称"专班"），公布了 54 家第一批国际物流运输重点联系企业名单。专班是在国务院复工复产推进工作机制下，由交通运输部会同外交部、工业和信息化部、商务部等 12 个部门共同成立。旨在协调解决疫情期间国际物流中存在的问题，统筹各种运输方式，全面提升国际货运能力，做好保通保运保供工作。为加强统筹调度，专班决定建立国际物流运输重点联系企业制度，按照运力资源充足、网络覆盖健全、运输组织高效、经营信誉良好的原则，组织遴选了首批 54 家重点联系企业。其中，包括 4 家综合物流企业、10 家中欧班列运营企业、1 家国际航运企业、2 家国际航空货运企业、2 家国际寄递物流企业及 35 家国际道路运输企业。

资料来源：https：//xxgk. mot. gov. cn/jigou/ysfws/202006/t20200623_ 3316091. html.

重点企业联系制度的开展在便于政府了解物流企业发展情况的同时，也给予了企业相关的扶持和优惠政策。各地的优惠政策略有不同。浙江省规定"重点联系企业享受国家物流税收试点政策；其物流设施建设项目，同等条件下优先列入省重点项目，予以土地等政策支持；列为省统计直报制度数据信息填报企业，享受有关信息服务；列为省平托盘国家标准修订调研的企业，享受有关技术咨询服务。"宁波市规定重点物流企业不仅可以"优先推荐入驻物流中心"，"优先推荐、安排企业参与市政府组织的国内外招商、考察等重要活动"，还可以"按规定申请市现代物流业发展引导资金；优先推荐企业参与市、省及国家的科技攻关、扶持引导资金等申报"。

物流企业统计调查工作的开展，对于了解物流企业和企业物流发展状况，更加深入地掌握了解地区物流发展趋势具有重要的意义。

2006 年，国家发展改革委在完善物流统计核算试行制度的基础上，建立了正式的统计核算制度。但在物流统计工作的实际操作中，由于其涉及面广、专业性强、网络覆盖量大，加之物流牵头部门本身业务量大、人手少，对统计业务也很陌生，工作网络也相对欠缺，不同地区的操作流程和准则又存在着很大差异，这使物流统计协调工作成为统计工作的重要方面。

案例 7 – 8：2023 年全国物流统计工作座谈会

国家发展改革委经济运行调节局分管领导对当前物流统计取得的显著成绩表示充分肯定。他表示，自 2006 年正式实施社会物流的统计制度开始，经过十几年发展，工作体系不断完善，社会影响力不断提升，物流统计数据已经成为经济运行监测、行业分析、政策制定等工作的重要参考，成为行业内外关注了解物流业运行情况的主要方式。中国物流信息中心还先后研究设计了物流景气指数、仓储指数、公路物流运价指数、电商物流指数等一系列的行业指数，有效支撑了物流发展趋势研判和细分领域分析。各地很多基于物流统计数据的分析报告，也得到了地方党委政府领导的批示。当前经济发展、物流业发展给物流统计工作带来了新的挑战，《"十四五"现代物流发展规划》《"十四五"冷链物流发展规划》对物流统计工作提出了新要求，物流统计监测体系要适应形势的变化，不断优化完善。

资料来源：http://www.clic.org.cn/zxdt/310147.jhtml.

（四）推进物流业降本增效

作为国民经济重要基础的物流业，中央政府明确提出"要降低物流成本，推进流通体制改革"。2016 年 6 月，《营造良好市场环境推动交通物流融合发展实施方案》中提出加强交通物流融合发展，降低全社会物流成本。2016 年 9 月《物流业降本增效专项行动方案（2016—2018 年）》从五个方面提出了21 项措施，对今后一个时期开展降本增效工作做出全面部署。2017 年 8 月，《国务院办公厅关于进一步推进物流降本增效促进实体经济发展的意见》从

"放管服"改革、降税清费、重点领域、信息化标准化智能化、联动融合、信息共享、体制机制改革七个方面，提出了27项政策措施，内容具体、重点突出，对指导以后的物流降本增效工作具有重要指导意义。"十四五"规划中也提到物流降本增效应当以"提高物流发展质量和效益"为主线，以大数据、智能化为依托，通过鼓励创新、融合互联网技术、多式联运等提升资源配置效率，着力推进物流业集约化、智能化、标准化发展。也就是说大力发展智慧物流，全面推进物流高质量发展。

表7-9列举了中央和地方出台的部分降本增效相关政策。

表7-9　　　　　　　中央和地方出台的部分降本增效相关政策

序号	发文时间	发文部门	政策文件名称	主要观点
1	2020年5月	国务院办公厅	《关于进一步降低物流成本的实施意见》	指出深化关键环节改革，降低物流制度成本、加强土地和资金保障，降低物流要素成本，深入落实减税降费措施，降低物流税费成本和推动物流设施高效衔接，降低物流联运成本等
2	2021年5月	国家发展改革委等部门	《关于做好2021年降成本重点工作的通知》	提出四项举措来推进物流降本增效：取消或降低部分公路民航港口收费、持续降低铁路货运成本、完善交通物流基础设施、优化运输结构
3	2018年2月	江苏省人民政府办公厅	《省政府办公厅关于进一步推进物流降本增效促进实体经济发展的实施意见》	指出要着力深化"放管服"改革、切实推进降税清费工作、提升枢纽通道物流服务能力、大力发展智慧物流、推进制造业供应链应用创新和加强物流标准化建设
4	2020年10月	河南省人民政府办公厅	《河南省进一步降低物流成本实施方案》	降低物流制度成本、要素成本、税费成本和联运成本等

序号	发文时间	发文部门	政策文件名称	主要观点
5	2020 年 11 月	武汉市人民政府	《武汉市推进物流降本增效三年行动计划（2020—2022 年)》	该计划指出，推进降本增效的重点任务是着力完善物流基础设施网络、不断提升物流企业规模化、集约化水平和建立健全物流业政策支持体系

资料来源：根据中央和地方出台的物流发展的相关政策整理。

在中央和地方物流业降本增效的相关政策和规划密集出台后，国家各机关部门对物流产业降本增效进行全面部署，纷纷出台利好政策助推物流产业降本增效。2021 年，交通运输部、国家发展改革委和财政部联合印发《全面推广高速公路差异化收费实施方案》（以下简称《方案》），《方案》强调，全面推广高速公路差异化收费，持续提升高速公路网通行效率，降低高速公路出行成本，促进物流业降本增效，让社会公众更多分享高速公路改革发展的红利。

物流行业协会积极推动政策落实，鼓励物流企业技术创新，通过制度创新、技术创新与升级等方式探索物流降本增效新渠道。2018 年，海南省物流协会召开了"物流企业转型升级降本增效"会议，提出了推动海南省物流产业转型升级计划。同年，海南省财政厅、海南省交通运输厅联合印发《海南省现代物流业发展专项资金管理暂行办法》，为符合条件的物流项目提供资金支持。

各部委积极按照分工落实工作责任。交通运输部等部门发布《交通运输部等十八个部门关于进一步鼓励开展多式联运工作的通知》，明确多式联运发展目标，并加速修订《收费公路管理条例》，支持"物联网 + 高效物流"新业态发展，于 2016 年 10 月至 2017 年 12 月在全国开展道路货运无车承运人试点工作。商务部印发《商务部关于促进商贸物流发展的实施意见》，积极推进商贸物流降本增效工作。国家发展改革委在 2016 年 10 月 24 日审核发布了 6 项物流行业标准，健全物流标准体系，并计划推进物流枢纽工程、骨干物流通道等方面的建设工作。财政部、国家税务总局在全国范围内全面推进营业税改征增值税试点工作。国务院大力推进"互联网 +"高效物流发展，促进物流信息互联共享，并联合交通运输部、中国人民银行联合惩戒超限超载运输行为。此外，2015 年以来，国家还相继出台了降息、减免、清费等一系列政策，与物流相关的利息财务成本回落明显；2023 年贷款市场报价利率（LPR）两次下调，释放出积极的政策信号，降低融资成本。

各地结合当地实际情况陆续出台降本增效具体措施。河北省结合自身实际情况优化全省内陆港布局，强化"进出口直通"功能，降低国际物流运作成本。宁夏回族自治区积极采取加强物流园区建设、推广共同配送和统一配送模式、推进物流公共信息服务平台建设等措施，降低商贸物流运作成本。江西省在全省范围内开展道路货运无车承运人试点工作。重庆市发力城市共同配送，计划建成物流三级配送体系。厦门市推进快递物流深度融合，借助物流发展平台降低快递行业成本，提出多项快递业降本增效举措。福州市大力发展港口物流，建设一批多式联运物流重点项目。

（五）"放管服"和大部制改革

"放管服"，就是简政放权、放管结合、优化服务。"放"指中央政府下放行政权，减少没有法律依据和法律授权的行政权；厘清多个部门重复管理的行政权。"管"指政府部门要创新和加强监管职能，利用新技术新体制加强监管体制创新。"服"指转变政府职能，减少政府对市场进行干预，将市场的事推向市场来决定，减少对市场主体过多的行政审批等行为，降低市场主体运行的行政成本，促进市场主体的活力和创新能力。

党的二十大报告提出，要"深化简政放权、放管结合、优化服务改革"，从而提出了新时代深化"放管服"改革的任务。新时代的"放管服"改革面临着基本实现社会主义现代化的新形势，面临着构建高水平社会主义市场经济体制、推进高水平对外开放、强化现代化建设人才支撑、适应国际营商环境评估指标体系的新变化、推动高质量发展的新任务，要求构建具有可预期性、市场决定性、服务优质性、引才竞争性、公平法治性、可持续性的国际一流营商环境。

2012—2016 年，交通运输部加大职能转变力度，坚持以深化供给侧结构性改革为主线，持续深入推进"放管服"改革，简政放权取得积极成效，监管能力和治理水平明显增强，行业服务水平有效提升，交通运输市场活力和发展动力得到有效激发。取消"国际船舶代理审批"，使国际船代领域新增

651 家企业，增幅达 45%；牵头出台第一部网约车管理规章、第一部共享单车管理规章，为全球新业态治理提供了"中国智慧"。

案例 7-9：出台深化"放管服"升级方案，甘肃交通智创一流营商环境

2023 年 5 月，甘肃省交通运输厅印发《全省交通运输行业深化"放管服"改革优化营商环境 3.0 升级方案》，在 2.0 升级方案的基础上，从深化简政放权、推进放管结合、优化政务服务、推进数字政府建设和提升涉企服务水平五个方面提出 22 项具体措施，优化营商环境。

以电子证照为代表，近年来甘肃省交通运输厅不断深化改革，由省厅负责的行政许可事项全部实现网上办、就近办、一次办，申请符合法定形式的，全部予以当日受理。2023 年，甘肃省交通运输厅继续梳理厅本级政务服务事项 99 项，拟研究再下放一批审批事项，不断提升便民服务水平；优化办理流程，进一步减材料、减环节、减时限，降低企业和群众办事成本；对国家重点公路建设项目竣工验收、公路养护项目工程竣工验收、公路收费标准审核、收费公路收费期限确定、收费公路收费站设置审核 5 项政务事项的承诺时限进行再压缩，提高审批效率。

资料来源：https：//www.mot.gov.cn/jiaotongyaowen/202305/t20230517_3828636.html.

除了"放管服"以外，大部制改革也是重要的发展方向。大部制即为大部门体制，即为推进政府事务综合管理与协调，按政府综合管理职能合并政府部门，组成超级大部的政府组织体制。特点是扩大一个部所管理的业务范围，把多种内容有联系的事务交由一个部管辖，从而最大限度地避免政府职能交叉、政出多门、多头管理，提高行政效率，降低行政成本。

2013 年 3 月，十二届全国人大一次会议通过了《国务院机构改革和职能转变方案》，提出实行铁路政企分开，将铁道部拟订铁路发展规划和政策的行政职责划入交通运输部；交通运输部统筹规划铁路、公路、水路、民航发展，加快推进综合交通运输体系建设。2013 年 11 月 26 日，经国务院和中央编委批准，《中央编办关于交通运输部有关职责和机构编制调整的通知》正式印发，明确了交通运输部有关调整和加强的职责，理顺了与有关部门单位的职责分工，调整优化了机构设置和人员编制。2014 年 3 月，交通运输大部门体

制改革基本落实到位①，形成了由交通运输部负责管理国家铁路局、中国民用航空局、国家邮政局的交通运输大部门管理架构格局，初步建立起与综合交通运输体系相适应的大部门体制机制。

案例 7 - 10：以多式联运为切入点，深化交通运输大部制改革

2019 年，中共中央、国务院印发《交通强国建设纲要》，明确提出"到 2035 年实现货物多式联运高效经济"的目标，并将"推动铁水、公铁、公水、空陆等联运发展，推广跨方式快速换装转运标准化设施设备，形成统一的多式联运标准和规则"作为下一阶段的重点任务，指明了我国多式联运发展方向。为加快建设交通强国，应着力在几方面纵深推进多式联运发展。其中之一是深化交通运输体制机制改革。强调要以多式联运为切入点，深化交通运输大部制改革。一是建立健全并落实部与部管国家局之间的职责关系和工作运行机制，适时建立跨部门多式联运常态化会议机制，做好多式联运发展协调工作，择机成立多式联运日常工作执行机构，负责开展全国多式联运日常调度、调查研究、创新引导、市场监管、政府补助等相关工作。二是强化部门间、部省间、政企间协同联动机制，凝聚各方合力，共建共享多式联运发展成果。三是纵深推进"放管服"改革，精简多式联运企业办事流程，全面推行"双随机、一公开"监管方式，打造服务型政府部门。

资料来源：https：//m. thepaper. cn/baijiahao_ 4953421.

三、我国物流行业政府管理体制存在的问题

全国现代物流工作部际联席会议制度是协调解决物流行业问题的重要手段。中央和地方都在积极推进部际协调会议。各成员单位按照联席会议工作规则，加强合作，密切配合，基本明确了工作思路，在推动我国物流业发展方面发挥着越来越重要的作用，得到了业界的普遍认可。由于物流业是涉及许多部门的复合型产业，又是新兴的服务性产业，今后仍需要加大政府管理力度，进一步完善联席会议协调机制。

---

① 资料来源：https：//www. gov. cn/xinwen/2014 - 03/12/content_ 2636722. htm.

（一）联席会议的信息沟通作用有待进一步发挥

物流工作涉及面广，许多工作需要各成员单位通力合作，信息沟通的作用非常重要。部际联席会议为各成员单位开展物流工作搭建了很好的信息沟通平台，有关部委（部门）应充分利用这一平台，形成正常的通报联络机制，加强各有关单位之间的沟通与协调。

（二）联席会议协调解决跨部门问题的能力有待进一步提高

联席会议是一种协调机制，要能够协调解决行业发展中的一些跨部门的重大问题。对影响行业发展的共性问题，联席办公室应组织有关成员单位深入实际，加强调查研究，通过联席会议协调解决，做到有问题及时发现、及时协调、及时解决，为物流发展构建畅通的环境。目前，一些城市如成都市、武汉市先后成立了物流办、物流局，大连市也成立了物流发展管理中心，这些都是在既有联席会议基础上成立的专门政府主管物流机构，有助于物流产业更加稳健的发展。

案例7-11：我国物流业政府管理体制亟须创新

根据《河南省"十四五"现代物流业发展规划》可知，河南省物流业发展虽然取得显著进展，但距高质量发展要求仍有不小差距。一是政策支持仍显乏力。物流业发展规划与综合交通、土地、城乡建设等规划衔接不足，物流项目建设选址随意性较大。政策精准度和协同性不高，冷链物流发展、园区建设、主体培育等相关工作分散在相关部门，未能形成有效合力。二是市场主体实力偏弱。物流市场规范化、专业化程度不高，物流企业仍以"小散弱"为主，全省规模以上物流企业仅占物流市场主体的7.7%，A级以上物流企业数量不足全国的3%，缺乏具备供应链整合和平台组织能力的"链主型"龙头企业，本土物流上市企业仍未实现零的突破。三是服务能力有待提升。物流业与农业、制造业等产业联动融合不够，产业集群供应链协同不足。物流服务同质化竞争现象普遍，低水平服务供给过剩，高标准、现代化仓储设施紧缺，中高端供给不足。四是智慧化水平亟待提高。物流设施设备智能化、自动化程度不高，物流信息交换共享存在瓶颈制约，物流"信息孤岛"问题突出，一定程度上制约了物流效率的提高。

资料来源：http：//m. henan. gov. cn/2022/04 – 21/2435766. html.

案例 7 – 12：达州市口岸物流办协调、指导全市物流产业发展工作

达州市口岸与物流发展办公室机构具有以下职能。一是负责全市口岸与物流产业发展工作。负责口岸运行分析和物流产业运行监测、统计。承担口岸与物流先进技术、设施设备的推广工作。研究口岸和物流产业发展的重大问题，提出促进全市口岸建设和物流产业发展的政策建议，营造统一开放、规范有序的市场环境。二是协调推进公共口岸服务体系、海关特殊监管区、口岸政策功能区的建设与发展。负责口岸信息化及电子口岸建设工作。组织协调口岸管理和过境物资的集疏运工作，推进便捷通关模式。负责市级物流集中发展区规划、建设和管理。三是负责县（市、区）物流集中发展区规划的审核并进行指导、协调和服务。拟订促进冷链物流、城乡配送、电商物流、快递物流等发展的政策措施并组织实施。四是负责物流枢纽的建设和发展。指导货运站场的行业管理。按规定承担物流市场有关管理工作中的货运站场及仓储的规划和安全监管工作。推动开通公路、铁路、航空和水路等物流通道。协调推进航线开通。组织、协调建立多式联运体系。五是负责物流企业、物流市场的培育。牵头协调重大物流项目的招商引资工作，承担全市重点物流项目的登记备案，推进重大物流项目建设。六是协助做好邮政管理相关工作，统筹协调本地邮政行业规划与口岸物流规划的衔接，促进邮政与口岸物流资源的整合等工作。七是协调口岸与物流产业的对外交流和区域合作工作。

资料来源：https：//www. dazhou. gov. cn/xxgk – show – 22796. html.

（三）联席会议工作网络有待进一步完善

中央和地方的联席会议都已经相继建立了办公室成员及联络员联系机制、重点联系企业制度。今后还应该进一步完善联席会议工作网络，形成更多有力的抓手，调动各个方面的积极性，完善政府物流管理的工作网络，形成推动物流业发展的合力。

（四）区域物流协调机制仍需进一步加强

整合社会物流资源，进行一体化运作，是物流业基本的运作模式，但得

不到相应的政府管理部门的支持，许多地区从各自利益出发，实行差别化的管理模式，限制了物流业的发展。例如，在实际运作中，大件运输"行路难、收费高"的问题十分突出。由于缺乏对跨省区大件运输的统一管理和协调，超限运输许可证不能够跨省区使用，导致大件运输车辆长期在省界滞留。这种区域分离的物流管理体系制约了物流一体化业务的开展。

（五）行业监管制度仍需加快创新

目前，重点企业联系制度是政府管理物流行业的重要抓手，在许多地方已经取得了积极成效。但是，仍然存在政府了解企业基本情况不足、企业动态情况掌握不够、企业突出问题解决能力有待加强、企业示范经验推广力度尚需加大、对重点企业缺乏综合考评等突出问题，这些都需要今后着力加以解决。

在行业统计方面，要进一步完善物流业统计调查制度和信息管理制度，建立科学的物流业统计调查方法和指标体系。加强物流统计基础工作，开展物流统计理论和方法研究，特别是面向全行业的物流景气指数研究。此外，还需积极推动地方物流统计工作，充分发挥行业组织的作用和力量，促进物流业统计信息交流，建立健全共享机制，提高统计数据的准确性和及时性。

案例7–13：新发展阶段"新经济"监管：理念、手段和模式

"新经济"的监管模式，是"十四五"时期"新经济"监管的新发展。这些监管模式包括以下几种。一是"平台型"监管。注重"平台"建设是"新经济"的重要特点之一，互联网平台在"新经济"发展中具有重要地位，其汇聚着产销双方、机构、个人、第三方等形形色色的参与者，既是交易的平台、数据的平台，也是信用的平台和消费者保护的平台。所以，监管部门要主动与平台协作，形成"平台型"监管，使"平台"成为政府和个体之间的媒介，形成政府管理平台，平台管理企业，企业管理个人的链条。监管部门在与平台的协作和互动中，可以将其中一些具有普适性的规则上升到国家法律法规的层面，对于一时看不准的情况，则可以以平台为主，继续在各方互动中逐渐探索明晰。"十四五"时期，为了进一步促进"新经济"发展，实施多中心化的"平台型"监管模式，将成为一个明显优势。

二是"生态型"监管。代表性的生态型"新经济"实体企业，有以商品

交易为核心的阿里巴巴和京东平台，也有以社交为核心的微信和微博平台；有以版权处理为核心的爱奇艺平台，也有以出行服务为核心的滴滴平台。这些"生态型"平台因其规范、公平、透明而得到各方认可，也形成了一些获得参与者共同认可的重要规则，影响力和带动性很强。因此，政府在对"新经济"的监管中，要十分重视"生态型"监管的作用。

三是"协会型"监管。"新经济"企业需要抱团取暖，建立起相互约束的行业协会。对此，为了充分发挥这些行业协会在监管中的作用，政府监管部门应督促"新经济"行业协会建立自律机制，在发展过程中维护企业合法权益，调节企业发展中出现的各种矛盾和冲突，保证"新经济"企业在健康轨道上快速发展。因此，"十四五"时期，政府对"新经济"的监管要取得实效，除了要有传统的、自上而下的政府层级结构的权力线，还必须与行业协会等各类合作伙伴建立起横向的行动线，这是新时期提高政府对"新经济"监管绩效的重要举措。

资料来源：https：//www.workercn.cn/c/2021 – 04 – 13/6657136.shtml.

四、完善物流行业政府管理体制的有关建议

针对当前我国现代物流业政府管理体制存在的问题，建议政府在完善我国物流业发展政策时，要突出抓好以下四个方面的工作。

（一）进一步完善联席会议工作网络，形成更多有力的抓手

各级政府的物流联席会议制度为促进物流业政府机构协调发挥了重要作用，今后，还应该进一步完善联席会议工作网络，吸引物流行业协会组织、专家、咨询机构以及其他中介组织的参与，调动各个方面的积极性，完善政府物流管理的工作网络，形成更多有力的抓手，形成推动物流业发展的合力。

（二）建立全国范围的区域物流协调机制

打破地区封锁和行业垄断经营行为，加强对不正当行政干预和不规范经营行为的纠正和制约，依法制止和查处滥用行政权力阻碍或限制跨地区、跨行业物流服务的行为，逐步建立统一开放、竞争有序的全国物流服务市场，使各类物流企业能够平等地进入市场，在统一、透明、公平、高效的市场竞争中优胜劣汰，促进物流资源的规范、公平、有序和高效流动。

（三）加快行业监管制度创新，推进物流行业的基础性工作稳步发展

创新物流行业监管制度与监管模式，利用多种有效手段掌握物流企业发展动态，从多种途径了解物流企业发展问题并加以解决，加大物流行业示范经验推广力度，加强对重点企业实施综合考评，实现能上能下的动态管理。

要进一步完善物流业统计调查制度和信息管理制度，加强物流统计基础工作，开展物流统计理论和方法研究，特别是面向全行业的物流景气指数研究。此外，还需积极推动地方物流统计工作，健全物流统计网络，建立健全共享机制，提高统计数据的准确性和及时性。

（四）深化物流"放管服"改革，提高政府效能

中央政府下放行政权，减少没有法律依据和法律授权的行政权；厘清多个部门重复管理的行政权。创新和加强监管职能，利用新技术新体制加强监管体制创新。转变政府职能，减少政府对物流市场的干预，将市场的事推向市场来决定，减少对物流主体过多的行政审批等行为，降低市场主体的市场运行的行政成本，促进物流主体的活力和创新能力。

第三节　行业管理体制的构成与优化

行业管理体制是指针对行业的进入、生产经营和退出等一系列活动而规定的管理约束。行业管理体制是否健全是一个行业是否成熟、健康和有序运行的重要标志。一般来说，行业管理体制的构成如表 7 - 10 所示，下面将分别论述行业管理体制的构成要素。

表 7 - 10　　　　　　　　　行业管理体制的构成

构成要素	具体类别
行业准入体制	企业准入、市场准入、职业准入、岗位准入
行业自律体制	自律组织：（行业协会建设）；自律过程：（行业标准建设、企业信用机制建设、评估与认证制度建设）

续　表

构成要素	具体类别
行业退出体制	退出标准、程序、方式等

一、行业准入体制

行业的准入体制是指行业为新进入本行业的企业、人员、岗位等设置的一系列准入制度的集合，如企业准入、市场准入、职业准入和岗位准入等制度。企业或者人员只有具备高于这一门槛的标准或者能力时，才能从行业竞争中获益。实际上，行业准入体制的突出表现就是为行业设定相应的准入壁垒。

（一）企业准入壁垒分析

一般来说，企业准入壁垒包括结构性准入壁垒、行为性准入壁垒及政策性准入壁垒三大类。结构性准入壁垒包括绝对成本优势壁垒、规模经济壁垒、资本量门槛壁垒和产品差异壁垒等。绝对成本优势是指在特定产量水平，在位企业比潜在进入企业具有的以低成本进行生产的能力。在位企业的绝对成本优势与它们对原材料的控制有关。在存在规模经济的行业，企业的最低经营规模越高，进入门槛越高，潜在进入者就越难以进入。对于资本密集的行业，如汽车、航空、石油化工等，资金成为巨大的门槛。产品差异优势产生于顾客对非常类似、相互可以替代的一类产品之一的偏好，也可以是由于不同顾客具有不同的购买习惯或偏好类型。技术壁垒是指在位企业对该行业生产经营关键技术的垄断，或者是潜在进入者在获得关键技术时遇到的各种困难。"一流企业卖标准，二流企业卖技术，三流企业卖产品。"标准是技术的最高层次。

行为性准入壁垒包括阻止进入行为和驱除对手行为。任何在位企业都倾向于维持一个低价以阻止进入，从而保住已有的市场份额与生产规模，这说明市场容量小的市场上，新的潜在进入者难以进入。

政策性准入壁垒包括国家对某些行业颁布许可证，如药品、食品、邮电、通信设备等，对某些原材料进行严格控制，国家有关控制环境污染的法令、卫生法令等都能形成重要的准入壁垒。

　　因此，如果物流企业想进入新的一个细分物流市场，它必须克服这三个壁垒，才有可能在新的行业领域中获益。

（二）市场准入体制分析

　　市场准入壁垒是市场准入体制的重要体现。市场准入壁垒表现在四个方面。

　　（1）行政性管制壁垒。这是指必须依靠某一行政性批示才能进入物流市场进行生产经营活动。行政性管制壁垒的存在可以保护某些关系民生的细分物流行业，但是，过度的行政性管制可能会带来物流行业的非充分竞争以及行政腐败，使市场效率不能得到有效改进。

　　（2）所有制歧视壁垒。主要是国内民间资本受到歧视性的准入壁垒。有些领域虽然没有明文规定不准民营企业投资经营，但与国有企业和外资企业相比，面临更多的前置审批，在项目审批、土地征用等一系列环节上，民营企业面临的困难也要大得多，形成了对国内民间资本无形的准入壁垒。

　　（3）地方保护壁垒。对本地区以外的物流企业和服务实行地方保护，例如，禁止或者限制本地开分公司或者子公司；需要办理不同于本地企业的审批手续；额外收费或实行不同的税费标准等。地方保护壁垒过高是严重制约我国物流企业发展的壁垒之一。

　　（4）部门垄断性体制壁垒。例如，某些垄断性行业（如邮政、铁路）物流存在政企合一的表现形式，表现为既有企业获得了行政性保护，并禁止其他企业进入，这些行业形成了以部门行政性垄断为特征的寡头垄断格局。部门行政性垄断所造成的行业伤害要甚于市场垄断。

案例7-14：中国汽车流通协会建议汽车行业消费税后移、打破地方保护壁垒

　　在促进汽车消费方面，广州、宁波、烟台、吉林、郑州等地相继出台了"地产车"（指"当地生产的车"）支持政策，对于消费者购买"地产车"给予奖励等。比如，宁波对当地汽车生产企业在本年首发投产并列入国家《车辆生产企业与产品》公告目录的新车型，累计产量突破1万辆后，产量每超过10%给予50万元补助，每家企业补助最高不超过500万元；吉林购买一汽奔腾，给予车价3%的补贴，最高不超过3000元等；郑州对整车企业生产的

"国六"标准新车，在该市每销售 1 台给予生产企业 3000 元补助，同时奖励总量前 10 名的限上汽车销售企业，每家给予 50 万元奖励。在中国汽车流通行业蓝皮书论坛上，中国汽车流通协会副秘书长郎学红对部分省市具有地方保护性的汽车消费政策提出建议。"地产车"的奖励政策呈现出了地方保护的抬头状况，不利于行业健康发展。在打破地方保护壁垒方面，建议国家将汽车行业内消费税后移，从原来生产端征收方式，后移到经销商销售环节征收，拓展地方政府收入来源。消费税后移，可以使地方政府有更多资金做好基础设施建设，加大消费的砝码，改善消费环境。

资料来源：https：//www.360kuai.com/pc/92c3207aca2021a08？cota = 3&kuai_ so = 1&sign = 360_ 57c3bbd1&refer_ scene = so_ 1.

案例 7-15：中共中央 国务院关于加快建设全国统一大市场的意见

2022 年，中共中央 国务院发布《中共中央 国务院关于加快建设全国统一大市场的意见》，指出要进一步规范不当市场竞争和市场干预行为。一是着力强化反垄断。完善垄断行为认定法律规则，健全经营者集中分类分级反垄断审查制度。破除平台企业数据垄断等问题，强化垄断风险识别、预警、防范。稳步推进自然垄断行业改革，加强对电网、油气管网等网络型自然垄断环节的监管。加强对创新型中小企业原始创新和知识产权的保护。二是依法查处不正当竞争行为。对市场主体、消费者反映强烈的重点行业和领域，加强全链条竞争监管执法，以公正监管保障公平竞争。加强对平台经济、共享经济等新业态领域不正当竞争行为的规制，整治网络黑灰产业链条，治理新型网络不正当竞争行为。健全跨部门跨行政区域的反不正当竞争执法信息共享、协作联动机制，提高执法的统一性、权威性、协调性。构建跨行政区域的反不正当竞争案件移送、执法协助、联合执法机制，针对新型、疑难、典型案件畅通会商渠道、互通裁量标准。三是破除地方保护和区域壁垒。建立涉企优惠政策目录清单并及时向社会公开，及时清理废除各地区含有地方保护、市场分割、指定交易等妨碍统一市场和公平竞争的政策，全面清理歧视外资企业和外地企业、实行地方保护的各类优惠政策，对新出台政策严格开展公平竞争审查。加强地区间产业转移项目协调合作，建立重大问题协调解决机制，推动产业合理布局、分工进一步优化。鼓励各地区持续优化营商环境，依法开展招商引资活动，防止招商引资恶性竞争行为，以优质的制度供给和制度创新吸引更多优质企业投资。

资料来源：http：//www. gov. cn/zhengce/2022－04/10/content_ 5684385. htm.（有删改）

（三）职业准入和岗位准入分析

市场竞争条件下，行业竞争实力的强弱越来越取决于劳动者的素质，取决于各类人才的质量和数量。因此，职业准入和岗位准入制度建设非常必要。对物流行业从业人员实行职业准入制度，其目的就是要促进劳动者改善素质结构和提高素质水平，进而促进劳动者就业和再就业能力的提高。通过实行职业准入控制，推行职业资格证书制度。一是可以规范劳动力市场建设，为劳动者就业创造平等竞争就业的环境；二是可以实现劳动力资源合理开发和配置，并使其纳入良性发展轨道；三是可以促进劳动者主动提高自身的技术业务素质，使我国的物流行业就业转为依靠素质就业，达到使劳动者尽快就业和稳定就业的目的。

（四）我国行业准入体制发展现状分析

现代物流作为新兴的产业，其运作涉及多个部门和多个细分产业，因此，在具体的行业准入体制（如企业准入、市场准入、职业准入、岗位准入）上仍然缺乏明确的标准。目前，全国物流标准化技术委员会积极编制物流标准，涉及了有关行业准入问题，但仍然缺乏系统化和集成化，尚需要深入研究，加快推进有关行业准入工作的标准制定。

在物流市场管理方面，目前已有部分专业物流市场出台了有关市场准入制度。例如，2008 年 7 月，交通运输部正式公布实施《快递市场管理办法》（中华人民共和国交通运输部令 2008 年第 4 号），这是我国第一部有关快递行业的管理规定，标志着我国快递行业实现了有法可依。经过几次修订，《快递市场管理办法》（中华人民共和国交通运输部令 2023 年第 22 号）已于 2023 年 12 月 8 日经第 28 次部务会议通过，自 2024 年 3 月 1 日起施行，更加有效规范市场主体经营行为，不断提升快递服务质量和安全水平。

二、行业自律体制

行业自律体制是为了规范行业行为，协调同行利益关系，维护行业间的公平竞争和正当利益，促进行业发展的监督机制。行业自律包括两个方面：一方面是行业内对国家法律、法规政策的遵守和贯彻；另一方面是行业内的行规行约制约自己的行为。每一方面都包含对行业内成员的监督和保护的机能。行业自律是市场经济体制的必然产物。每个行业只有认真地做好了行业自律的工作，本行业才能在竞争激烈的市场中生存下去，也才能有一个健康有序的市场。

行业自律的内涵主要包括以下五个方面：①严格执行相关的法律、法规。例如，行业管理办法、其他相关法律、法规。②制定和认真执行行规行约。"行规和行约"是行业内部自我管理，自我约束的一种措施。行规和行约的制定和执行对会员无疑起到一种自我监督的作用，推动本行业规范健康的发展。③向客户提供优质、规范服务。④行业自律也是维护本行业和企业的利益，避免恶性竞争，维护本行业持续健康的发展。⑤行业协会是行业自律的监督机构之一。行业自律是建立在行业协会的基础之上的，如果一个行业没有一个运作良好的行业协会，行业自律也就无从谈起。

（一）建立行业自律机制的基本原则

（1）以企业为主体原则。物流行业自律机制的核心在于市场主体责任的落实。市场主体要从建立健全企业内部管理制度入手，强化内部管理，规范合同约定，明确责任义务；要通过培训教育及推行奖罚措施，培养员工自觉遵守国家法律法规和行业规章、服务标准，调动员工的工作积极性，促进内部竞争机制的建立，提高自我管理、自我约束、自我发展的能力。

（2）以法律制度为保障原则。要认真落实相关的物流法律法规，从法律制度上规范经营行为，明确企业主体责任，为管理部门依法监管，市场主体自我规范创造良好的法律环境。

（3）社会舆论和群众参与原则。实行企业服务质量信誉考核，向社会公布服务质量排行榜，建成社会监督、公开透明的诚信评价体系；督促物流服务经营者严格自律，规范经营行为，遵守职业道德，坚持职业准则，提高服务质量。

（二）行业自律组织的作用

行业协会作为行业自律组织，在促进行业自律机制建设方面发挥了重要的管理作用。

（1）信息提供：收集、分析和发布行业信息，进行行业统计，办理刊物和咨询服务，调查研究本行业在国内外的发展状况，分析行业态势，提出行业发展规划和预测，增进会员之间的联系，提高信息的交流和利用效率等。

（2）规范市场：制定行业规范和约定，负责行业标准的制定、实施和监督，组织评估和认证工作，协调同行业企业的经营行为，保护行业声誉，监督本行业产品和服务的质量，处理违规行为等。

（3）扩大交流：组织展销和展览，协助企业改善经营绩效，促进国内外经济交流与合作，进行技术培训，组织科技成果的鉴定和推广应用，发展行业社会公益事业等。

（4）协调沟通：进行政策游说，开展行业调研和提出政策法规建议，抵制不正当竞争、制止低价倾销和价格垄断行为，协调会员企业关系，反映会员的需求，维护其合法权益，联合提起诉讼等。

（三）行业自律组织自律管理的主要工作

自律管理，是由行业自律组织代表行业的整体意志对行业进行自我管理。其中，行业协会在推进自律管理体制建设中担当着关键性的角色，起着十分重要的作用。这里，以行业协会为例，介绍行业自律组织自律管理的主要工作，具体有以下几个方面。

1. 建立和发展以会员为中心的行业自律管理和服务职能

（1）强化会员服务工作，真实满足会员的发展需求。协会在为会员提供服务方面，内容非常广泛，涵盖多个层面，是全方位的。目前，协会在持续加强作风建设、强化服务意识和改进服务态度的基础上，要着重扩大会员服务的种类，特别是要有针对性地满足会员紧迫需求，加强对其执业活动的支持和服务。

（2）提升自律管理水平，推动行业健康发展。协会作为行业自律组织，必须维护整个行业的利益，为行业和事业的发展提供服务。在实施自律管理时，协会的决策应当体现出行业的共同利益，协会的管理也应当代表整个行业的共同利益。它应该具备对会员行为的约束功能和水平，制止个别会员的不当行为，保护整个行业的声誉和形象，推动整个行业朝着健康的方向发展。

2. 健全协会自律组织体系

要进一步改进行业协会理事会的组成结构，扩大重点物流企业的比重，完善理事会的议事规则，发挥理事会对行业重大问题的决策功能，指导行业的发展。同时，要认真总结已有的自律管理经验，尽快建立并完善相应的专门委员会和专业委员会，如在行业协会发挥行业标准制定、职业道德管理、投诉举报和案件的受理调查、违规行为惩戒等功能方面建立相应的专门委员会等。

案例7-16：中国物流与采购联合会的主要工作

根据《中国物流与采购联合会章程》的规定，联合会的业务范围和主要工作职能是：向政府反映企业的意见和要求，维护企业合法权益；组织实施行业调查和统计，提出行业发展规划、产业政策及经济立法建议；开展市场调查，分析市场形势，提供信息咨询服务；组织经验交流，表彰先进；组织行业理论研究，举办学术讨论会；参与商品流通与物流方面国家标准和行业标准的制修订；推动物流教育，培训专业人员；提供法律咨询服务；促进对外合作与交流；组织展览和交易活动，开展行业科技信息工作；组织发展行业的公益事业；编辑出版发行会刊、年鉴、资料和其他出版物；承担政府有关部门委托的工作任务。

资料来源：www.chinawuliu.com.cn.

（四）行业自律过程建设

1. 物流标准建设

2003年9月，经国家标准化管理委员会批准，全国物流标准化技术委员会（简称全国物流标委会）和全国物流信息标准化技术委员会（简称全国物流信息标委会）相继成立。按照国家标准委等部门发布的《全国物流标准2005—2010年发展规划》，至2008年9月，全国物流标委会、全国物流信息标委会和其他物流相关机构已完成、正在编制、已立项计划编制的物流国家标准、行业标准项目，总计约110项。随后，《物流标准化中长期发展规划（2015—2020年）》发布。该规划突出了《物流业发展中长期规划（2014—2020年）》和《深化标准化工作改革方案》的指导作用，以"物流标准化升级"为主线，依据创新机制、协同推进、突出重点、注重实效的原则，结合标准化改革的阶段目标和物流标准化工作在体系构建、制修订、实施、监督、管理方面存在的问题，提出未来五年物流标准化工作的发展目标。该规划提出了六项主要任务，并按照目前物流标准现状，确定了重点开展、大力推进以及积极探索的基础类、通用类、专业类物流标准制修订重点领域，从目前物流标准实施存在"用"的不到位、使用效果差等实际问题出发，以提高物流标准的实际应用效果为目的，选取了目前物流行业发展中有迫切需求、需要多部门协同推进以及基础性的标准化工作，确定了包括托盘标准应用推广、多式联运、冷链物流、物流信用、物流信息、电子商务物流、物流服务标准化试点、物流标准国际化培育以及物流标准化基础能力建设重点开展的九项标准化工程。

为了做好标准的应用和推广工作，让标准的使用方了解标准，中国物流与采购联合会标准工作部、全国物流标准化技术委员会秘书处连续 10 年完成《物流标准目录手册》（简称《手册》）的编制和更新工作。2022 年版《手册》收集了我国已颁布的现行物流国家标准、行业标准目录共计 1201 项。截至 2022 年年底，我国有多项国家及专业性物流标准完成编制工作，或颁布实施，标准化建设成果突出，物流行业管理工作得到进一步加强。

物流行业标准方面，2023 年新发布了 9 条国家标准。国家发展改革委正式发布 9 项推荐性物流行业标准，包括：《物流大数据共享系统功能通用要求》《汽车零部件入厂物流 质损判定及处理规范》《电动汽车动力蓄电池物流服务规范》《企业应急物流服务能力评估指标》《物流企业绿色物流评估指标》《物流企业温室气体排放核算与报告要求》《新能源汽车废旧动力蓄电池》《物流追溯信息管理要求》《轻型穿梭式货架》和《智能仓储管理规范》。

地方物流标准方面，多个省市发布并实施物流标准来推动物流业发展。2019 年，天津市针对供应链体系建设跨区域、跨领域的特点，建立横纵联动工作推动机制，营造良性互动工作局面；组织试点企业、行业协会、科研机构，成立"天津市商贸物流标准化联盟"，加快推动物流标准应用实施，及时沟通情况，总结物流标准化试点经验；会同北京市、河北省成立跨区域物流标准化联盟，推动京津冀区域标准化互认和对接；共同发布《冷链物流 运输车辆设备要求》《冷链物流 温湿度要求与测量方法》等 8 项冷链物流区域标准，全面覆盖冷链物流储、运、销全过程；成立全球统一编码 GS1 标准化托盘运营服务联盟，就拓展标准托盘服务网点、异地维修、转租、转售等内容进行深度合作。2020 年 5 月 1 日，江西省正式实施地方标准《物流园区建设指南》，为江西省物流园区规划和建设提供了标准化技术支撑。2021 年 9 月 28 日，上海市物流协会发布了《冷链物流用前置仓技术运营规范》（标准编号：T/SHWL 000003—2021），并于 10 月 1 日正式推行，以推动冷链物流标准化、智能化发展。2022 年 1 月 14 日，粤港澳大湾区标准创新联盟发布公告，正式批准团体标准《物流数据质量评价规范》（T/GBA 004—2022）并予以公布。该标准是首个物流领域的粤港澳大湾区团体标准，规定了物流数据质量评价原则、评价程序、评价要求和结果应用，为指导物流企业、第二方（相关方）和第三方组织开展物流数据质量评价工作提供了重要的技术依据。

2. 企业信用机制建设

近年来，在商务部、国务院国资委对行业信用建设的大力推动下，我国的经济环境更加完善，行业竞争不断规范，企业加强诚信建设，企业诚信建设和信用管理水平有较大提高，有力地推动了我国社会主义市场经济体制的完善。但随着国际金融危机的蔓延，我国企业仍然面临着较大的市场风险，产业预警和信用风险明显加大。物流业诚信缺失现象还时有发生，信用服务发展不规范，物流行业的信用环境尚需进一步完善。因此，健全相关法规，推动物流行业的社会信用体系建设，加大监管力度，充分发挥行业协会的作用，加强行业信用自律，不断推动我国物流行业信用建设显得尤为重要。

案例 7－17：中国物流与采购联合会积极推进物流企业信用机制建设

物流企业信用评价是中国物流与采购联合会开展的一项经常性和制度性工作，是我国物流行业信用体系建设和社会信用体系建设的重要组成部分，主要内容是对物流企业的信用等级进行评价。中国物流与采购联合会自 2007 年开展物流企业信用评价工作以来，严格按照《物流企业信用信息管理办法》《物流企业信用评级管理办法》等规定，积极开展物流企业信用评价工作，截至 2021 年已向社会正式通告了二十九批共 968 家 A 级信用物流企业。这些 A 级信用企业的推出，对提高企业品牌竞争力，约束和规范企业经营行为，营造公平竞争、诚信经营的市场环境起到了积极的作用。

资料来源：http：//hyswb. chinawuliu. com. cn/gzdt/202112/03/565637. shtml.

3. 评估与认证制度建设

A 级物流企业评估工作是运用国家标准的技术手段，加强行业自律，引导行业健康快速发展的有益尝试和大胆创新。依据《物流企业分类与评估指标》国家标准，我国境内的物流企业划分为三种类型：运输型物流企业、仓储型物流企业、综合服务型物流企业。依据评估指标体系，各类型物流企业的综合评估分别为 A、AA、AAA、AAAA、AAAAA 五个等级。AAAAA 级为最高级，依次降低。中国物流与采购联合会设立"物流企业综合评估委员会"，统一负责我国境内物流企业综合评估的申报、审核和公告的组织领导工作。自 2005 年开始，中物联逐步在全国范围内物流各相关行业和领域，全面推动宣贯国家标准，开展 A 级物流企业综合评估工作。截至 2023 年 8 月，共评估 A 级物流企业 9642 家，有力引导物流企业从传统物流向现代物流转型升级，走向规范、科学的发展之路。

（五）改进我国物流行业自律管理的有关建议

近年来，我国的物流行业自律管理虽然取得了积极成效，但是仍然需要采取措施，改进我国物流行业自律管理工作。

首先，政府要转变职能、简政放权，给物流行业组织以充分发展的空间。现阶段，政府在鼓励行业组织发展时，更多强调行业组织对政府的辅助作用，忽略了行业组织的生命之源是行业内所有从业者的共同利益。在一些行政化程度较高的行业组织中，政府授权不足，很难对行业组织成员的违规行为做出有一定震慑力的惩罚。在这种情况下，仅仅要求行业组织努力，是很难办到的，因为真正对市场、对行业组织成员产生作用的是政府而不是行业组织，只有通过政府部门转变职能，让行业组织切实在行业管理中发挥重要作用，吸引更多的、各种经济性质的从业者加入行业组织中来，才有可能真正实现行业自律。政府应该把行业协调和公共服务的职能逐步交给社会，对行业组织应该从直接管理、忽视监督，转变为放开限制，为行业组织的发展创造机遇，树立行业组织在行业中的权威性，确保其自律的有效性。

其次，行业组织要不断建立健全各种自律机制。行业组织要以制度形式明确规定组织成员的基本行为标准，包括行业准入制度、服务态度、服务水准、职业道德及违规后应该受到的惩罚，通过监督、评估等形式，适时对组织成员的基本信息进行比较、评价、鉴定，通过排序对成员的各种不同层次的行为给予不同的激励。行业组织要准确定位，以维护成员的利益为己任，这就要求行业组织树立牢固的服务意识。作为"行业代表"的行业组织，既要敢于挺身维护组织成员的合法权益，又要从行业总体的、长远的利益出发考虑问题。行业组织不仅要通过业务创新创造新的机会，为从业者带来商业利益，而且要推行公认的行为规范，保证行业秩序；同时还要积极反映成员的呼声，加强组织成员、行业与政府的联系，共同推动行业整体的发展。这样，行业组织的合法性得到了认同，加大了有效覆盖面，从而实现有效的行业自律。

最后，行业组织要建立一系列比较完善的监督机制。由于我国缺乏行业自律的传统，道德驱动的自律目前还不能成为实现行业自律的有效途径。总体上看，自律的形成要经历一个复杂的渐进演变，当经常化、严密化的外力约束下的行为成为行为主体的"自然反应"时，他律就转化为自律，达到自律与他律的有机统一。因此，行业组织要提高违规行为"曝光"的概率，保证组织成员依法活动，促使行为主体道德意识的形成，使自律成为多数"理性经济人"在外界约束下唯一理性选择。

三、行业退出体制

行业退出体制就是在做好行业准入工作的基础上，按照一定规律或原则实现行业的有序退出。其表现形式是优胜劣汰，目的是优化产业结构，实现整个行业良性运转。行业退出体制的突出表现就是为行业设定相应的退出壁垒。

（一）行业退出与行业进入对行业利润的影响

根据行业准入壁垒与退出壁垒之间的关系，可以初步判断某个企业是否该进入这个行业。表7-11给出了准入壁垒与退出壁垒构成了四种不同的组合，不同的组合其利润和风险也各有差异。

表7-11　　　　　　　行业退出与准入壁垒对行业利润的影响

退出壁垒＼准入壁垒	高	低
高	高利润、高风险	低利润、高风险
低	长期稳定的高利润	稳定的低利润

（1）在准入壁垒低而退出壁垒高的行业里，当其行业吸引力较大时，众多企业纷纷进入该行业；当该行业不景气或竞争很激烈时，由于企业的撤退成本很高，同时又受到战略、情感等各种因素的制约而难以撤出该行业，最终会造成该行业竞争升级，相当多的企业陷入困境。

（2）在准入壁垒高而退出壁垒低的行业里，新进入的企业会受到有力抵制，而本行业经营不成功的企业可以很容易地离开该行业。

（3）准入壁垒和退出壁垒构成了行业吸引力和行业盈利水平的一个门槛，最理想的行业是准入壁垒高而退出壁垒低，这样在某种程度上可以垄断经营。

案例 7 - 18：零担物流乱象丛生，门槛低是主因

零担物流行业的进入门槛较低，行业内以中小企业为主，市场较为分散。目前我国零担货运产品同质化严重，创新能力不足，服务水平较低，主要靠低价获取市场份额，容易陷入低价竞争的恶性循环。传统零担货运专线企业，最大优势在于配载及时基础上的点对点直达，没有中间分拨环节，时效快；而现实情况是配载并不及时，时效水平不稳定。大多数零担货运企业尚未制定具体的配送服务标准，比如规定天数内的车辆签到、货物签收、回单返回等规范，以及配送出现破损、投诉等情形的应对措施等，严重影响客户体验水平的提升。大多数零担快运企业仍按照传统的物流体系运作，运输、仓储、培训、安装、售后等环节的服务能力无法满足日益增长的多样化。

资料来源：https://www.163.com/dy/article/H38P06MU05387IEF.html.

（二）行业退出壁垒的主要表现类型

行业退出壁垒主要表现为以下几个方面。

（1）退出援助机制不足导致的退出障碍。某些资源进入特定行业后，具备资产专用性，而不同行业的资产专用性和沉没成本存在显著差异，这也决定了退出障碍的不同程度。若缺乏必要的退出援助机制，可能导致一些企业无法有序地退出该行业。

（2）国有企业历史包袱和相关制度不健全引起的退出障碍。低效资源和企业的退出，不论采取何种形式（如破产、兼并、重组、拍卖等），都会涉及员工就业和资产处置问题。如果资本市场和产权交易市场不发达，也将成为企业退出时产权交易和资本变现的障碍。

（3）与准入管制相关的退出障碍。行业准入管制越严格，退出就越少见。一旦企业获得准入资格，就相当于得到了稀缺政策资源的保护，形成了一些依赖"壳"资源维持生存的企业。

（三）物流行业退出壁垒的政策设计

行业退出壁垒的设定至关重要，需要在合理的范围内进行协调和平衡。为了实现这一目标，行业协会和政府应该共同设计成熟的制度性措施来规范行业退出障碍。其中，建立退出援助机制是一种有效的方法。根据国际经验，退出援助机制可以采用以下几种形式。

一是建立产业调整援助基金，支持企业的退出和产业转型。政府可以设立物流产业调整援助基金，明确援助条件，通过该基金对退出的企业提供支持。具体而言，对于退出某个物流细分市场的企业，可以采取特殊折旧率、优惠贷款、贷款贴息和资金补偿等方式，协助其有序退出。

二是制定特别政策，关注企业员工的失业和再就业问题。由于员工在企业退出时处于弱势地位，因此在某些物流细分产业存在集中失业问题时，政府和行业协会需要制定特别的处置措施。例如，对于再就业的员工，可以提供政府补贴，确保补贴针对个体而非企业；延长失业保险期限并增加失业补助金额等。

第四节　中介服务体制的构成与优化

一、物流中介市场

狭义上的市场是买卖双方进行商品交换的场所。广义上的市场是指为了买和卖某些商品而与其他厂商和个人相联系的一群厂商和个人。物流中介市场就是为物流服务的供需双方提供物流服务交易的场所，按照物流市场虚实分类，可以分为实体交易市场和网络交易市场。实体交易市场是指具有实体交易场所的市场，通常在一定的场所和设施内完成物流服务交易。网络交易市场是指物流服务的交易是通过网络平台实现的。

（一）物流实体交易市场

以道路货运交易市场为例，一般都设有明显的标志，并标明常年或季节性市场字样，要有适应交易需要的场地、通信设备、业务洽谈室等。业务洽谈室内应悬挂运价表、里程表、营运线路网、搬运装卸价格表等。要有简便易行的市场规则。常年货运交易市场内可设立货运信息配载服务部，进行运输交易活动。在货运交易市场内成交运输业务的，应由市场管理机构统一办理结算手续，并按规定交纳运输管理费、工商交易费。不少省市对货运交易市场的管理都出台了相关的管理，例如，大连市①、沈阳市②等纷纷出台了有关物流交易市场规则。

早期在车主和货主之间扮演着中介角色的是信息部，属于货运市场中的个体经营者，其业务是为货主找车或者为车主找货。最初的信息部多在国道/省道出口、旅馆、餐馆等卡车司机经过或停留的地方，摆一张桌子或者设一个门面，立一块小黑板，上面写着各种货源信息。随着信息部和货车的增多，一些地方开始将车货交易集中到专门修建的停车场或物流园。信息部的从业地点因此转到物流园/停车场的信息大厅，信息的展现方式则从小黑板逐步变成了电子大屏幕。2014年之后，随着互联网和信息技术的蓬勃发展，车货匹配平台、网络货运平台等物流平台逐渐兴起。现在，越来越多的平台集中于整合多方资源和服务，构建全方位的商业生态系统，为参与者提供更大的价值和更全面的服务，生态化建设成为这些平台的发展重点。可以说，实体交易市场如今已被网络交易市场所替代。

（二）国内知名物流网络交易市场简介

1. 锦程物流网

锦程物流网（www. jctrans. com）成立于2003年，整个平台为货代贸易提供线上营销、交易撮合、支付结算、交易保障、物流展会等产品和服务。锦程物流网的营销产品体系（信誉通、峰会、广告等）为物流企业提供完善的营销方案；交易结算产品体系（跨境结算 TCS、美元快付）为整个行业提供安全、快捷的业务结算解决方案；交易担保圈层产品体系（国际信誉通 GCP）为会员企业提供交易过程中的风险保障；配套服务产品体系（保险、招聘等）

---

① 资料来源：http：//www. moj. gov. cn/pub/sfbgw/flfggz/flfggzdfzwgz/201212/t20121221_ 139811. html.

② 资料来源：https：//www. shenyang. gov. cn/zwgk/zcwj/fggz/sdfxfgzl/202206/t20220622_ 333438 5. html.

为企业运营管理提供专项、高效、低成本的服务及资源解决方案。

目前，锦程物流网已经成为汇聚全球物流提供商、贸易商以及行业相关资源的集中地，拥有来自全球 200 多个国家和地区近千万的企业用户，每天均有数十万家的物流供需双方企业使用平台提供的专业服务。

2. 上海航运交易所

上海航运交易所是经国务院批准、由原交通部和上海市人民政府共同组建的我国唯一一家国家级航运交易所，是我国政府为了培育和发展中国航运市场，配合上海国际航运中心建设所采取的重大举措。上海航运交易所遵循"公开、公平、公正"原则，围绕"维护航运市场公平、规范航运交易行为、沟通航运动态信息"三大基本功能，现已成为国际班轮运价备案受理中心、国际航运信息中心、航运运价交易中心、船舶交易信息平台和鉴证中心、航运业资信评估中心和上海口岸航运服务中心，产生了广泛的社会效益和经济效益。

3. 满帮集团

满帮集团是 2017 年，由江苏满运软件科技有限公司（运满满）与贵阳货车帮科技有限公司（货车帮）战略合并的集团。作为一家"互联网＋物流"的科技企业，满帮连接货车司机及货主双端用户，将大数据、云计算、人工智能技术引入物流行业，不但解决了长久以来货运领域运力分散、供需不匹配、信息不透明等问题，而且通过重构货运物流链条，实现了线上信息广泛互联、线下资源优化配置、线上线下协同联动，全面提升社会物流效率，成为促进公路物流提质增效、助力实体经济发展的新动力。传统货运模式中，司机找货通常需要 2～3 天，而在满帮则缩短到 10 分钟左右。据麦肯锡的数据，使用满帮平台，司机每单运输的利润可增长 6.1%。2023 年第三季度，满帮平台的平均发货货主月活达 213 万人，同比增长 15.0%，货主用户渗透率持续提升，过去 12 个月的履约活跃司机达 379 万人，双端活跃用户数均创历史新高。

二、物流中介组织

中介组织也称市场中介组织，一般是指那些介于政府与企业之间、商品生产者与经营者之间、个人与单位之间，为市场主体提供信息咨询、培训、经纪、法律等各种服务，并且在各类市场主体，包括企业之间、政府与企业、个人与单位、国内与国外企业之间从事协调、评价、评估、检验、仲裁等活动的机构或组织。许多国家的经验表明，社会中介组织是宏观调控与市场调节相结合中不可缺少的环节，具有政府行政管理不可替代的作用。中介组织大多属于民间性机构，有的还具有官方色彩。它们都要通过专门的资格认定依法设立，对其行为后果承担相应的法律责任和经济责任，并接受政府有关部门的管理和监督。行业中介组织通常以协会的形式出现，例如，我国物流行业中的中国物流与采购联合会、中国交通运输协会、中国国际货运代理协会、船代协会、铁道协会、民航协会、海关协会、船东协会、港口协会等都是中介组织。这些行业组织为推动物流发展也起到了积极的作用。

（一）物流行业协会的基本特征

物流行业协会的基本特征有以下几个方面。

（1）中介性。物流行业协会的中介地位显现在两个层面。一方面，协会充当政府与企业之间的桥梁和纽带，促进政府与企业的有效沟通、交流和合作。在现代西方国家，物流行业协会可传递政府的发展规划、产业政策和调控方向给企业，实现了"政府调控市场，市场引导企业"的目标。同时，协会还通过自身作为媒介，将企业的发展状况、困难、意见和需求传达给政府，对政府决策的关注点和方向产生影响。另一方面，物流行业协会作为成员之间的服务机构和行业利益的协调机构，充当了企业信息交流和技术交流的中心。

案例7-19：新发展格局下行业协会商会新定位

新发展格局下行业协会商会新定位有以下四个方面。

（1）主动营造亲清新型政会关系。行业协会商会是独立于政府和市场两种资源配置力量外的"第三种力量"。行业协会商会服务党委政府发展中心工作，也服务会员企业。新型的政会关系是政府官员与企业家通过行业协会商会建立"组织与组织"之间"亲""清"的关系。亲清新型政会关系下，构建中国特色行业协会商会体系，是"深化行业协会、商会和中介机构改革"关键所在。

（2）积极协同参与社会基层治理。"十四五"规划中提出发挥群团组织和社会组织在社会治理中的作用。在行业协会商会的实践和研究上，常关注其经济服务功能，对社会治理功能多有忽视。新发展格局下，国家行政管理体制改革和政府职能逐步转变，众多的社会事务逐渐转到了行业协会商会业务上。行业协会商会要积极协同参与社会治理，共同承担社会责任。行业协会商会要充分发挥好中介和助手作用，努力实现国家治理体系和治理能力现代化，做好构建基层社会治理新格局的重要主体。

（3）踊跃拥抱"互联网＋"新时代。行业协会商会运用"互联网＋"思维去适应新情况、新变化、新要求，踊跃参与"互联网＋公共服务"，创新提供服务模式和产品。行业协会商会可引导企业开展跨界经营，加快数字化发展，运用互联网思维探索新的商业模式，延伸价值链和市场渠道。

（4）实施联盟化、精细化战略。分散企业可联合形成行业协会商会。行业协会商会还可以联合形成规模化的行业协会商会联盟。企业可以通过并购、重组等方式实现集团化、国际化经营。行业协会商会也可以参照现代化企业管理模式，实现跨地区、跨行业的联盟化运营。联盟化结果不是消除内部的差异化和个性化，而是求同存异、和而不同的协调合作，尤其是互联网时代，其联盟化有更大的优势。

精细化是介于规范化和个性化之间的科学管理方式。行业协会商会精细化管理是未来生存方式，主要表现在两个方面，即内部治理精细化和服务职能精细化。内部治理精细化是行业协会商会按市场化要求实现组织内部精细化管理。服务职能精细化是以会员利益为导向，行业协会商会提供定制化、精细化的服务项目和内容。

资料来源：刘东，王静岩. 新发展格局下行业协会商会新定位［J］. 合作经济与科技，2021（11）：138－139.

（2）公共性。这也表现在两个方面。一方面，物流行业协会在行使公共权力方面，尤其是行政权力方面，其行政概念涵盖多个层面，但总体上指的是对国家和社会事务进行组织和管理的权力。根据这一概念，任何行使行政权的组织都属于行使公共权力的行政主体。另一方面，物流行业协会设立的目的具有公共性。无论是从国家的角度还是从物流行业协会成员的角度来看，协会的设立目标都不只是为了某个个体的利益。尽管协会主要关注在一定领域内的特殊公共利益，但在活动过程中，为了实现本组织的利益，也可能主动关注和影响社会普遍的公共利益，体现了作为社会公共组织的一种"公共利益"。

（3）非营利性。物流行业协会属于一种非营利性的社会组织。

（4）自愿性。物流行业协会的自愿性不仅表现在成员加入时的自愿性，还表现在成员具有在任何时候、不受限制地自由退出所加入组织的权利。这种自愿性的机制有助于确保协会的成员是基于共同的行业利益和目标参与。许多学者认为物流行业协会的一大特点就是它的自愿性，因此，物流行业协会的功能发挥是物流行业协会的生命力所在，这样物流企业才愿意加入协会。

案例 7 - 20：同心勠力共克时艰——中物联代管协会、地方物流协会全力驰援战"疫"

中国物流与采购联合会（简称中物联）提出勇于承担社会责任，做好宣传和组织疫情防控工作以及地方物流行业组织积极参与疫情防控工作等七条行业倡议，得到了全国物流行业企业和代管协会、地方物流行业协会的积极响应：中物联代管协会如中国医药物资协会、中国建筑材料流通协会、中国物资再生协会；各省市地方物流协会如湖北省现代物流发展促进会、江西省物流与采购联合会、北京市物流与供应链管理协会等，发挥各自行业专业及地方优势，纷纷发起行业倡议，众多会员和行业企业捐赠防护、建设及生活物资，全力做好各项物流保障和服务，展示了全国物流行业同心勠力抗击疫情、冲锋陷阵驰援一线的无畏担当。

同时，2020 年 3 月 5 日，根据国务院办公厅要求，中物联通过国资委向国务院报送了《新冠肺炎疫情下企业复工复产在产业链、供应链上的关键堵点和政策建议》（以下简称《建议》），针对当前产业链、供应链上的关键堵点和产生原因，结合行业企业反映诉求，提出相应的意见。

资料来源：https://www.sohu.com/a/373245276_ 120004713.

（二）物流行业协会的基本职能

关于行业协会的基本组织职能，学者们依其视角的不同，对其有各自不同的界定。根据我国行业协会在社会治理和公共管理中所发挥的作用，它应具有以下基本组织功能。

（1）开展调查研究，掌握行业发展状况的职能。

（2）提供服务，维护行业企业正当权益的职能。

（3）反映诉求，建立政府与企业正常联系渠道，促进行业发展的职能。

（4）规范行为，实行以行业自律为基础的行业管理的职能。

（5）提出政策建议，协助政府进行宏观调控职能。

（6）开展国际交流与合作，化解国际贸易争端的职能。

（7）参与编制与修订标准（国家标准、行业标准）的职能。

（8）开展行业专业人才培训的职能。

（9）开展行业信息统计发布的职能。

（10）开展学术交流和理论研究的职能。

（11）维护行业知识产权的职能。

（12）组织行业企业承担社会责任的职能。

（三）充分发挥物流行业协会功能的有关建议

物流行业是快速发展的现代服务业，行业协会鉴于以上原因，就如何充分发挥行业协会的基本组织功能进行了研究，借鉴有关研究成果，提出如下对策性建议。

1. 提高物流行业协会的社会地位和政治地位

当前迫切需要提高行业协会的社会地位和政治地位。如在党的工作报告中应对行业协会有明确的表述；政府召开经济工作会议应允许行业协会代表列席，党和政府的有关文件应下发到行业协会；培养干部时，不应忽视行业协会管理人员的培养等。

2. 创造物流行业协会发展应有的政策环境

尽快完善行业协会的法律法规，从国家层面明确行业协会的性质、地位、职能、作用，使行业协会依法立会、依法兴会、有法可依、违法必究；创新物流行业协会管理体制，在总结地方政府创新物流行业协会管理体制基础上，探索国家层面的创新物流行业协会管理体制。

3. 落实政府职能的转变和购买服务机制

建议各级政府部门与物流行业协会建立工作联系机制，并以双方联合发文或者协议方式，明确从政府转移到行业协会和政府委托给物流行业协会的职能，对转移和委托职能分别明确各自的责、权、利及工作质量、工作效率要求。

在政府转变职能基础上，促进政府购买服务机制的形成，对从政府部门委托到物流行业协会的工作，政府部门要给予物流行业协会一定的经费支持；对政府委托给物流行业协会的工作，要视工作量和复杂程度的定性、定量化，以财政预算的标准，以政府购买服务的方式，向物流行业协会支付费用。

通过招标等方式，定期公开政府购买服务的支出和项目承担单位，接受社会监督，防止腐败。

4. 出台鼓励物流行业协会发展壮大的政策措施

物流行业协会作为社会团体应有自己的资产，但是目前大多数物流行业协会资产严重匮乏，导致缺乏服务的实力，因此建议国家及地方政府部门应建立物流行业协会发展专项基金，对服务能力较强、运作规范的物流行业协会予以一定的办公用房、办公设备、开展活动的资金支持。同时，要尽快明确物流行业协会的资产属性，鼓励行业协会资产积累，做大做强。

第五节　产业政策体系的构成与优化

物流政策在推动现代物流服务体系建设过程中发挥积极的作用。各级政府在推动物流业发展的过程中，能否科学、合理、有效地出台有关物流政策，将直接影响区域物流业的发展与成效。因此，有必要认识物流业产业政策体系的制定目的、制定原则及其主要内容。

一、物流产业政策体系的制定目的

政府出台相关的物流业发展政策，其目的在于构建公平竞争环境、提高市场效率、建立公众投资信心、引导和调控市场等几个方面的目的。科学地理解这些目的，有助于更好地拟定物流业发展政策。

（一）建立公平竞争的环境

在市场经济条件下，如何构筑一个公平竞争的经营环境已经成为当前物流业发展中需要解决的问题。市场机制有一个弊端，那就是可能造成一定的垄断。虽然目前在我国尚未形成具有足够实力进行垄断的物流企业，但物流是一种容易形成垄断的行业，存在阻碍竞争的因素。垄断使价格机制、竞争机制不能发挥其作用。从我国物流行业的现状来看，政府及主管部门需要促进形成具有一定规模和竞争能力的现代物流企业，但同时也要防范可能产生的垄断。

（二）提高市场效率

市场可以是有效的，但也可以是无效的资源配置方式。当市场出现无效率的结果，政府就会通过制定相应的物流政策来校正市场，以实现资源的有效配置和高效率使用。例如，物流行业发展中普遍存在重复建设、重复投资的现象。这就需要政府出面，制定全国性的物流规划，以减少市场无序竞争，提高市场效率。

（三）建立公众投资的信心

物流是一个新的行业，需要大量的投资。政府的物流政策可以明确地表示它鼓励什么或者限制什么，政府的承诺足以消除投资者的担忧，并起到稳定和促进物流行业发展的目的。

（四）引导和调控市场

政府可以通过制定规划、标准、价格、税收、补贴等各种手段引导和调控市场。市场是政府调控的对象。为了实现物流政策目的，政府可以通过各种方式刺激物流供给者，同时引导和诱发物流的需求。

二、物流产业政策体系的制定原则

（一）服务国民经济原则

无论是从指导思想、主要目标，还是从基本内容和实施重点等方面，物流产业政策均应从国家战略需要出发，以实现全社会资源的最优配置和维护经济社会可持续发展为目标，维护经济社会的整体利益，实现经济社会又好又快持续发展。

案例7-21：中物联坚持"两手抓"：多措并举共抗疫情　助推物流行业复工复产

按照国资委党委有关要求，中物联于2020年1月27日成立了以中物联党委书记、会长何黎明为组长的应对疫情工作领导小组，坚决贯彻落实党中央、国务院决策部署和国资委党委有关要求，多次召开会议，统一指挥协调中物联系统应对疫情防控有关工作。在春节期间紧急应对疫情工作安排落实的基础上，1月31日，中物联党委研究印发了《关于中物联系统应对新型冠状病毒感染肺炎疫情防控有关工作安排的通知》，并及时传达国资委党委有关通知要求，对近期应对疫情工作进行再部署、再加强。中物联系统24家代管协会和7家事业单位都按要求成立了应对疫情领导小组，并通过紧密配合国家发展改革委、交通运输部、国资委、民政部、商务部、工业和信息化部等部门，认真组织开展物流行业疫情防控、复工复产等方面的协调指导工作。同时，中物联积极开展疫情对物流产业、农业产业、制造业以及货运、货代、园区、危化、大宗商品、采购与供应链、公共采购、装备、托盘、冷链、医药、金融、绿色物流等细分领域影响的20多项专题调查，组织"抗击疫情物流与供应链对策""应急采购与应急物资供应""应急供应链与公共安全"等一系列专题线上研讨会，并及时向有关部门上报了50多份专题报告，集中反映疫情对行业的影响以及复工复产情况，为政府决策提供支持。自2月1日以来，仅公路货运板块已向国务院研究室、国家发展改革委、交通运输部、公安部等报送了《关于切实做好疫情防控和节后公路货物运输保障的情况反映和政策建议》《关于加强公路运输保畅通督查问责机制的建议》和《关于做好道路货运行业复工复产工作的建议》《新冠肺炎疫情下企业复工复产在产业链、供应链上的关键堵点和政策建议》等10多份书面报告。并同全国工商联、中国银行业协会等组织与网商银行共同发起"无接触贷款助微计划"，联合全国数百家金融机构、县域政府及品牌企业推出10大举措，帮助全国物流行业小微企业、个体工商户及农户有序复工复产。无接触贷款是一种在线申请、无须人工接触的数字贷款方式。该活动计划在半年内，全力支持全国物流等行业约1000万家小微企业、个体工商户及农户有序复工复产及疫情之后的扩大生产。其中，面向全国中小物流公司提供100亿元专项贷款额度。

资料来源：http://www.chinawuliu.com.cn/xsyj/.

（二）与市场机制相协调原则

在市场经济条件下，物流产业政策必须以市场机制为基础，通过市场机制发挥其政策效应。实施物流产业政策，应充分重视发挥市场配置资源的基础性作用，通过调控引导社会资源，合理配置资源，使单个利益主体的自主行为发生作用。在转变物流增长方式、调整优化物流结构、增强物流技术自主创新能力、节约物流能源资源消耗过程中，应主要通过完善市场机制和利益导向机制努力实现。

（三）系统设计原则

物流产业政策是一个系统性工程，必须统筹兼顾、整体设计，完善主干政策和配套政策，既要考虑物流产业发展、结构优化、布局合理的政策，也要考虑物流财税、金融、海关、监管等配套政策，还要考虑物流产业政策与其他经济政策相配合。

（四）可持续发展原则

可持续发展要求减少对资源的浪费和对生态环境的伤害，而环境友好型运输以其对资源的高效利用和对环境的低破坏成为可持续发展对物流产业发展提出的内在要求。在制定我国物流产业政策过程中，需要结合我国社会经济发展所面临的实际问题，充分考虑我国人口众多、环境保护压力巨大的实际情况和特定的能源结构，重点发展环境友好型、土地利用效率高、适应我国能源结构的节约型物流方式，构筑相应的物流体系。

（五）动态调整原则

物流产业政策不是一成不变的，而是处于动态变化之中，随着时间的推移，物流产业政策应按照变化了的环境，对物流产业政策进行适时修正和完善，如对物流发展战略的确定、物流产业重点的把握等。

三、物流产业政策体系的主要构成

如表7-12所示，本书给出了物流产业政策体系的几种分类原则与分类结果。

表7-12 物流产业政策体系的分类

项目	分类原则	分类结果
物流产业政策的分类	按政策的功能来分	规划与指导性政策
		鼓励和支持性政策
		规范和限制性政策

续　表

项目	分类原则	分类结果
物流产业政策的分类	按政策的类型来分	物流产业财税政策
		物流产业金融政策
		物流产业土地政策
		物流产业交通政策
		物流产业监管政策
		物流产业科技政策
		物流产业人才政策
	按政策的作用区域来分	国家物流产业政策
		省级物流产业政策
		地市物流产业政策

四、我国物流产业政策体系的历史沿革和近期政策梳理

我国物流业的发展从计划经济体制下的完全国有化，逐步转变为政府主导、市场运作的模式；其经营方式也由功能单一或简单的功能组合，逐步转变为能够提供全链路、一体化、现代化的综合物流服务。总体来说，我国物流业的发展历程，大致可以分为以下四个阶段："储"与"运"组合阶段（1949—1978 年）、创新发展社会化物流服务阶段（1978—2000 年）、现代物流业快速发展阶段（2000—2010 年）和物流业转型升级与高质量发展阶段（2010 年至今）。

1. 第一阶段（1949—1978 年）："储"与"运"组合

在传统的计划经济体制下，国家对生产资料和重要的生活资料（消费品）实行计划生产、计划分配和计划供应。与这种"统购统销"的流通体制相适应，国家各相关部门自成体系，按中央统一下达的计划，对本系统的物品进行统一储存和运输，尤其是仓储设施，基本上集中在商业、粮食、物资、代销和外贸 5 个流通系统。这一时期的物流表现为"储运"，国有储运企业成为物流的主体力量。分散在各流通系统的储运企业，主要为本系统中的各级批发企业的经销、代销活动服务，其业务活动基本上表现为传统的储存、运输、包装与流通加工。严格地说，这样的单一性活动还不是现代意义的"物流"。

2. 第二阶段（1978—2000 年）：创新发展社会化物流服务

在改革开放以后，我国经济持续健康发展，迫切需要提升物流业服务水平与保障能力。商业、物资等行业主管部门积极借鉴美国、德国、日本等发达国家的物流发展成功经验，纷纷出台相关政策措施，组织开展理论研究、学术交流与培训活动，引导传统储运企业进一步深化改革，推动传统储运业向现代物流业转变。1992 年 5 月，原商业部印发《关于商品物流（配送）中心发展建设的意见》，要求商业储运企业进一步深化改革，探索发展物流中心、配送中心，并对上海、广东等地的部分商业储运企业进行试点；原物资部也在同期组织物资代理与加工配送试点。1995 年 8 月，原国内贸易部印发《关于进一步推动商业物资储运业改革与发展的意见》，提出储运业改革与发展的目标是逐步建立与生产和流通协调发展的，以专业化、社会化、现代化、国际化为特征的储运体系。在这一阶段，储运企业从行业自身特点与优势出发，调整经营方向，物流功能进一步完善，并逐步向现代物流（配送）中心发展。

3. 第三阶段（2000—2010 年）：现代物流业快速发展

21 世纪以来，物流业受到国家各级政府的高度重视，国家加强对物流业的发展规划，物流政策环境得到明显改善，我国现代物流业步入快速发展轨道。2000 年，我国"十五"物流发展总目标正式确立；2001 年，原国家经贸委等六部门印发《关于加快我国现代物流发展的若干意见》；2004 年，国家发展改革委等九部门出台《关于促进我国现代物流业发展的意见》。各地也纷纷出台相关法规和政策措施，规划建设物流园区、物流中心、配送中心，有效地促进了各种物流功能和要素的集成与整合。在国家和地方政府的大力推动下，相关企业积极参与，转型或创新发展现代意义的物流业务，我国物流产业规模不断扩大，产业结构发生重大变化，民营物流企业与外资、中外合资物流企业快速发展并形成一定规模，涌现出一批现代化的物流中心、配送中心，区域性物流网络逐步形成。这一阶段，我国物流行业呈现出可持续发展的态势。

4. 第四阶段（2010 年至今）：物流业转型升级与高质量发展

2011 年，国务院办公厅印发《国务院办公厅关于促进物流业健康发展政策措施的意见》，提出切实减轻物流企业税收负担等具体措施。2012 年，商务部发布《商务部关于促进仓储业转型升级的指导意见》，引导仓储企业由传统仓储中心向多功能、一体化的综合物流服务商转变。2016 年，国务院办公厅发布《国务院办公厅关于转发国家发展改革委物流业降本增效专项行动方案（2016—2018 年）的通知》。2019 年，国家发展改革委等部门联合印发《关于推动物流高质量发展促进形成强大国内市场的意见》，提出构建高质量物流基础设施网络体系等措施，以巩固物流降本增效成果，增强物流企业活力，提升行业效率效益水平，畅通物流全链条运行。

在这一阶段，物流技术与装备得到全面发展，物流自动化设备公司、输送分拣设备商、机器人企业及网络货运平台等不同类型的企业大量涌现，以智慧物流为方向的自动化、数字化成为行业趋势，物流行业在快速发展的基础上迎来升级。党的十九大以来，中央高度重视现代物流，从国家战略高度和发展全局做出战略部署。党的十九大报告提出，加强"物流等基础设施网络建设"。2020 年，十九届五中全会明确了构建现代物流体系的目标任务。我国的物流政策也在这几年不断推陈出新，主要表现在以下几个方面。

（一）规划与指导性政策

随着全面"建成"小康社会，物流业需要从"粗放型""重成本"转向"高质量""重服务"发展，从"成本导向"为主转向"服务"优先。同时，随着我国进入技术大变革新时代，物流业以"智慧化"为发展方向。自党的十九大以来，国家出台了一系列与物流业相关的中长期发展规划（见表 7 - 13），明确物流业的发展方向和目标。这些政策给出了国家层面对于物流体系建设、物流基础设施和物流网络枢纽建设、快递业和电子商务协同发展、物流国际化发展、现代流通体系建设、供应链信用体系建立、智慧供应链建设和供应链金融等领域的建设规划意见。其中，2021 年是"十四五"规划开局之年，也是开启全面建设社会主义现代化国家的起步之年，对物流业的发展也提出了更高的要求。"十四五"规划中对物流业的规划几乎涵盖现代物流体系建设的方方面面，包括物流基础设施建设、产业物流、物流降本增效、智慧物流、国际物流、民生物流、农业和农村物流、城市物流、应急物流和绿色物流等方面。此外，另有 13 处对创新运用"供应链"提出了明确要求。

根据"十四五"规划给出的整体规划和方向，国家各部委分别出台关于物流细分领域的政策。这些政策集中在推动国家物流枢纽建设、推动现代物流交通体系和流通体系标准化、智能化发展等领域。

表7-13 党的十九大以来国家出台的关于物流业规划的部分政策

政策年份	政策/文件名	核心内容
2018	《推进运输结构调整三年行动计划（2018—2020年）》	以深化交通运输供给侧结构性改革为主线，以京津冀及周边地区、长三角地区、汾渭平原等区域（以下简称重点区域）为主战场，以推进大宗货物运输"公转铁、公转水"为主攻方向，不断完善综合运输网络，切实提高运输组织水平，减少公路运输量，增加铁路运输量，加快建设现代综合交通运输体系
	《关于开展2018年流通领域现代供应链体系建设的通知》	推动大数据、云计算、区块链和人工智能等技术与供应链融合，强化物流基础设施建设，发展智慧供应链。推动物流标准化、智能化、协同化和绿色化建设，并统一标准体系、物流服务、采购管理、信息采集和系统平台建设，提高供应链协同水平
	《国家物流枢纽布局和建设规划》	加快现代信息技术和先进设施设备应用，构建科学合理、功能完备、开放共享、智慧高效、绿色安全的国家物流枢纽网络，打造"通道+枢纽+网络"的物流运行体系
	《国务院办公厅关于推进电子商务与快递物流协同发展的意见》	强化制度创新，优化协同发展政策法规环境，完善电子商务快递物流基础设施。优化电子商务配送通行管理，提升快递末端服务能力。强化标准化智能化，提高协同运行效率
2019	《西部陆海新通道总体规划》	《规划》作为深化陆海双向开放、推进西部大开发形成新格局的重要举措，加快通道和物流设施建设，提升运输能力和物流发展质量效率，深化国际经济贸易合作，促进交通、物流、商贸、产业深度融合，为推动西部地区高质量发展、建设现代化经济体系提供有力支撑
	《交通强国建设纲要》	打造绿色高效的现代物流系统，优化运输结构，推动铁水、公铁、公水、空陆等联运发展，完善航空物流网络，推进电商物流、冷链物流等专业化物流发展，完善农村配送网络等；发展"互联网+"高效物流，创新智慧物流营运模式等，加速新业态 新模式发展；大力发展航空物流枢纽，构建国际寄递物流供应链体系等

续　表

政策年份	政策/文件名	核心内容
2019	《关于推动物流高质量发展促进形成强大国内市场的意见》	构建高质量物流基础设施网络体系，推动国家物流枢纽网络建设、建立资源共享的物流公共信息平台；促进现代物流业与制造业深度融合和提高制造业智能化水平，大力发展数字物流，加强数字物流基础设施建设
	《中国银保监会办公厅关于推动供应链金融服务实体经济的指导意见》	鼓励银行业金融机构基于互联网、物联网、区块链和生物识别等技术，依托供应链核心企业与上下游链条企业之间的真实交易，整合物流、信息流和资金流等各类信息，为供应链上下游链条企业提供融资、结算、现金管理等一揽子综合金融服务
	《数字交通发展规划纲要》	推动交通基础设施全要素、全周期数字化。布局重要节点的全方位交通感知网络。构建网络化的传输体系和智能化的应用体系，完善标准体系
2020	《交通运输部关于推动交通运输领域新型基础设施建设的指导意见》	打造融合高效的智慧交通基础设施，助力第五代移动通信技术（5G）、北斗系统和遥感卫星行业应用和人工智能等信息基础设施建设和完善行业创新基础设施
	《推动物流业制造业深度融合创新发展实施方案》	促进企业主体、设施设备、标准规范、信息资源融合发展。突出大宗物流、生产物流、绿色物流和国际物流等重点领域建设，提高物流业制造业融合水平
	《关于做好2020年降成本重点工作的通知》	持续降低制度性交易成本，降低物流税费成本。深化收费公路制度改革，积极推进运输结构调整和提高物流运行效率
2021	《中华人民共和国国民经济和社会发展第十四个五年规划和2035年远景目标纲要》	大力推动现代物流技术创新，创新发展智慧物流、绿色物流、冷链物流、国际物流和共享物流。推动物流与制造业、商贸流通业、农业融合，推动产业链供应链协调发展。构建发挥现代物流业对经济大循环、国内国际双循环的保障作用，和对现代流通体系支撑作用的新发展格局

政策年份	政策/文件名	核心内容
2021	《国家物流枢纽网络建设实施方案（2021—2025 年)》	聚焦打造"通道＋枢纽＋网络"现代物流运行体系，强化多式联运组织能力，推动完善以国家物流枢纽为支撑的"轴辐式"物流服务体系，加快健全国家物流枢纽网络
	《"十四五"现代综合交通运输体系发展规划》	优化综合立体交通网络，强化综合交通网络有机衔接。推动综合交通运输基本实现一体化融合发展，智能化、绿色发展。完善设施数字化感知系统，整合优化综合交通运输信息平台，推进基础设施智能化升级
	《"十四五"冷链物流发展规划》	打造"三级节点、两大系统、一体化网络"融合联动的冷链物流运行体系。推进冷链物流全流程创新，加快数字化发展步伐，提高冷链基础设施和网络智能化发展水平和绿色化水平
	《"十四五"民用航空发展规划》	明确"十四五"时期民航"一二三三四"总体工作思路，坚持安全发展、创新驱动、改革开放、系统观念和绿色人文的基本原则，确定了"六个新"发展目标，构建六大体系、实施六大工程，加快构建更为安全、更高质量、更有效率、更加公平、更可持续的现代民航体系
	《"十四五"邮政业发展规划》	加快壮大邮政产业、完善寄递促进行业绿色发展网络体系、发展国际寄递物流、推进行业科技创新
	《绿色交通"十四五"发展规划》	《规划》提出要优化空间布局，建设绿色交通基础设施。优化交通运输结构，提升综合运输能效。坚持创新驱动，强化绿色交通科技支撑。健全推进机制，完善绿色交通监管体系等
	《综合运输服务"十四五"发展规划》	构建协同融合的综合运输一体化服务系统、集约高效的货运与物流服务系统和安全畅通的国际物流供应链服务系统等五个系统。打造清洁低碳的绿色运输服务体系、数字智能的智慧运输服务体系和统一开放的运输服务市场体系等五个体系

政策年份	政策/文件名	核心内容
2021	《交通运输"十四五"立法规划》	协调推动公路法（修订）、收费公路管理条例（修订）、农村公路条例颁布实施，推动铁路法（修订）、民用航空法（修订）、无人驾驶航空器飞行管理暂行条例、城市公共交通条例、道路运输条例（修订）等法律法规项目颁布实施
	《交通运输标准化"十四五"发展规划》	《规划》明确了七大任务。一是加强标准化管理体系建设。二是构建适应交通运输高质量发展的标准体系。三是加快服务国家重大战略标准研制。四是加强重点领域高质量标准有效供给。五是推进国际标准共建共享。六是创新标准实施应用和监督管理。七是加强计量、检验检测和认证体系建设
	《数字交通"十四五"发展规划》	《规划》提出以下八大任务：打造综合交通运输"数据大脑"。构建交通新型融合基础设施网络。部署北斗、5G等信息基础设施应用网络。建设一体衔接的数字出行网络。建设多式联运的智慧物流网络。升级现代化行业管理信息网络。培育数字交通创新发展体系。构建网络安全综合防范体系
2022	《"十四五"数字经济发展规划》	把"智慧物流"与农业、工业、商务、金融等并列为七大重点行业"数字化转型提升工程"。将打造智慧供应链体系列入数字经济新业态工程
	《水运"十四五"发展规划》	《规划》指出八项重点，包括：一是集中攻坚，重点建设高等级航道；二是强基优能，打造高能级港口枢纽；三是统筹融合，推动联运高质量发展；四是降本增效，发展高水平水路运输；五是创新驱动，引领智慧水运新发展；六是巩固提升，推进绿色平安新发展；七是开放拓展，提升水运国际竞争力；八是深化改革，提升管理能力与水平
	《"十四五"交通领域科技创新规划》	从基础设施、交通装备、运输服务三个要素维度和智慧、安全、绿色三个价值维度，布局了六大领域18个重点研发方向

政策年份	政策/文件名	核心内容
2022	《公路"十四五"发展规划》	"十四五"时期公路交通发展要坚持"服务大局、共享发展，统筹协调、融合发展，深化改革、创新发展，绿色集约、安全发展"四个基本原则，进一步明确了"补短板、优供给、强服务、增动能"的"十二字"发展思路，锚定"五个更"发展目标，实施"四提升、两增强、两推进"八项重点任务
	《长航系统"十四五"发展规划》	《规划》提出七项重点任务：一是提升黄金水道通航能力。二是推动运输方式统筹衔接，构建多式联运体系。三是提升航运公共服务品质。四是提升航运绿色发展水平。五是强化航运安全保障能力。六是推动数字赋能航运发展。七是提高航运科学管理能力
	《珠江航运"十四五"发展规划》	七项任务包括：一是提高航道发展质量；二是推动港口转型升级；三是提升航运服务水平；四是强化安全应急保障；五是促进航运绿色发展；六是加快智能航运建设；七是提升行业管理效能
	《"十四五"现代流通体系建设规划》	制定"一市场、两体系、三支撑"的现代流通发展架构。从畅通生产、分配、流通、消费国民经济大循环的角度，从贯通市场、商贸、物流、交通、金融、信用现代流通全链条的广度
	《"十四五"现代物流发展规划》	精准聚焦现代物流发展重点方向、加快培育现代物流转型升级新动能、深度挖掘现代物流重点领域潜力、强化现代物流发展支撑体系

　　在国家政策的引导下，各地方政府也不断出台政策对"十四五"时期物流行业发展进行了规划，并设定具体的发展目标。整体来看，国内经济发达省份，例如，北京、浙江、上海、江苏等对物流行业发展规划整体高于国家层面的规划，而其他省份的规划特征重点强调在物流功能和运输网络布局方面的完善，部分未提及具体的发展指标，主要与当地经济发展水平和物流基础设施建设基础有关。目前，我国大部分省份都制定了"十四五"现代物流业发展规划（见表7－14）。

表7-14 **各省区市出台的"十四五"物流业规划政策**

省区市	政策名称
北京	《北京市"十四五"时期现代服务业发展规划》 《北京市"十四五"时期重大基础设施发展规划》
天津	《天津市综合交通运输"十四五"规划》
河北	《河北省建设全国现代商贸物流重要基地"十四五"规划》
沈阳	《沈阳市"十四五"现代物流业发展规划》
吉林	《吉林省现代物流业发展"十四五"规划》
黑龙江	《黑龙江省"十四五"综合交通运输体系发展规划》 《黑龙江省"十四五"冷链物流发展规划》 《"十四五"黑龙江省邮政业发展规划》
山东	《山东省"十四五"现代物流发展规划》
上海	《上海市服务业发展"十四五"规划》 《上海市综合交通发展"十四五"规划》 《上海市先进制造业发展"十四五"规划》
江苏	《江苏省"十四五"现代物流业发展规划》
浙江	《浙江省现代物流业发展"十四五"规划》
福建	《福建省"十四五"现代综合交通运输体系专项规划》 《福建省沿海港口布局规划（2020—2035年）》
广东	《广东省综合交通运输体系"十四五"发展规划》 《广东省铁路货运"十四五"发展规划》
海南	《海南省"十四五"现代物流业发展规划》
内蒙古	《内蒙古自治区"十四五"现代物流发展规划》 《内蒙古自治区"十四五"口岸发展规划》
河南	《河南省"十四五"现代物流业发展规划》
江西	《江西省商贸物流"十四五"发展规划》 《江西省"十四五"综合交通运输体系发展规划》
湖南	《湖南省"十四五"现代物流发展规划》
湖北	《湖北省现代物流业发展"十四五"规划》

续　表

省区市	政策名称
安徽	《安徽省"十四五"物流业发展规划》
陕西	《陕西省"十四五"物流业高质量发展规划》
重庆	《重庆市现代物流业发展"十四五"规划（2021—2025年)》 《重庆市口岸发展"十四五"规划（2021—2025年)》
四川	《四川省"十四五"现代物流发展规划》
云南	《云南省"十四五"现代服务业发展规划》
宁夏	《宁夏回族自治区现代物流发展"十四五"规划》
广西	《广西物流业发展"十四五"规划》
贵州	《贵州省"十四五"现代物流业发展规划》

（二）鼓励和支持性政策

现代物流业作为新兴产业，财税政策在支持其发展方面发挥着重要作用。物流业已成为我国经济的重要增长点，物流业的税收收入也成为地方税收的重要来源。物流企业涉及业务范围广，包括运输、仓储、装卸、搬运、包装、流通加工、配送、信息处理等，是从事生产性服务的一种企业。与交通运输企业相比，物流企业税收政策更为复杂。

1. 税收政策

随着市场经济的发展，企业经济呈现多元化、多渠道、覆盖面宽、涉及范围广的趋势，国家为推进物流业的发展，切实减轻物流企业的税收负担，制定了许多鼓励和支持性政策。党的十九大报告明确指出要深化税收制度改革，健全地方税体系。"十四五"期间也提出各级政府要围绕"收、支、管、调、防"加快建立现代财税体制，健全地方税和直接税体系，逐步提高直接税比重，完善减税降费、让企业有更多获得感等改革方向和要求。以下从增值税、企业所得税和进出口税这三个方面阐述具体的税收政策（见表7-15、表7-16和表7-17）。

在三个税收政策方面，国家在增值税和企业所得税方面发布许多对小微企业税收减免和扩大小微企业税收优惠范围的政策，出台相关税收优惠政策助力制造型和服务型等企业进行创新，为物流业的小微企业营造良好的经营环境并打造物流业创新体系。在进出口税方面，国家在推动跨境电商发展、重要的高科技或者重要资源进出口、进出口退税管理等方面制定了相关税收优惠政策，从而推动物流业国际化发展，助推物流产业与国际接轨。新冠疫情暴发以来，政府也根据疫情带来的影响制定相关免税或者缓税政策。

表 7 - 15　　党的十九大以来政府出台的部分增值税税收优惠政策

政策年份	政策名称
2017	《财政部 税务总局关于支持小微企业融资有关税收政策的通知》
	《国家税务总局关于小微企业免征增值税有关问题的公告》
2018	《财政部 税务总局关于调整增值税税率的通知》
2019	《财政部 税务总局 海关总署关于深化增值税改革有关政策的公告》
2020	《财政部 税务总局关于继续实施物流企业大宗商品仓储设施用地城镇土地使用税优惠政策的公告》
2021	《关于明确先进制造业增值税期末留抵退税政策的公告》
2022	《国家税务总局关于进一步实施小微企业"六税两费"减免政策有关征管问题的公告》

表 7 - 16　　党的十九大以来政府出台的部分企业所得税税收优惠政策

政策年份	政策名称
2017	《财政部 税务总局 商务部 科技部 国家发展改革委关于将技术先进型服务企业所得税政策推广至全国实施的通知》
2018	《财政部 税务总局关于进一步扩大小型微利企业所得税优惠政策范围的通知》
2019	《财政部 税务总局关于实施小微企业普惠性税收减免政策的通知》
2020	《财政部 税务总局关于支持新型冠状病毒感染的肺炎疫情防控有关税收政策的公告》
2021	《财政部 税务总局关于实施小微企业和个体工商户所得税优惠政策的公告》
	《财政部 税务总局关于进一步完善研发费用税前加计扣除政策的公告》
	《国家税务总局 财政部关于制造业中小微企业延缓缴纳 2021 年第四季度部分税费有关事项的公告》

续　表

政策年份	政策名称
2022	《财政部 税务总局关于进一步实施小微企业所得税优惠政策的公告》
	《财政部 税务总局 科技部关于进一步提高科技型 中小企业研发费用税前加计扣除比例的公告》

表 7 – 17　　党的十九大以来政府出台的部分进出口税税收优惠政策

政策年份	政策名称
2017	《国务院关税税则委员会关于调整部分消费品进口关税的通知》
2018	《关于完善跨境电子商务零售进口税收政策的通知》
	《关于跨境电子商务综合试验区零售出口货物税收政策的通知》
2020	《国际运输船舶增值税退税管理办法》
2021	《财政部 海关总署 税务总局关于海南自由 贸易港自用生产设备"零关税"政策的通知》
	《财政部 海关总署 税务总局关于支持集成 电路产业和软件产业发展进口税收政策的通知》
2022	《国家税务总局关于进一步便利出口退税 办理 促进外贸平稳发展有关事项的公告》

2. 财政政策

2021 年 11 月，国务院促进中小企业发展工作领导小组办公室颁布《提升中小企业竞争力若干措施》，指出为提升中小企业竞争力，各地需落实落细财税扶持政策，加强财政资金支持，通过中央财政有关专项资金引导地方加大对"专精特新"中小企业的支持力度。各地发挥中小企业发展专项资金作用，完善中小企业公共服务体系和融资服务体系，支持中小企业提升创新能力和专业化水平。

同样，各省市为加快物流业的发展，也出台了许多与物流业相关的财政政策。例如，为加快形成辐射西部、贯通全国、便捷高效的现代物流体系，打造西北重要物流基地和向全国开放的战略支点，青海省财政厅结合当前相关领域财政支持政策，以深化供给侧结构性改革为主线，服务经济稳增长为核心，联合多部门出台《现代物流体系建设财税支持政策》（以下简称《政策》），全力支持青海省现代物流体系建设。《政策》吸收延续了当前既有物流产业规划布局、民航铁路及物流基础设施建设等支持政策，同时统筹商务、供销、农业、交通等多方面多领域资金，充分发挥各部门职能优势，合力构建并完善现代物流体系，补齐物流配送短板。

3. 金融支持政策

根据中国物流与采购联合会的调查数据，物流企业的贷款融资需求被传统金融机构满足的不足10%，尤其是公路运输企业由于规模较小、位置分散，传统金融机构为其贷款的比例不到5%。因此，物流企业在"轻资产"运营模式下融资困难，制约着物流业的发展。在该背景下，国家出台了相关政策，鼓励银行业金融机构运用互联网、物联网、区块链、生物识别、人工智能等技术，与核心企业合作搭建服务上下游链条企业的供应链金融服务平台；鼓励银行保险机构将物联网、区块链等新技术嵌入交易环节。党的十九大以来政府出台的关于物流金融的部分政策如表7-18所示。

表7-18　　党的十九大以来政府出台的关于物流金融的部分政策

政策年份	政策名称
2018	《商务部等8部门关于开展供应链创新与应用试点的通知》
2019	《关于加强金融服务民营企业的若干意见》
	《中国银保监会办公厅关于推动供应链金融服务实体经济的指导意见》
2020	《商务部等8部门关于进一步做好供应链创新与应用试点工作的通知》
	《中国人民银行 银保监会 发展改革委 工业和信息化部 财政部 市场监管总局 证监会 外汇局关于进一步强化中小微企业金融服务的指导意见》
	《推动物流业制造业深度融合创新发展实施方案》
2021	《中国银保监会办公厅关于2021年进一步推动小微企业金融服务高质量发展的通知》

在国家政策的指引下，各地政府以更精准的方式结合地方经济形势，因地制宜地推出供应链金融专项文件，例如，2019年1月，深圳市委金融办发布《关于促进深圳市供应链金融发展的意见》，指出发展供应链金融是推进供给侧结构性改革、增强金融服务实体经济效能的重要力量。这也是国内首个专

门促进供应链金融发展的地方性文件，涵盖了供应链金融的各类主体。2021年2月，山东省财政厅会同省工业和信息化厅、人民银行济南分行出台《关于强化财政金融政策融合促进供应链金融发展的通知》，系统性支持山东省供应链金融发展，这是全国首个专门促进供应链金融发展的系统性财政金融政策。

（三）规范和限制性政策

1. 工商政策

（1）工商登记审批制度改革。

统一规范企业登记注册管理工作是各级工商行政管理和市场监督管理部门贯彻落实党的十九大精神，推动建立中国特色社会主义商事制度的重要举措。政府通过在规范企业登记制度、市场准入机制、简化行政审批制度等方面制定相关政策，整合构建全国一体化网上政务服务平台，推动更多政务服务事项网上办理，拓展政务服务移动应用。以上措施为物流等相关企业营造了规范有序的市场环境，提高政府服务物流企业的能力，促进民营经济和中小物流企业释放创新活力。党的十九大以来政府出台的关于工商政策的部分政策如表7-19所示。

表7-19　　党的十九大以来政府出台的关于工商政策的部分政策

政策年份	政策名称
2018	《工商总局办公厅关于进一步统一规范企业登记注册管理工作的通知》
	《国务院办公厅关于印发进一步深化"互联网＋政务服务"推进政务服务"一网、一门、一次"改革实施方案的通知》
2019	《国务院关于取消和下放一批行政许可事项的决定》
2020	《国务院办公厅关于进一步优化营商环境更好服务市场主体的实施意见》
2021	《国务院关于深化"证照分离"改革进一步激发市场主体发展活力的通知》
2022	《国务院办公厅关于加快推进电子证照扩大应用领域和全国互通互认的意见》

（2）清理和规范涉企收费。

清理和规范涉企收费，既是落实更大规模减税降费政策，也是进一步优化营商环境的重要举措。政府出台的关于清理和规范涉企收费的政策中，除了对于所有企业普遍适用的政策，还有对于物流领域如公路、铁路和航空及仓储、装卸和报关等方面的涉企收费清理和规范，从而为物流市场主体减负松绑、增添活力，降低物流企业的运营成本，提高其运作效率，进而推动物流业快速发展。党的十九大以来政府出台的关于清理和规范涉企收费的部分政策会议如表7-20所示。

表7-20　党的十九大以来政府出台的关于清理和规范涉企收费的部分政策/会议

政策/会议年份	政策/会议名称
2019	《关于做好2019年降成本重点工作的通知》
2020	《国务院办公厅关于进一步规范行业协会商会收费的通知》
2021	国务院常务会议
	《治理交通运输涉企收费有利于畅通经济循环、推动高质量发展》

2. 物流用地政策

政府在出台关于物流规划用地的土地政策方面，多集中在保障国家物流枢纽、铁路专用线、物流园区和冷链物流设施等重大物流基础设施项目的用地需求。例如，通过规划好物流业的用地需求来集约土地资源，既能够增加单位物流用地的物流承载量并提高土地利用率，也能够有效促进专业化、社会化物流企业承接制造业和商贸业分离外包的物流需求，减少原有分散在各类企业内部的仓储设施用地。

2009年，国务院将"物流园区工程"纳入物流行业调整振兴九大工程之一。之后随着国家经济的快速腾飞，政府层面对物流园区的建设发展密切关注，特别是"十三五"时期出台一系列政策意见，主要包含完善园区规划布局、加强物流节点体系建设、推进重点产业的专业园区建设等方面，给中国物流园区的发展带来比较好的政策环境。到"十四五"时期，根据"十四五"规划，统筹完善国家物流枢纽建设成为"十四五"时期的重要任务。2021年7月，国家发展改革委印发《国家物流枢纽网络建设实施方案（2021—2025年）》，指出要推动国家物流枢纽高质量发展，做好增量，加快健全国家物流枢纽网络。到 2025 年，建设 20 个左右特色鲜明的国家物流枢纽经济示范区，为枢纽支撑和带动经济发展积累成功经验。

除了中央政府层面的大力支持，地方政策也积极跟进，全国大部分省份均在"十四五"期间发布有关物流园区建设发展的指导意见或发展目标，促进各地区物流园区在全国物流网络中发挥关键节点、重要平台和骨干枢纽的作用。如"十四五"期间，北京、浙江、山东、江苏等地均在"十四五"物流行业规划中提出具体的物流园区建设和规划目标，对园区布局、节点体系搭建等方面提出具体部署，并且引导各地区的物流园区建设发展逐渐向高效、绿色、智慧方向提升。

（四）物流相关机构的设立

随着物流产业政策体系的不断完善，近年来物流主管部门和相关的机构团体也逐步成立。这些行业协会成立后，将进一步发挥桥梁、纽带作用，在物流行业企业积极宣传贯彻国家有关方针、政策、法规、条例，重点做好四个方面的工作。一是大力推进物流行业供给侧结构性改革和供应链体系建设。二是促进物流平台建设，提供电子政务、行业管理、大数据分析、冷链物流信息化建设、供应链金融等服务。三是对政府制定有关物流与仓储的规划、政策、法规、标准及相关试点工作提出意见和建议，并推动贯彻和实施。四是做好行业自律，促进"行规行约"的建立和完善，提倡自律和公平竞争，维护会员的正当利益，反对侵害他人知识产权。

五、我国物流产业政策体系存在的问题

虽然我国物流产业政策近年来得到了快速发展，各项规划政策文件陆续出台，但是仍然存在一些问题，主要表现在以下几个方面。

（一）物流业管理体制和治理能力可以进一步加强

政府在全国物流业发展方面的总体思路已经较为明确，但物流业管理体制和治理能力可以进一步加强。由于不同市场主体组织受到所有制形式和行业的限制，市场竞争机会存在差异，这导致物流市场主体组织的发展呈现不平衡状态。国有物流企业在铁路、公路、航空、海洋、信息、金融等重要物流资源方面相对具备竞争优势，与民营物流企业存在一定差异。中国物流业

的管理权限涉及多个部门和行业，同时也涉及中央与地方各级政府。物流管理相关部门之间存在条块分割的情况，不同部门和地区之间缺乏有效协调，这一现象对物流业发展形成了一定的制度机制障碍。截至目前，国家尚未设立统一的物流发展主管部门，对于物流业缺乏全国性的交通运输、仓储管理、信息网络等总体规划，也未能实现对物流网络的统一布局。物流业的管理和治理呈现多元化的分散方式，这种模式可能削弱了对物流业的整体管理和治理能力。

（二）既有的中央、部门、地方物流产业政策，彼此间协调不够

各地政策实施存在一定的差异。在各地方实施国家政策和相关规定时，由于对政策的理解和执行尺度存在一些差异，物流企业在开展全国性业务时可能会面临一些经营困扰。例如，在公路运输、异地通关等物流活动中，有时会出现多次查验、重复执法等问题。中国现代物流产业的发展与一些发达国家有所不同。物流市场的发育程度尚未完全成熟，各种物流基础设施相对不够完善，整体物流技术水平也有提升的空间。在不同部门和地区之间，存在一些政策和制度上的壁垒。未来，中国的发展面临地区、城乡间的差异以及经济发展、资源、环境等方面的一系列挑战。因此，中央政府在物流产业发展方面需要进行统筹考虑，并承担相应的责任。特别是在当前中央和地方财政分权的情况下，需要找到一种平衡，既能激发地方的积极性，又能避免发展中的盲目和无序，以确保国家有限的物流资源得到有效整合。

（三）缺乏鼓励物流技术创新的政策

在物流业的发展进程中，物流关键技术的发展是至关重要的。物流技术包括硬技术和软技术，涉及诸多方面。例如，现代信息技术提供了对物流中大量的、多变的数据进行快速、准确、及时采集并迅速分析处理的能力，进而提高了物流运营的效率。因此，应尽快推出相关的物流技术促进政策，以实现物流关键技术的迅速发展和广泛应用，以技术进步来推动物流业的快速高效发展。

六、完善我国物流产业政策体系的有关建议

第一，按照国家关于物流产业是现代服务业的定位和要求，遵循物流产

业发展规律，充分发挥市场配置资源的决定性作用，突出资源节约、环境友好、安全生产、自主创新、区域协调等重点，制定、实施物流产业政策，并建立健全政策配套体系，加快物流产业结构升级，优化物流产业组织，提高物流产业技术水平。

第二，要认真贯彻落实"十四五"规划，落实各部委根据"十四五"规划制定的各项"十四五"期间的物流规划，同时，各级政府部门应不断加以具体化，制定符合本省本市情况的现代物流业规划。要在落实国家和地方政府制定的各项物流规划的基础上，研究系统的物流产业政策，消除政策之间的不一致性，逐步形成具有中国特色的物流产业政策体系。特别是在工商登记管理、财政税收、交通规费、配送车辆进城、土地管理、货运代理、物流市场规范、快速通关等方面的实施细则，要落在实处。

第三，加强部际物流政策体系综合协调与配合。随着国家出台"十四五"规划和各项与物流业相关的规划，各政府部门都提高了对现代物流发展的重视程度。由于现代物流业是一个复合型产业，涉及面比较广，专业性和科学性较强。为了物流业的健康发展，建议进一步加强发挥全国现代物流工作部际联席会议制度的作用，强化和完善政府部门间的现代物流工作综合协调机制。充分发挥和调动行业协会等组织机构的引导作用，与各地区的物流主管部门相配合，建立综合的、多层次的物流产业政策体系。

第四，要重视政策的可操作性。随着"十四五"规划的发布和各项以"十四五"规划为指导的"十四五"物流规划政策的出台，许多省份陆续出台了相关的实施方案和指导意见，但是部分地方政府的政策措施缺乏实质性内容、政策的可操作性不强。建议各级地方政府要紧密结合当地的经济发展需求，在政策体系建设中注重实施，明确目标和具体任务，研究具体政策措施，重在突破和发挥示范效应，使物流产业政策真正惠及企业和地方经济发展。

第五，加强全国及区域层面物流发展的统筹和协调。物流发展具有区域性特征，目前各级地方政府多层次制定规划的现状极易引发不良竞争、重复建设和资源浪费现象。因此，应根据国家区域发展战略，按照产业布局、商品流向和道路、港口、车站、机场等基础设施条件，进行全国性与区域性物流发展规划的统筹和协调，形成符合中国经济发展与自然条件规律的物流系统整体布局。同时，在物流发展的重点领域应充分发挥中央政府的统一协调作用，总结推广各地的做法与经验，实现对地方政府部门的宏观指导。

第六节　法律法规体系的构成与优化

现代物流业的发展离不开良好的政策和与之匹配的完善的物流市场法律环境。制定一套有利于我国现代物流公平竞争、和谐发展的法律法规体系，可使物流企业在法律环境下平等竞争、有序经营、规范管理，从而推动我国物流业发展步入法治化、国际化的轨道。

一、物流服务的特性对法律法规的影响

物流活动的存在及发展状况是产生物流法制的基础，并对物流法律法规建设起着决定性影响。

（一）物流活动本身的复合性影响

物流活动的复合性指的是其不受限于单一主体或单一活动。现代物流不再局限于狭义上的运输，而是涵盖了运输、仓储、信息等多个方面的综合性活动。物流已经超越了企业内部的范畴，也不再局限于为企业自身生产的商品提供服务，逐步演变为向第三方物流、第四方物流发展。这些错综复杂的关系决定了物流活动本身的复合性。在物流法制方面，需要不同部门的法律对相应的社会经济关系进行规范。换言之，物流法律法规应当来源于现有各个部门法的相应内容，其中，涉及民商法、经济法、行政法、刑法等。

（二）我国物流发展水平的影响

我国现有的物流经营者普遍存在组织结构散、小、差，商流、物流、信息流相互脱节、技术落后、效率低下等问题，与现代物流的发展要求相去甚远。物流发展水平决定了我国的物流法制至今也没有专门的物流立法。

二、我国法律法规体系的建设现状

我国现行调整物流的法律法规涉及采购、运输、仓储、包装、配送、搬运、流通加工和信息等方面，有法律、法规、规章等不同层次。从法律法规内容上看，主要包括调整物流主体、调整物流活动环节和调整物流争议程序

三个方面的法律规范。

三、我国物流法律法规体系存在的问题

物流业是国民经济发展的动脉和基础产业，其发展程度已成为衡量一个国家现代化程度和综合国力的重要标志之一。"十三五"期间，我国物流业得到了高速发展，但物流市场无序化现象依然存在，与现代物流规范化、标准化运作之间产生了一定的冲突。随着政策、经济、互联网技术等客观环境的改变，"十四五"规划也提出了关于物流业的发展目标。可以预见，未来五年我国物流业依然保持快速发展，行业变化更加复杂，需要有完善的物流法律法规体系保驾护航，推动现代物流发展，促进形成供应链现代化。然而，我国当前物流法律法规体系与行业发展呈现不协调的现象，涌现出诸多问题。综合来看，目前我国物流法律法规体系存在以下几个方面的问题。

（一）现行物流法律法规有待完善，以进一步适应现代化和国际化发展

现代物流是一种集运输、仓储等于一体的综合型产业，它与各个行业有着密切的关系，但又具有自身的特点，现行的物流法律法规对物流单一环节均有表述，但是缺乏针对综合物流各环节的法律条款。而且在国家出台的关于税收、财政和科技创新等方面的支持政策中，并没有专门考虑到物流这一领域。这使相关法律、行政法规、部门规章、地方性法规在整体上还有进一步完善的空间。同时，随着"互联网＋"时代的到来，我国物流业面临新的机遇和挑战。物流信息化、智能化水平不断提高，电子商务、网络消费等新兴形式逐渐成熟。然而，目前我国尚未出台相应专门的法律法规来适应这一趋势。

随着世界经济一体化和我国对外开放程度的提高，我国物流业逐步适应国际市场需求，并逐步形成了国际化的工业和贸易体系。为了更好地融入国际化的物流业发展，我国需要建立一套符合国际物流业发展规律的规章制度。然而，我国现行的一些运输规则与WTO的基本原则不协调，这在一定程度上影响了我国物流业的国际化发展。此外，在我国物流行业的相关法律中，对节能和环境保护的关切尚未得到充分体现。

（二）现行物流法律法规缺乏综合性法规的统领，法律法规缺乏系统性和协调性

物流作为一个复合型的行业，涉及众多环节的协同操作，具备高度系统化特征。为此，建立一个全面、系统的法律法规体系以规范各环节运作显得十分重要。目前的物流业立法存在一些不足，未能满足系统化需求，缺乏统筹和整合的综合性法规，因而在实际应用中显得协调性不足。不同部门在制定相关法规时，有时带有地方性保护色彩，缺乏与其他部门的充分交流，导致各种法律法规的不协调。比如，在物流标准化方面，各部门制定的标准分散，不同行业对货物的称量、分类、容器的选择等都有各自的标准，导致配套性较差，商品信息标准缺乏统一，从而在协调运作方面存在困难，影响整个物流业的系统性和协调性。

（三）物流法律法规体系和监管体制有待完善

1. 市场准入机制不完善

任何行业的发展都需要在一定的规则和标准约束下进行，对于物流业而言，制定统一、完善的物流市场准入机制是现代物流得以健康、持续发展的重要保障。物流市场准入问题是物流业发展的基础性问题，但是现阶段我国物流市场的准入法律法规缺乏系统性和整体性，没有形成专门的物流法律法规体系。有的部门实行"审批制"，有的部门实行"登记制"，使物流市场在整个运行过程中容易出现混乱。

2. 监管体制不完善

物流行业监管体制也有不健全之处，对于物流市场的监管还没有建立统一的监管机构。不同的物流环节、不同物流领域的市场准入监管主体各不相同，各司其职，相互之间缺乏沟通和协调，导致物流市场主体参差不齐，监管职能得不到有效落实。比如，我国的交通运输市场是由国家交通管理机构统一管理的，而具体实施工作则是由铁路、公路、水运、航空等管理机构来完成。在对铁路市场准入进行监管时，国家的铁路部门会将行政权力层层下放给各地的主管机关，在此过程中政策执行效率大大降低。

（四）现代物流立法层次相对较低

现行物流业的法律法规中，很多由国务院各部委以及地方人大或政府制

定颁布，在形式上多表现为"办法""条例""规定""通知"等，规范性不强，在具体运用中缺乏可操作性。物流业者在参照或适用物流法律法规时，常需要花费大量的时间查阅行政法规和规章等资料，并且对于颁布已久的规范，尚存在难以辨别其是否仍有效力等问题。同时，物流法律法规的效力层级跨度很大，除《中华人民共和国公路法》《中华人民共和国铁路法》《中华人民共和国民用航空法》《中华人民共和国海商法》这些层级较高的法律，其他直接与物流业有关的法律法规基本为行业标准和行业规则等，效力层级较低，只适合作为法庭审判的参照性依据。

四、现代物流促进法建设的必要性

现代物流业体现出管理一体化、流通信息化和功能集成化的特点，我国当前物流业的发展已逐步从传统物流向现代物流转型。同时，由于物流系统复合性及多样性的特征，在物流运行的全过程中会涉及与不同领域、不同部门间的合作，物流法律法规体系的规制范围也相应广泛。基于现代物流管理及物流法律法规的整体特征，为使物流业运营效率更高、协调性更强，制定更明确、更系统的物流业发展规划，建立现代物流促进法。

（一）现代物流促进法明确了物流业发展的基本方针和方向

现代物流促进法可以从宏观角度来明确国家对物流业规划发展的大方向，建立起指引物流业未来发展的轨道。同时，物流业是多环节共同协作的复合型产业，会存在多方主体、多个部门、多个行业共同参与物流的经营过程。因此，现代物流促进法所发挥的关键作用在于协调物流业各主体之间的利益，规范好各主体之间的物流关系，维护和保障物流业有序发展。进而打造一个规范有序、各主体利益协调的物流大市场。

（二）现代物流促进法有利于对物流经营活动进行有效监管

我国物流业是一种既具有垄断性又具有竞争性的复合型产业。现代物流促进法的出台可将政府的监督机制引入市场中，当企业无法应对强化自身管理所造成的高昂成本时，可通过法律力量进行源头治理和终端管控，保障物流业安全稳定发展。

（三）现代物流促进法有利于完善物流法律法规体系

物流业本身包含的内容很广泛，同时随着经济全球化和一体化发展，现代物流业呈现综合性和国际性的特点。为促进现代物流体系发展，适用于现代物流体系的法律制度必须具有综合性、专业性、广泛性和国际性的特点。因此，制定和出台协同、统一、公平和高效的现代物流促进法是推动我国物流业发展的关键。制定适配于国家出台的关于推进和支持物流业发展政策的更高阶现代物流促进法，以规范物流企业市场准入机制和加强对物流企业的监管，从而规范物流市场秩序，促进和引导物流业健康和长远发展。

五、现代物流促进法的框架建设体系建议

（一）立法依据和目的

现代物流促进法的立法必须以《中华人民共和国宪法》为最高遵守。同时立法的目的是规范物流市场行为，协调各主体利益关系，推动现代物流高质量发展，支撑现代产业体系、流通体系、交通强国建设，满足人民群众的美好生活需要，建设社会主义现代化强国。

（二）现代物流促进法的定义

现代物流促进法，顾名思义，是一种旨在促进现代物流业发展的法律规范。近年来，随着国家战略的调整，我国出台了大量旨在促进和鼓励各项事业发展的促进型法律，如《中华人民共和国乡村振兴促进法》《中华人民共和国家庭教育促进法》《中华人民共和国中小企业促进法》《中华人民共和国循环经济促进法》等。这样一种新型的立法模式，将国家宏观政策的引导支持与法律制度的保障力度相结合，既能够加大政府对社会经济领域的管理与协调力度，同时又发挥了法律规范的功能集合优势，将法律作为制度架构来规范和促进行业的更好发展。现代物流促进法正是政府为推动物流业有序发展而制定的，从宏观层面对物流业的各项事务进行总体指导的法律规范。我国现代物流促进法也应以促进我国现代物流业健康有序发展为宗旨，鼓励和引导各方主体共同参与到物流业的发展规划中，最终实现我国物流业整体水平及国际影响力的提升。

（三） 宏观协调监管机制

政府对现代物流的宏观调控主要表现为建立起统一的物流业发展规划体制。在促进型立法中明确统一现代物流发展规划的基本要求：包括规划的制定者（国务院国民经济综合管理部门），发布者（国务院），规划期（与国家五年规划同步），分级制定（地市级以上人民政府），专项规划（冷链物流、医药物流、危化品物流等），定期评估及调整机制。

（四） 市场主体行为规范

物流包括运输、储存、包装等不同的服务环节。现代物流促进法需针对物流经营主体运行过程中出现的一系列行为进行规范，如明确物流主体资格、设立的条件、主体设立程序、开展经营活动的条件、市场准入和退出机制、主体权利义务的法律法规。同时，制定维护各主体间联系的法律法规，包括物流市场行为准则、服务合同订立和履行、多种运输方式和服务方式协调等，从而推动整个物流业稳定运行。

（五） 物流主体合法权益

物流业包含交通运输业、储运业、通运业和配送业四大行业。物流业的四大行业下还有许多小行业，其中，不少小行业既属于这一大行业，又属于另一大行业。主要的小行业有铁道运输业、汽车货运业、远洋货运业、沿海船运业、内河船运业、航空货运业、集装箱联运业、仓库业、中转储运业、托运业、运输代办业、起重装卸业、快递业、拆船业、拆车业、集装箱租赁业和托盘联营业。

这些行业中有许多物流主体，包括快递员、卡车司机、仓库保管员、个体从业者等。应保障物流主体的合法权益，涉及从业资格、职业道德、权益保障措施、争议处理、适用法律等。

（六） 要素保障政策

支持物流业发展的要素有：物流用地规划管制和地价调控；统一物流业各环节的税率、允许集团型物流企业所得税汇总缴纳、物流业土地使用税给予优惠等；现代物流标准体系建设、信息化和绿色化发展、科技创新、人才培养和理论研究等。

（七）　协调与监管机制

在协调与监管方面，建立现代化的物流综合管理机构或者完善现有的协调和监管机制；对有关部门的管理功能进行适当调整和整合，每个行政事项都有一个领导机构。县级人民政府应建立现代物流发展的综合性管理机构或协调机构，监督本地区的现代物流经济发展。厘清庞杂的部门和地方物流工作关系，并明确相关的法律。进一步明确各级各类物流行业协会的法律地位和责任，并赋予其更多的行业管理和自律功能。对现有的与现代物流有关的法规、规章、政策进行梳理，将符合我国物流业发展需求的统一纳入现代物流促进法；不适用或不一致的条款立即废止。对于今后有关部门和地区的相关政策也要制定相应的法规。

案例7-22："十四五"现代物流发展——强化现代物流发展支撑体系

（一）　培育充满活力的物流市场主体

提升物流企业市场竞争力。鼓励物流企业通过兼并重组、联盟合作等方式进行资源优化整合，培育一批具有国际竞争力的现代物流企业，提升一体化供应链综合服务能力。引导中小微物流企业发掘细分市场需求，做精做专、创新服务，增强专业化市场竞争力，提高规范化运作水平。完善物流服务质量评价机制，支持企业塑造物流服务品牌。深化物流领域国有企业改革，盘活国有企业存量物流资产，支持国有资本参与物流大通道建设。鼓励民营物流企业做精做大做强，加快中小微企业资源整合，培育核心竞争力。

规范物流市场运行秩序。统筹推进物流领域市场监管、质量监管、安全监管和金融监管，实现事前事中事后全链条全领域监管，不断提高监管效能。加大物流领域反垄断和反不正当竞争执法力度，深入推进公平竞争政策实施。有序放宽市场准入，完善市场退出机制，有效引导过剩物流能力退出，扩大优质物流服务供给。引导公路运输企业集约化、规模化经营，提升公路货物运输组织效率。

（二）　强化基础标准和制度支撑

健全物流统计监测体系。研究建立物流统计分类标准，加强社会物流统计和重点物流企业统计监测，开展企业物流成本统计调查试点。研究制定反映现代物流重点领域、关键环节高质量发展的监测指标体系，科学系统反映现代物流发展质量效率，为政府宏观调控和企业经营决策提供参考依据。

健全现代物流标准体系。强化物流领域国家标准和行业标准规范指导作用，鼓励高起点制定团体标准和企业标准，推动国际国内物流标准接轨，加大已发布物流标准宣传贯彻力度。推动基础通用和产业共性的物流技术标准优化升级，以标准提升促进物流科技成果转化。建立政府推动、行业协会和企业等共同参与的物流标准实施推广机制。建立物流标准实施评价体系，培育物流领域企业标准"领跑者"，发挥示范带动作用。

加强现代物流信用体系建设。加强物流企业信用信息归集共享，通过"信用中国"网站和国家企业信用信息公示系统依法向社会公开。建立健全跨部门、跨区域信用信息共享机制，建立以信用为基础的企业分类监管制度，完善物流行业经营主体和从业人员守信联合激励和失信联合惩戒机制。依法依规建立物流企业诚信记录和严重失信主体名单制度，提高违法失信成本。

加强物流安全体系建设。完善物流安全管理制度，加强对物流企业的监督管理和日常安全抽查，推动企业严格落实安全生产主体责任。提高物流企业承运物品、客户身份等信息登记规范化水平，加强运输物品信息共享和安全查验部门联动，实现物流活动全程跟踪，确保货物来源可追溯、责任能倒查。提高运输车辆安全性能和从业人员安全素质，规范车辆运输装载，提升运输安全水平。落实网络安全等级保护制度，提升物流相关信息系统的安全防护能力。

（三）打造创新实用的科技与人才体系

强化物流科技创新支撑。依托国家企业技术中心、高等院校、科研院所等开展物流重大基础研究和示范应用，推动设立一批物流技术创新平台。建立以企业为主体的协同创新机制，鼓励企业与高等院校、科研院所联合设立产学研结合的物流科创中心，开展创新技术集中攻关、先进模式示范推广，建立成果转化工作机制。鼓励物流领域研究开发、创业孵化、技术转移、检验检测认证、科技咨询等创新服务机构发展，提升专业化服务能力。

建设物流专业人才队伍。发挥物流企业用人主体作用，加强人才梯队建设，完善人才培养、使用、评价和激励机制。加强高等院校物流学科专业建设，提高专业设置的针对性，培育复合型高端物流人才。加快物流现代职业教育体系建设，支持职业院校（含技工院校）开设物流相关专业。加强校企合作，创新产教融合人才培养模式，培育一批有影响力的产教融合型企业，支持企业按规定提取和使用职工教育经费，开展大规模多层次职业技能培训，促进现代物流专业技术人员能力提升。指导推动物流领域用人单位和社会培训评价组织开展职业技能等级认定，积极开展物流领域相关职业技能竞赛。实现学历教育与培训并举衔接，进一步推动物流领域 1 + X 证书制度和学分银行建设。对接国际专业认证体系，提高国际化物流人才培养水平，加大海外高端人才引进力度。实施新一轮专业技术人才知识更新工程和职业技能提升行动，推进物流领域工程技术人才职称评审，逐步壮大高水平工程师和高技能人才队伍。

　　资料来源：国务院办公厅关于印发"十四五"现代物流发展规划的通知。（有删减）

第八章 现代物流服务体系的
运行与协调机制

【引例】2022年12月，国务院办公厅印发《"十四五"现代物流发展规划》，推动构建现代物流体系，推进现代物流提质、增效、降本，为建设现代产业体系、形成强大国内市场、推动高水平对外开放提供有力支撑。《规划》提出，到2025年，基本建成供需适配、内外联通、安全高效、智慧绿色的现代物流体系，物流创新发展能力和企业竞争力显著增强，物流服务质量效率明显提升，社会物流总费用与国内生产总值的比率较2020年下降2个百分点左右，"通道＋枢纽＋网络"运行体系基本形成，安全绿色发展水平大幅提高，现代物流发展制度环境更加完善。这份《规划》是国务院层面又一个推动现代物流发展的纲领性文件，是指引"十四五"时期建设现代物流体系，推动高质量发展的"新蓝图"。在"十四五"时期，完善现代物流服务体系仍是需要扎实推进的主要任务和重点工程之一。现代物流服务体系是由物流需求要素、物流供给要素、设施设备要素、信息技术要素和体制政策要素等组成的，如果这些要素缺乏有序的运行机制，就很难实现有机匹配和协调，也就不能实现现代物流服务体系的整体功能与目标。因此，了解现代物流服务体系的运行模式，认识其形成、稳定、发展和协调的动态发展规律，对于政府组织和建设现代物流服务体系至关重要。

第一节 一般的物流服务体系运行模式

根据系统论的运作机制原理，现代物流服务体系运行模式也离不开"输入—转化—输出—反馈"四个环节（见图8-1）。

约束与干扰

系统输入	系统转化	系统输出

系统输入
- 需要处理的物质
- 设施、设备
- 劳动力
- 能源、燃料
- 资金、信息
- 技术
  ……

系统转化
- 物流作业加工环节
- 物流网络运作
- 物流信息处理
- 物流服务管理
  ……

系统输出
- 处理后的物质
- 物质的时空价值
- 客户服务
- 信息反馈
- 竞争优势
  ……

反馈　　　　反馈　　　　反馈

体系的外部环境

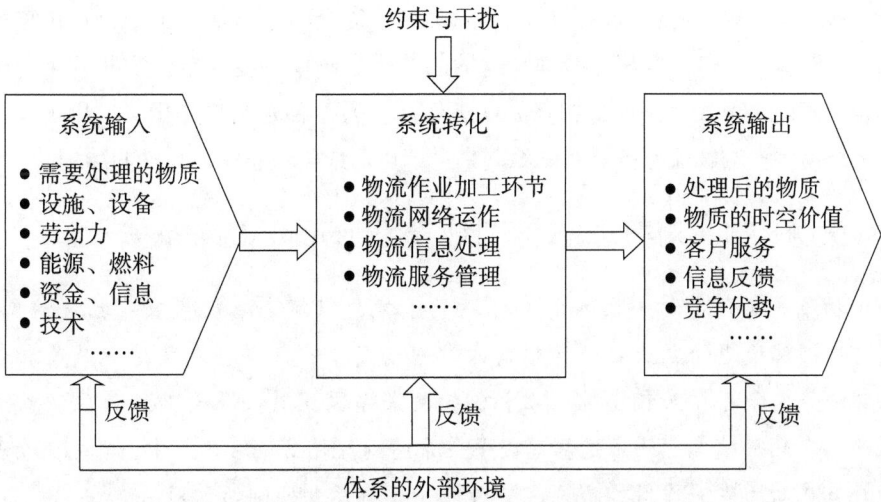

图 8-1 现代物流服务体系的一般运行模式

一、系统输入

系统输入的对象包括原材料、设备、劳动力、能源等。这些输入对象是实现系统功能的必要前提。

二、系统处理（转化）

处理（转化）是指物流本身的转化过程。从输入到输出之间所进行的生产、供应、销售、服务等活动中的物流业务活动称为物流系统的处理或转化。具体内容有：物流作业加工环节；物流网络运作；物流信息处理；物流服务管理，如运输、储存、包装、装卸、搬运等。

三、系统输出

物流系统的输出是指物流系统与其本身所具有的各种手段和功能，对环境的输入进行各种处理后所提供的物流服务。具体内容有：客户服务、信息反馈、竞争优势等。

四、约束与干扰

外部环境对物流系统进行一定的限制被称为外部环境对物流系统的约束

与干扰。具体内容有：资源条件、能源限制、资金与生产能力的限制；价格影响、需求变化、仓库容量；装卸与运输的能力；政策的变化等。这些约束与干扰表现为两种形式：一种是相互的促进作用；另一种是制约作用。如果把所有外部环境因素与物流服务体系联系起来，即可形成类似系统动力学的结构。

案例8-1：河南省现代农业物流与外部环境的关系

物流产业会受到一系列外部环境的干扰，以河南省现代农业物流为例，它与周围环境中的农业物流运输需求、河南省生产总值、人才培养政策和创新环境等因素存在互相影响、互相制约的关系，这些关系会对物流系统产生干扰。在此基础上，给出了基本因果关系图（见图8-2）。其中，"＋"号表示具有正向的促进作用，而"－"号表示具有反向的制约作用。

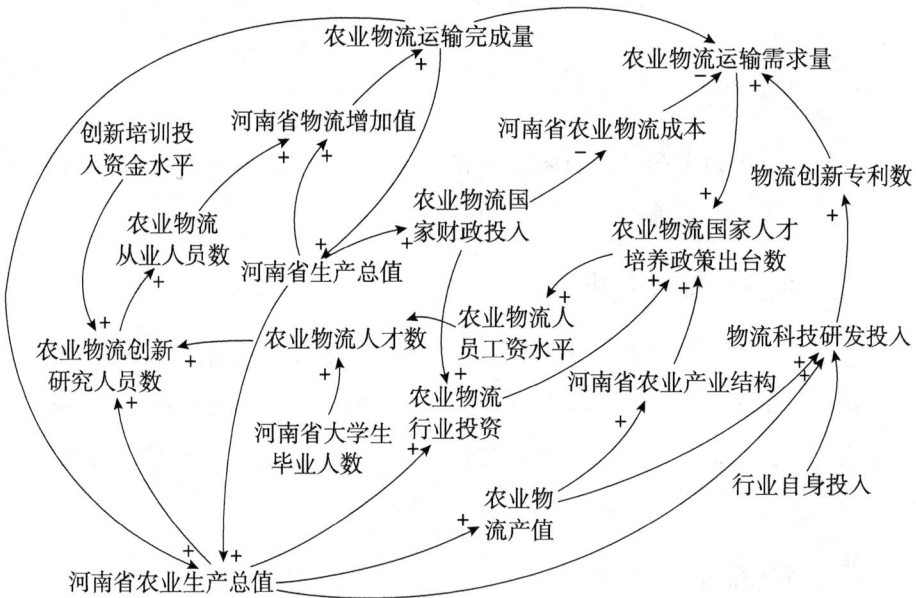

图8-2 河南省现代农业物流与外部环境的因果关系

资料来源：史燕. 河南省现代农业物流系统动力学建模及场景分析［J］. 物流科技，2023，46（21）：17-21.

五、反馈

物流系统在把输入转化为输出的过程中，由于受系统各种因素的限制，不能按原计划实现，需要把输出结果返回并进行调整，即使按原计划实现，也要把信息返回，以对工作作出评价，这称为信息反馈。信息反馈的活动包括：各种物流活动分析报告；各种统计数据；典型调查；国内外市场信息及相关动态等。

第二节　基于供需分析框架的现代物流服务运行机制研究

现代物流服务体系除了具有一般的系统论运行机制以外，还具有市场供需关系下特有的运行机制。这里，我们借鉴经济学中的供需分析理论来阐述其特点。经济学中的供给和需求理论说明了消费者的偏好如何决定商品的消费需求，同时市场的供给量又如何影响需求的变动。经济学当中的供给和需求是通过价格和数量结合在一起的，在共同影响因素之下，需求曲线呈现向下倾斜的规律，而相应的供给曲线则呈现向上倾斜的规律，二者的互动，形成供给和需求的数量均衡，也称市场均衡。需求与供给任何一方发生变化的时候，均衡点都会相应地发生变化，而为了达到新的平衡，另一方也要相应地发生变化，在互动中达到新的平衡，整个过程是一个不断博弈和发展的过程。可以说，供需关系是经济学理论分析的基础。

一、现代物流服务运行机制研究

从市场供求分析来看，围绕物流市场，其物流需求的产生在于需求主体（工业企业、商业企业、农业企业）的存在，其物流服务供给的主体是第三方物流企业、自营型物流企业或者部门，物流服务的供给方给需求方提供物流服务，在数量和价格上形成了市场均衡。围绕物流服务的供需层面，物流服务平台提供一系列支持和运作条件。其中，物流中介平台搭建物流服务供需合作途径，物流基础设施系统和物流信息技术系统实现物流服务，物流体制政策系统规范和提升物流服务水平。这里，给出了以物流市场为基础，以物流服务供需关系为主线的现代物流服务的运行机制，如图8-3所示。

物流供给主体是指专门为物流市场提供物流服务的物流组织，包括：第三方物流企业、各类运输企业、仓储企业、自营型的物流企业和物流部门等。这些企业可以为本区域、中心城市、跨区域或者国际物流市场提供综合物流服务、专业物流服务或者功能型物流服务，从而形成了多层次、多功能、不同主体性质的物流产业供给群体。

```
┌─────────────────┐
│   物流供给主体    │
└─────────────────┘
         │
┌─────────────────┐
│   物流供给服务    │
└─────────────────┘
```

┌──────────┬──────────┬──────────┬──────────┐
│ 物流基础 │ 物流信息 │ 物流体制 │ 物流中介 │ 物流服务
│ 设施系统 │ 技术系统 │ 政策系统 │   平台   │   平台
└──────────┴──────────┴──────────┴──────────┘

```
┌─────────────────┐
│   物流服务需求    │
└─────────────────┘
         │
┌─────────────────┐
│   物流需求主体    │
└─────────────────┘
```

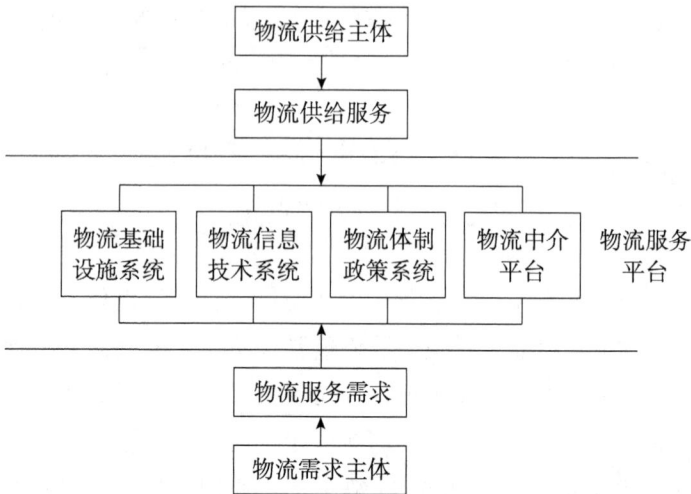

图 8-3　现代物流服务的运行机制

物流需求主体是需要为其提供物流服务的需求者，是由工业、农业、商贸业等产业组织之间、企业和消费者之间的物流服务需求所构成的。由于不同产业、不同企业、不同市场的需求分布不同，导致物流服务的需求特点也不同。

物流中介平台主要是实现物流服务供需对接的平台。通过积极构建物流服务市场体系，建设各类专业物流市场对接平台，组织形式多样的物流供需见面会，推动物流发展的市场化进程，可以为各类物流企业参与市场公平竞争创造良好的外部条件。

物流基础设施系统主要是指为物流服务运作提供必要条件的一系列设施设备的集合，它是现代物流服务的硬件支撑。具体包括交通运输基础设施、仓储基础设施、物流节点基础设施等。因此，这些设施的布局和网络合理化，直接影响了现代物流服务的运作效率和效益。

物流信息技术系统主要是指为物流服务运作提供必要技术支持的一系列信息技术和信息系统平台的集合，它是现代物流服务的软件支撑。物流信息技术的综合应用是现代物流区别于传统物流的根本标志，是物流现代化的基础。物流信息技术对拓展物流发展空间，提升物流效率，提高物流管理和服务水平有着十分重大的意义。

物流体制政策系统是保证物流市场有序规范运行的重要平台，发挥监管协调的功能。物流市场的开发需要政府创建宽松适度的政策环境，建立完善的法律、法规体系，鼓励、规范和支撑现代物流服务体系的发展。物流服务大多由企业主导，由市场和政府调控。在体系构建过程中，政府和企业都扮演着不可或缺的角色。

二、现代物流服务供需关系的自组织机制研究

（一）现代物流服务供需关系的自组织现象

自组织理论是 20 世纪 60 年代末期开始建立并发展起来的一种系统理论。它的研究对象主要是复杂自组织系统（生命系统、社会系统）的形成和发展机制问题，即在一定条件下，系统是如何自动地由无序走向有序，由低级有序走向高级有序的。如果一个系统靠外部指令而形成组织，就是他组织；如果不存在外部指令，系统按照相互默契的某种规则，各尽其责而又协调地自动形成有序结构，就是自组织。

观察物流供给与需求的发展过程，可以发现在我国，物流的供给伴随需求的增加而呈现跳跃性增长，即首先是供给不能满足需求，导致物流行业有利可图，在市场机制的作用下，相关企业投资物流行业，从而增加供给来满足需求，一旦达到供给大于需求，行业利润就达到一种薄利阶段，物流服务水平下降，于是，物流供给停滞不前。但是随着社会经济的快速发展，产生了大量的物流需求，又导致了物流供需的矛盾，再次激发物流供给的增加。可以说，物流的供求呈现两大特点：一是物流的供给在大部分时间比物流需求滞后一段时期；二是物流的供需呈现一种螺旋式的向上推进关系。可见，在现代物流服务体系中，物流需求方和供给方在市场这只"无形的手"的作用下，现代物流服务体系有可能自动调节，最终达到均衡状态，实现类似自组织的特征。

不过，这里值得说明的是，尽管有现代物流服务体系的自组织机制，但是，如果没有外界因素的协调，物流服务的供给与需求会频繁出现不一致，使物流服务市场呈现出结构性失衡的特征。这种频繁的市场供求结构性失衡，将使资源大量闲置而浪费，会加剧供求总量不平衡。因此，必须尽可能减少这种供求结构的失衡现象。

（二）政府在协调物流服务供需关系中的作用

那么，在物流服务供需关系的自组织过程中，政府是否就可以不必干预

经济，放任自流呢？回答当然是否定的。由于在现实的市场经济运行过程中，市场不一定是完全竞争的市场。市场的参与者不可能获得完全的市场信息，即使获得比较准确的信息，也不一定有能力进行及时调整。物流服务的供给方和需求方也不可能只是简单地通过价格相互作用。当市场上存在上述诸多因素的"干扰"时，整个经济系统内部通过非线性的相互作用会导致一种复杂的现象出现，有可能出现周期现象、准周期现象，甚至出现混沌现象，使现实的经济系统很难"自动地"达到这种完美的均衡状态。并且这种供需过程中的"涨落"会导致诸多问题，如即使供需达到均衡，均衡点也不一定"合理"。市场在供求变化过程中，价格也可能上下波动比较大，给投机分子剥削他人的机会。同时，生产过程中还可能造成资源浪费等，所以政府必须实施一定的货币政策、财政政策、税收政策和必要的法律等手段，以保证市场在供需涨落过程中保持均衡且达到最优化。

此外，为了实现物流供需的良性平衡，处理物流服务市场的供求关系应从两个方面入手。一是提高物流供给的质量及效率，从而更多地满足物流需求的增长，政府在刺激和鼓励物流供给的投入时，追求的不是数量，而是质量，即提高物流服务的水平，包括从时间、便利性、安全性、低成本来提高物流服务的水平。二是采取相关措施引导良性物流需求，避免非理性的物流需求，实现物流需求的合理分配与控制。

第三节　现代物流服务体系运行机制分析

机制是表示一定经济体内各构成要素之间相互联系和作用的关系及其功能。由于机制是在经济体运行中发挥功能，所以又被称为运行机制。在任何一个体系中，机制都起着基础性的、根本性的作用。有了良好的机制，可以使一个产业组织体系接近于一个自适应系统——在外部条件发生不确定性变化时，能自动地迅速作出反应，调整原定的策略和措施，实现优化目标。

现代物流服务体系是国民经济的一个子系统，因此，现代物流服务体系的运行机制构建，既要考虑到国民经济系统运行机制对现代物流服务体系的影响，又要从现代物流活动的基本规律出发，按照现代物流服务体系的形成、稳定、发展、协调这一系统动态发展规律进行设计。借鉴王静（2014）的观点，笔者认为，现代物流服务体系运行机制包括四大机制，即现代物流服务体系的形成机制、稳定机制、发展机制和协调机制，如图 8-4 所示。

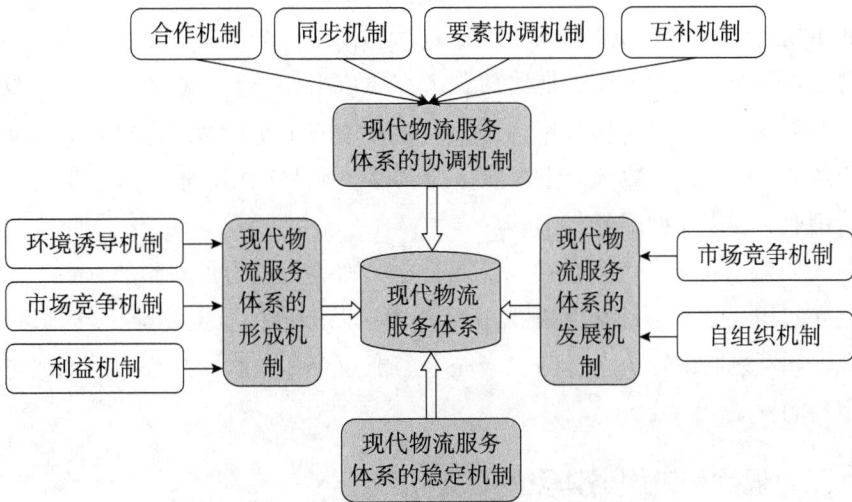

图 8-4　现代物流服务体系的运行机制

一、现代物流服务体系的形成机制

现代物流服务体系的形成机制涉及三个方面：环境诱导机制、市场竞争机制和利益机制。

（1）环境诱导机制。环境诱导机制是指在环境作用下，物流供需对接的市场开始形成，物流产业开始出现。传统物流的功能环节是分散在生产和流通各个领域，单独运行的。20 世纪 80 年代以来，在经济全球化、区域经济一体化的宏观环境下，美、日、欧等发达地区开始了一场对各种物流功能、要素进行整合的"物流革命"。首先，是企业内部物流资源整合和一体化，形成了以企业为核心的物流系统；其次，物流资源整合和一体化扩展到企业之间相互联系、分工协作的整个产业链条，形成了供应链管理的核心业务；最后，在此基础上，出现了为工商企业和消费者提供专业化服务的第三方物流企业。随着经济全球化和信息技术的发展，物流活动范围空前扩大，物流企业逐渐发展壮大，物流服务向着规模化、多功能、全方位的方向发展。

（2）市场竞争机制。市场竞争机制包括两个方面。一方面，物流需求方的竞争机制。随着市场竞争的日益激烈，企业的竞争已经是全方位竞争，企业已经将目光从生产领域转向流通领域，通过从流通领域的物流活动中挖掘利润，来提高企业的竞争力和盈利能力。另一方面，国外物流企业抢滩中国物流市场，国内企业的竞争压力不断加大，企业兼并重组层出不穷。物流资源和市场进一步向优势企业集中。贴近市场需要、产品结构丰富、服务网络完善的物流企业抵御风险的能力较强，在弱市中加强自身积累，挤占市场份额，实现低成本扩张；而势单力薄、缺乏特色的企业开始退出市场。在激烈的市场竞争中，优势物流企业根据客户需要，调整优化产品结构，努力开发增值型业务和创新型服务。

（3）利益机制。生产企业、商业企业、物流企业为了共同的利益，往往要建立起相互合作、优势互补的战略联盟，以形成供应链物流一体化运作。因此，利益机制使物流企业与生产企业、商业企业的联系加强，进而促进物流市场的发展。

二、现代物流服务体系的稳定机制

现代物流服务体系的稳定机制是在国民经济稳定发展的环境下，物流服务的功能得到充分发挥，物流服务满足国民经济其他产业活动的物流服务需求，物流基础设施相互配套，物流节点布局合理，物流信息畅通，各类物流企业的物流服务对象、范围和方式合理划分，各种物流活动（如运输、仓储、配送、流通加工等）达到物流一体化高度协调的协同机制。协同机制的建立与企业物流系统的结构有着直接的联系，其中以物流节点网络、物流基础设施体系及网络的规划建设和布局最为重要。此外，区域产业的发展、物流业的政策引导对协同机制的建立和运行发挥着重要的作用。

三、现代物流服务体系的发展机制

现代物流服务体系的发展机制涉及两个方面，即市场竞争机制和自组织机制。

（1）市场竞争机制。竞争使系统或者要素保持个性，协同使系统或要素之间保持一致性；竞争推动系统进化，而协同则确保系统稳定。竞争与协同的对立统一是系统稳定和发展的根本原因。竞争是现代物流服务体系发展进化的内在动力，关键是政府要建立有利于现代物流业发展的竞争规则，使竞争促进物流业良性发展。

（2）自组织机制。自组织是指一个系统在"遗传""变异"和"优胜劣汰"机制的作用下，其组织结构和运行模式不断地自我完善，从而不断提高其对于环境的适应能力的过程。因此，现代物流服务体系中，自组织机制的作用表现为主动适应环境变化，自觉调整物流服务体系中各要素之间的相互关系（结构、机制），使区域物流系统在整体上呈现出新的功能，实现物流系统的现代化发展。

四、现代物流服务体系的协调机制

现代物流服务体系的协调机制主要包括物流服务体系的合作机制、物流服务体系的同步机制、物流服务体系的要素协调机制、物流服务体系的互补机制。

物流服务体系的合作，是指物流服务体系各个要素之间的协同联动发展。物流服务体系的合作，发生于物流体系内部各子系统、各层次之间以及物流体系与外部利益相关者之间。例如，企业内部各环节和部门之间的物流合作、供应链上各成员之间的物流合作、各物流产业间的合作、物流系统与政府部门的合作等。

物流服务体系的同步，是指现代物流发展在各层次上的同步优化，防止出现因局部环节的不经济而导致的物流服务体系整体利益的丧失。例如，信息流的联通是实现区域物流合作的重要条件。具体来说，利用现代化信息技术（平台），实现区域物流、信息流的顺利流通，从而促进系统各要素的合作，保障区域内物流发展方向与目标一致，提升整个区域物流系统的统一性。

物流服务体系的要素协调，是指各子系统、各层次及外部环境之间的协调发展。例如，物流基础设施要与物流系统发展实际情况和趋势相适应，实现协同发展，相互促进。

物流服务体系的互补，是指各子系统之间在运作和功能上的互相补充与完善。现代供应链技术的应用及电子商务等新业态的发展为企业间的合作创造了条件和可能性。例如，随着物流园区建设形成的物流企业簇，其各成员间在物流活动价值链上定位最适合自身的特色业务，形成以"互补产品"为基础的物流企业合作联盟，实现供应链各环节的物流资源整合，通过互补实现物流企业集群、形成规模效应。

现代物流服务体系的形成机制、稳定机制、发展机制和协调机制，相互整合，共同形成了现代物流服务体系的整体机制，实现物流服务体系的功能与目标，并在变化的环境中发展进化。

第四节　面向政府管理的现代物流服务体系协调机制建设

一、现代物流服务体系协调的主要目标

协调的本意是"共同工作"，类似的表述还有"协作""协同""和谐"等。协调是对系统的各种因素和属性之间的动态良性相互作用关系及其程度的一种反映，即指为了实现系统总体演进的目标，各子系统或各元素之间相互协作、配合、促进后形成的良性循环态势，是系统发展的内在规定。

现代物流服务体系建设的主要目标是实现物流一体化服务，利用一体化的思想实现物流服务体系各个要素的协调运作、各个主体之间的紧密衔接与配合，利用物流管理使产品在有效的供应链上迅速移动，使供应链各节点企业获得较好的经济效益，使整个社会获得明显的经济效益。

（1）平衡效益背反效应，实现物流服务体系整体最优。物流服务体系的构成要素既相互联系又相互制约，其中一项活动的变化，会影响到其他要素相应地发生变化。物流活动各项成本间存在交替损益、效益背反的效应，各企业各部门之间存在着利益冲突的矛盾，物流市场体系运行一体化对物流服务体系各功能进行统一管理，在此消彼长的物流各职能活动间寻求最佳均衡点，有效地提高整个体系的运作效率，实现物流活动整体的最优化。

（2）快速、适时和服务增值优势。现代物流服务体系的协调将利用现代化信息技术，使物流、信息流和资金流在整个供应链体系中高效流动，实时动态快速地响应市场需求变化，实现适时、适地、适品、适量供应，提高服务质量和顾客满意度。同时，高效的物流管理可极大地缩短流通时间，拓展服务范围，提高服务效率，使物流企业在保障和维系客户信任的同时，达到产品或服务的市场增值。

（3）创造供应链规模化竞争优势。物流服务体系协调运行不仅实现工商企业、物流企业内部的物流一体化，而且通过企业间的战略联盟和物流外包组建供应链，使供应链上的所有企业相互协作、资源整合，以集成和集约的管理创建规模化竞争优势。

二、现代物流服务体系的协调机制

按照宏观、中观和微观三个层次来划分，现代物流服务体系的协调机制大致包括三个方面，如图 8 - 5 所示。

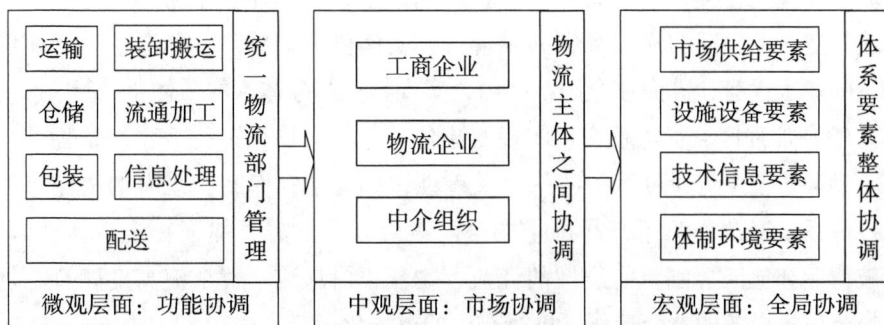

图 8 - 5　现代物流服务体系的协调机制

从微观层面上看，是对体系内各物流功能的协调与整合。以物流需求体系为例，即将分散在组织内各个职能部门中的物流管理内容集成到统一的物流管理部门，通过执行比较完善的内部协定，实现包括需求预测、库存计划、资源配置、设备管理、优化路径、基于能力约束的生产计划和作业计划、物料和能力计划、采购计划在内的各项计划与决策的协调与整合，使从采购到分销的完整系统具有可见性。以物流供给体系为例，各种物流企业将仓储、运输、包装、流通加工等功能进行有机组合，实现运作功能的协调优化。

从中观层面上看，是对组织之间物流功能的协调与整合，也就是市场协调。在这一层次，强调的是以物流服务任务为纽带的物流供给关系的形成。其标志是增加相关细分体系之间的联系，增进不同体系之间服务能力、服务水平、服务要求的稳定性和一致性，实现各参与方的信息共享，促进体系内部组织之间的沟通与协调。

从宏观层面上看，是对物流服务体系中的各类基本要素（即细分体系）之间物流活动的协调，也就是全局协调。为了实现这一协调，其中最重要的是体制与政策制度设计。体制与政策制度设计的目的是保障物流活动在新的物流理念下能够顺畅运行。

三、现代物流服务体系协调的主要方法

（1）增强物流系统理念，实施供应链管理。系统是物流的精髓。运输、储存、配送、装卸搬运、信息处理等子系统协调运作、系统化发展，为现代物流一体化运行提供了前提条件。在此基础上，应构建上下游企业之间、同业或异业企业之间的横向和纵向供应链，实施供应链管理，创造各个产业供应链的竞争优势，进而在全国范围内，实现物流服务体系的一体化运行。

（2）加强区域资源整合，实现物流各环节的市场化运行。物流是物品从生产到消费整个流通过程中的一个关键性中间环节，而我国现有的物流市场运行体系要素及资源还存在严重的分割离散现象，需要加强物流主体整合，打破行业和地区分割，将离散的商流、物流、信息流、资金流高度融合，加强物流设施设备的整合运作，进行有序的市场化运行。

（3）发展第三方物流，建立企业联盟。物流服务体系运行既包括以同行业或异行业企业之间联盟为基础的横向物流联盟，也包括供应链各环节如生产企业、物流企业、加工企业、销售企业为基础的纵向物流联盟。在此过程中，第三方物流企业可通过专业化的物流服务为横向物流联盟和纵向物流联盟提供共同集配等支持性工作，为物流网络体系的形成提供有利的外部环境。

（4）建设公共型物流园区，发挥物流产业集群的集聚效应。物流产业的集聚是现代区域经济增长的一个重要现象，物流相关产业的企业集群，进行专业化分工合作，并通过地理上的接近性，形成上下游企业和平行企业之间的竞争合作，产生集聚效应。公共型物流园区为物流产业提供了集聚的平台，各个企业之间由于存在广泛的关联性，为物流服务体系的一体化运行奠定了基础。

（5）利用现代化管理技术，搭建公共信息平台。物流服务体系的一体化运行，离不开供应链管理、配送需求计划、配送资源计划、物流资源计划和有效客户反应，以及条码技术、电子数据交换技术、射频识别技术、全球定位系统、地理信息系统等现代化的管理信息技术做支撑。

四、面向政府管理的现代物流服务体系协调机制建设

（一）政府在现代物流服务体系建设中的主要角色

现阶段是我国物流产业发展的关键时期，我国物流产业要顶住竞争压力

并发展壮大，培养核心竞争力，需要政府加强对物流发展的规划、引导、培育、投资与调控。相应地，政府也应该充当好以下几个方面的角色。

1. 规划者

完善的社会化物流网络的建立和健康有序的物流市场环境的形成，离不开政府的宏观统筹规划。政府要调动物流业发展的一切积极因素，使社会化物流形成网络体系，提高我国物流业的整体竞争力；要尽早做好物流业发展的近期规划、中期规划和长期规划，将有限的资金投入亟待解决的地方，切实改变目前我国物流业各部门、各地区互不协调、重复建设的现状。

案例 8-2：重庆市打造"一枢纽、两中心、多节点"的开放口岸体系

2022 年，重庆市人民政府办公厅印发《重庆市现代物流业发展"十四五"规划（2021—2025）》（以下简称《物流规划》）和《重庆市口岸发展"十四五"规划（2021—2025）》（以下简称《口岸规划》）。《物流规划》中提到，"十四五"期间，重庆市政府将结合全市生产力布局和综合交通体系规划，构筑起"一核一环一带两片区、六通道五枢纽多节点"的现代物流体系空间结构。其中，"一核"即中心城区物流发展核，"一环"即主城新区物流发展环，"一带"即沿江港航物流发展带，"两片区"即渝东北生产制造与港航物流区、渝东南农产品冷链和商贸物流区。"六通道"即西部陆海新通道、亚欧国际物流通道、沿江综合立体物流通道、国际航空网络通道 4 条国际物流通道，以及在"十四五"期间，面向京津冀城市群、粤港澳大湾区消费需求，着力构筑的对接京津冀城市群、粤港澳大湾区 2 条国内陆空物流通道。"五枢纽"即在目前已成功申报港口型、陆港型、空港型国家物流枢纽基础上，继续加大力度推动生产服务型、商贸服务型国家物流枢纽的申报建设，完成五型国家物流枢纽布局。"多节点"即在重点区县建设市级物流园区节点或城乡配送中心。

根据《物流规划》，到 2025 年，重庆市基本建成内陆国际物流枢纽和口岸高地后，将初步形成"一带一路"、长江经济带、西部陆海新通道联动发展的战略性枢纽。除了货物运输总量要达到 16 亿吨外，铁路货运量占比也将提升 2 个百分点左右，"十四五"期间，多式联运货运量年均增长 20% 以上，社会物流总费用与 GDP 的比率降低 1~2 个百分点。

而根据《口岸规划》，到 2025 年，重庆市通关服务保障水平将不断提升，力争新增 2 个正式开放口岸，基本建成"口岸体系全、功能配套齐、通关效率高、服务环境优、集聚辐射强"的内陆口岸高地，基本建成服务内陆、联结全国、通达全球的国际枢纽口岸。

部分资料来源：http://www.gov.cn/xinwen/2022－05/21/content_5691612.htm.

案例 8-3：《上海国际航运中心建设"十四五"规划》发布，引领长三角港航高质量一体化发展

2021 年，为进一步提升上海国际航运中心能级和核心竞争力，促进城市及区域经济高质量发展，上海编制印发《上海国际航运中心建设"十四五"规划》（以下简称《规划》）。《规划》指出，"十四五"其中的主要任务之一是要引领长三角港航高质量一体化发展，具体措施如下。

1. 共建辐射全球的航运枢纽

强化长三角区域一体化战略背景下上海港核心和引领地位，开展新一轮上海港总体规划修编，研究推动罗泾等港区转型升级，探索上海港可持续发展空间。逐步释放洋山深水港四期自动化码头产能，高水准推进洋山深水港区北作业区和沈家湾作业区建设运营，推动小洋山南侧西部工作船码头转型。完善临港地区港口岸线布局，推进上海临港新城东港区公用码头二期工程，提高对临港新片区产业发展服务能力。支持市场主体以资本为纽带，形成以上海为中心、江浙为两翼、安徽等长江流域为腹地，与国内其他港口合理分工、紧密协作的国际航运枢纽港格局。推动实施小洋山北侧综合开发，推进长三角地区沿江、沿海多模式合作，加强长江沿线联运航线对接。加快构建长三角世界级港口群一体化治理体系，推动港政、航政、口岸管理协同，协同建立长三角水上大交管一体化工作机制，构建统一的长三角港航标准体系，提升长三角口岸通关一体化水平，加快与长三角共建辐射全球的航运枢纽。

2. 打造高效畅达的集疏运体系

加强长江口航道综合治理，有效提升北槽深水航道通过能力，合力推进长江口辅助航道建设，增强长江口航道整体通过能力和安全保障水平。提高内河水运经济性、时效性、安全性，建设苏申内港线、油墩港航道整治工程。加强内河航道网络与海港主要港区衔接，推进大芦线东延伸等河海直达通道建设，开展黄浦江上游经临港新片区内河航段直达洋山港特定航线、长江至

临港新片区沿岸江海直达特定航线开通可行性、配套管理措施及鼓励政策研究。推进内河公共港区建设管理模式创新，建设现代化、集约化内河示范港区，推动芦潮港内河港区投运。规划建设临港多式联运中心，加快布局内陆集装箱码头，实现上海港与水路、铁路、公路的高效衔接。推进沪通铁路二期项目，建设外高桥港区铁路专用线，研究推动南港码头铁路专用线建设。积极拓展海铁联运市场，建立和完善内陆地区对接上海港的海铁联运通道，提升信息互通共享水平。实施沿江通道西延伸、浦东段等建设项目，改善外高桥地区疏港条件。

3. 建设智能完备的水上安全保障体系

统筹优化上海港水上交通安全监管和应急救助系统设施装备布局，建设智能水上交通管控网络和大数据应用平台。规划建设多网融合的海上通信网络，建设海上安全预警及应急反应中心。强化事故预防预控手段，完善水上交通安全风险管控体系。推动建立和完善长三角区域海事一体化融合发展机制，逐步推进区域通航安全规则衔接和船舶交通协同管理。推进水上搜寻救助地方立法。构筑现代化综合航海保障体系，推进水上导助航设施数字化、网联化、智能化。建设上海国际航运气象保障基地，提升水文和气象综合观测能力，完善长江口和洋山深水港区域大雾大风海洋气象监测站网，增强近海精准气象保障和信息发布能力，落实航运、航空等气象灾害防御重点单位管理制度。形成水上安全与公共卫生事件应急处置标准体系，加强国际疫情应对能力建设，完善国际合作机制。

资料来源：https：//www.shanghai.gov.cn/.

2. 引导者

政府应从宏观上对物流业发展把握正确方向，引导工商企业的物流需求和物流企业的物流供给；倡导和鼓励工商企业逐步将生产制造领域以外的原材料采购、运输、仓储和产品流通领域的加工、整理、配送等业务分离出来，按照现代物流的要求进行整合重组，实行专业化经营，提供社会化物流服务，或者将物流业务交给专业物流公司承担。

3. 培育者

政府可通过改制、上市、兼并、重组等多种形式，尽快培育一批主营业务突出、核心竞争力强的物流公司，特别是第三方物流企业。在此基础上，要以企业为主体，以资本为纽带，努力培育一批具有国际竞争力的现代物流企业或企业集团。这也是建立社会化、专业化、现代化物流服务体系的重要内容。

4. 投资者

现代物流需要交通运输系统和信息交换等公共系统的支持。但是由于这些基础设施投资量大、回收期长，单个或几个企业是无力承担投资费用的。因此，政府应当发挥投资者的角色作用，加大对交通、信息等基础设施的投入，同时利用信贷手段鼓励和引导企业或有条件的个人参与到基础设施的建设中。

案例8-4：申通5亿元投资智慧物流及交通产业发展母基金

2018年1月，申通发公告称拟以5亿元参与投资智慧物流及交通产业发展母基金。公告称该基金成立后，将根据项目进度分期分别出资，主要投向城市智慧物流与交通运营项目、智慧物流与交通先进装备产业、旅游物流与交通运营项目、智慧物流与交通产业小镇开发等，旨在通过与智能装备龙头企业强强联合，实现产业与服务资源嫁接融合，共同实施市场开拓与政策协调，共建服务增值与利益共享平台。

据悉，申通此次投资产业发展母基金将能够充分整合平台资源，挖掘公司产业链上下游的投资机遇，提供新的投资和发展平台，促进公司在区域市场中心、网点优化选址及基础设施升级改造，实现物流产业发展协同。

资料来源：http：//www.chinawuliu.com.cn/zixun/201801/23/328079.shtml.

5. 调控者

就现代物流体系而言，政府的调控功能集中表现在运作秩序的维护上，即在法律基础上保证市场竞争的有效性和公平性，实现市场力量的均衡，保护大众消费者的利益。但从目前来看，政府的调控功能首先体现在各职能部门之间、各级政府之间的利益以及管理权限的协调上，以减少摩擦，形成合力，加速物流业发展。

案例8-5：叫停快递业"价格战"，"有形的手"介入破局

2018年始，全国快递"价格战"开始显现，义乌成为众多快递企业打"价格战"、争夺市场份额的"重灾区"，一度成为"价格洼地"。特别是2020

年以来，快递行业"价格战"越演越烈。处于"暴风眼"的义乌，更是一度出现了亏本竞争的情况。激烈的"价格战"导致企业快递末端配送的利润受极大冲击，多家快递企业基层网点爆仓、停运甚至倒闭。低价也导致企业无更多经费生产投入，从而带来安全隐患。

2021 年，义乌快递市场秩序专项整顿开始，"有形的手"介入破局。2021 年 2 月，义乌邮政管理部门成立工作专班，工作内容细化到了 10 个方面，涉及总部、罚款、价格、份额等；走访了 80 多家法人企业，拉账单、算成本、做测算。在大量前期调研基础上，工作专班贯彻落实国家邮政局、浙江省邮政管理局相关精神，同时积极征求地方政府的意见。同年 3 月，义乌市邮政管理局与义乌市快递行业协会针对义乌快递业派费和成本情况进行走访了解。3 月 15 日，义乌市快递行业协会制定出台《关于维护行业平稳有序，推进行业高质量发展的实施意见》，即"义乌七条"。同年 4 月，义乌市邮政管理局就部分快递企业低价竞争导致收寄服务存在的安全隐患问题，暂停其部分转运中心，整改跟进安全服务等保障措施。至此，义乌的"价格战"有了收敛的势头——义乌 300 克以下电商件价格平均提升 0.4 元。趁热打铁。同年 7 月，浙江省邮政管理局联合浙江省市场监管局出台《关于规范快递服务治理价格违规行为的通告》，在此基础上，全省各地邮政管理部门会同市场监管部门开展联合约谈、执法，重点整治"恶意低价竞争"、不按址投递、违规收费、降低服务标准等问题，并形成工作常态，规范市场秩序效果逐步显现。2022 年 3 月 1 日起，全国首部以促进快递业发展为主题的地方性法规《浙江省快递业促进条例》施行，其中第三十六条规定："快递经营企业无正当理由不得低于成本价格提供快递服务。"专家分析，这将为消解市场持续多年的价格战乱象提供法规支撑，让通过恶意低价抢单来快速占领市场的模式得到进一步遏制。当市场失灵，政府就要对市场进行干预和调控，弥补市场机制的缺陷或不足。

资料来源：https://baijiahao.baidu.com/s? id = 1726080125027388383&wfr = spider&for = pc.（有删改）

（二）不同层次的政府协调重点

现代物流服务体系共有三个层次，不同层次的政府协调有相应重点。例如，微观层次的协调中，政府侧重在引导；中观层次的协调中，政府侧重在引导和培育；宏观层次的协调中，政府协调的重点是规划、投资和调控三个方面，具体如表8-1所示。

表8-1 不同层次的政府协调重点

层次	政府协调重点	注释
微观层次	引导	引导物流企业加强物流功能整合和服务创新；引导工商企业内部物流系统实现整合
中观层次	引导、培育	引导工商企业物流外包，促进制造业和物流业联动发展；培育面向全球化的物流企业和物流中介组织
宏观层次	规划、投资、调控	加强区域布局的规划统筹；加强基础设施投资布局的协调；对物流市场进行宏观调控

（三）政府协调的三维空间

政府应该在以下三个维度空间中做好协调工作，如图8-6所示。

（1）地区协调维：这是指政府应该做好地区物流发展的协调工作，包括各层次的区域内部（县市级、地区级、省市级、国家级）的协调和区域之间的协调（如不同的县市之间、省市之间、国家之间）的协调。在协调中，尤其要充分注重消除区域之间的地区壁垒，为物流一体化的畅达运作提供方便。

（2）部门机构维：这是指政府应该做好与物流相关的部门协调关系，包括物流运作的直接部门协调（如铁道、民航、公路、水运、管道、物资仓储等系统的协调）、物流运作相关部门的协调（如财政、税收、金融、土地、保险等部门的协调）、各地物流主管部门的协调（如省市物流部门要与中央物流部门对接、各地物流部门要与本地相关部门机构协调）、各行业物流部门机构协调（如第一、第二、第三产业之间的物流负责部门相互协调）等。

（3）行业协调维：行业协调维是指物流行业与第一产业发展协调、物流产业与第二产业发展协调、物流产业与第三产业发展协调。

值得注意的是，具体的协调工作更多的是三个维度的空间集合，例如对某一区域的物流部门与某个行业进行协调，而不是局限在某一维度协调。例如，图8-6中的A点表示的是要进行地区级物流协调、物流运作的相关部门协调、物流产业和第一产业之间的协调。因此，不同层次的政府部门在进行物流协调时，可以根据自己所在的层次定位，结合地方产业实际，从这三个层面出发，做好协调工作，出台有利于物流业发展的政策。

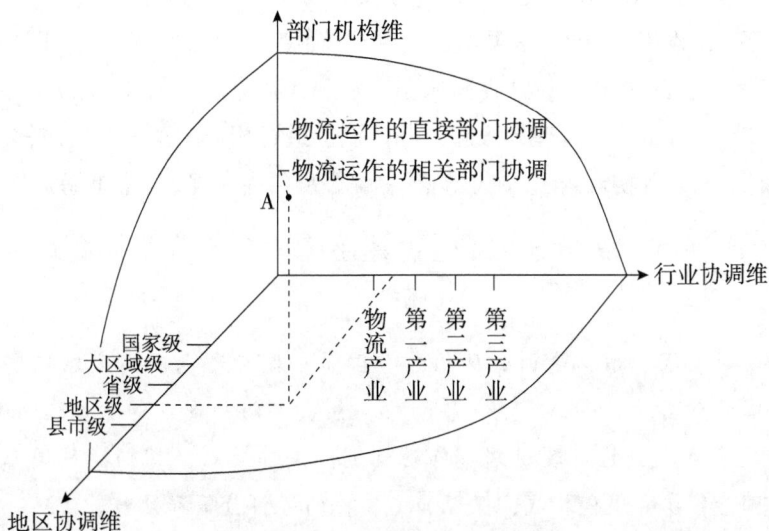

图 8 - 6　政府协调的三维空间

（四）政府协调的主要做法

针对物流产业是复合型产业的特点，要不断发展现代物流服务体系，就必须针对现代物流服务体系的发展特点，结合我国的具体实际，改革传统的物流管理体制，建立有利于现代物流发展的政府管理协调体制，并在此基础上统一认识，加强领导，强化管理，做好协调。

1. 从政府工作角度看，应建立有利于现代物流发展的政府管理协调体制

从广义上讲，相关的政府管理协调体制应包括铁路、公路、航空、海运等交通运输部门和商业、流通等物资部门的管理体制。因为从物流流程来看，它们是紧密结合在一起的。但由于受到计划经济时代的影响，涉及物流发展的众多部门和行业相互之间分割，各个部门基本自成体系，使决策和管理效率不高，难以形成有效合作，而这些部门和行业又都是实行分部门管理，并且存在中央和地方两级层次，更加剧了这种状况。这种体制显然不利于现代物流产业的发展，因此，必须建立起现代物流产业从宏观管理到行业管理的有机协调体系，实现管理上的科学、合理分工，以便于从宏观上制定产业发展的政策和措施，营造一个公开、公平、公正的物流产业竞争环境。

2. 从产业管理角度，应该改革政府对现代物流产业的管理机制

物流管理机制改革的最终目的在于加强政府在现代物流产业发展中的领导和管理协调作用，因此，在物流相关管理体制上，打破原有部门之间的隔阂，建立管理部门有序的横向协调保障机制。从现代物流产业的长远发展着眼，各级政府应在管理方式、管理方法和协调机制上进行相应改革，要按照物流的复合性特征，从宏观协调入手，按照现代物流发展的内在规律进行管理运作。

案例8-6：成都青白江区组建全国首个国际贸易和现代物流发展局

2019年2月，成都青白江区组建全国首个国际贸易和现代物流发展局。这是全国首个国际贸易和物流发展的政府组成部门，重点负责全区的国际贸易和现代物流产业的发展规划、行动计划、工作重点，贯彻执行国家、省、市有关国际贸易、现代物流、保税加工工作的方针政策和法律、法规、规章；编制全区国际贸易、现代物流和保税加工产业发展战略、中长期发展规划和政策措施并组织实施。机构下设：办公室、贸易发展科、口岸服务科、物流事业科、对外经贸关系科，下设1个事业单位，为投资促进服务中心。

该局主要职责是：（一）贯彻执行国家、省、市有关国际贸易、现代物流、保税加工工作的方针政策和法律、法规、规章。（二）协调、指导全区国际贸易、现代物流和保税加工产业发展工作。（三）组织拟订促进全区国际贸易、现代物流、保税加工等产业集聚发展相关扶持政策措施并组织实施。（四）负责全区对外经贸交流合作，研究提出促进多双边经贸合作对策建议。（五）负责临港服务业功能区相关产业的研究工作，统筹规划国际物流、现代物流和保税加工产业布局，协调推进相关招商引资和项目促进工作。（六）负责口岸发展相关政策研究，拓展完善铁路港口岸功能，负责铁路口岸及枢纽申报等工作。（七）负责海关特殊监管区域（综合保税区）的管理与发展。（八）负责职责范围内的安全生产和职业健康、生态环境保护、人才队伍建设等工作。（九）负责职责范围内规范性文件的合法性审查工作。（十）有关职责分工。区国贸和物流局承担口岸申报和国际物流发展工作，区交通运输局承担国内物流发展工作，做到各司其职、无缝对接。区国贸和物流局负责境外投资管理、服务贸易工作。（十一）完成区委、区政府交办的其他任务。

该局的成立有效拓宽了国际物流通道和物流市场，促进了本地区现代物流的发展与管理，并且首次把物流工作上升到市政府专题办公议题上。国际贸易和现代物流发展局将充分发挥成都国际铁路港优势，打造国际化、法治化、便利化的营商环境来发展国际贸易、现代物流、保税加工。

资料来源：http：//www.qbj.gov.cn/qbjq/c136375/qgmwlj_index.shtml.

3. 从工作任务角度，做好现代物流发展中的协调工作

加强政府管理职能的重点之一在于协调各方利益，解决企业之间、部门之间和区域之间的各种矛盾和冲突，以使我国现代物流在发展过程中少走弯路。从我国现代物流发展的需要看，目前政府的协调任务主要集中在以下两方面。

（1）行业之间的协调。具有复合性特征的现代物流产业涉及许多不同的行业或部门，因此，行业部门之间的协作是现代物流产业发展的必然要求。我国行政管理上的条块分割、部门分割给行业之间的物流协作带来了很多的困难，从当前形势来看，我国各种运输方式之间、运输业与物资流通业之间、传统批发业与零售业之间以及城市或区域规划部门与整个物流产业之间的协调都是亟待解决的问题。这需要政府的统一领导和协调，需要各级政府部门从职能划分入手，进一步明确各级政府部门的权力和职责，理顺管理关系，促进物流产业的健康发展。

（2）地区之间的协调。现代物流要实现从生产到消费的全过程管理，它不仅要跨企业、跨部门、跨行业，有时还会跨地区甚至跨国家。因此，地区之间的协调是物流协调工作的重要内容。人为设置障碍进行区域分割，会削减物流产业的网络空间，无疑会阻碍物流产业的发展。长期以来，我国政府在这方面的协调工作一直是通过打击地方保护主义等被动手段来完成的，今后仍将是物流业政府管理的重要任务。

案例8-7："跨省许可一网通办，一地办证全线畅行"——交通运输部跨省大件运输并联许可"放管服"改革综述

据统计，自2017年9月30日跨省大件运输并联许可系统正式全国联网运行以来，至2020年4月底，系统累计办结许可超过28万件。全国二、三类大件起运地许可平均办结时间分别为2.2个、3.2个工作日，比法定办结时间缩

减约80%。多年来，交通运输部始终坚持服务导向，通过规范制度，搭建跨省大件运输并联许可系统等有效措施，切实将大件运输审批服务落到实处。2017年9月30日，跨省大件运输并联许可系统正式联网运行，提前完成国务院常务会议确定的年底前实现全国联网的年度计划任务，实现了"一地办证、全线通行"，极大提高了大件运输许可效率，促进了大件运输行业降本增效。

如今，不管途经多少个省（区、市），大件运输企业只需要一台联网的电脑，就可申请跨省超限运输许可，超限情形较为轻微的一类、二类大件货物已实现不见面许可，超限情形较为严重的三类大件货物也仅需在起运地省份现场核查一次，不跑腿即可快速办证。例如，在2019年9月16日，黑龙江省齐齐哈尔跨越运输有限公司办理了一张目前"跨越"省（区、市）最多的《超限运输车辆通行证》，从黑龙江出发，由北到南途经吉林、内蒙古、辽宁、河北、天津、山东、江苏、安徽、江西、广东、广西，最后到达云南，先后跨越13个省（区、市）。值得一提的是，除3天的中秋节假日外，该证仅用时3个工作日便已办结。

由此看出，交通运输部的一系列措施引导了大件运输企业合法、规范运营，促进了大件运输市场良性有序发展。大件运输行业迎来了"合法、规范、有序"的根本性改观。据了解，下一步，各地交通运输部门将持续深化"放管服"改革，优化营商环境，推动形成"宽进、快办、严管、便民、公开"的跨省大件运输并联许可审批服务模式，助力重大设备生产制造高质量发展。

资料来源：http：//www.chinawuliu.com.cn/xsyj/202005/11/502730.shtml。

五、区域之间政府协调机制建设的成功关键

目前，我国物流行业在区域之间政府协调机制建设上仍然有待进一步加快发展。要改善这种情况，积极构建互动的区域政府物流协调机制，关键就是要建立和培养区域之间合作的机制，地方政府要达成公平合理的共谋博弈。为此，需要把握一个基本原则和三个关键。

一个基本原则既是"公平与利益相容"，也是"非歧视原则"。

第一个关键是地方政府博弈的"游戏规则"，它是实现公平与利益相容的基本制度保证。要提高区域经济的发展水平和区域物流服务体系的运作效率，一个良好的制度环境是非常必要的。良好的政府制度给企业提供了更好的发展平台，对于区域招商引资和协调发展都有良好的引导作用。

第二个关键是博弈中的"利益协调机构"。为实现不同地区的合作，合理分配各地利益，需要博弈的"局外力量"——中央政府和"局内力量"——地方政府及民间来共同解决。例如，可以通过建立中央政府的"区域协调管理委员会"、地方政府间的"跨行政区的协调管理委员会"以及各类半官方半民间的跨地区的协调组织来解决利益协调问题。这样的组织能够更好地制衡区域之间的经济发展和利益分配，制定的决策和制度对于每个区域都会不偏不倚，并从区域间的协调中找到促进整个区域经济发展的平衡点。这些组织不仅要制定区域发展规划和制度，更要监督这些规划和制度的实施情况，并对其实施效果和各地方政府的配合度进行评估，从而找出制约因素并改善，利于下一阶段区域的持续发展。

案例8-8：《武汉市现代物流业发展"十四五"规划》发布，着力完善邮政快递服务体系和快递基础设施建设

2022年5月，武汉市人民政府发布《武汉市现代物流业发展"十四五"规划》（以下简称《规划》），《规划》提出到2025年，武汉市将加快融入"全球123快货物流圈"（国内1天送达、周边国家2天送达、全球主要城市3天送达），着力完善邮政快递服务体系和快递基础设施建设，主要措施如下：

1. 完善区域分拨网

强化主城、副城、新城组群及重要功能节点之间快速交通联系，谋划形成以武汉为中心、辐射武汉城市圈的"七环三十射"高快速路网络，实现武汉至周边城市的直联直通直达。

2. 完善邮政快递服务体系

完善快递基础设施，建设一批全国性和地区性的快递分拨集散中心，新建或者改造一批公共配送中心、快递服务网点，加快形成"快递电商产业园（快件分拨中心/处理中心）—快递营业处理场所—快递末端公共服务站"三级快递服务网络体系。

3. 优化城乡配送网络

推进城乡高效配送专项行动，完善城乡配送网络，推进物流标准化、信息化建设。在高速公路出入口、铁路货运站场、港口与机场附近等交通便利处设置城市分拨中心，发挥国家或者区域干线分拨转运功能；鼓励本地商贸

流通企业整合闲置厂房、仓库等存量设施资源，加快改造建设一批公共配送中心，实现干线运输与城市配送的有效衔接，推动设施对外开放、共享共用；优化完善城市末端配送网点和设施（快件箱）建设。

资料来源：http：//www．wuhan．gov．cn/zwgk/xxgk/zfwj/szfwj/202205/t20220506_1966634．shtml．（有删改）

第三个关键是地方政府行政的"规范行为"。地方政府应是公开、公正、廉洁、高效的政府，实施"政绩"的激励机制和监督机制，以及对政绩的科学评价机制等。各级政府都会存在一些不规范行为，这在一定程度上损害了企业和区域的发展。实施高效、公平的政策，建立完善的监督和激励机制对于区域的可持续发展都是极为重要的。

这些原则和要件的设立和实施是建立区域间物流服务体系协调机制的基本内容。

第九章 现代物流服务体系的
规划、建设与评价

【引例】2016 年，根据《国家发展改革委关于开展现代物流创新发展城市试点工作的通知》（以下简称《通知》），国家发展改革委确定了天津、沈阳、哈尔滨、上海、南京、青岛、厦门、武汉、广州、深圳、重庆、成都、西安、乌鲁木齐、郑州、保定、临沂、赣州、岳阳、义乌 20 个城市为现代物流创新发展试点城市。按照《通知》要求，扎实深入开展现代物流创新发展城市试点工作，利用 3 年左右的时间，努力完成《通知》提出的"探索和营造有利于现代物流发展的体制机制，完善适应现代物流发展的法规规章，建立健全促进现代物流发展的政策体系，推动物流产业的发展和物流效率的提升"等试点工作目标，最大限度释放市场主体活力，打造城市物流发展的良好生态环境。这一举动，意味着中国区域现代物流服务体系的规划与建设进入了新的阶段。而相关体系建设工作初步完成后，评价与评估的工作也将随之发展和更新。

第一节 现代物流服务体系的系统分析方法

一、现代物流服务体系规划的理论基础——系统分析技术

系统分析是系统综合、优化、决策及系统设计的基础。系统分析将从系统的观点出发，对事物进行分析研究，寻找可能采取的方案，并通过分析对比，为达到预期目标而选出最优方案，这样一个有目的、有步骤的探索和分析过程称为系统分析。此事物可能是一项简单的作业活动，例如，对装卸搬运工人的动作和所用时间等进行研究；此事物也可以是在全国范围内，甚至

全球范围内对一个企业的整个物流系统所进行彻底整合，包括该企业与许多供货商和用户的长期伙伴关系。

系统分析不同于其他分析技术，它必须从系统总体最优出发，采用各种分析工具和方法。一个系统是由无数个要素组成，系统既要受到外部环境的制约，同时又要受到内部各要素间的影响，因此在系统分析时应遵循以下几项原则。

（1）外部条件与内部条件相结合。系统不仅受到企业内部物流和信息流的作用，而且还受到社会经济动向及市场等外部条件的影响。在分析这样的系统时，应将系统内部和外部各种有关因素结合起来综合分析、统筹考虑，才能实现方案的优化。

（2）当前利益和长远利益相结合。欲选择一个最优方案，不仅要考虑当前利益，而且还要考虑将来的得益如何。如果我们采用的方案对目前和将来都有利，是最理想的。如果采用的方案对目前不利而对将来有利，这样的方案是合理的。

（3）局部利益与整体利益相结合。系统与子系统的关系就是整体与局部的关系。如果每个局部的效益都好，一般来说，整体的效益也会比较理想。在有些情况下，局部效益是经济的，但从全面来看是不经济的，这种方案不可取。反之从局部看不经济，但从全局看效益是好的，这种方案是可取的。

二、物流服务体系系统分析的主要内容

物流服务体系系统分析是指在一定的时间和空间里，将物流服务体系的物流活动和过程作为一个整体来处理，以系统的观点、系统工程的理论和方法进行分析研究，以实现其空间和时间的经济效益。它要求从物流服务体系整体最优出发，在优化系统目标、确定系统准则的基础上，根据现代物流的目标要求，分析构成系统各级子系统的功能和相互关系，以及系统同环境的相互影响，寻求实现系统目标的最佳途径。

物流服务体系系统分析时要运用科学的分析工具和计算方法，对现代物流服务体系的系统目的、功能、结构、环境、费用和效益等，进行充分调查研究，收集、比较、分析和处理有关数据，建立若干个拟订方案，并进行比较和评价，寻求体系整体效益最佳和有限资源配备最佳的方案，为决策者最后抉择提供科学依据。

物流服务体系系统分析的目的在于通过分析，比较各种拟订方案的功能、费用、效益和可靠习惯等各项技术、经济指标，向决策者提供可做出正确决策的资料和信息。所以，物流服务体系系统分析实际上就是在明确目的的前提下，分析和确定体系所应具备的功能和相应的环境条件。

根据系统分析的基本含义，物流服务体系系统分析的主要内容有体系目标、体系结构、替代方案、费用和效益、系统模型、体系优化、体系的评价基准及评价等。

三、物流服务体系系统分析的基本步骤

物流服务体系系统分析路线如图 9-1 所示。

1. 问题提出

对现代物流服务体系进行分析时，首先必须明确所要分析的目的和现代物流服务体系当前的状态，分析现代物流服务体系所存在的问题、解决这些问题的意义。

2. 现代物流服务体系的发展环境分析

现代物流服务体系的发展环境分析主要包括两大部分：一部分是宏观环境分析，包括区域的三次产业发展环境、地理环境、交通区位环境、资源环境、经济布局和经济结构、工商行业的发展概况；另一部分是微观环境分析，包括现代物流服务的需求主体分析（工业、农业、商贸业等）、现代物流服务的供给主体分析（基础设施建设、信息平台建设、企业物流主体建设、物流企业主体建设等）、现代物流服务的政策环境分析（物流管理体制、物流政策措施、物流中介机构、法律法规体系等）。在进行发展环境分析时，要做到尽可能按照现代物流服务运行机制的要素构成表来进行全面分析。

3. 现代物流服务体系的当前结构分析

当前结构分析是要重点研究现代物流服务运行机制的各个要素的特点、功能及其之间的相互联系和作用的方式，把握体系运行的结构，特别是结构的层次性。复杂的体系要通过层次分析将之简化。必要时，可以采用物流产业系统动力学模型来分析体系内部各个要素之间的因果关系，借助计算机仿真技术，定量地分析系统结构与功能是否处于最佳状态。

4. 确定现代物流服务体系的主要目标

确定现代物流服务体系的主要目标是重要的步骤，一般来说，现代物流

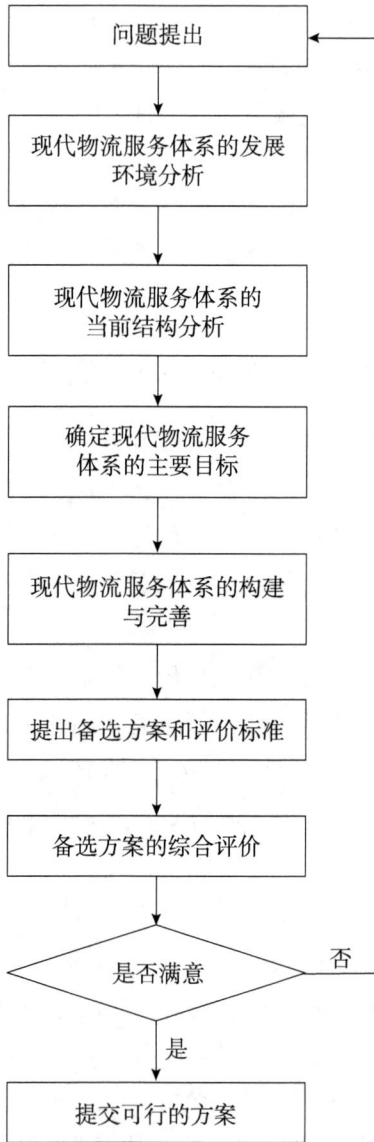

图 9 – 1　物流服务体系系统分析路线

服务体系设计要达到以下目标：①确定不同层次不同模式的物流系统功能配置；②选择物流系统构成模式及物流与信息流的交换模式；③完成物流服务体系的物流服务供应商、物流服务需求商和物流平台的设计；④为物流系统各个层面的规划、设计、建设、管理等提供依据。

在选取这些主要目标时，应该参考同类区域的物流服务体系的发展情况，对本区域的物流服务体系进行综合评价，了解本区域物流服务体系的竞争力情况及与其他区域的差距，这样，给出的现代物流服务体系目标才能切实可行。

5. 现代物流服务体系的构建与完善

本部分内容是现代物流服务体系系统分析的核心。现代物流服务体系的构建与完善工作主要包括：区域现代物流需求规模分析与预测、现代物流服务体系的阶段性发展战略、区域现代物流产业的空间布局规划、区域现代物流服务体系的各项专业规划（如工业、农业、商贸业物流规划、信息服务平台规划）、区域现代物流产业的协调发展战略（产业协调、生态协调）、区域现代物流产业发展的实施计划、区域现代物流产业综合协调管理机制建设和政策措施体系等。

6. 提出备选方案和评价标准

用最优化理论和方法，对所构造的现代物流服务体系进行备选方案设计，提出多套相关的体系设计与优化方案，然后给出相应的评价标准。

7. 备选方案的综合评价

对现代物流服务体系的若干方案进行优化后，还要进行综合评价。几个替代方案各有千秋，需要按所制定的系统指标体系，定出综合评价的标准，通过评价标准对各方案进行综合评价，确定各方案的优劣顺序，提供给决策者进行决策。

若决策者对上述方案不满意，则按前面的步骤，对因素进行调整，重新分析。若决策者对方案满意，则实施之。

第二节　区域现代物流服务体系的规划方法

现代物流服务体系具有典型的区域特征，这里介绍区域现代物流服务体系的规划方法。

一、规划的基本思路

区域现代物流服务体系应采取科学、合理的研究方法，力争做到理论与实践相结合，对区域物流业的整体发展进行分析和规划。

（1）采用系统工程的原理和方法进行区域现代物流服务体系分析。物流服务体系是社会经济大系统的一个重要组成部分，一个宏观区域的物流服务体系必然是由一个个地区性的物流子系统所构成。在规划中，要注重采用系统工程的基本原理和方法，从全局的角度出发对区域现代物流服务体系进行分析，实施系统整体规划，确保局部效益与整体效益的协调一致，力争做到区域物流服务体系服务于社会经济大系统、促进区域经济发展。

（2）坚持宏观分析与微观分析相结合的原则进行战略研究。从区域宏观经济发展和交通运输总体规划的角度出发，研究区域现代物流业发展的宏观形势和区域经济技术条件，结合区域经济发展的特点总结区域的物流服务体系运行特征，并进行竞争力分析，在有利于区域经济发展的前提下进行区域物流服务体系总体规划和各专业规划。

（3）运用定量分析与定性分析相结合的方法进行科学预测。现代物流产业的复合性决定了其发展必须是建立在各个相关行业的良好沟通和协调的基础上。因此，采用相关的定性和定量分析模型分析区域物流市场的容量和规模，着重考虑区域物流总量、进出物流量、铁路或公路等运输承载的物流量，以及物流量在各重点行业上的分布等指标，研究区域物流的发展潜力；采用系统工程学相关分析模型，对区域物流业的产业关联和波及效应进行定量和定性分析，为提出现代物流服务体系的发展战略方案提供科学依据。

（4）采用近期规划和远期规划相结合的思想完成总体规划。在规划时，要与更大区域的经济社会发展规划相适应，确保当前利益与长远利益相结合，提出切实可行的本区域发展现代物流服务体系的近期与远期规划，同时依据区域特点、产业布局和资源优势，提出区域物流服务体系未来的空间布局规划和各项专业规划。

二、区域现代物流服务体系规划的主要内容

区域现代物流服务体系规划应在详细的调研基础上，对区域物流系统的现状进行科学诊断，在此基础上，提出发展战略目标定位及可操作性的实施策略。区域现代物流服务体系规划的主要内容如图 9 - 2 所示。

（一）区域现代物流产业的现状调研、系统分析与诊断

在规划的过程中，首先应该对本区域现有的物流产业进行充分调研，在翔实地把握区域现代物流服务的物流需求、物流供给、物流设施设备、物流信息

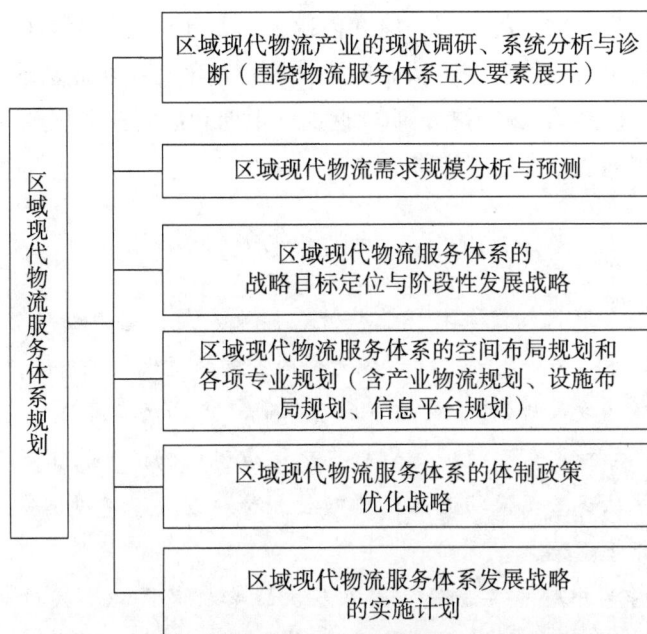

图 9 - 2　区域现代物流服务体系规划的主要内容

和物流体制环境基础上，从系统分析角度，应用集成化物流的理论与分析工具，采用改进的 SWOT 分析技术（态势分析法），对区域现代物流产业进行科学诊断，明确本区域发展现代物流的核心竞争力和关键成功要素，找出现有物流服务体系在基础设施、物流能力、物流信息、物流网络、管理协调等方面存在的主要问题，以及导致这些问题的根源，为战略规划定位和实施策略提供依据。

（二）区域现代物流需求规模分析与预测

在调研、系统分析与诊断的基础上，应该进行区域物流业与相关重点行业发展的关联分析，找出与区域现代物流关系较为密切的商贸业、农业、先进制造业、煤炭行业、国际物流业等，对其进行回归分析，确定关联系数，然后对历年物流量和行业物流量进行分析，找出其发展的规律特征，据此预测未来走向，并采用集成化预测方法，从产业关联、经济发展布局等角度，进行物流量需求预测分析，预测区域的发出物流量和发入物流量。

（三）区域现代物流服务体系的战略目标定位与阶段性发展战略

在该环节，通过详细调研国内外同类区域的物流服务体系发展情况，具体分析区域现代物流的外部环境和内部能力，并运用价值分析法，构建区域物流发展竞争力评价模型，从而确认其核心竞争力，在此基础上确定区域现代物流服务体系的战略目标，明确近期、中期和远期三个阶段的发展战略，并制定战略规划的原则与实施路径。

案例9－1：武汉市加快完善物流服务体系

为推动全市现代物流业持续、快速、健康发展，培育新的经济增长点，增强经济综合竞争力，把武汉建设成为全国重要的现代物流基地，依据《"十四五"现代物流发展规划》，武汉市出台《武汉市现代物流业发展"十四五"规划》（以下简称《规划》），作为指导武汉市现代物流业未来5年发展的行动纲领，对推动武汉现代物流业提质增效和跨越发展、建设国家商贸物流中心具有重要指导意义。

湖北省作为中部重要省份，国家层次战略机遇累积、宏观全局使命叠加。省城武汉是全国为数不多的集陆港型、港口型、空港型、生产服务型、商贸服务型于一体的"五型"国家物流枢纽承载城市，发展战略明确，发展目标清晰，在全国发展格局中的战略地位极为突出，是国家实施长江经济带发展战略和中部崛起新十年规划，推进长江中游城市群建设，承接国际资本和沿海产业转移等湖北省物流业的转型升级和快速发展的战略节点。

《规划》提出，到2025年，武汉加快融入"全球123快货物流圈"（国内1天送达、周边国家2天送达、全球主要城市3天送达），努力创建国家物流枢纽经济示范区，物流业增加值达到2000亿元。《规划》围绕打造国家商贸物流中心的战略要求，从规模、效益、市场主体三个方面提出了15项具体指标，立足构建内陆开放新高地，抢抓建设国际性综合交通枢纽城市契机，着力构建中部陆海大通道和航空国际大通道，加快形成低成本、高效率、多元化的物流通道体系，为打造国内国际双循环战略链接提供支撑。要充分发挥武汉在国家新发展格局中的战略节点作用，强化区域集散流通能力，规划形成"四港四轴三集群"的物流空间布局体系。

《规划》提出，"十四五"期间，武汉要高标准建设"五型"国家物流枢纽，要加快构建"通道＋枢纽＋网络"现代物流运行体系。具体包括：建设港口型国家物流枢纽，加快建设阳逻国际港三期，打造国际一流的"一核三极"集装箱港口物流群，巩固国际航运网，完善国内转运网，加快建设航运总部区。

资料来源：https://jtt.hubei.gov.cn/ygj/yw/szsm/202205/t20220510_ 4121723. shtml.

（四）区域现代物流服务体系的空间布局规划和各项专业规划

在战略目标和原则的指导下，结合区域的社会经济发展与物流量预测，利用物流产业空间布局理论进行空间布局规划，通过构建数学模型并进行求解，找出空间布局规划的重点项目。

案例9-2：山东省"十四五"现代物流发展规划——空间总体布局

"三核"引领带动。以济南、青岛、临沂国家物流枢纽承载城市为核心，强化区域物流中心地位，充分发挥物流在资源要素高效配置中的作用，促进产业集约集聚发展，打造枢纽经济发展高地，有力辐射带动区域产业集群协同高效发展。

"三网"协同联动。按照全省区域协调发展战略布局，以济南、青岛、临沂三大物流枢纽为引领，以产业链上下游协同为纽带，以物流基础设施一体化为支撑，全力推进省会经济圈物流网、胶东经济圈物流网、鲁南经济圈物流网建设，形成全省内通外联、协调融合发展的物流网络体系。

（1）省会经济圈物流网。坚持"核心拓展、网络延伸"，布局建设以济南为核心枢纽，以淄博、泰安、聊城、德州、滨州、东营为支撑联动的省会经济圈物流网。完善省会城市群"一环六射"城际综合交通运输通道网，搭建区域物流节点，推进核心枢纽功能网络化延伸，促进与省会周边地区要素禀赋相适应的产业规模化发展。依托内陆港、铁路场站、重点物流园区和大型商贸市场，高效衔接陆路干支线运输，形成全省陆路货物分拨基地和多式联运中心，打造我省融入京津冀、联通黄河流域、对接长三角的物流核心区和"一带一路"西进物流通道重要战略支点。

（2）胶东经济圈物流网。充分发挥沿海港口优势，整合优化物流资源，布局建设以青岛为核心，烟台、日照、潍坊、威海为辐射支撑的胶东经济圈物流网。加强港口与内陆港衔接，积极推进公铁水联运、国际集装箱多式联运，加快建设疏港铁路，提高港口集疏运能力，重点发展港口物流、国际物流，促进临港产业、国际贸易、大宗商品交易等联动发展，努力打造国际航运物流中转枢纽和跨海直通物流"黄金大通道"桥头堡，形成陆海统筹、内外协同的重要引擎。

（3）鲁南经济圈物流网。突出国家物流枢纽带动作用，布局建设以临沂为核心，以济宁、菏泽、枣庄为重要支撑的鲁南经济圈物流网。加强内河水运和公铁联运衔接，扩大内河与铁路物流辐射范围，延伸发展以煤炭、矿石、石膏等大宗物资为主的转运型物流，形成以商贸物流为核心、生产服务物流协同发展的物流载体网络，打造我省对接长三角一体化发展的"桥头堡"。

资料来源：http://www.shandong.gov.cn/art/2021/7/7/art_ 307620_ 10330556.html.

在空间布局规划的基础上，进行各项专业规划。

（1）农产品物流发展专项规划：依据供应链管理的集成化理论，在分析区域农业产业化发展现状的基础上，借鉴国内外鲜活农产品物流发展的经验，提出区域农产品物流发展的专项规划，具体包括农产品物流基地规划、农产品物流组织模式规划和农产品物流协调体系的构建等内容。

（2）制造业物流发展专项规划：在现状调研的基础上，掌握本区域以及周边区域的各类工业企业发展情况，提出制造业物流的发展目标、布局和配套措施。

（3）商贸物流发展专项规划：在摸清区域现有的批发零售等各类专业市场基础上，结合区域物流服务体系的战略定位，制定商贸物流发展专项规划，提出发展商贸物流的目标，规划商贸物流总体布局，制定有关工作重点和配套措施。

（4）国际物流发展专项规划：以本区域现有的国际物流运作体系为基础，结合其周边地区的进出口业务发展趋势，探讨本区域国际物流发展战略，对本区域保税区物流、无水港物流等先进运作模式进行优化设计。

同时，针对基础性的物流系统建设工作进行专项规划。

（1）物流基础设施布局规划：结合未来本区域的物流量预测结果，以满足既定的物流服务水平为目标，进行重点物流园区项目总体布局规划以及功能规划，利用 AutoCAD（自动计算机辅助设计软件）技术设计平面布局图，并综合考虑其他相关的基础设施规划。

（2）物流信息平台规划：对区域现代物流公共信息平台进行规划，明确政府在信息平台建设和运营中的责任，建设区域专业化的物流公共信息平台，以企业需求为导向，通过示范企业推动物流企业信息化进程建设。

（五）区域现代物流服务体系的体制政策优化战略

在规划中还要研究本区域现代物流服务体系的体制政策优化战略。具体包括五个方面：一是政府管理体制的优化设计；二是行业管理体制的优化设计；三是政策措施体系的优化设计；四是物流中介组织的优化设计；五是法律法规体系的优化设计等。

在体制政策优化战略中，要特别注重建立物流产业综合协调管理模式，积极发挥物流需求方、物流供给方和物流行业管理机构的共同作用，研究综合协调管理机构的构建问题和具体职责。此外，还要提出切实可行的促进本区域物流服务体系发展的有关政策。

案例9-3：《江苏省"十四五"现代物流业发展规划》政策解读

物流业联结生产、流通和消费，高度集成和深度融合运输、仓储、配送、信息、金融等服务功能，是延伸产业链、打造供应链、提升价值链，发展现代产业体系的重要支撑，在统筹推进现代流通体系建设、促进形成强大国内市场、提升国民经济循环效能中发挥着基础性、战略性、先导性作用。"十四五"是江苏深入践行"争当表率、争做示范、走在前列"新使命新要求的重要时期，是开启全面建设社会主义现代化新征程、奋力谱写"强富美高"新篇章的关键阶段，也是江苏物流强省建设的重要机遇期。面对新发展阶段复杂的国内外形势，为深入贯彻新发展理念，率先探索积极融入和主动服务全国构建新发展格局的江苏路径，应切实转变发展方式，加快推进物流业结构调整和动能转换，实现现代物流业高质量发展。根据《江苏省国民经济和社会发展第十四个五年规划和二〇三五年远景目标纲要》《"十四五"现代物流发展规划》，编制本规划。

该规划在实施保障方面，特别强调了体制政策优化相关工作。

（一）加强领导和组织实施

全面贯彻落实习近平新时代中国特色社会主义思想，把加强党的领导贯穿规划组织实施的各领域全过程。完善全省现代物流工作联席会议机制，省发展改革委会同有关部门加强行业综合协调和调控，细化各职能部门任务分工，协调解决规划实施中存在的问题，确保规划落地见效。完善规划动态评估、跟踪、预警机制，健全年度监测分析—中期评估—总结评估的全过程动态规划评估体系，严格规划动态调整和修订机制。建立现代物流发展专家咨询委员会，加强重大问题的调查研究和政策储备，指导规划科学实施。推动行业协会积极参与行业治理，发挥社会监督作用，加强行业自律和规范发展，协助规划落地推进。

（二）夯实物流工作基础

健全物流领域标准体系。强化国家标准、行业标准和地方标准规范指导行业发展，推动与国际国内物流标准接轨。依托物流行业协会、科研院所、示范物流园区、行业龙头企业等，在冷链物流、物流园区、智慧物流等领域开展物流标准化试点示范工作，率先形成一批引领行业发展的团体标准和企业标准。

完善物流统计体系。依托江苏省物流统计直报系统，推进建设全省物流大数据应用库，加强对物流重点领域、重点环节监测，建立全省示范物流园区、重点物流基地、重点物流企业的竞争力考核评价体系。研究制定制造业内部物流成本核算体系，开展企业物流成本统计调查试点。优化江苏物流景气指数、物流仓储指数，研究编制江苏物流业发展指数、供应链发展指数和各设区市制造业采购经理人指数（PMI），建立健全科学反映全省物流高质量发展的监测指标体系。

加强物流人才支撑。坚持产才融合、以产聚才、以才兴产，优化物流人才培养开发体系。综合采取专业培训、校企协同等模式，引育一批掌握现代物流技术、熟悉物流业务管理、具备国际化视野的创新型物流人才。加大职业人才教育投入，强化继续教育制度，开展物流管理"1＋X"证书制度试点。加大对海外高端物流人才引进力度，改革完善人才培养、使用、评价机制。

（三）加大物流政策支持

加强物流用地支持。完善物流设施用地规划，促进物流规划与国土空间规划的衔接，重点保障国家物流枢纽、骨干冷链物流基地、示范物流园区等重大物流基础设施项目用地。研究合理设置物流用地绩效考核指标。支持通过弹性年期出让、长期租赁、先租后让、租让结合等多种方式供应物流企业用地；支持利用工业企业旧厂房、仓库等存量土地建设物流设施或提供物流服务。

加强财税扶持。巩固减税降费成果，严格落实物流行业税费优惠政策，加大物流领域收费行为监管力度。深化收费公路制度改革，推广高速公路差异化收费，降低通行成本。发挥中央和省专项资金作用，支持物流枢纽、智慧物流、冷链物流、供应链管理、应急物流等领域建设，优先支持列入"十四五"物流业规划的重大项目。加大物流标准制定支持力度，对符合要求的国际标准、国家标准和地方标准项目编制单位予以一定财政补助。

加大金融支持力度。鼓励符合条件的金融机构、大型物流企业集团设立物流产业发展投资基金。发挥政策性金融机构作用，加大对物流领军企业信贷支持力度，引导和支持资金流向创新型物流企业。引导金融机构开发更多符合物流企业融资特点和融资需求的金融产品，用好人民银行普惠小微信用贷款专项政策。开展物流基础设施领域不动产投资信托基金试点。支持符合条件的物流企业发行各类债务融资工具，拓展市场化主动融资渠道，稳定企业融资链条。

（四）优化物流营商环境

深化物流领域"放管服"改革，放宽物流相关市场准入。推动物流领域资质证照电子化，加快电子政务系统建设，实现注册、审批、变更、注销等政务服务"一网通办"。深入推进通关一体化改革，优化通关流程，提升通关效率。研究制定政府物流数据开放清单，推动跨部门、跨区域、跨层级政务信息开放共享。加强物流信用体系建设，建立健全物流行业经营主体和从业人员守信激励对象名单、严重失信主体名单制度，研究制定守信联合激励和失信联合惩戒措施。加强物流行业安全建设，严格落实企业主体责任。推行包容审慎监管，预防和制止物流领域平台经济垄断行为，为物流新业态新模式营造规范适度的发展环境。

资料来源：http://fzggw.jiangsu.gov.cn/art/2021/8/11/art_83783_9972175.html.（有删改）

（六）区域现代物流服务体系发展战略的实施计划

围绕区域现代物流服务体系的总体优化方向，整合现有的条件和资源，进行全行业的整体推进，制订切实可行的区域现代物流服务体系发展战略的实施计划。主要涉及以下方面的内容。

（1）区域现代物流服务体系规划的实施举措和资源配置：给出战略规划实施的具体原则、阶段性的实施重点和关键举措、实施过程中的资源配置方法。

（2）区域现代物流服务体系的组织体系：提出区域现代物流服务体系的领导组织架构、组织架构的阶段性发展目标及组织的具体职能和工作重点。

案例9-4：《浙江省现代物流业发展"十四五"规划》六大任务

2021年，为指导"十四五"时期浙江省物流业稳步健康发展，依据《浙江省国民经济和社会发展第十四个五年规划和二〇三五年远景目标纲要》，浙江省发展改革委印发《浙江省现代物流业发展"十四五"规划》（以下简称《规划》）。

《规划》提出六大主要任务，包括：

（一）围绕服务新发展格局，优化"一湾一轴三圈四港"现代物流总体布局：打造大湾区物流创新示范高地；构建义甬舟双向开放物流主轴线；构筑国内国际三大物流循环圈；打造"四港"联动开放平台。

（二）围绕服务高效畅通，构建全域协同物流设施网络：统筹全省物流枢纽布局（包括国家物流枢纽城市、省级物流创新示范园区、区域性物流枢纽节点）；完善重大物流通道设施网络；提升多式联运设施衔接水平；补强城乡末端设施短板。

（三）围绕服务现代产业链，提升全程供应链物流能力：做强制造业供应链物流体系；创新发展现代农业供应链体系；支撑商贸流通体系建设。

（四）围绕服务高品质民生需求，提升便捷高效物流服务：优化邮政快递服务质量；提升城市配送服务水平；深化绿色物流发展示范。

（五）围绕服务新动能培育，加快发展物流新业态新模式：大力发展物流新基建；创新发展物流新业态。

（六）围绕服务应急保障，筑牢全省物流安全防线：统筹优化全省应急物流设施建设；完善应急运力调配和物资运输体系；建立健全应急物流响应机制；加强全省物流安全智控水平。

资料来源：http://www.zj.gov.cn/art/2021/6/24/art_ 1229540815_ 4671278. html.

三、区域现代物流服务体系规划的项目展开

一般来说，区域现代物流服务体系规划工作由区域政府部门牵头，区域政府下属的各个部门和有关企业配合，由专业化的物流规划咨询公司或者高校科研机构等负责实施，物流专家参与咨询和指导，共同完成区域现代物流

服务体系规划的编制工作。具体来说，规划项目的展开要有以下几个步骤。

（一）共同组建项目组

规划项目既需要在充分掌握区域物流现状的基础上深入展开，也需要进行大量调研。为了使项目研究工作能够有效展开和保证调研工作的按期完成，规划能够符合当地需要，因此组建由有关专家和上级区域政府、本级区域政府和下级区域政府及其有关部门负责同志组成的项目组，使项目在组织上有保证。

（二）区域物流体系发展现状的详细调研和准确描述

本阶段工作拟进行为期两周的实地调研，具体了解区域现有的物流总体规模、设施设备、信息系统、管理结构、物流企业、三次产业发展等详细情况，需要了解区域国民经济发展的重点行业和重点企业，需要了解区域周边的经济发展现状与趋势，同时，还需要走访与物流产业相关的各个单位（如发展和改革厅（局）、商务厅（局）、交通厅（局）、规划厅（局）、统计厅（局）等），详细了解出台的有关体制政策情况。

（三）现有区域物流服务体系的诊断

本阶段工作在第二阶段调研的基础上，对区域物流服务体系进行诊断，找出目前物流服务体系中存在的具体问题，重点是物流设施及能力、物流管理协调模式等方面的问题，以及具有改进潜力的方面。结合国内外城市现代物流产业发展模式，找出区域现代物流服务体系的核心竞争优势与不足，探讨发展机遇和威胁。

（四）提出初步解决方案

在第二和第三阶段工作的基础上，本阶段具体提出区域现代物流需求规模分析与预测、区域物流服务体系发展的战略定位、空间总体规划和各项专业规划、区域物流服务体系发展的实施计划、区域现代物流服务体系综合协调管理机制等具体内容。

（五）讨论后完善方案

在第四步工作的基础上，规划的实际承担单位（如专业化的物流规划咨询公司或者高校科研机构）与规划的委托方（区域政府主管部门）进行深入探讨，提出进一步改进方案的详细要求。

（六）提出详细解决方案

本阶段将具体细化和完善物流服务体系规划方案。

（七）最终方案的确定

规划项目完成后，组织验收交接仪式，规划最终完成。

第三节　现代物流服务体系的建设与完善

一、现代物流服务体系建设的基本目标

我国现代物流服务体系的基本目标是：根据国民经济和社会发展总体目标的要求，培育一批具有国际竞争力的大型综合物流企业集团，大幅度提高物流的社会化、专业化和现代化水平，积极营造公平、公正、公开的物流市场环境，实现现代物流业由注重基础建设向全面提升服务质量转变的战略发展目标，基本建立布局合理、技术先进、节能环保、便捷高效、安全有序并具有一定国际竞争力的现代物流服务体系。

二、现代物流服务体系建设的基本思路与原则

（一）基本思路

以习近平新时代中国特色社会主义思想为指导，坚持稳中求进工作总基调，完整、准确、全面贯彻新发展理念，加快构建新发展格局，全面深化改革开放，坚持创新驱动发展，推动高质量发展，坚持以供给侧结构性改革为主线，统筹发展和安全，提升产业链供应链韧性和安全水平，推动构建现代物流体系，推进现代物流提质、增效、降本，为建设现代产业体系、形成强大国内市场、推动高水平对外开放提供有力支撑。

（二）主要原则

（1）市场主导、政府引导。充分发挥市场在资源配置中的决定性作用，

激发市场主体创新发展活力，提高物流要素配置效率和效益。更好发挥政府作用，加强战略规划和政策引导，推动形成规范高效、公平竞争、统一开放的物流市场，强化社会民生物流保障。

（2）系统观念、统筹推进。统筹谋划物流设施建设、服务体系构建、技术装备升级、业态模式创新，促进现代物流与区域、产业、消费、城乡协同布局，构建支撑国内国际双循环新发展格局的物流服务体系，实现物流网络高效联通。

（3）创新驱动、联动融合。以数字化、网络化、智慧化为牵引，深化现代物流与制造、贸易、信息等融合创新发展，推动形成需求牵引供给、供给创造需求的良性互动和更高水平动态平衡。

（4）绿色低碳、安全韧性。将绿色环保理念贯穿现代物流发展全链条，提升物流可持续发展能力。坚持总体国家安全观，提高物流安全治理水平，完善应急物流体系，提高重大疫情等突发事件应对处置能力，促进产业链供应链稳定。

三、现代物流服务体系建设的发展阶段

2022 年 10 月 16 日召开的党的二十大提出，全面建成社会主义现代化强国，总的战略安排是分两步走：从 2020 年到 2035 年基本实现社会主义现代化；从 2035 年到本世纪中叶把我国建成富强民主文明和谐美丽的社会主义现代化强国。中国特色社会主义发展有三个建设阶段：从 2017 年到 2020 年，是全面建成小康社会决胜阶段；从 2020 年到 2035 年，在全面建成小康社会的基础上，再奋斗十五年，基本实现社会主义现代化；从 2035 年到本世纪中叶 2050 年，在基本实现现代化的基础上，再奋斗十五年，把我国建成富强民主文明和谐美丽的社会主义现代化强国。

中国物流业发展正处于党的二十大报告提出的新时代。2021 年 3 月发布的"十四五"规划中强调加快发展现代产业体系，推进制造强国、质量强国建设，促进先进制造业和现代服务业深度融合，将现代物流体系建设列入支撑构建新发展格局的重要领域。"十四五"规划对"十四五"时期物流业建设做了全面部署和系统表述，为现代物流服务体系在新时代的建设指明了方向。依据中国特色社会主义发展三个建设阶段，我们提出了现代物流服务体系建设的三个对应阶段，具体如下。

（一）现代物流服务体系基本形成阶段（"十三五"时期）

《物流业发展中长期规划（2014—2020年）》中指出，到2020年，基本建立布局合理、技术先进、便捷高效、绿色环保、安全有序的现代物流服务体系。具体来看，物流的社会化、专业化水平进一步提升。从"十三五"时期来看，2016—2018年社会物流总额增速均高于6.0%，保持在6.1% ~ 6.7%，2019年回落至6%以内。与同期GDP相比，2016年至2019年社会物流总额连续多年低于GDP增长，显示当前经济增长方式已从物化劳动为主向服务化活劳动为主转变，物流服务社会化程度扩大后，专业水平随之提升。第三方物流比重明显提高。新的物流装备、技术广泛应用。如图9-3和图9-4所示，2016—2021年全国物流运行情况如下。

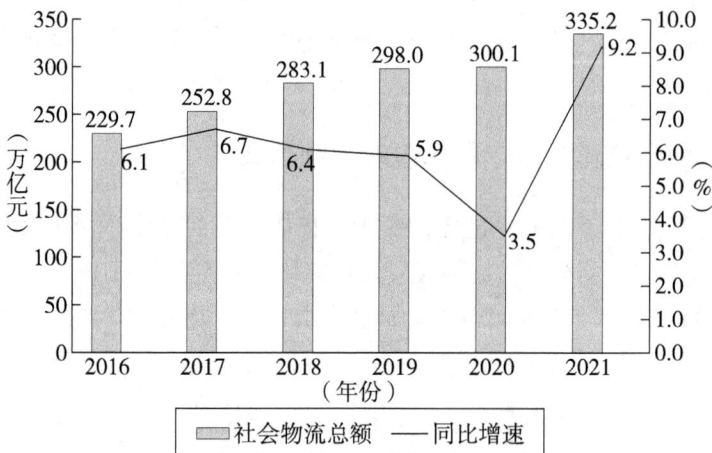

图9-3　2016—2021全国社会物流总额及增速变化趋势
资料来源：中国物流与采购联合会，经整理获得。

一是物流市场规模不断扩大。2016—2020年，我国社会物流总额及物流业总收入呈稳步增长趋势。2020年，全国社会物流总额300.1万亿元，在疫情冲击下仍迈上300万亿元新台阶，物流业总收入达到10.5万亿元。反映"十三五"时期我国物流市场规模稳步增长，供给能力不断增强。二是物流企业竞争力显著增强。一体化运作、网络化经营能力进一步提高，信息化和供应链管理水平明显提升，形成一批具有国际竞争力的大型综合物流企业集团和物流服务品牌。三是物流基础设施及运作方式衔接更加顺畅。物流园区网

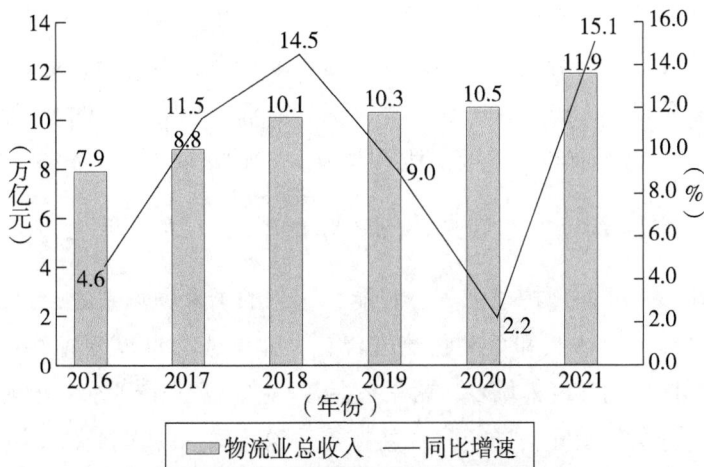

图 9 – 4　2016—2021 年全国物流业总收入及增速变化趋势
资料来源：中国物流与采购联合会，经整理获得。

络体系布局更加合理，多式联运、甩挂运输、共同配送等现代物流运作方式
保持较快发展，物流集聚发展的效益进一步显现。四是物流整体运行效率显
著提高。全社会物流总费用与 GDP 的比率由 2013 年的 18% 下降到 2021 年的
14.6%，物流业对国民经济的支撑和保障能力进一步增强。其中，2017 年社
会物流总费用与 GDP 的比率为 14.6%，比 2016 年下降 0.3 个百分点，已经提
前实现这一目标。

（二）中国成为世界物流强国的建设阶段（2020—2035 年）

2021 年 3 月，"十四五"规划明确了"建设现代物流体系"的目标任务。
这一阶段应以习近平新时代中国特色社会主义思想为指导，立足新发展阶段、
贯彻新发展理念、构建新发展格局、推动高质量发展，把建设"物流强国"
作为战略目标。建设物流强国，需要构建现代物流体系，以推动高质量发展
为主题；以深化供给侧结构性改革为主线；以改革创新为根本动力；以提质、
增效、降本，培育壮大具有国际竞争力的现代物流企业，着力提升产业链供
应链韧性和安全水平为重点；以质量、效率和动能转换，数字化转型、智能
化改造、网络化升级为手段，促进物流业与制造业等相关产业深度融合，营
造物流与供应链服务生态圈。预计 2020—2035 年，中国的工业化、信息化、市
场化、城镇化、全球化、绿色化将深入推进，物流业发展的需求、技术供给、

制度、资源环境、时空分布及国际格局等均会发生重大变化。要着力解决物流发展不平衡、不充分问题，带动和引领关联产业转型升级，更好满足现代化经济体系建设和人民日益增长的物流服务需求，从整体上促进我国由"物流大国"向"物流强国"迈进。到2035年，中国建设成为世界物流强国。

（三）中国成为世界领先的物流强国阶段（2035年至本世纪中叶）

这一阶段，要通过构建强大、智能、绿色的国家物流系统，打造中国连接世界的全球物流体系和推动物流现代化，建设成为世界领先的物流强国。通过统筹国际国内，统筹城乡，紧紧把握新科技革命和产业变革的时代机遇，不断把握全球化和国际格局变化的新特点，深化国际合作，在国际分工中获得竞争优势，中国在全球价值链中的地位更加突出，物流绩效水平在世界居于领先地位。未来，物流不仅要提供更高效、精准、满足个性化需求的服务，还要实现整个物流体系操作的无人化、运营的智能化和决策的智慧化，将带动物流向价值链高端延伸，为全球社会创造更多的价值。到2050年，中国要建设成为社会主义现代化强国，"物流强国"建设必须先行一步。

四、现代物流服务体系建设的主要工作

（一）新阶段物流业发展新定位

"十四五"时期，我国物流业发展仍将处于重要战略机遇期，但机遇和挑战都有新的发展变化。需要我们精准把握新发展阶段、认真贯彻新发展理念、构建新发展格局，明确现代物流发展新方位。

把握新发展阶段，物流业在国民经济中的产业地位将进一步提升。"十四五"规划对物流发展与供应链创新高度重视，明确提出构建现代物流体系。随着《"十四五"现代物流发展规划》的出台，现代物流体系建设加紧谋划、科学布局，物流业在国民经济中的基础性、战略性、先导性作用将进一步巩固提升。

贯彻新发展理念，物流业高质量发展将聚焦提质降本增效。实现更高质量、更有效率、更加公平、更可持续、更为安全的发展，必须贯彻新发展理念。新发展理念将贯穿发展全过程和各领域，指导物流业转变发展方式，推动质量变革、效率变革和动力变革，探索物流高质量发展的目标要求、实现

路径和保障措施，全面推进"物流大国"向"物流强国"迈进。

构建新发展格局，物流业将成为畅通国内大循环、促进国内国际双循环的战略支点。中央财经委员会第八次会议研究提出"建设现代流通体系对构建新发展格局具有重要意义"，并要求"培育壮大具有国际竞争力的现代物流企业"。畅通国内大循环，立足扩大内需战略基点，建设并完善国内物流网络，培育并壮大现代物流企业，支撑现代流通体系运行，将打通产业间、区域间、城乡间物流循环，带动枢纽经济成为新增长极，促进形成强大国内市场。促进国内国际双循环，立足国内市场，吸引全球资源要素集聚，加大国际物流补短板力度，将打通国内外物流循环，打造自主可控、安全高效的产业链供应链，协同推进强大国内市场和贸易强国建设。

未来一段时期，我国经济长期向好的基本面不会改变，物流业平稳增长的态势也不会改变。物流业发展方式、质量要求和治理能力提档升级，将全面迈入高质量发展新阶段。站在"两个一百年"奋斗目标的历史交汇点上，我们要以构建现代物流体系，建设物流强国为目标，以推动高质量发展为主题，以供给侧结构性改革为主线，认真谋划"十四五"时期以及2035年发展战略，高瞻远瞩把握行业趋势，脚踏实地做好当前工作，确保开好局，起好步。

（二）现代物流服务体系新时期建设重点

1. 融合有效需求

有效需求是现代物流体系的基础和动力。扩大物流市场化需求，推进物流需求社会化，是物流业发展的先决条件。发展现代物流首先要做好深入细致、切合实际的需求分析，通过精准预测，引导产业链供应链集约高效。要积极推进制造业与物流业深度融合，提供全产业链的一体化服务；构建农业农村物流体系，做好千家万户小生产与瞬息万变大市场的有效衔接；健全完善商贸便民物流体系，把零散的、碎片化的民生物流需求，聚集为规模化、集约化的有效需求；整合进出口物流需求，提高"国货国运"比重；以创新驱动、高质量供给引领和创造新需求，提升供给体系的韧性和对国内需求的适配性。

2. 提升供给主体

经过多年发展和政策支持，我国已经形成多种所有制、多种运营模式、不同细分领域的物流企业，成为物流市场的运营主体。特别是在供应链服务、电商快递、公路货运、仓储配送、食品冷链、汽车、大件物流等细分领域产生了一批经营模式先进、竞争能力较强、发展前景好的头部物流企业。但总体上看，传统的粗放运营模式尚未得到根本改变，市场竞争力特别是国际物流竞争力有待加强。需要深化供给侧结构性改革，营造开放共享、公平竞争的市场环境，包容审慎、鼓励创新的政策环境。培育和壮大具有国际竞争力的现代物流企业，扶持引导符合市场需要的中小物流企业。鼓励各类企业按照市场经济规律联合重组、联网运营，不断提高服务能力和水平，以满足日益增长的市场化、社会化物流需求。

3. 补齐设施设备

近年来，我国交通运输通道建设突飞猛进，但与之配套的节点和枢纽建设相对滞后。物流运营必需的物流枢纽、物流园区、配送中心和货运场站建设普遍面临用地难、融资难、配套难等一系列难题，物流节点的集聚辐射和网络效应有待发挥。下一步，应该补短板、强弱项。重点是国家物流枢纽布局建设和联网运行，形成"通道 + 枢纽 + 网络"运行体系；示范物流园区、国家骨干冷链物流基地等新建和存量物流基础设施的提升改造；多种运输方式的联运转运设施设备，特别是高铁物流枢纽路侧和航空物流枢纽空侧物流转运中心；都市圈和城市群物流园区，市域、县域配送中心，街道、社区、村镇物流站点无盲点、全覆盖的三级物流配送网络；强化海外物流基地、国际供应链网络建设，增强自主可控能力。在补短板建设中，还应充分考虑应急物流的需要，保障物流体系安全稳定运行；嵌入绿色物流因素，为碳达峰、碳中和作出贡献。

4. 创新信息系统

加强传统物流企业数字化转型、智能化升级、网络化发展。以互联网、大数据、云计算、物联网、人工智能等技术应用为依托，建设有效串联产业链供应链环节、物流运作环节和市场流通环节的新型信息平台，为嵌入交易、物流、结算等各运营环节功能提供技术支持。加大物流枢纽、园区、企业及相关政府部门物流信息整合步伐，推动铁路、航空、港口等信息开放。构建基于5G的应用场景和产业生态，大力发展产业互联网及其与消费互联网的连接，为提高全社会物流效率、降低综合物流成本提供有力支撑。

5. 优化政策环境

近年来，物流业发展得到各部门、各地方政府高度重视，政策环境持续改善，但仍有一些"堵点"需要突破。近期特别要打通"天（产业互联网、物流数智化瓶颈问题）、地（物流用地难、用地贵问题）、链（产业链、供应链自主可控问题）、路（配送车辆路权问题）"等关键"堵点"。长期政策应做好"体制、机制、税制和法制"四篇大文章。要深化体制改革，打破行业、地区、部门分割封锁，推进要素资源市场化，建立全国统一的物流大市场；政府各相关部门、行业协会、物流企业、货主企业等物流活动参与方构建互相依存的"生态圈"，形成共同推进物流体系建设的合力机制；在延续现有减税降费政策的基础上，结合增值税改革，实现物流服务各环节从低统一税率；加强物流业标准、统计、人才培养、产学研结合等基础性工作，在梳理现行政策的基础上，完善物流业法律法规建设，开展现代物流促进法等相关法律的前期研究工作。

五、完善我国现代物流服务体系建设的几点建议

（一）高度重视现代物流服务体系的建设工作

物流服务体系的建设工作直接关系到区域经济发展。因此，各级地方政府尤其是物流主管部门要高度重视现代物流服务体系的建设工作，要把现代物流服务体系建设与完善工作纳入政府"十四五"发展规划。要着眼当前现代物流服务体系的发展实际，明确现代物流服务体系的建设目标，分析本区域的物流服务体系发展路径，从长远角度对物流服务体系进行合理布局与优化，要建立专门的协调组织机构，落实相关人员安排工作，切实加强现代物流服务体系的建设，完善现代物流服务体系。

（二）以物流一体化的思想建设和完善现代物流服务体系

现代物流服务体系建设和完善中，要坚持物流一体化思想，要以提高物流服务水平为目标，以社会化物流需求释放为基础，以加强物流能力供给为手段，以改善设施设备和完善现有物流政策体制为抓手，积极解决当前现有的现代物流服务体系问题，不断改进物流发展的宏观与微观环境，优化区域现代物流服务体系。

（三）加强规划、注重协调，促进现代物流服务体系的整体优化

现代物流服务体系可以细分为区域物流体系、产业物流体系、城乡物流

体系和其他物流体系。因此，在建设与完善现代物流服务体系的过程中，要积极统筹国内与国际、全国与区域、城市与农村物流服务体系协调发展，做好地区之间、行业之间和部门之间物流基础设施建设与发展的协调和衔接，走市场化、专业化、社会化的发展道路。各地区要从本地区经济发展的实际出发，因地制宜，统筹规划，科学引导现代物流服务体系的发展，防止盲目攀比和重复建设。

（四）坚持创新发展理念，推动现代物流服务体系的高质量发展

党的十九大开启了中国特色社会主义建设的新时代，要充分认识新时代对物流业发展提出的新要求，坚持创新发展理念，加快推进现代物流服务体系的高质量发展。在高质量发展的路径上，一是要从规模数量向效率提升转变，推动现代物流服务的效率变革。通过物流业降本增效，提升物流运作水平，降低制度性交易成本将是效率变革的重要途径。现代物流服务体系建设应把现代供应链创新应用与相关产业深度融合，提升物流运作效率作为主攻方向。二是要大力发展智慧物流，推动现代物流发展的动力变革。未来一个时期，物联网、云计算、大数据、区块链等新一代信息技术将进入成熟期，全面连接的物流互联网将加快形成，"万物互联"呈指数级增长。物流数字化、在线化、可视化成为常态，人工智能快速迭代，"智能革命"将重塑物流行业新生态。三是要创新应用现代供应链，推动现代物流服务的质量变革。随着经济转向高质量发展，产业升级、消费升级，服务经济、体验经济对物流服务方式和质量提出了新的要求。物流业与上下游制造、商贸企业深度融合，需要延伸产业链、优化供应链、提升价值链。互联网与供应链融合的智慧供应链将成为下一轮竞争的焦点，有望形成一批上下游协同、智能化连接、面向全球的现代供应链示范企业和服务平台。

第四节　现代物流服务体系的综合评价

一、现代物流服务体系综合评价的目的

现代物流服务体系综合评价是按照一定的程序和评价标准，采用特定的指标体系，运用数理统计和运筹学的方法，通过定量、半定量或定性分析，

对所在区域的现代物流服务体系运行绩效，进行客观判断和衡量。

对区域现代物流服务体系进行评价与分析，有利于及时发现区域现代物流服务体系存在的疏漏、缺陷和问题，正确判断区域现代物流服务体系的运行状况，为优化现代物流服务体系提供依据。

二、现代物流服务体系综合评价的基本原则

为了客观而准确地评价物流系统运行绩效，必须遵守一些基本原则。这些原则包括以下方面。

（一）系统性原则

现代物流服务体系综合评价的主要对象是现代物流服务体系的各个构成要素。要具体地分析体系内的各个要素之间是否处于良好的协调状态，各个要素的运行状态是否能够满足现代物流服务体系未来发展的需要，现代物流服务体系与国民经济发展的协调程度等有关问题。要在充分掌握信息资料的基础上对现代物流服务体系进行全面、系统的分析，评价指标体系要涵盖实现现代物流服务体系目标所涉及的一切方面，以保证评价的全面性。

（二）科学性原则

现代物流服务体系综合评价应该采用科学的方法和手段，要做到定量分析和定性分析结合、静态分析和动态分析结合，从而科学、全面、准确地评价和反映体系运行绩效和存在的问题。

（三）客观性原则

现代物流服务体系综合评价的目标是为决策者提供有效的决策依据，因此，评价的质量影响着决策的正确性，评价的客观性、全面性、可靠性和正确性是正确评价的基本要求。为保证实现上述要求，有必要防止评价人员的倾向性，同时谨慎地考虑评价人员的组成，使人员的组成具有代表性。只有作为旁观者站在中立的立场上，才能客观科学地对现代物流服务体系进行公正评价。

（四）真实性原则

现代物流服务体系综合评价应树立实事求是、一切从实际出发的观念。

评价所需的资料必须是准确可靠、能如实地反映现代物流服务体系的实际运行情况。真实性有两方面的要求：一是评价资料和评价结论要能真实反映现代物流服务体系的客观实际；二是现代物流服务体系的各种数据资料的量要合理，反映的数据资料要准确、误差要小，这样才能得出客观准确的评价结论。

（五）可操作性原则

在进行不同的现代物流服务体系综合评价时，要从实际出发，尽量选择能够得到并且计算方式相同的数据，注重所选择的指标数据具有可得性和可比性；同时，应抓住核心问题，解决关键矛盾。

三、现代物流服务体系综合评价的基本步骤

正确地执行综合评价的步骤是有效地进行现代物流服务体系综合评价的基本保证。一般来讲，现代物流服务体系综合评价的步骤如图9-5所示。

（一）明确现代物流服务体系综合评价的基本目标

为了进行科学的定量评价，必须反复调查，了解建立该体系的计划和为完成体系计划所考虑的具体事项，熟悉各种可能的方案，进一步分析和讨论已经考虑到的各个因素。

（二）设计现代物流服务体系综合评价的指标体系

现代物流服务体系的运行存在多样性、复杂性及经营管理主体的多方性等特点，决定了现代物流服务体系指标的多样性，如何选择合理的指标对于正确衡量现代物流服务体系运行绩效具有重要的意义。因此，必须建立能对照和衡量各个方案的同一尺度即评价指标体系。评价指标体系必须科学地、客观地、尽可能全面地考虑各种因素，包括现代物流服务体系的主要构成因素及有关的体系性能、协调程度与运作效果等方面的内容，这样就可以明确地对之进行对比和评价，并对其缺陷提出相应的对策。指标体系的选择由现代物流服务体系的目标和特点来决定，指标体系可以在大量的资料、调查、分析的基础上得到，它是由若干个单项评价指标组成的整体，应能反映出所要解决问题的各项目标要求。

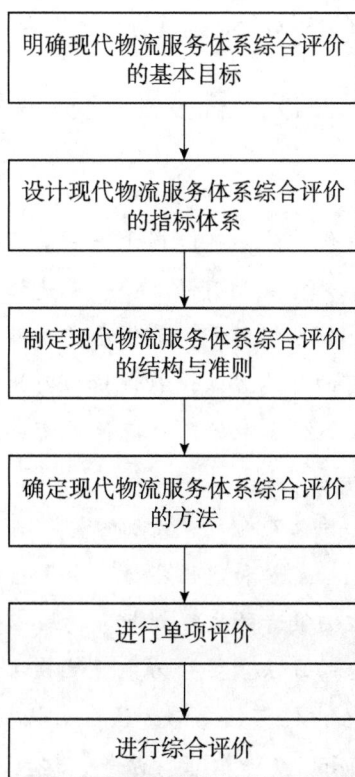

图9－5　现代物流服务体系综合评价的步骤

（三）制定现代物流服务体系综合评价的结构与准则

在评价过程中，如果仅仅是定性地描述体系要达到的目标，而没有定量表述，就难以做到科学评价。因此，要对所确定的指标进行定量化处理。有些指标本身即是定量的数字，这时不需要进行更多处理；当指标是定性的指标时，可以采用打分的方法，再进行归一化处理。

每一个具体的指标可能是几个指标的综合，在评价时要根据指标体系与系统本身特性来确定评价的结构。同时，由于各指标的评价尺度不同，不同的指标就难以统一比较，这时必须将指标进行规范化，制定出评价准则，根据指标所反映要素的状况，确定各指标的结构和权重。

（四）确定现代物流服务体系综合评价的方法

现代物流服务体系的综合评价方法需要根据评价指标体系的现状，综合考虑各种方法的特性及其适用对象，择优进行选择确定。

案例9－5：综合评价方法需要考虑现实决策中数据的确定性和不确定性

不管采用何种综合评价方法，都依赖于决策信息的基础数据。在实际的评价方法中，决策信息的来源主要有两类：一类是评价指标的权重，另一类是对每个备选方案的各个属性指标进行量化后的属性值。在获得上述决策信息的基础上，可利用现有的评价方法进行评价。因此，评价结果的好坏不仅与评价方法有关，还与决策信息来源的准确性紧密相关。从以往的综合评价方法来看，存在两个方面的不足。

1. 指标的权重不能得到客观合理、精确的量化

从指标来看，通常包括定量和定性指标。由于指标之间的复杂性和决策者的有限理性，仅仅依靠决策者的主观判断直接给出的权重很难与实际情况相符合。目前，确定权重的方法主要分为主观赋权法和客观赋权法。主观赋权法是基于决策者直接给出偏好信息的方法，如特征向量法、最小平方法、AHP（层次分析）法、Delphi（德尔菲）法等，这些方法比较科学实用，但也有其不足之处，即在指标权重分配时带有较多的主观因素，因而出现偏颇，影响这些评价方法的效用，例如，AHP法受制于不同人对判断矩阵的一致性构造是不一样的；客观赋权法是基于决策矩阵信息的方法，如熵法、模糊聚类分析法、多目标最优化方法、主成分分析法、基于方案贴近度法等，这些方法比较客观，能够剔除人为不确定因素，但权重的客观程度结论仍然取决于备选方案每个指标量化值的决策矩阵准确性程度。因此，如何得到科学合理的属性指标权重将直接决定评价结果的合理性。

2. 定性指标很难精确化到某一数值

通常，定性指标的量化结果往往很难精确化到某一数值。随着社会、经济的发展，人们所考虑问题的复杂性、不确定性及人类思维模糊性在不断增强，在实际决策过程中，决策信息有时候以区间数形式进行表达。例如，在综合评价的过程中，很多定性指标的决策矩阵量化结果往往以区间型数据来表达更符合决策者的实际想法，对不同指标的权重也以区间型数据来表达更符合决策者思维的模糊性。这样，综合评价的决策矩阵数据是混合型数值信

息，它主要由两种类型的数据构成：一种是定值型数据，通常对于某些定量化的指标，如某地区的 GDP 值；另一种是区间型数据，通常对于某些定性的指标，通过打分的定量化方法，得到的数据是模糊的，如服务人员素质与态度比较好，通过 1~9 的打分方法，可以给定其打分结果为 [7, 8]。对不同指标的权重也可以用区间型数值来表达，如现代物流服务的发展成效的权重为 $\omega_1 \in [0.2, 0.25]$。

综合以上分析，我们认为，基于混合型数值决策信息的综合决策方法更符合实际决策的情况，能描述现实决策中确定和不确定的数据的真实情况。在实际决策中，可以利用区间相离度和方案属性偏差最大化思想，通过决策矩阵来客观地得到权重向量，避免了仅依靠决策者主观判断直接给出的权重与实际情况不符合的现象，较好地消除由于决策信息的不准确性带来的影响，能够客观合理地进行综合评价决策。

資料来源：刘伟华，刘亮，王振强. 基于混合型数值决策信息的供应商选择方法及其应用 [J]. 武汉理工大学学报 (交通科学与工程版)，2008 (5)：865-868. (有修改)

(五) 进行单项评价

单项评价是就系统的某一特殊方面进行详细评价，以突出系统的特征。单项评价不能解决最优方案的判定问题，只有综合评价才能解决最优方案或方案择优的问题。

(六) 进行综合评价

按照评价标准，在单项评价的基础上，从不同的观点和角度，对现代物流服务体系进行全面评价。综合评价就是利用模型和各种资料，用技术经济的观点，对比各种可行方案，从系统整体观点出发，综合分析问题，选择适当而且可以实现的优化方案。

四、评价指标体系设计的基本原则

《物流业调整和振兴规划》在 "指导思想" 中，明确提出："建立现代物流服务体系，以物流服务促进其他产业发展"；在 "规划目标" 中又提出，"初步建立起布局合理、技术先进、节能环保、便捷高效、安全有序并具有一定国际竞争力的现代物流服务体系"。但是，目前在学术上尚缺乏对区域现代物流服务体系的评价指标体系进行专门研究。本书分析认为，区域现代物流服务体系的评价指标体系设计应遵循如下原则。

（1）系统全面性原则。指标体系应能全面反映评价对象真实的整体水平。

（2）现实可行性原则。从现实条件出发，选取可操作的、接近客观真实的指标。

（3）独立性原则。每个指标应能单独地反映某一方面的水平，同一层内的指标不应有包含关系，以避免指标间信息的重复。

（4）定性与定量相结合的原则。在可能的情况下尽可能采用定量指标，尽量避免人为因素的干扰，同时结合评价需要采用一定的定性指标，提高评价指标体系的客观性。

（5）动态实时性原则。由于物流活动是动态的，构建的指标体系也应具有动态性，应选择近5年的数据资料进行评价，从而更好地做到实时评价。

五、区域现代物流服务体系的适应性评价指标设计

适应性评价是指区域现代物流服务体系与本区域经济社会发展的匹配和协调情况。不同层次（规模或等级）的区域，其现代物流产业的总体规模、结构组成都各有差异，这里，主要采用人均指标或者单位 GDP 的相对指标来反映该区域是否与经济社会发展相匹配协调，从而弱化了区域规模对指标数据的影响，便于进行不同区域的相互比较。

基于前文分析的现代物流服务运行机制要素，本书从四个层次来构建区域现代物流服务体系的适应性评价指标，具体如表 9 – 1 所示。

六、区域现代物流服务体系的竞争性评价指标设计

竞争性评价是指区域现代物流服务体系的总体竞争实力，通常以绝对值为比较依据。一般来说，指标的绝对值越大，表明越具有竞争力。因此，可以以总规模、总产值等总量数据作为竞争性评价的依据。

基于前文分析的现代物流服务运行机制要素，本书从四个层次来构建区域现代物流服务体系的竞争性评价指标，具体如表 9 – 2 所示。

七、区域现代物流服务体系的评价程序

区域现代物流服务体系的评价程序可以从以下方面展开。

表 9 - 1 区域现代物流服务体系的适应性评价指标

一级指标	二级指标	三级指标	四级指标	指标属性	指标单位	指标说明
现代物流服务的需求适应性	需求的总体规模	宏观经济规模	人均 GDP 总量	定量指标	万元/人	统计指标
			人均社会消费品零售总额	定量指标	万元/人	统计指标
			人均社会生产资料零售总额	定量指标	万元/人	统计指标
			人均区域进出口贸易总额	定量指标	万元/人	统计指标
			区域人均工业增加值	定量指标	万元/人	统计指标
			区域城乡居民人均可支配收入	定量指标	万元/人	统计指标
		物流总体规模	单位 GDP 的社会物流总额情况	定量指标	—	统计指标
			单位 GDP 的货运量	定量指标	万吨/万元	统计指标
			单位 GDP 的货物周转量	定量指标	万吨公里/万元	统计指标
			交通运输、仓储和邮政业总产值占 GDP 的比例	定量指标	%	统计指标
	需求的总体结构	社会物流总额的结构	与同类区域相比，工业物流总额占社会物流总额的比重情况	定性指标	—	反映出本区域的物流发展主导定位是否与该比例结构相符
			与同类区域相比，农产品物流总额占社会物流总额的比重情况	定性指标	—	
			与同类区域相比，商贸物流总额占社会物流总额的比重情况	定性指标	—	
	需求的发展速度	经济增长速度	近 5 年区域 GDP 平均增长速度	定量指标	%	由区域经济统计指标
			近 5 年区域 GDP 增长波动率	定量指标	%	统计指标
		物流规模增长速度	近 5 年物流总额增速	定量指标	%	由统计指标算所得

续 表

一级指标	二级指标	三级指标	四级指标	指标属性	指标单位	指标说明
现代物流服务的需求适应性	需求的发展速度	物流规模增长速度	近 5 年货运量增速	定量指标	%	由区域经济统计指标
			近 5 年货物周转量增速	定量指标	%	济统计指标
			近 5 年交通运输、仓储和邮政业总产值增速	定量指标	%	标计算所得
		供给主体指标	单位 GDP 的 A 级物流企业数量	定量指标	个/万元	中国物流与采购联合会物流综合企业综合评估认定
			单位 GDP 的物流企业总营业额	定量指标	个/万元	统计指标
			单位 GDP 的物流企业上缴总税收	定量指标	个/万元	统计指标
现代物流服务的供给适应性	供给能力指标	供给设施指标	区域人均铁路网密度	定量指标	公里/人·万平方公里	由区域经济统计指标计算所得
			区域人均高速公路网密度	定量指标	公里/人·万平方公里	
			人均民用载货汽车拥有量	定量指标	辆/人	
			人均港口货物吞吐能力	定量指标	万吨/人	
			人均机场货邮吞吐量	定量指标	万吨/人	
			单位 GDP 的公共型物流园区（物流中心、配送中心）占地面积	定量指标	平方米/万元	
			单位 GDP 的各类运输方式的货运场站总面积	定量指标	平方米/万元	
			单位 GDP 的仓储设施总面积	定量指标	平方米/万元	
			单位 GDP 的特种仓库总面积	定量指标	平方米/万元	

续　表

一级指标	二级指标	三级指标	四级指标	指标属性	指标单位	指标说明
现代物流服务的供给适应性	供给能力指标	供给信息技术指标	物流企业信息化水平	定性指标	—	
			政府物流信息监管平台发展情况	定性指标	—	提供事实性的书面资料说明
			物流公共信息平台发展情况	定性指标	—	
		政府管理体制	政府物流机构健全性	定性指标	—	
			政府物流监管制度健全性	定性指标	—	
	体制环境指标		行业准入体制健全性	定性指标	—	
			行业协会组织建设情况	定性指标	—	
		行业管理体制	行业的标准化建设情况	定性指标	—	
			行业的企业信用机制建设情况	定性指标	—	
			行业评估与认证制度建设情况	定性指标	—	
			行业退出体制建设情况	定性指标	—	提供事实性的书面资料说明
现代物流服务的发展环境适应性	政策环境指标	政策出台情况	近5年的物流政策出台数量情况	定性指标	—	
			近5年的物流政策政策覆盖范围	定性指标	—	
		政策的落实情况	物流政策的实际成效	定性指标	—	
	法律法规环境指标	法律法规出台情况	近5年的物流政策出台数量情况	定性指标	—	
			近5年的物流政策政策覆盖范围	定性指标	—	
		法律法规的落实情况	物流政策的实际成效	定性指标	—	

续　表

一级指标	二级指标	三级指标	四级指标	指标属性	指标单位	指标说明
现代物流服务的成效	物流业总体绩效指标	社会物流总费用与GDP的比率	—	定量指标	%	社会物流统计指标
		物流业增加值占服务业增加值的比重	—	定量指标	%	统计指标/社会物流统计指标
	社会效益指标	与区域经济协调发展程度	—	定性指标	—	区域物流的规划与运营是否达到保障区域经济发展的目标
		就业贡献	单位GDP的物流从业人数	定量指标	人/万元	—
		符合环保程度	—	定性指标	—	提供实性的书面资料说明

表 9 - 2　　区域现代物流服务体系的竞争性评价指标体系

一级指标	二级指标	三级指标	四级指标	指标属性	指标单位	指标说明
现代物流服务的需求指标	需求的总体规模	宏观经济规模	GDP 总量	定量指标	万元	统计指标
			社会消费品零售总额	定量指标	万元	统计指标
			社会生产资料零售总额	定量指标	万元	统计指标
			区域进出口贸易总额	定量指标	万元	统计指标
			区域人口数量	定量指标	人	统计指标
			区域人均年可支配收入	定量指标	万元/人	统计指标
		物流总体规模	物流总额情况	定量指标	万吨	统计指标
			货运量	定量指标	万吨	统计指标
			货物周转量	定量指标	万吨公里	统计指标
			当年交通运输、仓储和邮政业总产值	定量指标	万元	统计指标
	需求的发展结构	社会物流总额的结构	工业品物流总额的比重	定量指标	%	物流业统计指标
			农产品物流总额的比重	定量指标	%	物流业统计指标
			商贸物流总额的比重	定量指标	%	物流业统计指标
	需求的发展速度	经济增长速度	近 5 年区域 GDP 平均增长速度	定量指标	%	由区域经济统计指标计算所得
			近 5 年区域 GDP 增长波动率	定量指标	%	
		物流规模增长速度	近 5 年物流总额增速	定量指标	%	
			近 5 年货运量增速	定量指标	%	
			近 5 年货物周转量增速	定量指标	%	
			近 5 年交通运输、仓储和邮政业总产值增速	定量指标	%	

续　表

一级指标	二级指标	三级指标	四级指标	指标属性	指标单位	指标说明
现代物流服务的供给指标	供给能力指标	供给主体指标	A级物流企业数量	定量指标	个	中国物流与采购联合会物流企业综合评估认定
			物流企业总营业额	定量指标	万元	—
			物流企业上缴总税收	定量指标	万元	—
			区域铁路网密度	定量指标	公里/万平方公里	由区域经济统计指标计算所得
			区域高速公路网密度	定量指标	公里/万平方公里	
			民用载货汽车拥有量	定量指标	辆	—
			港口货物吞吐能力	定量指标	万吨	—
			机场货邮吞吐量	定量指标	万吨	—
		供给设施指标	公共型物流园区（物流中心、配送中心）个数	定量指标	个	—
			公共型物流园区（物流中心、配送中心）总占地面积	定量指标	平方米	—
			各类运输方式的货运场站数量	定量指标	个	—
			各类运输方式的货运场站总面积	定量指标	平方米	—
			仓储设施总面积	定量指标	平方米	—
			特种仓库总面积	定量指标	平方米	—
		供给信息技术指标	物流企业信息化水平	定性指标	—	提供事实性的书面资料说明
			政府物流信息监管平台发展情况	定性指标	—	—
			物流公共信息平台发展情况	定性指标	—	—

续　表

一级指标	二级指标	三级指标	四级指标	指标属性	指标单位	指标说明
现代物流服务的发展环境指标	体制环境指标	政府管理体制	政府物流机构健全性	定性指标	—	
			政府物流监管制度健全性	定性指标	—	
			行业准入体制健全性	定性指标	—	
		行业管理体制	行业协会组织建设情况	定性指标	—	
			行业的标准化建设情况	定性指标	—	
			行业的企业信用机制情况	定性指标	—	
			行业评估与认证制度情况	定性指标	—	
			行业退出体制建设情况	定性指标	—	
	政策环境指标	政策出台情况	近 5 年的物流政策出台数量情况	定性指标	—	
			近 5 年的物流政策政策覆盖范围	定性指标	—	
		政策的落实情况	物流政策的实际成效	定性指标	—	提供事实性的书面资料说明
	法律法规环境指标	法律法规出台情况	近 5 年的物流政策出台数量情况	定性指标	—	
			近 5 年的物流政策政策覆盖范围	定性指标	—	
		法律法规的落实情况	物流政策的实际成效	定性指标	—	

续 表

一级指标	二级指标	三级指标	四级指标	指标属性	指标单位	指标说明
	物流业总体绩效指标	社会物流总费用与GDP的比率	—	定量指标	%	社会物流统计指标
		物流业增加值占服务业增加值的比重	—	定量指标	%	统计指标/社会物流统计指标
现代物流服务的成效	社会效益指标	与区域经济协调发展程度	—	定性指标	—	区域物流的规划与运营是否达到保障区域经济发展的目标
		就业贡献	物流从业人数	定量指标	人	—
		符合环保程度	—	定性指标	—	提供事实性的书面资料说明

（1）根据区域现代物流服务体系评价工作的需要，选择若干名政府部门、企事业单位、科研院所的物流领域专家组成评价专家组。

（2）针对评价指标体系，采用专家打分（德尔菲法）方式，由专家组对各指标的权重打分，采用一定方法（如 AHP 方法等）计算获得各指标的权重。

（3）评价专家组审查各单位申报材料，根据上报资料，按照评价指标体系提取各申报单位的有关指标数值形成评价指标数据表。其中，定性指标可以通过专家对区域现代物流服务体系的汇报材料以及自己的经验认识，按很好、好、较好、一般、差 5 级进行打分。

（4）汇总各专家的评价结果，按照一定的方法对各指标数据进行处理，如定量指标按一定规则进行无量纲处理，形成区域现代物流服务体系的评价汇总表。

（5）如果是多个区域现代物流服务体系进行评价排名，可以根据步骤 4 汇总评价的指标数据、评价指标权重，按照一定的评价模型进行计算，对区域的现代物流服务体系发展状况进行综合评价打分，从而给出最终的评价结果和排序。

第十章　现代物流服务体系的提升
——建设物流强国

【引例】2022 年，我国社会物流总额达 347.6 万亿元，我国已连续 7 年位居全球最大规模的物流市场①，成为名副其实的"物流大国"，但与发达国家相比仍存在一定差距。"十四五"时期，是我国从"物流大国"向"物流强国"迈进的关键时期，建设"物流强国"是新时期重要任务目标之一。我们要充分认识新时代对物流业发展提出的新要求，把建设"物流强国"作为战略目标，把高质量发展作为实现途径。要着力解决我国物流发展不平衡、不充分问题，带动和引领关联产业转型升级，更好满足现代化经济体系建设和人民日益增长的物流服务需求，从整体上促进我国由"物流大国"向"物流强国"迈进。本章将从我国与"物流强国"的差距、什么是"物流强国"、为什么建设"物流强国"以及怎样建设"物流强国"四个方面展开详细阐述。

第一节　我国是物流大国但不是物流强国

我国物流业需求规模大、市场主体多、设施设备基本配套，多数指标处于世界前列。但与发达国家相比，我国物流"大而不强"特征突出。我国物流仍然存在整体效率不高，全社会物流成本偏高，物流企业综合竞争力不强，海运业话语权弱，农村物流、冷链物流、航空物流等短板突出等问题。

一、我国物流业的众多规模性指标已处于国际领先地位

经过多年发展，我国物流市场规模显著扩大，截至 2022 年已连续 7 年

---

① https://news.cctv.com/2023/03/08/ARTIlyerg5Vz6e7Ej33VeSGc230308.shtml.

位居世界第一；港口规模位居世界第一，港口货物吞吐量和集装箱吞吐量连续十多年位居世界第一；高速铁路及高速公路营业总里程位居世界第一，长江干线稳居世界内河第一，机场数量居世界前列；快递市场规模连续 9 年位居世界第一；中国物流企业数量大幅增加，物流企业规模显著扩大，世界领先水平的标杆物流企业不断涌现，物流企业服务能力显著增强，物流企业"走出去"步伐不断加快。我国已经成为具有国际影响力的"物流大国"。

（一）社会物流总额

2002—2022 年，中国社会物流总规模保持高速增长态势。社会物流总额和社会物流总费用分别从 23.26 万亿元和 2.3 万亿元，增长到 347.6 万亿元和 17.8 万亿元，分别增长 14.9 倍和 7.7 倍，年均增速分别高达 13.3% 和 10.6%。2002—2022 年中国社会物流总额及社会物流总费用如图 10-1 所示。根据中国物流与采购联合会统计，到 2022 年，中国物流市场规模已连续 7 年位居全球第一①。

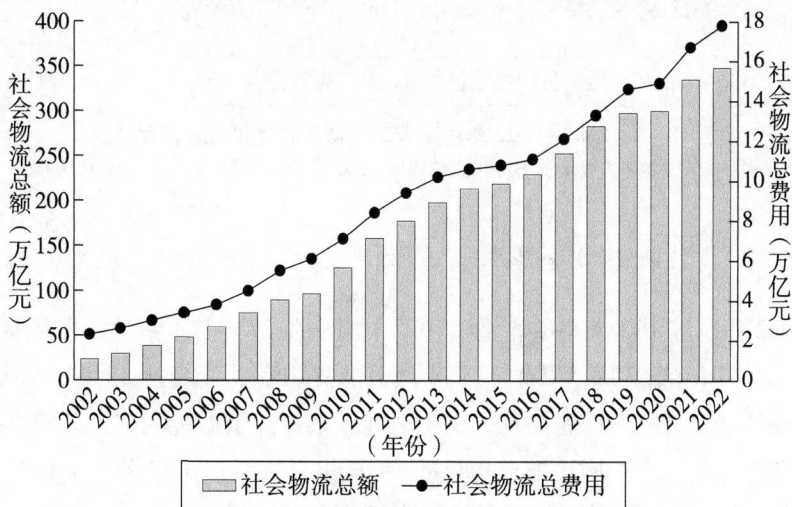

图 10-1 2002—2022 年中国社会物流总额及社会物流总费用
资料来源：国家发展改革委。

---

① http：// www. news. cn/fortune/2023 - 05/06/c_ 1129595345. htm.

（二）港口货物吞吐量

2002—2022 年，中国港口货物吞吐量和集装箱吞吐量分别从 28.0 亿吨和 0.37 亿标准箱，增长到 156.85 亿吨和 2.96 亿标准箱，分别增长了 5.6 倍和 8.0 倍，年均增长率分别高达 10% 和 12.5%。中国港口货物吞吐量和集装箱吞吐量连续十多年居世界第一[1]。2002—2022 年中国港口货物吞吐量和集装箱吞吐量如图 10-2 所示。

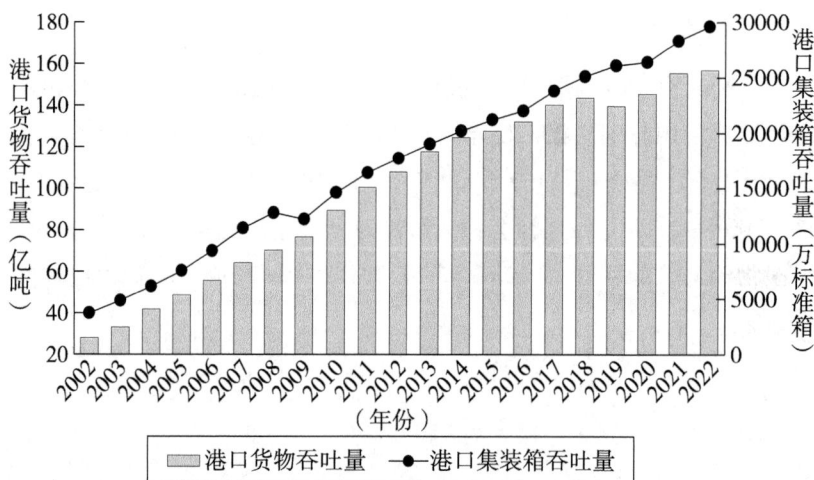

图 10-2 2002—2022 年中国港口货物吞吐量和集装箱吞吐量

资料来源：2002—2006 年数据来源于国家统计局，2007—2022 年数据来源于交通运输部。

（三）集装箱港口全球前十数量

2022 年全球 100 大集装箱港口中，中国独揽 27 个席位[2]。在排名前十的港口中，中国占据 7 席。其中，宁波舟山港货物吞吐量高达 12.64 亿吨，连续 14 年位居全球第一，也是唯一的十亿吨级港口；上海港完成集装箱吞吐量高达 4730 万标准箱，同比增长 0.6%，位居世界第一。2023 年上海港集装箱吞吐量突破 4900 万标准箱，连续 14 年位居世界第一[3]。2022 年全球十大港口

---

[1]　资料来源：https://www.thepaper.cn/newsDetail_forward_24577245.

[2]　资料来源：https://www.logclub.com/articleInfo/NjU0NzE=.

[3]　资料来源：http://finance.people.com.cn/n1/2024/0104/c1004-40152560.html.

货物吞吐量和全球十大集装箱吞吐量排名如表 10 - 1 所示。

表 10 - 1 2022 年全球十大港口货物吞吐量和全球十大集装箱吞吐量排名

排名	港口	货物吞吐量（万吨）	港口	集装箱吞吐量（万标准箱）
1	宁波舟山港	126376	上海港	4730
2	唐山港	76887	新加坡港	3729
3	上海港	72777	宁波舟山港	3335
4	青岛港	65754	深圳港	3004
5	广州港	65592	青岛港	2567
6	新加坡港	57773	广州港	2486
7	苏州港	57276	釜山港	2207
8	日照港	57057	天津港	2102
9	德黑兰港	56527	香港港	1657
10	天津港	54902	鹿特丹港	1470

资料来源：https：//www. logclub. com/articleInfo/NTk1ODI =.

（四）铁路、公路、水路、航空运网指标

中国物流基础设施建设取得巨大成就。"十纵十横"综合交通运输大通道基本贯通，覆盖广泛、协同联动的物流基础设施网络初步建成。中国高速铁路及高速公路营业总里程位居世界第一，长江干线稳居世界内河第一，机场数量居世界前列。

在铁路方面，2002—2022 年，全国铁路营业里程由 7. 19 万公里增加到 15.5 万公里，增长了 1.2 倍；2022 年高铁营业里程达 4.2 万公里，稳居世界第一[①]；铁路电化率和复线率分别由 25.2% 和 33.3% 提高到 73.8% 和 59.6%[②]。

在公路方面，2002—2022 年，中国公路总里程从 176. 52 万公里增加到 535.48 万公里，增长了近 2 倍；公路密度从 18.4 公里/百万平方公里增加到 55.78 公里/百万平方公里，形成了四通八达的公路网；高速公路通车里程由

---

① 资料来源：https：//www. gov. cn/xinwen/2023 - 01/13/content_ 5736816. htm.
② 资料来源：https：//xxgk. mot. gov. cn/2020/jigou/zhghs/202306/t20230615_ 3847023. html.

2.51 万公里快速增加到 17.73 万公里，高速公路通车里程居世界第一①。

在水路方面，2002—2022 年，全国港口拥有生产用码头泊位由 3.36 万个减少到 2.1 万个。但是，万吨级及以上泊位由 835 个增加到 2751 个。中国沿海港口生产用码头泊位数从 3822 个增加到 5441 个，其中，万吨级以上泊位数从 700 个增加到 2300 个；内河港口生产用码头泊位数由 29778 个减少到 15882 个，但万吨级以上泊位数从 135 个增加到 451 个。2022 年，长江干线货物吞吐量达 35.9 亿吨，约是 2002 年的 12 倍，连续 18 年稳居世界内河第一②。

在航空方面，2002—2022 年，中国境内运输机场（不含香港、澳门和台湾地区）从 141 个增加到 254 个；民航全行业运输飞机期末在册架数从 602 架增加到 4165 架；民用航空航线里程从 163.8 万公里增加到 546.15 万公里③；中国民用运输机场货邮吞吐量从 401.8 万吨增长到 1453.1 万吨④，增长了 2.6 倍。2022 年，在全球货邮吞吐量排名前十的机场中，香港机场位列第一，上海浦东国际机场位列第四⑤。

（五）快递量

2021 年中国快递业务量达 1083 亿件，突破 1000 亿件大关，标志着中国邮政快递业发展又迈上了一个新的台阶。2002—2022 年，中国快递业务量从 1.4 亿件增加到 1105.8 亿件，增长达到了 790 倍。中国快递市场在 2014 年以 139.6 亿件的业务量首次超越美国成为全球第一，已连续 9 年稳居世界第一⑥。中国快递服务覆盖全国 95% 建制村，连接城乡、覆盖全国、通达世界的快递服务网络基本建成。2002—2022 年中国快递业务量如图 10 - 3 所示。

（六）物流企业规模

物流企业数量大幅增加，物流企业规模显著扩大。2021 年，物流企业和

① 资料来源：https：//www.gov.cn/govweb/lianbo/bumen/202311/content_ 6916724.htm.
② 资料来源：https：//finance.sina.com.cn/jjxw/2023 - 07 - 31/doc - imzeqser9586368.shtml.
③ 资料来源：http：//www.aopa.org.cn/usr/1/upload/file/20230510/16837107431656812.pdf.
④ 资料来源：https：//www.ccaonline.cn/zhengfu/zftop/838948.html.
⑤ 资料来源：https：//new.qq.com/rain/a/20230410A07PWV00.
⑥ 资料来源：http：//finance.people.com.cn/n1/2023/0117/c1004 - 32608527.html.

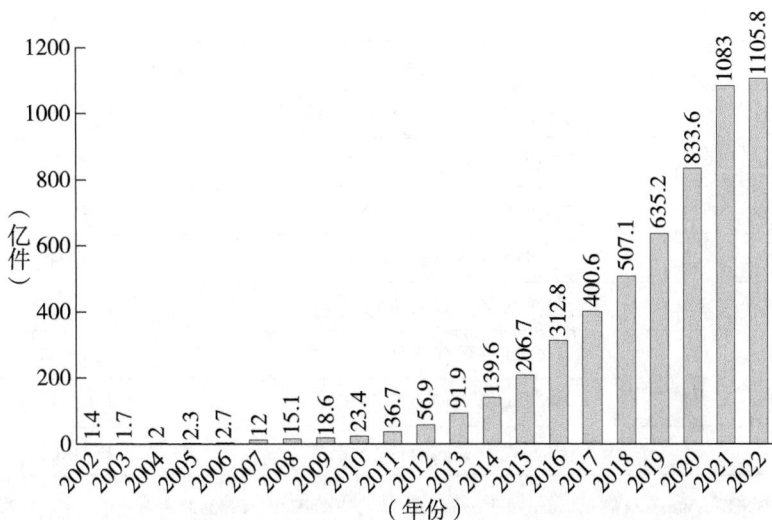

图 10 - 3　2002—2022 年中国快递业务量

资料来源：https：//data. stats. gov. cn/easyquery. htm? cn = C01&zb = A0G0U&sj = 2022.

个体工商户等物流市场主体超过 600 万家，就业人数超过 5000 万人①。2005 年中国 A 级物流企业数量为 26 家，到 2023 年 8 月已达 9642 家②。A 级物流企业的市场占有率、服务功能和服务水平不断提高，代表了中国物流企业的发展水平和发展方向。2005—2022 年，入围中国物流企业 50 强的企业最低营业收入从 2. 6 亿元提高到 77. 4 亿元，增长了近 30 倍；排名最高的企业的营业收入从 934. 7 亿元提高到 5759. 4 亿元，增加了 4824. 7 亿元；2022 年，中国物流企业 50 强的企业物流业务收入合计约 23456 亿元，其中，中国远洋海运集团有限公司以 5759. 4 亿元物流业务收入蝉联榜首③。2023 年度中国物流企业 50 强的前 10 强名单如表 10 - 2 所示。

表 10 - 2　　　　　**2023 年度中国物流企业 50 强的前 10 强名单**

排名	企业名称	物流业务收入（万元）
1	中国远洋海运集团有限公司	57594190
2	厦门象屿股份有限公司	26907403

① 资料来源：https：//new. qq. com/rain/a/20220222A08KZN00.

② 资料来源：http：//www. chinawuliu. com. cn/lhhzq/202308/25/614798. shtml.

③ 资料来源：http：//www. chinawuliu. com. cn/lhhzq/202308/03/613343. shtml.

续　表

排名	企业名称	物流业务收入（万元）
3	顺丰控股股份有限公司	26207974
4	北京京邦达贸易有限公司	13740200
5	中国外运股份有限公司	10881672
6	浙江菜鸟供应链管理有限公司	7397046
7	上海三快智送科技有限公司	7006390
8	圆通速递股份有限公司	5353931
9	中通快递股份有限公司	5307210
10	中铁物资集团有限公司	4871403

资料来源：http：//www.chinawuliu.com.cn/lhhzq/202308/03/613343.shtml.

（七）世界领先的中国物流企业

世界领先水平的标杆物流企业不断涌现。根据《财富》2023 年发布的世界 500 强企业榜单，中国共有 16 家流通企业上榜[①]，占我国上榜企业总数的 12%，部分上榜的流通企业如表 10-3 所示。我国流通体系建设取得显著成效，流通企业国际竞争力不断增强。2023 年根据 Armstrong & Associales，Inc. 公布的数据，2022 年，顺丰物流位列全球最大第三方物流企业榜单第 5 名；中国外运股份有限公司位列全球最大第三方物流企业榜单第 10 名[②]，全球货运代理企业榜单第 5 名[③]。根据 Transport Topics 公布的数据，9 家中国企业入围 2023 全球海运 50 强，7 家中国企业入围 2023 全球空运货代 50 强[④]。根据 Alphaliner 的数据，截至 2024 年 1 月 1 日，全球班轮公司运力 100 强中，中远海运排名第 4[⑤]。

[①] 资料来源：https：//www.gov.cn/yaowen/shipin/202311/content_ 6915914.htm.

[②] 资料来源：https：//www.3plogistics.com/3pl-market-info-resources/3pl-market-information/aas-top-50-global-third-party-logistics-providers-3pls-list/.

[③] 资料来源：https：//www.3plogistics.com/3pl-market-info-resources/3pl-market-information/aas-top-25-global-freight-forwarders-list/.

[④] 资料来源：https：//new.qq.com/rain/a/20230425A07BBE00.

[⑤] 资料来源：http：//www.eworldship.com/html/2024/container_ market_ 0102/199607.html.

表 10 – 3　　　　　　　**2023 年上榜世界 500 强的流通企业（部分）**

2023 年排名	2022 年排名	公司名称	营业收入（百万美元）
86	81	中国邮政集团有限公司	110270.6
115	127	中国远洋海运集团有限公司	93181.4
142	160	厦门象屿集团有限公司	83639.2
175	152	招商局集团有限公司	73282.7
377	441	顺丰控股股份有限公司	39765.1

资料来源：https：//www. fortunechina. com/fortune500/c/2023 – 08/02/content_ 436877. htm.

（八）物流业对外投资规模

"入世"以来，中国物流企业对外投资范围不断扩大，对外投资存量和流量都呈现持续增长态势。2005—2022 年，中国物流业对外直接投资存量从 70.8 亿美元增长到 968.4 亿美元，增长了 13.7 倍；对外直接投资流量从 5.8 亿美元增长到 150.4 亿美元，增长了 25.9 倍①。

二、我国物流业与美日德等物流强国之间仍差距明显

（一）整体物流效率不高

我国整体物流效率不高，相比发达国家仍存在较大差距。近年来，我国社会物流总费用与 GDP 的比率虽有所下降，但仍偏高，如图 10 – 4 所示。2022 年，我国社会物流总费用与 GDP 的比率为 14.7%，同年，美国物流成本与美国 GDP 的比率为 9.1%。总体来说，我国社会物流总费用相比西方国家仍持续偏高。从宏观方面看，有经济结构、货物结构、国土面积和产业布局等不可比因素。从生产端、流通端和物流端分析，主要有以下几点原因。

第一，物流基础设施不完善，物流系统信息化和网络化程度较低。全国物流基础设施网络呈现"东南密、西北疏"以及城乡分布不均的空间布局特征，物流园区空间布局不完善，物流枢纽分布不均衡，末端网络薄弱，"干、支、末"与"物流枢纽、物流园区、物流中心、配送中心、终端网点"等构

---

① 根据国家统计局的交通运输、仓储和邮政业相关数据整理。

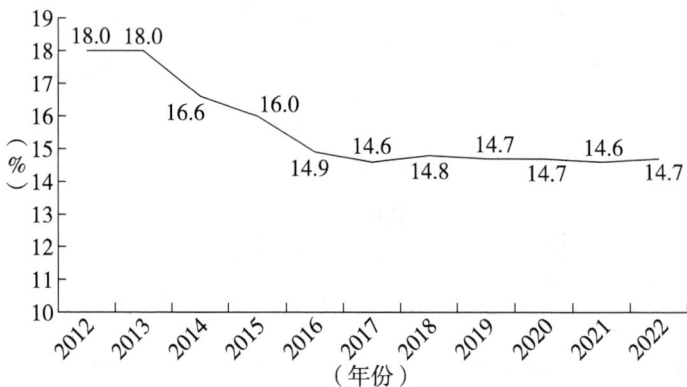

图 10 – 4　我国社会物流总费用与 GDP 的比率
资料来源：国家物流信息中心，中国物流与采购联合会。

成的物流网络尚不完善。此外，物流基础设施自动化、信息化程度有待提升，兼容性和衔接性较为薄弱，现代仓储、公共物流信息系统等设施设备短缺，难以满足现代物流发展需要。综上，物流基础设施布局不均、衔接不畅、信息化不足，导致网络化和信息化程度较低，立体物流网络尚未形成，高效互联、资源集约的现代化物流系统难以成型，便捷顺畅、结构优化、绿色集约、智能先进、互联互通的综合立体交通网络尚未形成。

第二，我国整体运输结构不合理，运输效率低。联运转运设备短缺，联运机制不完善，运输方式间衔接不畅、多式联运发展滞后，大量煤炭中长途运输依赖公路，造成大量优质能源的消耗和运输成本的增加。此外，我国海陆空多种运输方式发展不均、市场化程度不一，阻碍了多式联运发展，部分沿江通道高等级航道占比低，网络化程度不高，航空货运基础设施发展总体不足，铁路运输相比公路货运等方式市场化程度较低。因此，尚未真正形成"宜水则水、宜陆则陆"的运输格局，导致运输效率低下，特别是铁路在中长距离大宗货物运输中的作用还有待进一步发挥。

第三，物流企业集约化水平和服务水平不足。一方面，大量的中小型物流企业信息化、智能化程度不高，物流装备技术和管理手段落后，经营规模小且服务功能单一，供应链的专业化和一体化服务能力薄弱，物流服务水平落后，难以实现物流价值链延伸。另一方面，由于缺乏信息系统支撑，我国货运行业小、散、差的情况难以改善，各地的公路场站、工商企业、物流公司、卡车司机以及大量的仓库处于分散状态，成为信息孤岛，资源集约化程度低下，利用率不高。

第四，物流业与相关产业联动不足。物流业与制造业、农业、商贸业等联动不足，物流服务水平不高，严重制约了许多行业企业的进一步发展。一方面，制造企业等其他行业企业大多沿袭"大而全""小而全"运作模式，内部资源缺乏有效整合，物流外包顾虑较多，自营物流的退出成本高。另一方面，物流企业总体上"小、散、差、弱"，其专业化、一体化供应链服务能力难以满足企业需求。具体而言，在运输和仓储等传统服务领域，产品和服务同质化倾向严重，粗放式经营、低水平竞争越演越烈；而制造企业急需的增值服务、一体化服务，特别是在物流方案设计以及供应链全程服务等方面的能力严重不足。此外，"两业"联动急需相应的平台和桥梁。

第五，物流信息化、智慧化程度较低。物流行业信息化、智慧化相关标准和规范不健全，缺乏开放式公共物流信息平台体系，各物流部门和主体间信息共享机制尚未建立，导致物流效率低。从企业层面来看，我国物流企业信息化、智慧化程度低，新一代信息技术应用水平尚处于较低层次，信息类专业人才相对缺乏；特别是中小物流企业的信息化水平很低，尚未将信息化、智慧化技术深入地应用于企业经营和物流系统各个环节中。这导致信息难以互联，库存、运力等资源浪费严重，"四流合一"任务尚未完成。

第六，物流标准化建设有待完善。与发达国家相比，我国物流业发展起步相对较晚，物流标准化体系仍不完善。一方面，我国运载单元标准化程度低，全链条运行缺乏效率，物流运行成本高。我国物流载具、装卸工具、仓储货架、分拣设备等物流装备未能形成统一的规格和技术框架，标准物流装备应用水平低，对数字化、智能化物流设施设备体系的标准化改造不足，设施设备的联动协同未得到充分体现。另一方面，我国物流行业标准与国际标准缺乏衔接。部分物流相关标准在制定过程中未能充分考虑与国际标准的一致性，导致我国与国际标准接轨的物流标准占比不高。与此同时，我国物流领域标准的对外输出和推广力度不足，在国际标准衔接上处于较为被动的地位。

（二）全球竞争力有待提升

物流绩效指数（LPI）是衡量一个国家或地区物流系统绩效的一种指标，也被用来评估其国际竞争力。根据世界银行发布的物流绩效指数报告，中国

2023 年的物流绩效总体水平为 3.7，世界排名为第 19 位，全球竞争力有待提升。与新加坡、德国、日本的 LPI 评分以及排名前十国家的平均 LPI 评分相比，中国的物流绩效总体水平不高（见图 10 – 5）。

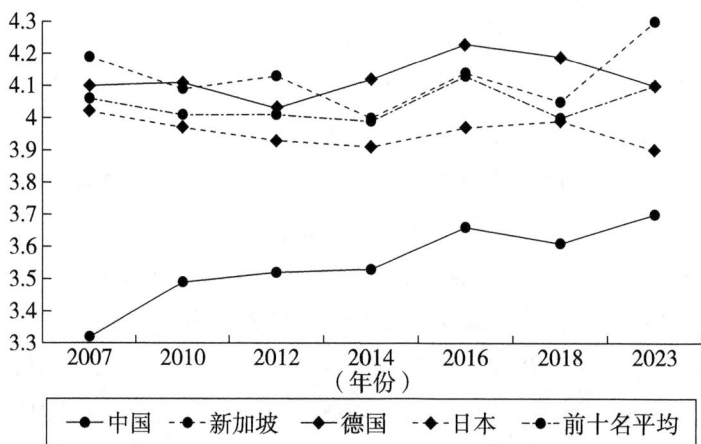

图 10 – 5 2007—2023 年中国、部分国家 LPI 评分与前十名国家平均 LPI 评分
资料来源：根据世界银行发布的相关数据整理。

从 2007 年到 2023 年，中国的物流绩效指数全球排名提升了 11 名，但年均排名为 26。从分项排名来看，中国的基础设施和国际运输的绩效最高，2023 年名列全球第 14 位；海关绩效最差，2023 年排名第 31 位，其次是及时性绩效，2023 年排名第 30 位。从分项指标年均排名来看，所有指标均未进入全球前 20，其中，海关绩效最差，平均为全球第 33 名。2007—2023 年中国物流绩效指数如表 10 – 4 所示。

（三）物流业国际话语权弱

虽然我国物流市场规模巨大，但物流业缺乏国际竞争力，国际话语权不强。一方面，中国的国际物流企业规模较小，不仅缺乏规模优势，难以承担大型业务项目，而且附加值低，业务面单一，难以形成齐全的物流产业链[①]。具体来看，我国物流企业在国际物流基础设施、物流服务网络、国际业务规模等方面与国际领先的物流企业有一定差距。例如，国际领先物流企业通过

---

① 资料来源：https://www.sohu.com/a/426709775_ 120178420，2020 – 10 – 23.

表 10 - 4 **2007—2023 年中国物流绩效指数**

年份	综合		海关		基础设施		国际运输		物流竞争力		追踪与追溯		及时性	
	排名	得分	排名	得分	排名	得分	排名	得分	排名	得分	排名	得分	排名	得分
2007	30	3.32	35	2.99	30	3.20	28	3.31	27	3.40	31	3.37	36	3.68
2010	27	3.49	32	3.16	27	3.54	27	3.31	29	3.49	30	3.55	36	3.91
2012	26	3.52	30	3.25	26	3.61	23	3.46	28	3.47	31	3.52	30	3.80
2014	28	3.53	38	3.21	23	3.67	22	3.50	35	3.46	29	3.50	36	3.87
2016	27	3.66	31	3.32	23	3.75	12	3.70	27	3.62	28	3.68	31	3.90
2018	26	3.61	31	3.29	20	3.75	18	3.54	27	3.59	27	3.65	27	3.84
2023	19	3.70	31	3.3	14	4.00	14	3.60	20	3.80	23	3.80	30	3.70
平均	26	3.55	33	3.22	23	3.65	21	3.49	28	3.55	28	3.58	32	3.81

资料来源：根据世界银行发布的相关数据整理。

大规模的基础设施建设为其物流服务质量提供了坚实保障，UPS 拥有超过 1800 个运营设施，升降机场在美国国内为 382 个、国际上为 346 个，拥有超过 500 个自有和租赁设施，建筑面积超过 4000 万平方英尺；DHL 在五大洲拥有将近 34 个销售办事处及 44 个邮件处理中心；捷富凯在全球范围内拥有的基础设施包括 182 所航空和航运办事处、116 个车辆基地、65 个铁路站点、300 家分支机构。同时，国际领先物流企业的物流服务网络覆盖范围和业务区域范围也十分广泛，能够更好地对接国际物流需求，获得充足的客户量和订单。例如，马士基航运在全球 135 个国家设有办事机构，业务遍布全球 300 多个港口；汉莎货运航空的航线网络覆盖 100 多个国家约 300 个目的地。此外，全球海运竞争市场越发激烈，整体朝向船舶大型化、企业联盟化、信息化建设、新燃料变革发展，同时面临船队老龄化、港口拥挤、运力增速放缓等方面的挑战。因此，大型航运企业开始朝向联盟组建发展，以合力稳定全球航运市场。例如，位于世界第一、第二位的马士基航运、地中海航运，与排名第十三位的现代商船签署三年合作协议；世界第三、第四位的法国达飞轮船、台湾长荣航运与香港东方海外及中国远洋航运集团结成 Ocean Alliance 联盟。但总体来看，中国本土的航运企业在全球航运联盟组建中竞争地位略显不足。

　　另一方面，我国物流业全球连接能力弱，国际资源整合能力差，缺乏国际战略通道和战略支点，缺乏全球物流治理能力，物流国际化能力亟待提升。与中国高速增长的国际贸易相比，物流业尚未形成与之匹配的全球物流和供应链体系，国际市场份额较低，进出口所需的物流服务很大程度需要依赖国外跨国物流企业[①]。例如，中国国际海运在全球海运市场中的控制力较弱。据人民日报 2023 年 9 月报道，我国已与 100 多个国家和地区建立了航线联系，服务网络不断完善，我国船东拥有的船队规模达到 2.492 亿总吨，从总吨上成为世界最大船东国。欧盟、日本和美国的原油进口采用的是 FOB（装运港船上交货）条款，出口采用 CIF（目的港码头交货）条款，而我国谈判地位不强，进口商和出口商与上述国家和地区相反，进口采用 CIF，出口采用 FOB，因此我国的重要物资和产品无法自己承运，只能被动地等待市场上拥有话语权的租船方租用船舶承运货

---

① 资料来源：https://www.sohu.com/a/426709775_120178420.

物。这使我国海运企业承运我国进出口货运量的总体份额偏低，并造成运输服务贸易长期处于逆差状态。

（四）农村物流、冷链物流、航空物流等短板突出

我国农村物流、冷链物流、航空物流等专业物流和民生保障领域存在短板。从农村物流来看，农村物流是连接城乡生产和消费的重要纽带，完善农村物流配送体系是畅通国内大循环、全面推进乡村振兴和促进农村消费的重要举措。但是，我国农村物流仍然面临物流设施网点不足、资源整合不够、配送成本高等问题。特别是对于中西部地区、经济欠发达地区和偏远山区等，村级寄递物流综合服务站等物流基础设施亟待完善。同时，农村特色产业发展加快，加大了对高效农村物流服务网络的需求，但农村地区的物流服务供给能力不足，产业供需适配性有待提高。

从冷链物流来看，我国冷链物流设施设备总量仍然不足。国际冷藏仓库协会（IARW）数据显示，2020年我国城市居民人均冷库库容0.158立方米，美国人均库容达到0.577立方米、荷兰人均库容达到0.945立方米，我国人均库容水平较发达国家水平相比仍然偏低①。此外，我国冷链物流发展区域分布不平衡，冷链产销衔接不畅，冷链物流专业化、规模化、现代化程度还不高，冷链物流资源综合利用率较低，冷链物流服务还不能完全满足需求，全链条监管体系和支撑体系还不完善，高效畅通的冷链物流网络和现代冷链物流体系还没有完全建立，与发达国家冷链物流相比还存在较大差距，冷链物流损耗大、成本高。因此，冷链物流已经成为我国现代化经济体系、现代流通体系、现代物流体系和现代综合交通运输体系中的一块短板②。

从航空物流来看，近年来，我国航空货运事业快速发展，货邮运输规模处于全球领先水平，部分枢纽机场货邮吞吐量同样跻身世界前列。但从发展质量和形势要求看，我国航空货运仍然大而不强，存在不少短板。一是主体服务能力仍不强。我国航空物流企业全货机规模偏小，专业化、全链条服务仍滞后，海外服务保障支撑不足，国际全货运网络尚未实现自主可控，不能较好地满足跨境电商、冷链运输等新兴消费需求，与先进制造业等协同联动

---

① 数据来源：https：//www.sohu.com/a/733775535_608787.

② 资料来源：https：//www.ndrc.gov.cn/xxgk/jd/jd/202112/t20211215_1307894_ext.html.

性不够。航空货运代理企业在货源组织能力、服务质量等方面与国际水平相比存在较大差距。二是基础保障能力不足。我国大多数机场货运基础设施投入重视程度不够、设计理念滞后，货运保障能力不强，装备智能化、自动化程度不高，机场地面保障服务对物流发展支持偏弱，尤其对医药、冷链生鲜、快递、电子产品等货物的专业化保障短板突出。国内多数枢纽机场货运航班白天时刻获取难度较大。三是数字化水平不高。行业指标体系不完善，信息化水平参差不齐，部分航司、机场信息化建设滞后、能力缺失。航空物流各主体信息系统相对独立，数据接口、格式及信息交换标准不统一，信息孤岛现象严重；与航空物流发展联系密切的多个部门之间尚未建立数据共享机制，没有实现数据互联互通，不能有效支撑物流链条化运营和监管。四是营商环境有待改善。符合航空物流发展规律的法规标准体系尚未形成，航空物流安全、特种货物运输服务、新业态等法规需要完善，新技术应用、多式联运等标准亟须建立。部分单位未能对航空物流创新发展实施包容审慎监管。部分口岸服务能力不足，通关效率不高。部分地区对航空物流认识不够，政策执行不到位，未形成促进航空物流发展的体制机制。行业内外与中央和地方的财经等政策协同不够，尚未形成合力[①]。

第二节　物流强国的特征和表现

根据物流强国的内涵和要求，本节从宏观产业和物流企业两个维度总结了物流强国的具体特征和表现。

一、物流强国的十大特征

《"十四五"现代物流发展规划》提出到2025年，基本建成供需适配、内外联通、安全高效、智慧绿色的现代物流体系。现阶段，我国与物流强国之间还存在一定的差距，面对复杂的国际环境，物流业仍然需要围绕产业规模扩张、全球竞争力塑造、技术设备创新、成本效率改善等方面提升深度和广度。从物流强国的内涵来看，物流强国对物流网络的覆盖度、保障能力的精准度、相关产业的融合度、物流科技的领先度、服务质量的满意度、物流生

---

① 资料来源：https：//www.gov.cn/zhengce/zhengceku/2022－02/16/content_ 5673982. htm。

态的稳健度、经济发展的支撑度、全球供应链体系的贡献度、物流人才的匹配度、营商环境的适应度提出了新的要求。具体而言，物流强国具有以下十个特征①。

（1）物流网络的覆盖度：5G网络、人工智能、大数据、区块链等现代信息技术与物流设施融合，能够实现线上线下资源共享，高效互联、网络协同的智能物流骨干网，将成为现代化基础设施体系的重要组成部分。党的十九大提出要加强物流基础设施网络建设，2020年政府工作报告提出重点支持"两新一重"建设，传统基础设施将加快与新型基础设施融合。我国交通与物流基础设施投入加大，但是城市群、都市圈、城乡间、区域间、国内外物流网络尚未全面形成，国家物流枢纽、区域物流园区、城市配送中心和城乡末端网点对接不畅，多层次、立体化、全覆盖的物流基础设施网络还有较大发展空间。在物流设施网络与区域经济协同发展过程中，物流基础设施的广泛覆盖将成为重要投资方向。

（2）保障能力的精准度：自主可控的国际物流资源积累和服务能力的加强，有助于提升产业链供应链国际竞争力，维护经济社会安全稳定。今后一段时期，全球产业链供应链将加快重构。疫情暴露国际国内供应链弹性不足、控制力偏弱等短板。因此，供应链核心企业更加关注解决物流等"卡脖子"环节，寻找可替代物流解决方案，增强供应链弹性和可靠性，提升产业链现代化水平，抢占全球价值链中高端。物流业将深度嵌入产业链供应链，助力产业链供应链稳链；增强供应链一体化服务能力，促进产业链供应链补链；创造物流服务供应链新价值，推动产业链供应链强链。

（3）相关产业的融合度：物流业与制造业深度融合，将从简单的服务外包向供应链物流集成转变，通过内部挖掘降成本潜力，外部提升综合服务能力，增强产业链韧性；从物流与制造空间脱节向制造业与物流业集群发展转变，发挥物流枢纽集聚和辐射功能，吸引区域和全球要素资源，带动区域经济转型升级；从物流与制造资源分散向平台化、智能化、生态化转变，扩大企业边界，转变生产方式，优化资源配置，创造产业生态体系。当前，我国作为世界第一制造大国，制造业智能化、服务化是提升制造业质量效益的必然选择，也是构建现代产业体系的必由之路。工业互联网将带动物流互联网

---

① 资料来源：https://www.sohu.com/a/447626035_276342.

兴起，实现供应链全程在线化、数据化、智能化，助力智能制造创新发展，推动我国产业迈向全球价值链中高端。

（4）物流科技的领先度：物流科技的领先度决定着管理效率与业务发展空间。近年来，世界主要经济体正进入以数字化生产力为主要标志的全新阶段，我国以数字经济为代表的新动能加速孕育形成。传统物流企业数字化转型和新兴数字企业进入物流市场同步推进，物流商业模式和发展方式加快变革，拓展产业发展新空间。现代信息技术从销售物流向生产物流、采购物流全链条渗透，将助力物流业务在线化和流程可视化，增强全链条协同管理能力。数据和算法推动物流大数据应用，传统物流企业加速数字化、智能化、网络化，智慧物流模式将全方位提升管理效能。依托新型基础设施，数字物流中台全面发展，智能化改造提速，将带动传统物流企业向云端跃迁，上下游企业互联互通，中小物流企业加快触网，构建"数字驱动、协同共享"的智慧物流新生态，更好实现与实体经济融合发展。

（5）服务质量的满意度：服务质量的满意度在一定程度上能反映物流行业的发展阶段，因为服务质量的提升是一个长期持续的过程，包括以下进程。首先，要建立高质量服务标准、认证、监督体系，结合行业发展实际情况，建立物流服务的行业标准，建立相关的评估认证体系，依托物流协会对物流企业进行定期考核认证，同时成立专门的服务水平认证监督机构，确保公开化和透明性。其次，需要补齐物流服务短板，在不平衡和不充分方面部署物流服务，包括创新多样化的服务产品，丰富物流服务体系；积极进行结构性调整，拓展供应链的宽度，满足用户个性化的服务需求；积极响应国家政策和发展战略布局，扩大对外开放，将服务产品创新上升到战略发展高度，逐渐缩小与国际服务水平的差距。最后，共享物流信息，建设综合服务平台，利用大数据、物联网等技术将社会物流资源进行整合并优化配置，搭建信息服务平台，使物流服务智能化，增强客户体验。

（6）物流生态的稳健度：近年来，区域发展协调性持续增强，中西部地区经济增速持续高于东部地区，相对差距逐步缩小。新发展格局将推动我国经济发展的空间结构深度调整，促进各类生产要素合理流动和有效集聚，将带动区域物流布局协同发展，物流要素区域集中化、规模化趋势显现。中西部地区作为未来新型城镇化、新型工业化的主战场，物流资源将加速集聚，较快形成规模经济。东部地区物流设施现代化改造升级提速，物流布局与产业布局协同发展。粤港澳大湾区、长三角、京津冀、长江经济带等区域发展重大战略全面推进，将带动区域物流基础设施布局优化。区域覆盖全面、功能配套完善、技术水平先进的物流基础设施建设先行，将提升区域物流服务水平，释放枢纽经济红利，打造区域经济新增长极。

（7）经济发展的支撑度：当前，内需已经成为并将长期成为我国经济增长的根本支撑。培育完整内需体系，将有利于激发我国超大规模市场优势，稳住经济增长"基本盘"。物流业作为连接生产与消费的重要环节，将成为扩大内需的战略支点。与居民生活和食品安全相关的即时物流、冷链物流、电商快递、城市配送等领域仍将保持较快增长速度；共同配送、仓配一体、逆向物流等服务模式将快速发展；配送中心、智能快递箱、前置仓、农村服务站点、海外仓等民生物流配套设施投入力度加大，消费物流服务网络和服务能力加快形成。

（8）全球供应链体系的贡献度：今后一段时期，我国作为第一货物贸易大国的地位更加巩固，国内国际双向投资与世界经济深度互动，吸引国际商品和要素资源集聚，离不开全球物流服务保驾护航。国际航运、航空货运等助力打通国际大通道，中欧班列、陆海新通道等国际物流大通道将加快建设，带来更高水平、更大范围、更深层次的物流开放新局面。国际航空货运、铁路班列将进入快速发展期，并逐步与国内网络实现有效衔接和双向互动。国际快递、国际航运、国际班列服务商将加速向全程供应链物流整合商转变，提供供应链一体化解决方案。具有国际竞争力的现代物流企业日益增多，将跟随国内外大型货主企业"抱团出海"，立足国际物流枢纽建设，加大境内外物流节点和服务网络铺设，参与国际物流规则制定，在全球物流与供应链网络中发挥更大作用。

（9）物流人才的匹配度：吸纳高质量物流专业人才，物流企业与科研院所、高等院校合作，进一步推进目标导向的"产学研"培养模式，定向为物流企业培养物流人才；根据实际情况，建立完善的物流职业资格认证体系，对企业物流专员进行评级认证，并与其劳动报酬挂钩；聘请专家定期指导，提高物流专业人才的技能和实践能力；定期举行企业内部物流技能比赛，以及提供参加国际国内物流竞赛等交流学习的机会，以"开放"的姿态培育物流专业人才。

（10）营商环境的适应度：营造市场化、法治化、国际化的营商环境，是实现治理体系和治理能力现代化的内在要求。物流业营商环境将持续改善，充分激发市场主体活力。混合所有制改革在物流领域将进一步深化，探索提升做强做优做大国有物流资本。企业兼并重组和平台经济将更加规范，防范垄断和资本无序扩张。物流降本增效深入推进，放管服改革将进一步深化，数字化监管和治理兴起，跨部门协同共治将深入推进，更好发挥全国现代物流工作部际联席会议机制的作用，推动行业综合协调和机制创新。标准、统计、教育、培训、信用等行业基础工作稳步推进，行业社团组织协同治理体制将发挥更大作用，维护社会公共利益和会员正当权益，推进社会治理现代化，形成市场化、法治化、国际化营商环境。

二、现代物流企业国际竞争力的六大表现

"物流强国"不仅需要完善的产业体系，还要有强大的企业主体支撑，特别是具有国际竞争力的现代物流企业。综合国际国内相关研究成果，现代物流企业国际竞争力可从六个方面刻画，分别是：经营情况、设施设备、业务范围、运输组织、专业化服务和信息化水平。具有国际竞争力的现代物流企业需要拥有良好的经营状况、先进的设施设备、广泛的全球业务覆盖范围、高效的运输组织、高质量的专业化服务，以及业务管理的高度信息化。基于此，我们试图建立现代物流企业国际竞争力评价体系，并邀请业内企业、政府、研究机构等多领域专家访谈调研，对具体指标的重要性进行打分（满分5分）。汇总结果如表10-5所示。

表10-5　　　　　　　现代物流企业国际竞争力评价体系

一级指标	二级指标	重要性得分
经营情况	品牌全球影响力	4.59
	物流经营收入	4.52
	国际市场份额	4.29
	物流成本率	4.09
	资产总额	3.82
	资产负债率	3.64
	全球员工人数及构成	3.50

续　表

一级指标	二级指标	重要性得分
设施设备	信息化设备质量	4.57
	信息化设备数量	4.25
	仓储设备质量	4.07
	运输设备质量	4.04
	仓储设备数量	3.96
	运输设备数量	3.80
	其他设备质量（如装卸搬运设备等）	3.71
	其他设备数量（如装卸搬运设备等）	3.55
业务范围	全球运营网点数量	4.46
	覆盖国家范围	4.38
	与客户的战略联盟情况	4.32
	物流外包规模	3.70
运输组织	全球运输网络覆盖率	4.55
	全球运输时效	4.46
	国际服务质量认证	4.41
	多式联运开展情况	4.23
专业化服务	供应链服务业务规模	3.96
	保险服务规模	3.82
	金融服务规模	3.64
信息化水平	拥有先进的全球物流管理平台	4.70
	拥有先进的全球供应链管理平台	4.70
	物流业务中的电子单证率	4.55
	智能物流技术在业务中的覆盖率	4.41

（1）经营情况：企业经营情况是物流企业发展的基础，其中，品牌全球影响力、物流经营收入、国际市场份额颇为重要。企业品牌是"走出去"的名片和无形资产，具备国际化的品牌、被国际客户认可是现代物流企业区别于传统物流企业的重要标志。经营国际物流品牌、提高物流经营收入并扩大

企业的国际市场份额，对现代物流企业提升及保持国际竞争力有着重要作用。

（2）设施设备：设施设备水平是物流企业提升作业效率的基础。其中，信息化设备的数量及质量颇为重要。随着信息化、互联网的快速发展，国际物流企业的智能化作业越来越重要。

（3）业务范围：具有国际化竞争力的现代物流企业均拥有国际化的经营规模，并直接反映在其全球业务覆盖范围上。其中，能够较好反映业务范围的包括全球运营网点数量和覆盖国家范围等指标。国际物流经营规模为现代物流企业的国际竞争力提供保障。

（4）运输组织：现代物流企业要想在国际市场中具有更强的竞争力，不仅货物运输规模要达到一定程度，还要满足不同的国际运输需求，最大限度地打破国际运输面临的各种限制，降低其国际物流成本。其中，全球运输网络覆盖率和全球运输时效对国际竞争力具有重要影响。

（5）专业化服务：专业化服务代表现代物流企业提供国际化高端增值服务的能力。其中，供应链服务业务规模最为重要。现代物流企业加快延伸服务链条，提供供应链增值服务，实现向供应链一体化服务商转型，这将为现代物流企业发展提供重要的国际竞争优势。

（6）信息化水平：信息化水平是评价现代物流企业实现全链条高效、及时、精准服务的核心。当前，随着全球信息化、网络化的发展，在人工智能、区块链等先进技术的加持下，物流业正在经历一场智慧化、信息化、自动化变革。拥有先进的全球物流管理平台、全球供应链管理平台已成为现代物流企业锻造国际竞争力"长板"的关键。

第三节　物流强国建设的必要性

物流业是国民经济的先导性、基础性、战略性产业，加速迈向物流强国是我国现代物流服务体系提升的重要方向，同时也是我国强国建设目标中的重要一环。具体而言，我国物流强国建设的必要性主要体现在以下几个方面。

一、物流业的战略地位与作用日益凸显

随着现代经济体系的建设和全球经济一体化趋势发展，现代物流成为我国经济发展的重要产业和新的经济增长点，物流业的地位与作用越发重要。

物流业连接着生产和消费，现代物流业是融合运输业、仓储业、货代业和信息业等新兴的复合型生产性服务业，是企业除降低物质消耗、提高劳动生产率以外的"第三利润源"，是延伸产业链、提升价值链、优化供应链的重要支撑，是国民经济的重要组成部分，是促进"大循环""双循环"新发展格局的重要抓手，对于推进我国经济结构调整、促进国民经济高质量发展、满足人民日益增长的美好生活需要具有重要意义。

多年来的实践特别是通过抗击新冠疫情的考验，我们更加深刻地体会到，物流业是现代化经济体系的重要支撑，既是保持产业链供应链稳定运行的"血脉系统"，也是国家综合实力和国际竞争力的重要体现。当前，我国已经开启向着全面建成社会主义现代化强国的第二个百年奋斗目标迈进的新征程，推动高质量发展是现代化国家建设的首要任务。现代物流作为现代产业体系的重要组成部分，是推动高质量发展不可或缺的重要力量。尤其是面对当前全面建设社会主义现代化国家的时代要求和全球供应链体系重构的战略机遇，推动现代物流实现"由大到强"转变，是推动现代物流高质量发展和现代产业体系建设的重要支柱性举措，并为提升产业链供应链韧性和安全水平、加快构建新发展格局和塑造国际竞争新优势提供强大驱动力量。2022 年 12 月 15 日，国务院正式发布的《"十四五"现代物流发展规划》是我国现代物流领域第一份国家级五年规划，物流业的战略地位不断凸显，成为国家总体战略的重要组成部分。总之，建设社会主义现代化强国，"物流强国"必须先行一步。

二、现有物流业发展与新发展格局要求有较大差距

我国物流业发展的不平衡不充分矛盾突出。改革开放四十多年来，我国物流业实现了"跨越式发展"，许多规模性指标处于世界前列。2022 年，我国社会物流总额达 347.6 万亿元，同比增长 3.4%，我国物流市场规模连续 7 年位居全球第一①。但我国物流业发展总体上仍呈现不平衡不充分的现状。社会物流总费用与 GDP 的比率与发达国家相比仍然偏高，物流绩效不理想，成本高、效率低、集约化水平不高，产业支撑能力不足，综合运输体系、物流服务体系、市场体系、流通体系、供应链体系、标准体系还很不完善，产业布局、产业协同、产业集聚还有待优化，在国际影响力方面，不平衡不充分

---

① 资料来源：https：//news.cctv.com/2023/03/08/ARTIlyerg5Vz6e7Ej33VeSGc230308.shtml.

的矛盾相当突出，还不能适应以国内大循环为主体、国内国际双循环相互促进的新发展格局的要求。

一方面，"不平衡"的矛盾凸显，主要体现在区域发展的不平衡和产业发展的不平衡两方面。第一，在区域物流发展上，由于区域经济、市场化程度、基础设施、需求等因素的限制，我国各省份之间的基础设施建设水平存在较大差距，导致物流能力及物流产业水平发展存在区域间的不平衡。主要表现为部分地方基础设施投入不足，地域差异、城乡差异、东西差异仍然很大，全国物流大通道尚未畅通。第二，在产业物流发展上，从社会物流总额结构看，工业物流需求对社会物流总额增长贡献率超过70%，2022年工业品物流总额超过300万亿元，比上年增长3.6%。工业物流是推动社会物流总额增长的主要动力和支撑点，与消费市场紧密相连的日化、医药、家电、汽车和电子商务等行业物流需求旺盛。而位于产业链上游的钢铁、煤炭、矿石等大宗货物的物流发展相对滞后。

另一方面，"不充分"的问题突出，主要体现在以下几方面。第一，整体物流效率仍然不高、产业物流供需适配性不足，农村物流、冷链物流、航空物流等短板仍然突出，生活物流满意度有待提高，现有应急物流保障系统抗风险能力较差，应急能力薄弱。第二，物流企业综合竞争力还不强，经营压力持续加大，收入利润率较低。就物流企业自身来说，物流企业缺乏创新动力，研发投入低，商业模式创新、组织创新、技术创新、管理创新等滞后，尚未进入"创新驱动"的发展阶段，物流企业和从业人员素质有待进一步提高。就物流企业竞争环境来说，物流市场治理体系和能力还有待加强，统一开放、公平竞争、规范有序的物流市场远未形成。第三，产业间联动发展空间仍然巨大，物流业与制造业、农业、商贸服务业的联动不足，制约了物流业的利润空间。第四，我国物流供需衔接较弱、基础设施网络配套还不够。物流系统性和综合性不强，运输结构不合理，网络化和组织化程度较低，末端网络薄弱；物流基础设施结构性短缺，现代化设施比重低，现代化仓储、多式联运等设施不足，高效、顺畅、便捷的综合交通运输网络尚不健全，布局合理、功能完善的物流园区体系尚未完全建立，物流基础设施之间配套不足，不能满足现代物流发展的要求。第五，物流不可持续和安全问题突出。对外在许多方面受制于人，缺乏产业链供应链自主可控能力，供应链内生能力不足，高度依赖跨国公司主导的全球供应链。第六，全球连接能力不强，国际资源整合能力弱，国际竞争力弱，缺乏国际战略通道和战略支点，缺乏全球物流治理能力，物流业国际化能力亟待提升。与高速增长的国际贸易相比，我国物流业尚未形成与之相匹配的全球物流与供应链体系，中国国际航空货运网络、国际快递网络、跨境仓储配送体系建设还处于起步阶段，国际物流企业规模偏小，缺乏规模优势、附加值低、业务单一。第七，我国物流法律法规和体制机制尚不完善。管理体制和治理能力较弱，自上而下的物流业整体发展思路不完善，对于交通运输、仓储管理、信息治理等多方面的物流综合治理体系有待进一步完善。针对目前各部门多头分散的治理局面，相关物流法律法规有待进一步健全，以加强宏观产业引导和物流主体约束。

综上，"十四五"规划提到的"制造强国""质量强国"战略都需要以"物流强国"为基础，发展物流业符合现阶段国家的经济发展需求，因此必须要推进打破"大而不强"的现状，向"物流强国"的目标迈进。

三、产业强国建设驱动物流强国战略加快发展

物流业作为国民经济的重要支撑性产业与其他各产业紧密相连，尤其是制造业与交通业。近年来，制造强国和交通强国发展战略的提出极大驱动了物流强国加快发展。制造业是国民经济的主体，是全社会物流总需求的主要来源，而物流业是制造业高质量发展的重要支撑。具体来说，制造物流是物流业的重要组成部分，物流业发展的程度和水平，很大程度上在于制造业物流需求的集聚和释放。同时，制造业的产业全面转型升级需要物流业提供有力支撑，强化物流服务能力成为制造业提升和延伸价值链的关键。近年来我国不断部署制造强国战略，2018 年，中央经济工作会议指出要坚定不移建设制造强国。2021 年发布的"十四五"规划中将"深入实施制造强国战略"单独成篇。与此同时，"两业融合"贯穿制造强国建设始终，2020 年，国家发展改革委会同 13 个部门和单位联合印发《推动物流业制造业深度融合创新发展实施方案》，为物流业与制造业深度融合指明了方向。2021 年，国家发展改革委等 13 个部门联合印发《关于加快推动制造服务业高质量发展的意见》，再次加快"两业融合"的步伐。因此，当前物流业制造业融合发展趋势不断增强，制造强国发展战略的提出极大推动了物流强国的同步发展，随着制造强国的建设，物流业不断改进服务模式、推动物流业社会化发展、获得更多发展空间，当前物流已从附属服务转变为提高制造企业市场竞争力、降低成本、

挖掘利润空间的重要方面。物流企业与制造企业间风险共担、利益共享的联动融合发展格局正在形成，制造强国与物流强国同步建设、同频升级、共同发展的模式成为必然。

交通运输与物流业同为国民经济中先导性、基础性、战略性产业和重要的服务性行业，二者的发展紧密相关，交通强国的提出进一步驱动了物流强国发展。2019 年，中共中央、国务院印发《交通强国建设纲要》，提出构建现代化综合交通体系，建成人民满意、保障有力、世界前列的交通强国。随着纲要的发布，物流行业也迎来重要发展机遇，依托交通强国建设，物流业将实现提质增效，服务能力得到极大改善和提升，高品质物流、智能物流、绿色物流等发展路径得到驱动，从而促进物流强国加快建设。一方面，交通强国建设驱动物流服务效率和质量的提升。交通强国的 2035 年建设目标提出基本形成"全国 123 出行交通圈"和"全球 123 快货物流圈"，推动物流业实现客运和货运的高效和高质量发展。具体来说，依托交通强国建设，我国综合交通基础设施网络化进程加快，多层级、一体化的综合交通枢纽体系逐渐形成，交通运输服务质量得到提升，运输结构不断优化，综合运输效率提升，将有力推动物流成本降低，提升物流服务效率和质量，完善物流服务体系建设。另一方面，依托交通强国建设，物流专业化、均衡化发展加速。先进智能技术赋能交通基础设施和服务网络，将促进电商物流、冷链物流、大件运输、危险品物流等专业化物流发展，同时农村配送网络得到完善，促进城乡双向流通，实现物流业城乡均衡发展。

第四节　物流强国的建设重点

面对我国加快推进物流强国建设的紧迫性，未来要以解决当前我国物流业存在的短板问题为导向，从产业和企业两个层面出发，以"四梁八柱"为核心推动我国物流业高质量发展，并加快培育具有全球竞争力的现代化物流企业。

一、以"四梁八柱"为核心推动我国物流业高质量发展

推进物流强国建设，需加强物流产业高质量转型和发展，时刻抓紧物流强国建设的"四梁八柱"，改革和完善物流体制机制、加强基础设施、技术和

人才等要素保障，推进建立健全国家和全球物流系统，加强系统性支撑和全球链接能力培育，加快实现物流业的全面现代化，最终为国民经济平稳运行和高质量发展提供支撑。

（一）完善物流强国建设的"四梁八柱"

建设物流强国是一项复杂的巨系统工程，离不开政府的政策导向。国家物流发展顶层设计是"十四五"时期由"物流大国"向"物流强国"目标持续迈进的重要保障。对物流强国的建设重点进行科学谋篇布局是推进"物流强国"建设目标的当务之急。具体而言，新时期我国物流强国的建设重点可以总结为"四梁八柱"。其中，"四梁"是建设物流强国的基本保障，基本框架体系包括改革体制、完善机制、优化税制、健全体制。

（1）改革体制。改革现行物流管理体制，推行"大部制"管理。破除地方封锁和行业垄断，发挥市场在资源配置中的决定性作用，更好发挥政府作用，形成有效市场和有为政府的良性互动。

（2）完善机制。包括政策协调机制、市场监管机制、企业运行机制和利益分配机制，推进治理水平和能力现代化，促进物流服务生态圈良性互动，发挥各类市场主体和利益相关方积极作用。

（3）优化税制。物流业各环节从低统一税率，简化征管手续，优化纳税环境。

（4）健全法制。推动现代物流促进法进入立法程序，梳理归并现有相关法律，明确各类市场主体和利益相关方法律地位，协调平衡各方利益诉求。

"八柱"是建设物流强国的保障体系，是助推物流强国高质量建设的重要支撑，包括布局地网、连接天网、畅通路网、数智赋能、标准规范、融通资金、培养人才、绿色生态。

（1）布局地网：科学规划国家物流枢纽布局；加快示范物流园区、国家骨干冷链物流基地、多种运输方式的联运转运中心的设施设备升级；建立从都市到村镇无盲点、全覆盖的三级物流配送网络；强化海外物流基地、国际供应链网络建设，增强自主可控能力。

（2）连接天网：加快综合物流信息平台建设，通过政府引导，一体推进标准制定、流程优化和信息联通，提升运力和货物的精准匹配度；加快航空物流数字基础设施改造，提升航空货物的地面处理能力和效率；加快建立更加快捷、更加高效的多式联运体系。

（3）畅通路网：优化公路运输组织，扩大水路运输比例，发展高铁快运，提高中欧班列运行质量，加快西部陆海新通道等贯通国内、连通国际的多式联运大通道建设。大力推进"公转铁""公转水"，发挥多种运输方式各自优势，实现"一站式服务""一票到底"，从整体上降低综合物流成本。

（4）数智赋能：建设有效串联产业链供应链环节、物流运作环节和市场流通环节的新型信息平台；加大物流枢纽、园区、企业及相关政府部门物流信息整合步伐，推动铁路、航空、港口等信息开放；大力发展产业互联网，打通产业互联网与消费互联网的连接。

（5）标准规范：统筹物流标准体系建设工作，对反映突出的各类硬件、软件等标准缺乏和不统一问题，对接国际标准，加快制定或修订，补齐标准短板；加快统一编码标准，规范上下游企业间的数据接口标准，统一制定场地自动化软硬件标准，加快建设物流容器标准。

（6）融通资金：针对国内市场特征，运用货币政策支持物流业发展，适配供需两端，打通流通堵点，畅通国民经济循环；研发适应物流企业需要的金融产品，满足物流企业特别是中小民营企业融资需求，提升现代物流服务质量和效率。

（7）培养人才：加快建设具备数字化专长和熟悉业务的复合型现代物流人才队伍。目前，智慧物流人才供需失衡的矛盾突出，数字化专业队伍弱小。可在教育培训、财税管理等领域制定鼓励员工学习相关专业知识或支持企业引进高端专业人才的政策。

（8）绿色生态：鼓励清洁车辆在物流领域的应用，分阶段分步骤引导不达标车辆退出市场；大力推广绿色物流技术，开展绿色物流、绿色配送、绿色仓储、绿色包装等科技攻关，支持液化天然气车辆、仓库屋顶太阳能发电等绿色装备技术应用。鼓励托盘循环共用、集装箱多式联运、挂车共享租赁等绿色装备设施共享。

（二）加快推进国家物流系统构建

中国物流业主体分散、资源配置效率不高、服务能力不足等突出问题，导致社会物流成本居高不下，也导致了我国物流业竞争力低下，进而影响到国民经济运行效率和国家竞争力的提升。因此，我国有必要进行总体战略设计，从全局出发推动构建系统高效、智能绿色的国家物流系统。国家物流系统是从总体与长远发展的角度出发，着眼于国民经济总体效益，根据物流业发展的规律、物流业务间的内在联系、活动的时空范围，以市场为主导、发挥政府重要作用，通过二者有机结合优化配置物流资源，形成涵盖交通运输、邮政、快递、配送、仓储、包装、装卸搬运、流通加工、信息等在内的跨行业、跨地区、多层次、全方位连接与协同的综合物流系统。国家物流系统由物流基础设施网络、物流信息网络、物流运营网络等构成。

物流基础设施网络是由通道和节点组成的网络。车站、港口、机场、物流枢纽、物流园区、城郊大仓、货运场站、分拨中心、配送中心、乡村网点、社区网点等作为网络节点，沟通各通道，对货物进行中转、分拨、包装、储存、配送及流通加工等。铁路、公路、水路、航空和管道在不同的物流节点之间形成通道，最终形成主干网络、支线网络、配送网络和末端网络。

物流信息网络构成物流信息通道。它通过物流信息枢纽、各级信息平台，结合大数据、云计算、物联网、地理信息系统等技术，收集处理各物流环节与主体的信息，为企业、消费者、政府部门等多方参与主体提供及时准确的信息服务，保障物流各个环节的服务信息联通。

物流运营网络由物流企业、辅助企业及利益相关主体有机构成。物流企业是提供物流产品与服务的经营主体，物流企业协同相关企业和辅助企业为客户提供物流服务。

（三）积极完善全球物流体系建设

全球化是新时代国际社会重要发展趋势，推动中国与世界经济的相互联系日益加强，必然要求中国与世界各国有更好的交通运输、物流、通信、信息等基础设施连接。我国虽然已经是具备全球影响力的物流大国，但相比发达国家，我国链接全球的能力仍然不强。根据世界银行发布的2023年全球物流绩效指数报告，我国LPI世界排名为第19位，说明我国跨境运输货物的能力虽然领先于发展中国家，但与发达国家相比还存在较大差距。因此，我们应牢牢把握新时代国际社会新变化、新特点，以"一带一路"建设为契机，积极完善全球物流体系建设。

要完善全球物流体系建设，需从以下几方面展开。第一，完善公铁空海管等各方式的全球基础设施网络。一方面，加强和拓展国际物流通道建设，完善国际海运和航运航线布局，增加航线密度，加强与国际油气供应的管道连接，完善与周边国家的铁路与公路网络布局，依托"一带一路"倡议，积极参与国际工程合作，推动完善国际运输路线布局。另一方面，加强国际物流节点布局和互联，完善海港、空港、铁路场站、公路货运枢纽的全球布局，积极寻求国际合作，加强基础设施枢纽建设，完善国际网络节点，通过合理布局扩大服务范围，同时实现资源集约利用。第二，构建全球快递、仓储和配送网络。完善国际快递网络布局，开辟重要国家、城市国际快递专线，鼓励快递企业通过设立分支机构、合资合作、委托代理等方式，拓展国际服务网络。支持建设一批国际快件转运中心，完善国际邮件处理中心布局。部署海外仓储网络体系和配送网络体系。第三，建立国际多式联运系统和综合物流枢纽。着力构建设施高效衔接、枢纽快速转运、信息互联共享、装备标准专业、服务一体对接的国际多式联运组织体系。建设集报关报检、国际运输、多式联运、仓储加工、信息处理、跨境电商等功能于一体、具有跨区域集聚辐射作用的国际综合物流枢纽。第四，构建全球物流运营和供应链服务体系，鼓励中国企业"走出去"。推动中国物流企业"走出去"，布局海外网点，构建全球物流服务能力，同时与生产企业、流通企业、贸易企业、金融企业、互联网企业及其他相关企业加强合作，依托信息技术和全链条服务能力，实现协同发展、机会共享，最终形成全球供应链服务能力，构建共享共赢的全球物流与供应链生态体系。第五，完善物流信息系统，搭建全球物流信息综合服务平台。搭建铁路、公路、多式联运等运输方式的物流信息平台，完善全球物流信息能力建设，为高质量、高效率的全球物流服务提供支撑。按照"统一标准、对等开放、互联互通、共享服务"的理念，搭建全球物流信息综合服务平台，优化国际物流资源配置和运行控制。第六，参与国际物流相关标准制定，提升国际话语权。深度参与国际铁路、航空、海运、公路、邮政、快递等相关规则、标准的制定和修订，提高中国在全球运输、邮政、快递中的话语权，推动我国相关物流标准与国际标准的对接，减少技术性和制度性障碍，建立有效的全球物流协同机制，推动国际物流通道的畅通与国际多式联运发展，同时保障国际物流通道与供应链安全。

（四）着力推动物流业的全面现代化

物流业是国民经济运行的"血脉"，着力推动物流业的全面现代化，是加快物流业转型升级、提质增效、创新发展的重要路径，是推进物流强国建设的关键战略行动，是推动经济高质量发展、建设双循环格局的重要发展模块。我国物流业现代化程度仍存在很多不足，需要从物流管理和服务理念现代化、物流基础设施现代化、物流人员和技术装备现代化、物流组织运营现代化、物流绿色化和标准化、物流市场和管理体制现代化等方面全面推进物流业现代化建设。

第一，要着力推进物流管理和服务理念现代化。物流企业、政府相关部门、相关从业人员等物流业中各主体应转变传统的物流管理和服务理念，摒弃狭隘分散、低效传统和以自我为中心的管理和服务理念，推动形成供应链系统化思维、"四流合一"整体思想、以客户为中心的服务思维、产业链价值延伸的创新思维，推动物流管理高效转变，物流服务个性化发展，实现现代物流业的系统化、一体化、专业化转化。

第二，要着力推进物流基础设施现代化。我国物流基础设施建设目前仍存在重点基础设施结构性短缺、功能布局系统性不强、一体化运营不够、网络化连通不足等问题。因此，必须尽快补齐"节点"建设"短板"，以现代化物流硬件基础设施建设助推"通道＋枢纽＋网络"的现代物流运行体系搭建。完善传统铁路、公路、机场、港口、码头、管道、仓储设施、货运场站、中转分拨中心等硬件设施的建设和布局，特别是重点推进国家物流枢纽和国家骨干冷链物流基地等重大物流基础设施建设工作。同时，着力完善末端网络建设，加快建设农村物流、快递和配送网络，实现城乡物流网络一体化。此外，还需大力推进物流基础设施新基建，应用互联网、大数据、5G等新一代信息技术推进物流基础设施自动化、信息化、数智化改造，实现系统化、一体化运作。

第三，要着力推进物流人员和技术装备现代化。人力资本是物流业现代化的重要保障，目前我国物流人才在规模、结构、水平等方面都存在很大不足。因此，必须加强学科和培训体系建设，建立并完善现代物流人力资源体系，以多层次人才队伍支撑物流业现代化发展。技术和装备现代化也是物流业现代化建设的关键因素之一。要全面推进物流业设施设备自动化改造升级，不断提升运作效率。加快大数据、北斗定位等技术对物流业的改造，推进物流业信息化发展，实现全链条信息互联互通，推进物流业务全流程透明化和供应链一体化管理。此外，持续推进大数据、人工智能等技术的应用，搭建智能物流决策平台，实现物流服务的全面数智化决策，提供精准化、专业化、柔性化的物流服务。

第四，要着力推进物流组织运营现代化。具体来说，首先要推进应用现代装备技术、信息技术、管理技术对组织运营进行全流程改造和优化，建立供应链全流程"四流合一"的物流服务能力，最终建立高效的组织运营体系。接下来，以高效组织运营体系为基础，推进物流组织运营创新高效发展。从创新角度来说，为进一步提升价值链、延伸产业链，应重点打造高效供应链服务和创新产业联动融合模式。一方面，加快推进企业以市场需求为导向，有效集成商流、物流、资金流和信息流，高效沟通供应链各环节，提供高效率、高质量、一体化的供应链服务。另一方面，加快物流业与制造业、商贸流通业、农业等重点产业的联动融合发展，提供创新高效的物流和供应链服务方案，提升各产业竞争力，并延伸价值链。从安全角度来说，为应对各类重大突发事件，要加快推进应急物流体系现代化。具体来说，要进一步完善粮食、能源大宗商品物流体系，提升医药等重点领域物流专业化、安全化水平，加快完善应急物流设施布局，创新应急物流组织，推进形成统一协调、反应迅捷、运行有序、高效可靠的应急物流体系建设。

第五，要着力推进物流绿色化和标准化。绿色化和标准化是物流业现代化的必然路径选择和重要标志。在绿色化方面，物流业是能源消耗和污染排放的重点领域，推动绿色低碳转型是物流业发展的必然要求。围绕实现"双碳"目标，需加快推进采购、运输、仓储、包装、配送、逆向物流等全流程的低碳改造和发展，重点通过优化调整运输结构，实现运输工具能源清洁化，促进包装减量化、再利用，建立健全逆向物流服务体系等措施，促进物流业节能减排。在标准化方面，我国目前物流标准存在体系不全面、已有标准老化、与国际接轨不足、难以全面推广执行等多方面的弊病。因此，必须鼓励政府、企业、行业协会等多方协同合作，加快建立并完善我国物流标准体系，并积极与国际物流标准接轨，健全标准推广应用体制机制。其中，重点推进托盘、周转箱（筐）等物流设施的标准化，包装、装卸搬运、运输等作业流程的标准化，以及物流单元和节点编码等物流信息的标准化。

第六，要着力推进物流市场和管理体制现代化。要实现物流业现代化，必须推进市场资源配置和政府管理体制的有机结合。我国物流市场垄断行为、不当竞争、诚信缺失等问题仍比较突出。因此，需进一步健全和完善物流市场体系，通过完善规则、培育主体、优化结构等手段逐步建立起统一开放、竞争有序的现代物流市场体系。同时，需加快健全相关法律法规和制度体系，推进调整机构设置和优化行政程序，建立系统化管理体制、权威监管体系和高效政府服务运作机制，形成法制、透明、高效、权责明确、边界清晰的政府管理体制。

二、加快培育具有全球竞争力的现代化物流企业

推进物流强国建设，除完善机制体制以外，还需要加强物流企业的现代化发展，提高物流企业的国际竞争力。因此，政府要激励我国物流企业以更加积极的姿态走向世界，充分利用国际国内两个市场、两种资源，在激烈的国际竞争中掌握主动权，实现从全球产业链参与者向主导者转变，用全球视野服务"全球化"建设。

（一）培育一批世界一流的物流骨干企业

全面提升物流企业经营绩效。加强企业信用能力和合规能力建设，对标全球先进标准，完善企业现代化治理体系。促进动产融资在物流领域发展，完善供应链金融制度规则，提高物流企业资金周转和使用效率。加快与周边国家基础设施互联互通建设，完善物流体系和加强数据互联互通，提高物流企业国际化贸易和经营效率。

着力打造物流企业多元化经营能力。推动物流企业拓展关联产业，扩充经营品类、拓展业务边界、扩张规模，实现多元化发展。加强物流企业与产业资本和金融资本融合，增强物流企业经营网络协同性。提高产品和服务的专业性，打造供应链管理团队、销售团队、技术服务团队，提供专业化采购服务。

建立和完善物流企业风险管理体系。在充分借鉴国际经验和总结国内经验教训的基础上，应完善企业业务风险管理制度体系，细化采购销、客户管理、合同管理、资产管理等各项流程，明确岗位人员的职责权限和责任义务；全面提升风险管理的战略意义和重要性，及时完善应对极端市场风险、地缘政治风险、制裁风险等的应对决策机制和应急响应预案；充分利用信息技术和现代风险管理工具，对各类风险建立风险应对策略库，提高风险应对和响应效率；加强物流企业对出口信用保险等政策性金融工具和商业保险的灵活

运用，降低订单取消、出运拒收等风险造成的损失。

（二）全方位提升物流企业"走出去"水平

畅通物流企业大规模海外投资并购渠道。通过参股、相互持股、战略重组及供应链联盟合作等方式，实现物流企业向全球产业链和供应链上下游拓展，持续提升价值链附加值。加大海外资源投资力度并创新投资方式，特别是要抓住战略性新兴矿产等发展新机遇，在新的资源领域加强海外资源获取能力。引导我国物流企业在"走出去"中积极引入当地资本，形成深度利益绑定，加强对外"缠抱"能力。

拓展多层次对外合作平台。加强海外资源合作，特别是在铁矿石、石油、铜矿等资源格局已基本形成的初级产品领域，加强与海外矿产资源协作，积极把握逆周期投资机会，形成供应链上下游企业联盟。深化不同类型和不同领域物流企业之间合作，鼓励龙头企业强强联合，建立稳固的长期合作关系。加强链主企业对产业链供应链上下游中小企业的带动和帮扶，形成以大带小协同出海之势。

全面提升物流企业环境、社会和公司治理（ESG）水平的国际认同。引导物流企业加强可持续发展能力，在新一轮全球治理和资产定价权中增加影响力和谈判筹码。以大型国有企业为先导，全面推动物流企业提升 ESG 绩效，形成对产业链上下游的引领带动作用。将物流企业对外投资布局中的 ESG 风险纳入企业风险管理框架，引导企业在投资前、中、后各阶段制订评估方案，尽快完善物流企业 ESG 信息披露标准体系。

（三）吸引全球资源要素支撑我国物流企业提升竞争力

广泛吸引国内外高水平物流人才。加强企业与学院、科研机构展开"产、学、研、创"合作，实现校内教学与实践的有机衔接，构建教师资源库，建立"互聘、互兼"双向交流的合作机制。在直播电商等新型电子商务领域，提升企业自主雇用外籍人才的便利性。综合国家战略和企业发展需要，支持物流企业设立国际人才交流平台，为我国物流企业实现国际人力资源配置提供便利。

积极深化物流企业国际技术合作交流。在我国已经取得一定优势的 AI、云计算、区块链等领域，提升企业加强"走出去"中的"科技含量"和"技术中性"，为当地市场主体和消费者提供更多数字化转型的帮助和技术技能培训支持。加强国内外"物流"企业之间，以及物流企业与制造企业之间开展互补性合作，既要利用我国市场和资源吸引国际技术转让，又要以我国具有优势的技术应用场景能力为突破口，持续开拓国际市场。支持物流企业开展技术研讨、合作攻关、成果共享等方面的国际合作交流。

深入推动物流领域制度型开放。主动对标国际先进标准和规则，特别是在跨境交付、个人隐私保护、跨境数据流动、消费者权益等新领域加强国内与国际规则的衔接，持续强化企业标准化建设与合规建设工作。鼓励物流企业参与新型物流基础设施等领域标准制定、修订工作，积极总结新业态、新模式，及时研究并形成相关标准和企业最佳实践案例。

（四）构建物流企业和物流产业互促发展新格局

面向前沿竞争打造数字化产业生态。在前瞻性市场需求预测和新技术支撑的基础上，物流企业应恰当选择实现跨越竞争对手的领域，围绕核心业务引进国际先进的数字化经营管理经验和模式。促进物流业数据共享，打破上下游信息壁垒，提高全领域各环节信息透明度，打造共享共赢的产业供应链生态圈。

建设一批服务物流产业的关键数字平台。培育和支持一批自主可控的国际物流和供应链信息平台企业。加快发展智能船舶、智慧港口、数字航道、多式联运公共信息平台建设，实现各种运输方式的信息共享。支持企业建立数字化电子平台，为供应商、品牌商、零售商等上下游提供交易平台，开展数字化采购。建立更具公信力的全国仓单登记平台，持续完善大宗商品市场信用体系。

增强新型基础设施和绿色技术研发强度。鼓励大型批发企业设立物流技术研发部门，提高企业现代化、专业化和系统化水平。适应平台企业商业模式创新要求，在安全、可控、真实、合理的情况下，为企业创造更加包容的环境。把节约资源作为物流企业创新发展的战略重点，引导企业加大绿色、低碳、循环技术等方面的研发攻关，推广成熟技术在供应链各环节的应用。

（五）加强对参与国际竞争物流企业的战略护航

全力支持和护航"链主"企业参与国际竞争。充分发挥"链主"企业在市场、技术等方面的驱动优势，促使产业链中的企业持续稳定地向集群化转型，打通价值链的上下游，为整合产业、形成新的产业链创造良好的前提条件。培育我国大宗商品国际供应链龙头企业，推进大型国企混合所有制改革，鼓励大型民营企业兼并整合。鼓励和推动物流企业自主品牌建设，创建一批国际认知度、国际可接受度和识别度高的世界品牌。

引导物流业和供应链金融服务业同频升级。以物流企业为核心强化融资和增信能力，积极利用国内外金融市场，拓宽债权融资与股票融资等渠道，重视通过专业化金融与非金融中介机构获取融资、财务分析、战略分析等方面的服务。发展供应链金融服务业，提高采购货物融资、存货融资、应收账款融资等动产融资服务的专业化水平。强化物流企业信用体系建设，引导物流企业加强对仓库等物流节点的信用管理，借鉴国际经验完善企业合规治理制度。

积极稳妥布局全球物流基础设施。以构建长三角世界级港口群一体化治理体系等标志性工程为抓手，进一步夯实我国在国际枢纽方面的地位和竞争力。完善国内的物流仓储服务网络，全面提升国内物流基础设施的支撑能力。在关键资源来源国和主要市场所在地，加强对港口码头等基础设施的投资、建设和运营。鼓励有实力的物流企业通过自建、收购、长租等多种方式，加强对全球物流资源的配置能力。

参考文献

［1］何明珂．物流系统论［M］．北京：中国审计出版社，2001．

［2］宋伯慧．基于大物流要素理论的物流系统研究［D］．北京：北京交通大学，2014．

［3］汪鸣，向爱兵，杨宜佳．"十四五"我国交通运输发展思路［J］．北京交通大学学报（社会科学版），2022，21（2）：68-75．

［4］刘东英．我国生鲜蔬菜物流体系研究——制度、组织与交易效率［D］．杭州：浙江大学，2006．

［5］杨平．基于供应链的湖北农产品物流服务体系研究［D］．武汉：华中农业大学，2009．

［6］杨青松．农产品流通模式研究——以蔬菜为例［D］．北京：中国社会科学院研究生院，2011．

［7］李庆标．新时期农产品物流体系建设研究［J］．山西农经，2022（6）：131-133．

［8］丁明磊，刘秉镰．基于复杂系统观的区域物流协同创新与演化［J］．科技管理研究，2010，30（4）：176-178．

［9］殷艳娜，徐剑，温馨．基于多变异源 EWMA 控制的区域物流体系均衡预警方法研究［J］．工业工程与管理，2022，27（1）：124-131．

［10］王微．物流集群发展的内在机理及其对经济发展的影响——基于国际实践的分析［J］．北京交通大学学报（社会科学版），2022，21（4）：26-34．

［11］汪鸣．把握好"十四五"我国现代物流体系建设方向［J］．中国经贸导刊，2021（7）：64-66．

［12］李杰．城乡统筹背景下商贸物流服务体系建设探究［J］．商业经济

研究，2018（9）：17 - 20.

[13] 欧阳明辉. "一带一路"倡议下强化现代物流服务体系及其基础建设探讨 [J]. 商业经济研究，2017（24）：80 - 82.

[14] 何黎明. 锚定创建世界一流物流企业 推进中国式现代物流体系建设 [J]. 物流研究，2023（4）：1 - 5.

[15] 王纪忠，隋桂杰，陈君涛，等. 海南热带农产品物流服务体系建设问题与对策 [J]. 中国商论，2019（8）：14 - 16.

[16] 胡晓兰. 农业物流园区产业链双向互动发展模式研究 [D]. 武汉：武汉大学，2020.

[17] 史燕. "共生型"中国农产品供应链物流服务体系研究 [J]. 农业经济，2020（12）：131 - 132.

[18] 依绍华. 提升我国农产品物流体系运行质量的思考与建议 [J]. 价格理论与实践，2020（5）：13 - 16.

[19] 舒辉，胡毅. 产业互联网驱动下的农业物流生态圈协同理论体系 [J]. 中国流通经济，2021，35（4）：26 - 37.

[20] 许明威，李红. 产业融合视角下农产品出口冷链物流运作模式分析 [J]. 商业经济研究，2021（7）：112 - 114.

[21] 罗千峰，张利庠. 农产品冷链物流高质量发展的理论阐释与实现路径 [J]. 中国流通经济，2021，35（11）：3 - 11.

[22] 李棘. 基于区块链技术嵌入式的新型农产品流通链优化 [J]. 商业经济研究，2022（16）：146 - 149.

[23] 姚利，和贵庭. 农产品物流产业链韧性识别与影响因素分析 [J]. 商业经济研究，2023（17）：90 - 93.

[24] 王术峰. 环珠三角区域物流体系动力机制构建策略 [J]. 物流技术，2016，35（4）：8 - 13，17.

[25] 刘峥. 机制与路径：产业集群与区域物流体系协同发展研究——以亳州中药材产业集群为例 [J]. 价格月刊，2017（5）：81 - 85.

[26] 龚雅玲，万建香，封福育. 区域物流效率的测度及其影响因素研究——基于 DEA 与 Tobit 模型 [J]. 江西社会科学，2019，39（10）：72 - 80.

[27] 王舒琪. 区域物流发展水平差异性驱动因素分析 [J]. 商业经济研究，2020（8）：132 - 135.

［28］王鹏，张茹琪，李彦．长三角区域物流高质量发展的测度与评价——兼论疫后时期的物流新体系建设［J］．工业技术经济，2021，40（3）：21－29.

［29］宋二行，周晓唯．我国区域物流资源配置水平的非均衡态势及其时空演进［J］．公路交通科技，2021，38（3）：122－135.

［30］薄亮．共享经济背景下区域物流供应链体系构建与资源配置［J］．商业经济研究，2021（23）：101－104.

［31］吕宏军．西部区域物流竞争力提升的结构体系与路径研究［J］．物流科技，2022，45（3）：99－104.

［32］刘宏伟，杨荣璐，石红娟．物流枢纽城市物流业效率时空差异及其收敛性［J］．北京交通大学学报（社会科学版），2022，21（2）：122－133.

［33］张利．西部地区现代农业与区域物流共生发展评价［J］．商业经济研究，2023（4）：94－97.

［34］王勇，张培林．产业融合下冷链物流服务质量评价实证［J］．中国流通经济，2016，30（4）：33－39.

［35］王娟娟，杜佳麟．"一带一路"区域绿色物流体系构建及路径探索［J］．中国流通经济，2017，31（6）：27－36.

［36］张水旺，梅瑜，陈荣．钢铁物流中心发展模式剖析［J］．中国物流与采购，2019（17）：39－40.

［37］谢泗薪，尹冰洁．"云商"时代中国陆港智慧物流体系"三位一体"优化攻略［J］．价格月刊，2020（1）：70－80.

［38］靳豪．绿色物流体系构建及路径探索［J］．中国物流与采购，2022（4）：116.

［39］田维艳．碳中和视域下绿色物流与农村电商发展的耦合协调关系分析［J］．商业经济研究，2023（16）：79－82.

［40］王林，胡晓宇．冷链物流与生鲜农产品电商共生协同演化与评价［J］．上海海事大学学报，2023，44（1）：46－52.

［41］刘宗沅，骆温平，张梦莹，等．电商物流平台生态合作价值创造路径与实现框架——以菜鸟网络为例［J］．管理案例研究与评论，2021，14（1）：79－90.

［42］周凌云．区域物流多主体系统的演化与协同发展研究［D］．北京：

北京交通大学，2012.

[43] RAZZAQUE M A, SHENG C C. Outsourcing of logistics functions: a literature survey [J]. International Journal of Physical Distribution & Logistics Management, 1998, 28 (2): 89 – 107.

[44] 何黎明. 中国物流园区 [M]. 北京：中国物资出版社，2009.

[45] 杨忠直. 企业生态学引论 [M]. 北京：科学出版社，2003.

[46] 吴爱东. 中国现代物流产业发展与制度创新研究 [D]. 天津：南开大学，2010.

[47] 夏佐铎，金江. 湖北梁子湖地区渔业物流模式的探讨 [J]. 安徽农业科学，2007 (24): 7612 – 7613.

[48] 罗文丽. 点赞冬奥会物流保障团队 [J]. 中国物流与采购，2022 (4): 5.

[49] 余飞. 北京冬奥会物流保障体系已经搭建完毕 [J]. 中国储运，2022 (1): 53.

[50] 王彦英，孙琴，周三元. 2022年冬奥会物流规划管理创新策略 [J]. 北京体育大学学报，2018, 41 (10): 55 – 61.

[51] 葛喜俊，刘凯，黄斌. 长三角城市群物流需求空间结构特征分析 [J]. 综合运输，2009 (6): 45 – 48.

[52] 国家发展和改革委员会经济贸易司，中国物流与采购联合会. 物流业制造业深度融合创新发展典型案例（2021）[M]. 北京：中国财富出版社有限公司，2021.

[53] 刘伟华，季建华，王吉林. 供应链物流能力的管理过程分析 [J]. 重庆交通学院学报，2006 (2): 104 – 108.

[54] 马士华，陈习勇. 供应链环境下的物流能力构成及其特性研究 [J]. 管理学报，2004 (1): 107 – 111, 5 – 6.

[55] 杜培枫，李贵春. 业务整合下物流企业归核与细分战略研究 [J]. 物流技术，2016, 35 (4): 1 – 4.

[56] 崔晓文. 物流经济学 [M]. 北京：清华大学出版社，2008.

[57] 王之泰. 物流供给与需求系列探讨之二 物流供给与需求关系定位 [J]. 中国物流与采购，2009 (6): 54 – 57.

[58] 物流业和制造业融合创新发展的宇石模式 [J]. 浙江经济，

2021 (2)：44 – 45.

［59］何黎明．中国物流技术发展报告（2021）［M］．北京：中国财富出版社有限公司，2022.

［60］田源．物流管理概论［M］．北京：机械工业出版社，2006.

［61］汪鸣．物流基础设施发展问题的探讨［J］．综合运输，2004 (8)：24 – 27.

［62］王雨晴，吴远开．区域物流基础设施资源整合的因素分析与方法研究［J］．物流技术，2005 (3)：7 – 11.

［63］辜勇，严新平．设备管理对工业企业生产物流管理的重要性［J］．中国设备工程，2009 (5)：4 – 6.

［64］娄之佐．信息技术引领邮政物流转型发展研究［J］．邮政研究，2015，31 (6)：15 – 17.

［65］师宁，李泽萍，赵胜利，等．基于互联互通的现代物流体系构建［J］．科技管理研究，2019，39 (15)：191 – 197.

［66］张凤荣．信息技术在企业物流中的应用［J］．网络与信息，2008 (3)：23.

［67］任芳．区块链技术在京东物流领域的应用［J］．物流技术与应用，2018，23 (5)：88 – 90.

［68］罗晓慧．浅谈云计算的发展［J］．电子世界，2019 (8)：104.

［69］傅耀威，孟宪佳．虚拟现实技术及产业发展现状与趋势［J］．科技中国，2019 (11)：8 – 10.

［70］李晓睿，邢春玉．物联网技术在智慧物流领域的应用研究［J］．物流科技，2023，46 (14)：53 – 56.

［71］INTERNATIONAL TELECOMMUNICATION UNION. ITU Internet Report 2005：The Internet of Things［R］. Geneva：ITU，2005.

［72］黄浩．我国物流产业经济增长、能源消耗与碳排放的动态关系研究——基于 VAR 模型的计量分析［J］．供应链管理，2021，2 (10)：112 – 121.

［73］徐琳．现代物流信息化的发展现状及问题研究［J］．商业经济，2021 (3)：83 – 85，97.

［74］唐超．新形势下我国物流仓储装备产业面临的机遇与挑战［J］．起重运输机械，2020 (20)：63 – 67.

［75］孟一君．物流服务精细化管理思路［J］．知识经济，2020（10）：48，50．

［76］高艳，蒋春铭，刘晓晶，等．大庆构建国家物流枢纽承载城市策略研究［J］．物流科技，2022，45（5）：122－126．

［77］程艳．人工智能推动物流再发展［J］．中国储运，2021（7）：83－84．

［78］孙凯．浅谈区块链技术在物流领域的应用［J］．中国管理信息化，2019，22（12）：135－136．

［79］郭锋涛．基于物流金融的区域物流公共信息平台构建研究［D］．北京：北京邮电大学，2015．

［80］刘爱玲，黄春艳．广西智慧物流公共服务信息平台建设研究［J］．沿海企业与科技，2019（6）：40－44．

［81］王蕾，蔡翠，肖荣娜，等．新时期物流公共信息平台的建设与发展［J］．中国交通信息化，2018（5）：30－33，87．

［82］朱琳，邵毅明．物流公共信息平台运输信用风险控制研究［J］．黑龙江科技信息，2017（11）：161．

［83］王海萍．珠三角区域物流软环境的评价与优化实证研究［J］．社会科学家，2019（3）：38－43，51．

［84］周启蕾．现代物流业形成发展机理与推进策略研究［D］．武汉：武汉理工大学，2002．

［85］刘东，王静岩．新发展格局下行业协会商会新定位［J］．合作经济与科技，2021（11）：138－139．

［86］史燕．河南省现代农业物流系统动力学建模及场景分析［J］．物流科技，2023，46（21）：17－21．

［87］李国旗，罗铮，孙勤琴．物流服务市场供求关系研究［J］．物流技术，2005（10）：145－147．

［88］王杰，张金春，刘景权．市场经济中供需关系的自组织［J］．广西师范大学学报（自然科学版），2002（1）：120－124．

［89］王静．现代物流产业链创新模式与运行机制——基于中国现代农产品物流需求与现行模式分析［J］．社会科学家，2014（6）：55－60，82．

［90］王飞．物流业发展与政府角色分析［J］．现代经济信息，2008（10）：23－24.

［91］舒辉．论政府在推进中国现代物流发展中的定位［J］．管理观察，2008（14）：30－32.

［92］邵校，海峰，陈立．区域物流系统的协调机制研究［J］．物流技术，2007（10）：4－7，14.

［93］刘伟华，刘亮，王振强．基于混合型数值决策信息的供应商选择方法及其应用［J］．武汉理工大学学报（交通科学与工程版），2008（5）：865－868.